普通高等教育"十二五"规划教材
工商管理精品系列

# 管理心理学

## （第二版）

孙时进　卢会志　主编

立信会计出版社
LIXIN ACCOUNTING PUBLISHING HOUSE

图书在版编目(CIP)数据

管理心理学 / 孙时进,卢会志主编. —2 版. —上
海:立信会计出版社,2013.2
普通高等教育"十二五"规划教材.工商管理精品系
列
ISBN 978 - 7 - 5429 - 3730 - 8

Ⅰ.①管… Ⅱ.①孙… ②卢… Ⅲ.①管理心理学—
高等学校—教材 Ⅳ.①C93 - 05

中国版本图书馆 CIP 数据核字(2013)第 036884 号

策划编辑　洪梅春
责任编辑　蔡莉萍
封面设计　周崇文

**管理心理学(第二版)**

| | | | | |
|---|---|---|---|---|
| 出版发行 | 立信会计出版社 | | | |
| 地　址 | 上海市中山西路 2230 号 | 邮政编码 | 200235 |
| 电　话 | (021)64411389 | 传　真 | (021)64411325 |
| 网　址 | www.lixinaph.com | 电子邮箱 | lxaph@sh163.net |
| 网上书店 | www.shlx.net | 电　话 | (021)64411071 |
| 经　销 | 各地新华书店 | | | |

| | |
|---|---|
| 印　刷 | 常熟市梅李印刷有限公司 |
| 开　本 | 787 毫米×960 毫米　　1/16 |
| 印　张 | 25.5 |
| 字　数 | 468 千字 |
| 版　次 | 2013 年 3 月第 2 版 |
| 印　次 | 2013 年 3 月第 1 次 |
| 印　数 | 1—3 100 |
| 书　号 | ISBN 978 - 7 - 5429 - 3730 - 8/C |
| 定　价 | 42.00 元 |

如有印订差错,请与本社联系调换

# 第二版前言

管理心理学主要对组织管理活动中人的行为规律以及潜在心理机制进行研究,是介于管理科学与心理科学之间的边缘性、交叉性学科。它既是心理学的重要分支,也是管理学的重要组成部分。

实践证明,加强管理心理学的研究和应用,对于改进管理工作和提高管理水平,培养和选拔各级管理人才,改进领导作风和提高领导水平,提高工作绩效,改进干群关系,调动广大职工群众的积极性、主动性和创造性,增强企业事业单位的活力和提高社会生产力,都具有重要的意义和作用。主要表现在以下几个方面:

其一,有助于加强以人为中心的管理。在现代化的管理中,最重要的管理是对人的管理,要实行人性化的管理,建立以人为中心的而不是以工作任务为中心的管理制度。科学技术越发展,就越要重视人的因素、重视提高人的素质,充分发挥其主动性、自觉性和创造性。

其二,有助于知人善任,合理地使用人才。组织中的每一个人均有他们各自的个性特征,管理心理学通过对个性理论及其测定方法的研究,通过对个人绩效考核方法的研究,使组织领导能够全面地了解每个人的性格特点和能力所长,从而安排与之相适应的工作岗位和职务,真正做到人尽其才、才尽其用,取得最佳的用人效益。

其三,有助于改善人际关系,增强群体的凝聚力和向心力。

管理心理学主张,和谐的人际关系有利于提高群体绩效,群体是社会组织的重要组成部分,通过对群体心理规律的研究,可以提升群体的凝聚力和向心力,提高工作绩效。

其四,有助于提高领导水平,改善领导关系。领导心理学是把心理学的知识应用于分析、说明、指导领导活动中的个体和群体行为的心理学分支。领导心理学有助于调动人们的积极性,改善组织结构和领导绩效,提高工作生活质量,建立健康文明的人际关系,达到提高领导水平和发展生产的目的。

其五,有助于组织变革和组织发展。组织心理学主要研究如何根据组织所处的环境、组织的战略目标、技术和人员素质的变化及发展,以促进组织的变革和发展,设计出更为合理的组织结构。并分析组织背景下的各种心理活动,为调动组织成员的积极性,发挥和提高组织的效能服务。

由于管理心理学是一门比较综合的心理学课程,也是理论和实践相结合的学科,因此,在管理心理学的学习中要注意以下几点:

第一,把握现代管理心理学的本质与核心内容。人本主义的理念是现代管理思想的核心,管理心理学无论是对个体、群体还是组织心理的研究都离不开"人"的本质要素。以"人"为中心所延伸出来的个性心理、决策心理、领导心理、沟通与激励、情绪管理、冲突管理,以及群体与团队的竞争与合作等都是管理心理学所研究的主要内容。

第二,把学习管理心理学和学习相关心理学知识相结合,注重知识的融会贯通。管理心理学知识也包含了普通心理学、工业心理学、社会心理学以及组织行为学等内容,有的是相关心理学理论研究在管理中的应用,因此,只有了解和掌握相关心理学分支学科的概念和原理,才能更好地领会管理心理学的实质与精髓。

第三,理论与实践相结合,注意增强培养解决问题的能力。管理心理学的研究目的是通过对人的心理活动研究,提高管理人员预测、引导和控制人的行为的能力,从而提高管理行为的有效性。因此,该学科对管理实践具有极其重大的应用价值和意义,着重强调其理论知识在管理实践中的应用性,是一门实践性很强的应用型学科。要求对管理心理学知识的学习一定要与管理实践相结合,将理论应用于实践之中,最大可能地体现该学科的学术价值,培养学生在实践中的应用能力。

基于此,本书的第二版在第一版的基础上,结合近年来管理心理学以及相关心理学科的最新研究成果,在内容和章节结构上作了较大的修改。在内容上,除了增加"情绪与管理"、EAP等内容,在每章中都增加了"心理学原理在管理中的应用"部分,更加突出强调管理心理学的应用性;在体例上,每章开始部分增加了"本章导读",结尾部分都安排有"本章小结"、"思考题"以及"阅读材料"等内容,以开阔读者的视野,加深其对相关知识和原理的理解。

作为一本针对广大高校师生、人力资源管理从业人员以及心理学爱好者的专业教材,在对管理心理学领域基础理论、基本思想进行充分阐述的同时,尤其注重教材的可用性、灵活性、实践性。本书囊括了管理心理学的基本范畴、研究方法、基础知识、理论框架,并结合近年来的研究增添了许多新概念、新理论、新方法,体现了当今国内外管理心理学的重要理论成果,有助于读者更好地把握管理心理学的前沿动态。

本书旨在为读者打开一扇窗,展示一片管理心理学的广阔天地,为高等院校管理学、心理学等专业的师生以及从事人力资源管理的人员提供帮助。

孙时进　卢会志

# 第一版前言

　　《管理心理学》由复旦大学、上海交通大学等单位多年从事管理心理学、组织行为学教学与科研的中青年专家学者编写而成。该书在吸收国内外同类著作精华的同时,力求有所创新、编写出自己的特色来。

　　我们认为,管理心理学主要应该包括以下内容:管理心理学的研究对象、研究原则与研究方法,管理心理学的历史,决策心理,领导心理,个性与管理,人员测评与选拔,激励理论与方法,群体心理与行为,合作与竞争,人际沟通与交往,冲突与管理,态度改变,组织理论与组织设计,组织修炼,管理心理学专家系统等。通过对这些内容的认真学习与思考,读者基本上可以掌握管理心理学的体系。

　　编写教材与撰写专著相比,看起来在创造性方面要求较低,但作为一部真正好的教材,除了在严谨、全面、周密、好读、易懂等方面有较高的要求外,还要求学习者通过教材的学习,在掌握基本理论、基础知识的同时能够学会创新思维。常言道:"人至谨则无智。"这里的"智"实则包含创新的意思。这说明要将严谨和创新相统一是有一定的难度的。应该说写一本能把严谨和创新结合起来的教材,一点也不比写一本专著省力。本书的各位编写者都为此付出了大量的劳动。

　　能通过自己的语言把自己的思想流畅地表达出来固然不易,但能把现有的理论体系用自己的语言流畅地、融会贯通地表达出来则更不容易。我们力图用自己的语言,流畅并且不走样地表达当代的管理心理学的理论和体系。

多人合编教材,好处是可以在较短的时间里,各人把自己最擅长、最熟练的部分写出来,处理得当,可以成为一本精华荟萃的好教材;处理得不好,则有可能导致结构松散,风格各异,缺乏连贯性,成为一个"大拼盘"。为此,主编对全书的整体结构和框架体系进行了认真的设计和构思。最后在统稿和定稿上也下了一番工夫,就各位编写者来说,也都做到了尽心尽力。这是一次令人愉快的合作,但是否编出了精品,则只能由读者来评价。

编写教材确实是一项十分艰苦的工作,但其中也不乏乐趣,尤其当任务完成时,充满着轻松和成就感。当然我们也深知这本《管理心理学》肯定存在着种种不足和缺点,我们真心地希望本书的使用者们能与我们一起对本书进行完善和改进。

孙时进　颜世富

# 目 录

# 第一章

# 导　论

【本章导读】　管理心理学在西方又称为组织行为学或行为管理学，是研究组织管理活动中人的行为规律及其潜在心理机制的一门科学。本章主要介绍了管理心理学的概念、任务、研究内容、研究方法以及东西方管理心理学的历史发展与演变等内容，为后面各章节的学习奠定基础。

## 第一节　管理心理学概述

管理心理学是心理学的一个重要分支，也是现代管理理论的一个重要组成部分。在西方，管理心理学又称为组织行为学或行为管理学；在国内，不少人把它看成是行为科学或简称管理心理学。目前，尽管这门学科在理论上和方法上还不够成熟，但是，自从管理心理学在 20 世纪 50 年代产生以后，便立刻显示了它强大的生命力，它与社会生产实践的紧密结合，有力地推动了社会生产的发展。

### 一、管理心理学的概念

概括地说，管理心理学是研究管理过程中人们的心理现象、心理过程及其发展规律的科学。它从管理出发，将心理学的原理和成果以及管理学、行为学、社会学、生理学、伦理学、人类学等学科的原理和成果应用于管理，探讨、揭示人在管理活动中的心理活动规律，找出激励人的行为动机的各种途径与方法，以最大限度地发挥人的潜能，为社会创造更多的财富。它是一门跨越自然科学和社会科学的边缘性科学。

心理学的研究对象是人的心理现象和心理规律，管理心理学则是研究在管理过程中人与人之间相互关系的一门科学。它的研究对象是在管理的条件下，人与人之间在心理上的相互关系及其规律。管理心理学是从现代管理科学和行为科学发展过程中派生出来的一门新兴的独立科学。它主要以企业管理中的心理现象、心理过程及其活动规律作为自己的研究内容，以企业管理中的个体、群体、领导、组织中的心理活动的规律性为研究重点。

## 二、管理心理学的任务

作为一门应用理论科学,管理心理学的主要任务是运用个体心理和行为规律、群体动力原理、组织理论和领导原则,揭示管理过程中人与人、人与物之间关系的规律性,充分调动人的工作积极性,从而提高工作效率和管理效能,为发展社会生产力服务。简言之,就是利用管理心理学理论,最大限度地激发人的潜能,在为社会创造财富的同时,促进个体的自我价值实现和人的全面发展。

此外,管理心理学还迫切需要完善自身的理论建设。我国研究管理心理学的历史还很短,尚未建立符合中国国情和管理实际的完善的理论体系。因此,建立一整套适合我国国情的、具有中国现代化建设特色的管理心理学体系是管理心理学理论建设的一个迫切任务。

## 三、管理心理学的研究内容

管理心理学的研究内容,主要是指在管理活动中,人与人之间各种心理活动及其规律性。其中,主要包括个体、群体、组织、领导等心理和行为活动的规律性以及各种理论。

### (一) 个体心理与管理

研究管理活动中的心理规律,离不开对个体心理的研究。个体心理主要包括:人的个性差异、态度理论、需要动机理论和行为激励理论等。个别差异主要是人的个性差异。所谓个性就是一个人的整个精神面貌。由于人们社会实践的复杂性,人与人之间各自都在自己的实践中形成了自己所特有的心理和行为特点,这种人与人之间在心理和行为上的不同特点,在心理学上就称为个别差异或个性差异。俗话说:"人心不同,各如其面。"人的个别差异主要表现在气质、能力和性格等不同方面的心理特征。另外,通过心理卫生实现心理健康,达到对人力资源的保护,也是个体心理的重要内容。

个体心理的核心问题是激励,通过激励手段,提高生产率。该问题的研究涉及人的需要与动机的产生及其特点,即研究需要动机理论和激励理论。所谓需要动机理论主要是指研究一个人在需要、动机、行为和挫折之间关系的理论。管理心理学认为,在组织管理中,最重要的就是对人的管理,要实现对人的管理,首先就在于调动人的积极性,而要调动人的积极性,只有充分地满足人的需要,激发人的内在动机,才能使一个人自觉地去努力完成组织的预定目标。一个人的能力有大小,工作水平有高低,在相同的情况下,如果一个人的动机受到很大的激励,他就能产生很高的工作积极性,从而取得惊人的成就。所以研究动机的激励问题,则是管理心理学的核心。很明显,激励理论就是调动员工积极性的理论,它在管理心理学中占有特别重要的地位。几十年来,围绕着这个问题,心理学家们进行了大量的研究,形成了各种理论,如内容型激励理论、过程型激励理论、"强化"理论、综合型激励理论等。

### (二) 群体心理与管理

群体心理是群体成员之间相互作用、相互影响而形成的心理活动。群体心理主要包括:群体心理的基本理论、群体动力和群体中的人际关系等内容。群体心理的基本理论主要是指研究群体的结构、群体的功能、群体的行为和群体的种类的理论。通过群体心理基本理论的研究,揭示群体、个体和组织三者之间群体所起的中介作用。群体的力量不仅对组织起着重要的作用,而且对个体也有巨大的影响力,这种影响力既可能是正向的、积极的,也可能是反向的、消极的,特别是在非正式群体中,这种影响力尤其明显。因此,组织的领导者和管理人员,掌握这些基本理论,无疑对做好管理工作是非常重要的。所谓群体动力就是指在群体中人与人之间相互接触、相互影响、相互作用所形成的一种社会秩序。群体行为就是各种相互影响力的一种错综复杂的结合,这些力的作用不仅影响着群体的结构,也修正着个人的行为。群体动力理论主要是指群体规范、群体压力、群体士气和群体的凝聚力,以及群体中的矛盾、冲突和竞争等。管理心理学通过对这些动力性因素的研究和分析,不仅在于从根本上揭示群体的性质,加深人们对群体的理解,更重要的是在于使领导者和管理人员自觉地运用科学的方法,合理地调动和扶植一切积极因素和建设性力量,以实现组织目标。

### (三) 组织心理与管理

所谓组织心理就是研究在各种组织系统中,组织环境对人们完成组织目标所构成的心理和行为影响。组织心理主要包括组织心理的基本理论、组织的发展与变革等内容。组织心理的基本理论主要在于通过对组织结构与组织环境的分析和设计,从而向人们提供更适宜的工作环境,以利于职工积极性的发挥。管理心理学认为,组织结构直接决定了组织中的正式指挥系统和沟通的网络,它不仅影响着信息和材料的流通与利用效率,而且也影响着整个组织系统中的社会心理气氛。因此,恰当的组织结构,对于有效地实现组织目标,是至关重要的,所以,组织结构设计的合理与否,将直接关系到整个组织事业的成败。

组织变革也是组织心理研究的重要内容。组织变革是指为了适应工作任务不断扩大的要求,在组织范围内进行必要的有计划、有系统的调整和改革,以达到组织的最佳化和高效化。管理心理学通过对组织发展和变革的理论研究,不仅在于揭示组织发展与变革的意义,主要在于说明在组织发展和变革的过程中,如何克服由于种种原因对组织变革的抵制,以及为了有效地实施组织变革所宜采取的科学方法。了解和研究这些理论,对于推动我国当前管理体制改革,将具有积极的现实意义。

### (四) 领导心理与管理

领导心理是指在管理中领导者的心理活动及行为表现。领导者在组织系统中具有带领组织成员实现组织目标的重要作用。管理心理学研究领导对组织、群体、个体的影响力、领导方式以及领导效果等问题。领导心理主要包括领导心理的基本理论、领导的职能和方法以及领导的有效性理论等内容。领导心理的基本理论主要是指研究领导的特点、领导的结构、领导的素质和领导的影响力等的理论。在管理活动中，领导者处于关键的地位，他们的心理与行为，对组织的生存和发展，具有更大的、更直接的影响，而且他们受特殊地位、社会角色、领导者的职责与功能的影响，心理与行为具有一定的特殊性。因而，领导心理也是管理心理学研究内容的重要组成部分。当前领导心理的研究一般从静态和动态两个方面进行。静态的研究主要侧重于领导者的个性特征和品质，揭示成功的、高效的领导者应具备什么样的个性特征和心理素质，揭示领导的心理特性与领导效率的关系；动态研究主要探索不同的领导方法、领导作风和领导行为所产生的不同的心理效应，为提高领导效率服务。

## 四、管理心理学的特点

### (一) 人本性

管理心理学主要是以人为研究对象，具有明显的以人为本的倾向。管理心理学十分重视人的因素，重视对人的潜在能力的挖掘和运用。管理心理学认为，搞好对人的管理是搞好管理的核心，从而强调建立以人为中心的管理制度；是坚持以人为本的原则，强调要通过满足个人的需要而激发人的积极性，强调管理中要鼓励员工发表意见，提倡员工参与决策和管理。

### (二) 综合性

管理心理学是一门综合性的科学，与其他学科相比，它的一个重要特点，就是它涉及的基础理论知识较为广泛。它是由心理学、社会学、管理学、人类学和伦理学等有关学科组成的学科群。它的理论来源，主要来自普通心理学、工程心理学、社会学、社会心理学和人类学等学科，具有明显的跨学科的特点。

### (三) 应用性

管理心理学是一门应用性科学，它与人类社会的各种组织管理活动密切相关，有着广阔的发展前途和应用范围。目前，它的理论研究在发达国家越来越受重视，它的研究不仅从工业系统发展到政治团体、公共机构、政府机关、外交事务、军队、医院等部门，而且它的理论正越来越多地渗透到管理科学的各个领域。它对于提高组织管理的水平和促进企业生产的发展，都起到了积极作用。

### 五、管理心理学的学科性质

管理心理学是一门综合性的交叉学科,既有自然科学性质,又有社会科学性质,是一门自然科学和社会科学交叉的学科。心理学的研究必然要涉及人的神经系统、神经类型和人脑结构等自然性质,且现代心理学的研究还要运用各种实验、计算机模拟、数据处理等自然科学的手段与方法。因此,管理心理学具有自然科学的性质。同时,管理心理学又是一门社会性很强的学科,管理工作者和其管理的对象均生活在社会之中,所以人除了自然属性外,还有更重要的社会属性。因为研究人的心理绝不能孤立地脱离人的社会因素去研究,所以,管理心理学又具有社会科学的性质,是一门自然科学与社会科学交叉的学科。

# 第二节 管理心理学研究的原则与方法

管理心理学的研究方法主要是以心理学的研究方法为基础,结合管理的实际,使问题的解决更有科学依据。管理心理学的观点和结论是建立在完整的、系统的科学调查或实验研究的基础上的。本节着重介绍管理心理学研究的基本原则、基本程序和方法等。

## 一、管理心理学研究的基本原则

管理心理学的研究应遵循科学研究的基本原则。具体来说,管理心理学在研究过程中应该注意遵循如下原则。

### (一)客观性原则

客观性原则就是要求在管理心理学研究中研究者不能用主观的愿望或猜测来分析人的心理活动。无论其研究的结果如何,都应该尊重事实。对任何心理现象都应按其本来的面目加以考察,必须如实记录被研究对象的客观反映,不能把主观体验和客观观察到的事实混淆,也不能用研究者的主观感受替代客观观察到的事实,或者将其附加到客观观察到的事实上去。

人的心理活动是通过外部行为表现出来的,揭示心理发生、发展和变化规律必须从这些可以观察到的现象中去研究,包括实验设计、资料搜集整理、研究结论等都必须贯彻客观性原则,都必须在事实的基础上进行严密的分析。有时由于受其他因素的影响,研究结果不完全一致,研究者决不能附加任何主观成分,切忌把自己的主观体验与客观观察到的事实相混淆。此外,客观性原则还要求对心理现象的研究不能只停留在现象的描述上,还必须揭示其客观存在的规律性,并将所得出的规律性结论到实践中去检验。

**（二）相关性原则**

人的心理是对客观现实的反映。人生活在一个复杂的自然环境和社会氛围里,自然环境和社会环境中的各种因素的变化都会影响和制约人的心理状况,人的心理现象不是一个内部封闭的系统,它是与外部环境刺激、主体状况和反应活动紧密地联系着的。由于人的心理现象或行为是复杂的,受多种因素的影响和制约,因此研究者要考虑引起与制约心理现象和各种因素之间的相互关系,并从中探讨管理心理的规律。

**（三）发展性原则**

发展性原则就是要求用发展变化的眼光看待组织中个体、群体、领导者、组织心理和行为活动。把它们统统看作随时间、地点、条件的改变而变化、发展的事物。研究者根据客观条件的变化,找出其发展规律,以便把握时机创造条件,将组织中个体、群体的行为引导到有利于实现组织管理的整体目标的方向上来。

## 二、管理心理学研究的基本程序

管理心理学研究要求遵循一定的科学研究程序。其基本程序如下。

**（一）课题的选择**

课题的选择是管理心理学研究的第一步。研究课题的来源很多,可以从管理实际中提出,由研究者进行分析;也可以是验证某种管理心理学的理论,或者为已建立的理论中未曾回答的问题寻找实际依据;也可以是澄清某些矛盾的研究结果。选择研究课题时应该充分考虑下列一些问题: ① 该研究领域中已有的研究文献和趋势。② 研究者的能力和专业知识、研究者对课题的兴趣。③ 研究的创新性。④ 所研究的问题是否明确具体。⑤ 是否具有通过实际研究解决问题的可能性。⑥ 研究的费用和代价。

**（二）根据课题的研究目的建立假设**

建立假设是研究的前提,假设是研究者根据课题研究的目的,在广泛查阅前人已有研究文献的基础上提出来的。一个假设的好坏直接影响整个研究的实施,一般来讲,可以从以下几个方面来判断研究假设的优劣: ① 假设必须是可以被验证的。② 假设应针对研究的目的。③ 假设及假设的论证应具备可操作性。④ 假设应当是启发式的。⑤ 假设要有根据。

**（三）调查和实验的设计**

调查和实验设计的基本目的有两个方面:一是回答所研究的问题,即对研究假设进行检验;二是控制研究中的变量。管理心理学研究中常见的变量有自变量、中介变量和因变量。自变量是另一变量变化的原因,因变量是自变量作用的结果,这两种变量一般可通过直接或间接的方法予以测量。中介变量是与有机体有关的不可观察的过程或状态,但却有助于说明自变量和因变量之间的关系。在管理心理学的一项研究中往往包含多个自变量和因变量。一旦确定了我们要研究的自变量和因变量,其他自变量就需要保持恒定,这些自变量称为控制变量。当一个变量的变化可能改变其他两个变量之间的关系时,这个变量就称为干扰变量。研究设计的一个总的指导思想是尽量把无关变量的影响剔除,使误差变异量最小,而使系统变异量最大。具体应注意以下几点。

1. 使系统变异的效应最大

系统变异指因变量的变异中可以由研究者操纵的自变量解释的那一部分变异。研究设计的目的在于使这部分变异最大。提高系统变异的方法主要有两种:一是选取适当的自变量变化水平,使自变量水平的改变所引起的变异能在因变量中反映出来;二是提高测量的辨别力,即选择对自变量变化敏感的因变量。

2. 控制无关变异

无关变异指研究中研究者不感兴趣、但对因变量有影响的变量所引起的变异。无关变异可能由被试内部的因素引起,如年龄、性别、学习、疲劳……也可能由来自外部的因素引起,如环境、任务要求等。总之,所有可能作自变量的因素均可能成为无关变异的来源。

3. 使误差变异最小

把随机变异和测量误差减少到最低,在研究中注意采用具有较高信度和效度的测量工具,在研究取样与实验安排中尽可能运用随机化程序,是减少误差变异的有效途径。

**(四) 研究的取样**

取样是在全体调查对象中,随机地选取一部分对象作为代表加以调查分析,并以此推断全体调查对象的状况。其中全体调查对象称为总体。对于从中选出来的那部分代表称为样本。对每一个具体的调查对象称为抽样单位。样本中所包含的抽样单位的数目,称为样本容量。目前,取样研究已经形成了一套相当完整的方法体系,采用这种研究方法所得到的结果已经达到十分准确的程度。取样研究由于规模小,调查人员可经过严格筛选和培训,在很大程度上排除了可能造成非取样误差的因素,并有可能对样本作出更为细致的测试与分析,从而全面提高研究质量。取样的程序和方法如下所述。

1. 界定总体

界定总体,就是对总体特征作出明确的界定。通常,为了节省时间、精力和经费,研究者选择一定范围和大小的总体作为研究对象,从而选取较小的样本。在这种情况下,其研究结论就不应该超越那一总体,除非有证据表明,这一总体具有许多与另一更大的总体相似的特征。

2. 选取样本

选取样本,就是运用适当的取样方法抽取样本。这里介绍几种常见的抽样方法。一是简单随机抽样法。简单随机抽样又称完全随机抽样,在随机抽样中,总体中每一个体被抽选的机会是均等的。运用随机抽样方法所选取的样本称为随机样本。在实际研究中人们常常采用"随机表抽样法"来达到随机抽样的目的,即运用严格制作的随机数字表来进行抽样。在计算机普及的今天,研究者也可采用计算机来协助抽取随机样本。简单随机抽样法特别适合于研究者对所研究的总体中各类个体的比例不很清楚的情况。二是分层随机取样法。分层随机取样法是先把总体分成若干层次或子总体,然后独立、随机地从每一层次或子总体中选取样本的方法。分层的原则是把性质相近的个体放在同一层次内。因此,要运用这种方法,必须了解个体有几种不同类型以及相应的比例,为分层取样提供基础。分层随机取样与简单随机抽样相比,弥补了忽视已有信息的缺点,分层依据实际上就是对已知的总体特征加以利用,因此在相同样本数情况下,抽样误差较小,或者说在相同误差要求下,样本容量可以小一些。分层随机取样法是实际调查中最常用的抽样方法之一。三是系统取样法。系统取样法又称等距抽样法,是从总体中取一随机起点,从该起点开始按固定间隔抽取样本的一种方法。系统抽样与简单随机抽样相比具有许多优点,它省去了繁琐的查看"随机数字表"和制作号码签等工作,又在一些简单随机抽样无法开展的地方发挥着作用。由于系统取样可以使样本比较均匀地散布在总体中,所以抽样效果比简单抽样要好。但是系统取样要注意总体中有无周期性的波动或变化,以避免抽样带来较大的偏误。四是整群抽样法。整群抽样是指将总体划分为若干群,以群为单位从总体中随机抽取一些群,对抽中的群内各个体实行全面调查的方法。整群抽样与分层抽样容易混淆。分层抽样的分层是为了归类,是尽量加大层次间的差异而缩小层次内的差异;而整群抽样是尽可能减少群类间的差异、设法加大群类内的差异,从而增加对于总体的代表性。整群抽样的优点在于调查单位集中在少数群里,便于组织调查,节省人力、物力和财力。但也由于样本集中,在总体中分布不均匀,代表性差,因此与其他抽样方法相比,抽样误差较大。所以,为提高整群抽样精度,需要尽可能加大群内差异,减少群间差异。

3. 样本的统计推论

样本的统计推论是从样本的统计数据估算出总体的有关参数,它是取样不可缺少的一步,关系到总体参数的可靠性、取样的误差乃至取样的效果和实际意义。因为人们虽然对样本进行研究,但真正关心的是总体的状况。因此,要运用统计原理根据样本对总体作出统计推论。

上面介绍了取样的基本方法和过程,在认识到取样的重要性的同时,也应看到取样的某些局限性,从而保持清醒的研究头脑。首先,取样的作用取决于是否能够运用样本数据准确估计总体参数。其次,取样的目的是为了研究总体,而样本统计值所反映的只是对总体的一种统计意义上的估计,如果不配合其他形式的研究(如典型调查),就会给人一种只见树木不见森林的感觉,只有死的数字,缺乏活生生的本质内容。第三,取样研究一定要防止绝对化倾向,避免对样本信息给予过分的解释。

**(五) 数据的收集**

在管理心理学研究中,要说明某种结果,必须有可靠的数据。数据的可靠性是研究水平高低的重要决定因素。数据的收集过程也就是对事物的某些属性进行测量的过程。心理测量往往是十分间接的测量,又容易受到各种误差因素的影响。因此,我们在收集资料时,要对测量程序给予明确的规定,使测量结果尽可能地避免受到误差因素的影响,以便得到可靠和有效的数据。测量一般可以分为四种水平,它们是由所使用的测量工具——量尺的水平决定的。

(1) 比例量尺。比例量尺对于测量工具有两个要求:一是有一个绝对零点;二是每一测量单位应该相等。

(2) 等距量尺。有些测量工具,只有相等单位,没有绝对零点,这种量尺称为等距量尺。

(3) 顺序量尺。顺序量尺又称等级量尺,它的特点是既无绝对零点,又无相等单位。

在管理心理学测量中,大量的测量是等距测量和顺序测量。为了能进行有效的数学运算,人们常常努力设法提高测量水平,使之达到等距水平。但在很多情况下,提高测量水平是很困难的,如采取顺序量表获取的等级数据是心理学研究中常常遇到的,如果不进行四则运算,很难进行精确的分析。这时要结合具体问题进行分析,很多顺序量尺实际上近似等距量尺,这时可以采用等距数据的方式进行处理,不过最好对有关的假定给予说明,这样可以正确估计分析的精度。

**(六) 数据的统计分析**

通过调查或实验获得的大量数据,如果不进行加工分析,是无法进行总结概括的。加工整理的目的主要有两个:一是简化、概括、归纳;二是检查各种变量之间的关系。目前心理学界使用较多的统计分析软件是 SPSS(Statistical Program for Social Sciences),意即社会科学统计软件,是当前世界上最流行的三大统计分析软件之一。

**(七) 作出结论**

对大量数据进行加工分析之后,应作出结论,即证实或推翻事前的假设。下结论时要注意两个方面的问题:一是不能夸大研究的外部效度。所谓外部效度是指研究的概括力或外推力。例如,我们调查了大学生的职业价值观和择业倾向之间的关系,这是一个局限于大学生被试的结论,不能由此而推论中专生和高中生也是这样。二是要注意研究的内部效度的高低。内部效度与无关变量的控制有关。当研究中未得到控制的无关变量越多时,就存在越大的下述可能性:因变量的变异不是由自变量引起的,无关变量在某种程度上影响了因变量,研究的内部效度是低的。例如,我们把工人按年龄分成青年组和老年组,调查他们对工厂福利措施的满意度。结果发现青年组都倾向于不满意,而老年组都倾向于满意。如果不加分析而下结论认为年龄不同,对福利措施的要求不同,可能就太主观了。因为这个调查未控制的无关变量很多,如老年组工人一般工龄长,工资收入高,对工厂感情深,对福利要求不那么迫切;而青年组工人文化水平高,收入低,对工厂的文化设施不满足等。这些内在因素可能都比年龄因素影响大,如果只分析年龄因素起作用,就没有真正触及问题的实质。

## 三、管理心理学的研究方法

### (一) 观察法

观察法是研究者在日常生活条件下,直接察看、了解和分析他人的言行、表情、动作、行为等以判断其心理活动的一种方法。观察法是科学研究中最原始的,但也是应用最广泛的一种方法。几乎从事任何研究,都离不开观察法。只要是在日常生活条件下,对能够直接地、系统地观察到的心理活动的发生和发展的有关研究,均可运用观察法研究。

运用观察法必须有明确的目的性,要在自然条件下进行,必须按时作详细记录。在实际进行观察时,观察者可以有两种不同的身份出现:一种是参与观察者,即观察者实际参与被观察者的活动,以被观察者中一员的身份,将所见所闻随时观察记录;另一种是非参与观察者,即以旁观者的身份,随时观察记录其所见所闻。无论以何种身份观察,为了保证观察的效果,均不应暴露观察者的身份。随着现代科学技术的发展,在管理心理学研究中,可以利用各种测量仪器和技术,借助于录音、录像等各种电子技术手段来观察心理现象和过程,从而能大大提高观察的深度、广度和精确度。

观察法的优点是应用广泛、方便,看到的情景是当时的实际情况,最真实、可靠。因为在真实情况下观察,被观察者并没有意识到别人在观察,不会有伪装现象,使观察到的心理活动具有自然性和真实性。其缺点是研究者只能处于被动的地位,消极地等待有关现象的出现,时机难以把握,观察所得到的材料难以定量分析,因而不能精确了解心理现象发生的原因。有些情况不能自然观察,且观察到的现象很难重复实现。此外,观察在很大程度上取决于观察者自身的水平和理解,主观因素难以控制。

### (二) 个案研究法

个案研究法把任何社会个体,包括个人与社会群体作为一个研究单位,以这些研究单位的某一个或几个特性为研究对象,探讨和研究相关因素及其相互关系,是对个体进行直接研究的方法。比如通过综合研究与分析个体的行为表现、家庭情况、社会地位、受教育水平、职业状况等因素,来研究个体的心理活动特点以及影响心理发展变化的因素。

个案研究法具有两个基本特点:首先,这种方法注重对与个案有关的具体事实和细节进行深入研究,以积累丰富的资料,透过现象探求问题的实质。其次,要求对问题的发生、发展过程与特征以及相关的因果关系进行客观分析和正确推论,在此基础上,提出有效的补救、矫正、改进或推广建议并予以实施。在个案研究中往往要通过个案对过去经历的叙述来了解其以往的情况,在这个过程中,个案所提供的信息难免会失真,人们往往可能扭曲过去以取悦研究者或者他们比较倾向于用特定的方式去进行记忆。而研究者也可能因为本身带有一些特定的期望或设想,从而可能以比较微妙的方式影响研究对象,使得后者所提供的信息与他们的期望或者设想相一致。

### (三) 调查法

调查法是通过提问收集被调查者的有关材料,间接了解其有关心理活动的研究方法。这是管理心理学的主要研究方法之一。调查法包括访谈调查法和问卷调查法。

访谈调查法是研究者事先初步拟定一定的问题向被试进行访谈,通过面对面的口头交谈,以了解其心理特点的方法。使用这种方法要注意保持谈话环境安静无干扰,自然无拘束,提出的问题不能有暗示。访谈调查法的优点是简单易行,制约条件少,便于迅速取得第一手材料,比较直接。缺点是所获得的材料或信息的真实性与可靠性很难确定,因而一般不单独使用,而常与其他方法结合使用。

问卷调查法是研究者通过内容明确、表达清晰的调查表格,让被调查者根据个人情况填写,来了解其心理活动的方法。常用的方法有:① 是非法。即要求被调查者按规定的标志对问卷中的问题作出"是"与"否"的回答。② 选择法。即要求被调查者在并列的两个或多个陈述句中选择其一作为回答。③ 等级排列法。即要求被试在多种可供选择的答案中,选出其中几项并以其重要程度为次序进行排列作出回答。④ 等级量表法。即要求被试从肯定到否定的不同等级中选择其一作为回答。

问卷调查法的优点在于它是一种标准化、结构化的工具,能够在相当广泛的范围内了解到工作对象的心理状态,不仅省时、省力、省费用,而且还可以进行数量分析,使结果数量化。缺点是由于无法将所得结论直接与被试者的实际行为进行比较,对所获得材料很难进行质的分析。因此,无论是谈话调查法,还是问卷调查法,研究结果都受被试主观心理因素影响,所得结果都不如观察法那样直接、客观。

### (四) 实验法

实验法,是指有目的地控制一定的条件或创设一定的情境,以引起被试的某些心理活动从而进行研究的一种方法。其主要优点就是:研究者可以积极地干预被试的活动,而不是被动地等待某种现象的出现。研究者通过改变某些控制条件,从而揭露某种心理现象产生的原因。也可以通过反复实验,积累一定数量的材料,从而判断被试某种心理现象的典型性和偶然性。实验法要求研究者必须在事前进行周密的实验设计。实验法通常可以分自然实验法和实验室实验法两种情况。

实验室实验法是研究者在实验室中进行研究的方法。由于研究者可以借助实验室对实验条件进行严密的控制,故这种研究可以帮助研究者有效地确定各变量之间的因果关系。因此实验室实验法的内部效度是最高的。由于实验室的环境与真实的工作环境不同,故其研究结论的局限性也是很明显的。一般来讲,不能把在实验室实验获取的结论直接应用到真实环境中去,其缺陷就在于外部效度较低。因此,一方面,实验室实验法由于可以做到严格地控制条件,进行精确测量,统计信度高,可重复验证,故被认为是一种过硬的研究方法。另一方面,由于其外部效度低,日益受到愈来愈多的批评。因此,作为研究者研究管理心理学的问题,不能只想集中精力研究那些只能在实验室完成的问题,而应该通过对现实生活的研究来选定实验室研究的方向,而且从实验室获取的结果也应通过对现实生活的研究而不断检验才有实际意义。

自然实验法又称为现场实验法。这种方法,就是在正常工作的条件下,适当地控制与实际生产活动有关的因素,以促成被试某种心理现象的出现。这种研究的主要优点是,它既可以主动地创造实验条件,又是在自然情境下进行的,因而其结果更符合实际,并且能兼有观察法和实验室实验法的两种优点。但是它不如观察法广泛,也不如实验室实验法精确。有时,由于现场条件的复杂性,许多可变因素要全部排除或在短期内保持不变,这往往难以做到,必须进行周密地计划,并坚持长期观察研究才能成功。

## 第三节  管理心理学的产生与发展

西方管理心理学起源于 19 世纪末 20 世纪初,作为一门科学创立于 20 世纪 50 年代初的美国,随后在西方国家的企业管理理论和实践中得到普遍的承认和广泛的应用。东方管理心理学是世界管理心理学史上的另一朵奇葩,因它生长的文化土壤的特性,而与西方管理心理学既有区别又有联系。中国管理心理的思想源远流长,一直是东方管理心理实践和理论的代表。从 20 世纪 80 年代以来,我国学界着手对西方行为科学和管理心理学的有关理论、方法和研究成果进行介绍和研究,并致力于创建有中国特色的管理心理学。

## 一、西方管理心理学的产生与发展

### (一) 西方管理心理学的孕育

科学管理在企业管理中表现出来的负面影响使工业心理学获得了它的伦理观以及范畴和研究的方向。人们认识到人的作用,认识到个人之间的差异,而对这个问题的研究正是心理学家的本职,于是,心理学发现了它与科学管理结合的基础。人们开始运用心理学来研究企业管理。西方管理心理学的起源主要包括工业心理学的兴起与人事心理学的兴起两个部分。

最早在工业企业管理中应用心理学知识的是德国心理学家斯特恩,他提出了"心理技术学"的概念。之后,侨居美国的德裔心理学家闵斯特伯格沿此方向进行了具体研究,并以其卓越的研究成果而成为工业心理学的创始人,被誉为工业心理学之父。闵斯特伯格主要的研究成果是出版于 1912 年的名著《心理学与工业生产率》,又名《心理学与工业效率》。该书主要包括三个方面的内容:一是研究工作对人的要求以及如何选用最合适的人员来担当相应的工作;二是探求人在什么样的心理状态下产量最高;三是研究管理者如何利用人的心理采取必要的措施来提高管理的效能。闵斯特伯格通过上述几方面的论述,对疲劳及劳动合理化,采用心理测验方法选拔工人、对工人进行必要的培训以提高其素质等问题都提出了自己的建议。

与闵斯特伯格同一时代的德裔心理学家斯科特也认为,企业管理中对人的因素的长期忽略造成了管理不善、工人劳动效率低下,阻碍了生产和技术的进步。他还强调,生产过程中工人的态度很重要,需用适当暗示的方法去激励工人积极工作。斯科特是最早把心理学应用于工业生产中激励和效率的研究,并将研究拓展到工业产品的广告宣传中的心理学家。他的代表作主要是出版于 1923 年的《影响工业的人:论证、暗示的心理学》,书中论及了说服的两种方法,即论证和暗示,并认为暗示比之逻辑论证在很多情况下有更优的效果。

闵斯特伯格和斯科特的研究使工业心理学作为管理科学的重要组成部分明确地建立起来了,并成为管理心理学的先导,为管理心理学的形成奠定了基础。

在工业心理学兴起的同一时期,人们对改进传统的人事工作也日益关注,引起了一场对雇佣工作中的做法和雇佣工作中的关系进行研究的运动,逐步形成了人事心理学。美国工业巨头亨利·福特面对战后紧张的劳动力市场和高达 10% 的工人转厂率,于 1914 年在其公司成立了一个名为"社会学部"的人事部,其秉承的理念是:关心人的因素是一个企业能获得更大和更长远收益的前提。为了证明和宣扬这样一种理念,许多企业家、理论家纷纷著书立说,美国一家钢铁公司的人事部经理威廉斯就根据自己在多家企业当工人的体验写出了《职工们在想什么》一书,认为工人们更看重工作的性质而不是金钱,忽略工人心理的管理是注定要失败的。

与人事心理学同时出现的还有工程心理学,又名人体工程学或工效学,其主要从事设计适合人的生理与心理实际需要的机器、工具设备和工作环境、工作程序的研究,以减轻人的疲劳程度,防止意外事故的发生,使劳动合理化,以提高生产效率。

无论是工业心理学还是人事心理学、工程心理学,都对管理心理学的形成产生了很大的影响。但是,这些研究只限于个人心理,没有注意到社会环境、人际关系和组织机构对人的影响,因而有一定的局限性。

### (二) 西方管理心理学的创立

管理心理学孕育阶段的研究方向和路线,以及所采取的方法是与管理心理学的发展方向一致的,但由于其研究面较窄和时代认识局限的原因,并没有引起更广泛的注意。直到后来的霍桑试验,才进一步把心理学、社会学、人类学等结合起来,对企业中人们的心理与行为进行综合探讨,为工业心理学等增加了深度和广度,并开创了管理心理学。

1. 霍桑试验与人际关系学

霍桑试验,是指 1924—1932 年间,在美国芝加哥郊外的西方电器公司霍桑工厂进行的一项由国家研究委员会赞助、主要由心理学家参与工厂管理的研究试验。这项研究的结果是提出了管理心理学的核心理论——人际关系学理论。

霍桑试验的起因在于霍桑工厂带有普遍性的现状:工厂拥有较完善的娱乐设施、医疗制度和养老金制度等,但工人的生产成绩和劳动生产率不高,且工人的情绪愤愤不平。为探究原因,研究者开始了这项长达数年的闻名世界的试验研究。试验的中心课题在于探究生产效率与工作物质条件之间的相互关系。试验从 1924 年开始,1927 年后主要由美国哈佛大学的梅奥教授主持,根据霍桑工厂是一家制造电话交换机的工厂的特点,前后共设计和开展了四个阶段的实验即车间照明实验、继电器装配室实验、谈话实验和群体实验。

第一阶段:车间照明实验。车间照明实验从 1924 年始至 1927 年止,是在梅奥参加以前就开始的,主要研究物质条件(照明条件)对生产效率的影响。实验开始前选择了两组女工,一组为试验组,另一组为对照组,即将后一组的照明条件保持不变,而前一组的照明条件不断变化,通过对比两组的生产结果来得出结论。研究人员曾经设想:增加照明度会使工人生产量上升,而随着照明度的下降,生产量会逐渐下降。然而实验结果却出乎意料:照明度的变化对生产量似乎没有明显的影响,与平常情况相比,在整个实验过程中,无论照明度是上升还是下降,两组的生产量都几乎等量上升。

第二阶段:继电器装配室实验。为了解释车间照明实验的结果,研究人员试图找出其他影响生产效率的因素。于是又开始进行继电器装配室实验,研究如作业时间、休息时间、工资形态、福利条件等与工人生产率之间的关系。实验从1927年始到1932年止。选出了自愿参加实验的5名女工在单独的房间里从事装配继电器的工作,观察她们在条件变化下的生产量。实验中,研究人员先是不断缩短工作日、增加休息时间并加茶点、改善环境温度等,结果发现这些措施似乎刺激了人们的生产积极性,生产量大幅上扬。然而,当研究人员把这些优惠条件逐一取消时,却没有得到相反的结果,生产量仍然继续上升。

第三阶段:谈话实验。为了揭开上述实验之谜,研究小组请来了梅奥教授,会同原有的研究人员,组成了新的研究实验小组,继续进行实验研究工作。梅奥等对实验结果进行了分析,提出了五个假设来探讨前述实验的失败。这五个假设是:① 在试验室中改进物质条件和工作方法可导致产量的增加。② 工间休息和较短的工作日可减轻疲劳。③ 工间休息可减轻工作的单调性。④ 个人计件工资制可促使产量的增加。⑤ 管理方法的改变即人际关系的改善可改进工人的工作态度,从而促进生产。通过逐一考察,研究人员发现前两个假设不成立,它们被车间照明实验和继电器装配室实验的情况所否定,这两个实验表明物质条件、福利条件的降低以及工作日的延长、休息时间的取消并没有使产量下降,反而有所上升。第三个假设即工间休息可减少单调,也缺乏有力的论证,因为工人感觉单调与否是一种心理状态,不能作为估算产量的依据。唯一可以肯定的是,被挑选出来参加实验的工人的工作态度有所改变,变得更加积极主动,但研究人员还不敢将产量的上升完全归功于工人态度的改进。

为了考察第四和第五个假设,研究人员又设计和开展了一个实验。这个实验在继电器装配小组和另5名女工组成的云母片剥离小组之间进行。首先改变继电器小组的工资支付制度,将原来实行的集体奖励工资制度改成个人奖励工资制度,9个月后再将个人奖励工资制度还原成集体奖励工资制度,以此来观察继电器小组的产量变化情况。在实验的前一个阶段,生产量连续上升,最后稳定在原来产量的112.6%水平上;在实验的第二个阶段,产量不断下降,当该阶段实验进行到第7个月时产量下降到原来产量的96.2%。云母片剥离小组的工资支付制度则一直保持个人奖励工资制度不变,在连续实验的14个月里,产量持续增加。研究人员由此得出结论：刺激产量增加的并不是工资制度，而可能是这之外的其他因素，如士气、管理方式的改变以及人际关系的改善。

为了验证这个结论，梅奥领导研究人员们在工人中开始了大规模的态度调查，从 1928—1930 年，用了 2 年多的时间进行了 2 万余人次的谈话。研究人员以平等的身份而不是居高临下的领导身份与工人们进行了自由的谈话，他们对工人持关怀的态度，耐心地听取工人的意见，向其提供建议和意见，在管理者和工人，以及工人和工人之间建立起宽松而融洽的氛围。工人们在这种环境里畅所欲言、心情愉快、因备受关注而士气大振，谈话实验收到了意想不到的效果，工厂的产量大幅度提高。

谈话实验解开了前述实验之谜：工人们在特定条件下参加实验，让他们认为是管理当局对他们的格外重视，而生产积极性大增；并且，在实验的过程中管理人员与工人以及工人与工人之间又相处融洽，因而工人心情愉快，工作起来自觉自愿，从而导致无论是在好的物质环境还是在较恶劣的工作条件下，只要符合第五个假设的情况，工人的生产量都会上升。

第四阶段：群体实验。实验中，梅奥等研究人员感到工人中似乎存在一种"非正式组织"在起作用，于是又安排了群体实验。该实验从 1930 年始到 1932 年止，主要是对非正式团体行为的研究。实验小组由 14 名男工组成，其中 9 人是绕线工、3 人是焊接工、2 人是检验工，把这 14 人放在单独的一间房间里工作，实行计件工资制度。据研究人员原先分析，每个组员都会更加努力地工作，以争取更多的报酬。然而，实验结果却发现：每个工人的日产量都差不多，群体的产量一直保持在某个水平上。原来，小组成员间已自发形成了一种非正式的组织，他们有自己的行为规范和准则。为了避免管理当局提高劳动定额或裁减人员，他们用默契形成的产量标准，来维护其群体的利益。因而每个小组成员都不会生产太多，也不会生产太少，更不会向管理当局告密。在这样的非正式组织中，成员宁可牺牲个人的物质利益也不会违反群体的约定，否则就会招致群体的打击报复。因此，非正式组织的约束力在某些时候比正式组织还强。梅奥就此提出了"非正式群体"的概念，并指出要合理利用非正式群体的力量来加强企业员工的内部协作，提高管理效率。

全部实验的最后结论如下：第一，尽管生产条件的变化影响着劳动者的生产积极性，但生产条件与生产效率之间并不存在直接和必然的因果关系；第二，生产条件并不是增加产量的第一因素；第三，改善劳动者的士气或者说态度以及人与人之间的关系，让人们心情愉快地工作并对自己的工作感到满足，这才是增加产量、提高生产率的决定性因素。

梅奥将霍桑实验的材料和结果进行了分析和总结，并于 1933 年出版了《工业文明中人的问题》一书，提出了人际关系学说，后又在哈佛大学开设"人际关系学说"课程以宣扬他的观点。

人际关系学说又名人群关系论,其主要的论点是:生产率不仅受物理的和生理的因素影响,也受到社会的和心理的因素的影响。相对于传统的科学管理而言,人际关系学说提出了一系列新的观点:

(1) 不能如传统的科学管理那样把人当作没有思想感情的"经济人",人是"社会人",因而物质利益不是唯一的刺激人工作积极性的因素,还应该注重社会和心理因素对人的影响。

(2) 传统的科学管理认为,生产效率仅仅决定于工作方法和工作条件,因而管理中就片面强调工作方法的科学化、劳动组织的专业化以及作业程序的标准化,是"对事不对人"的管理。梅奥的理论则认为,生产效率的高低取决于工人的工作情绪即"士气",而士气又取决于工人的家庭和社会生活,取决于企业中人与人之间的关系。

(3) 传统的科学管理只注重企业中"正式组织"如组织机构、职权划分、规章制度等的作用,而忽视了"非正式组织"的影响。梅奥的理论则认为,在很多情况下,非正式组织对群体人员的影响力比正式组织更大,因而更值得重视。

(4) 传统的科学管理中企业管理者在管理工人时往往只注意人们合乎逻辑的行动。而梅奥的理论则认为,新型的管理者还应同时注意人们的非逻辑的行动,如情绪等,要善于倾听并与员工沟通,通过对员工心理需求的满足来达到提高生产效率的目的。

梅奥的人际关系学说第一次正式地将社会学和心理学引入企业管理的领域中来,在对传统科学管理的抨击中树立起"重视人性"的旗帜,为企业管理的理论和实践指出了新的方向,为管理心理学奠定了实验的基础。在西方心理学界,梅奥被誉为工业社会心理学的创始人和管理心理学的先驱。

2. 群体动力理论

群体动力理论的创始人是德国的心理学家勒温,他移居美国后对人的行为进行了大量的研究,于 1933 年提出了著名的"场"理论。勒温借用物理学中"场"的概念,把人的内在需求看作是内部力场,外界环境则被看作是情景力场,进而认为人的心理活动和行为取决于其内部力场和情景力场的相互作用。这个原理用理论公式表示出来即为:$B = f(P \cdot E)$,其中,$B$ 代表个体行为,$P$ 代表个体特征,$E$ 代表环境因素,$f$ 表示一种函数关系。这个公式表明,人的个体行为是其个性特征与外部环境相互作用的结果。

勒温在个体行为研究的基础上将该理论进一步拓展到群体行为的研究中,提出了"群体动力"理论,指出群体活动的方向同样取决于其内部力场和情景力场的相互作用。群体动力理论对群体行为的研究及其成果,构成了管理心理学有关群体行为问题的基本内容。

3. 社会测量学

社会测量学的创始人是美国的社会心理学家莫雷诺,他认为,群体的心理活动并不是偶然产生的,可以应用对态度和相互作用的演变和形式进行探索的数量方法来对群体进行研究。他提出了一种新的分析工具——社会成员测量法。这种测量法要求被研究的人员填写问卷,指出他们愿意和不愿意在一起的人。研究人员将问卷的结果画成图即画成社会成员心理测试图,企业管理者便可依据这张图来组成合适的工作团体,从而有助于工人协作和士气的提高。莫雷诺还创造了心理剧和社会剧,将团体置于某种特别设计的情景下而在精神上脱离开现实环境,人们在这种情况下扮演某种指定角色,他就对人们表现出来对他人的态度和行为进行分析,找出其中的偏差并给予相应的治疗或改变。

莫雷诺的社会测量技术和方法作为研究团体行为的有效工具,被广泛应用于管理心理学。

4. 需要层次理论

需要层次理论是美国人本主义心理学家马斯洛提出来的,其观点表述于他在20世纪40年代发表的著作《人的动机理论》。在这本著作中,马斯洛把人的需要分成五个层次,即生理需要、安全需要、社会交往需要、尊重需要和自我实现的需要。这五个层次的需要以生理需要为基础,由低级到高级依次满足,形成金字塔形的层次;各层次需要的满足度不一定是100%,而可能是相对的、部分的满足;自我实现的需要是最高层次的需要,是促使人的潜在能力得以实现的趋势。他还指出,管理当局可以依据人们不同层次的需要,采取有效的措施来激励他们努力工作。

马斯洛的需要层次理论在理论上具有科学开创价值,它把心理学中对病态心理过于关注的状况,转变为对人的潜能的积极开发,态度更加乐观。该理论对政府机构、企业和教育部门等的管理也有一定的指导作用。因此,当代西方各国的管理和管理心理学几乎都把这个理论作为重要的基础理论。

(三) 西方管理心理学的发展

以梅奥的人际关系学说为代表的上述理论在20世纪40年代末的西方工业国家中引起了轰动,企业家和理论家都纷纷投资设立研究中心、召开学术会议、讨论人际关系学说、研究人的行为。1947年,美国建立了全国性的"工业关系研究会"。1949年在芝加哥大学召开了一次跨学科的科学会议,会议正式将关于人的行为的研究理论定名为"行为科学",上述理论尤其是人际关系学说构成了行为科学的基本内容,行为科学作为一个学派由此得以发展。

20世纪50年代末,美国的经济衰退促使人们在原有的行为科学理论基础上寻求新的突破,行为科学的研究由个体行为研究、人际关系研究,开始转向组织行为的研究,既重视人的因素,又重视组织的因素,如工作任务、组织结构、隶属关系等,组织行为学可以说是人际关系学说和组织理论的综合。

1958年,美国斯坦福大学的此类课程正式启用"管理心理学"这个名称,原意是想引导读者去考虑如何领导、管理和组织一大批人去完成特定的任务。1959年,美国心理学家海尔也提出把工业心理学细分为三个方面:人事心理学、人类工程学、工业社会心理学即管理心理学。因为在西方,"管理"的含义有控制和约束的意思,容易引起工人的反感,所以,很多学者仍将"管理心理学"称作"组织心理学"、"组织行为学"等。

从20世纪60年代以来,科学技术的迅猛发展使智力劳动在社会劳动结构中的比重迅速加大,客观上推动了管理心理学的发展。当前,管理心理学的发展呈现以下几个新特点:

(1) 研究队伍不断扩大,除了心理学家外,还有社会学家和人类学家以及管理学家、经济学家等。

(2) 研究范围不断拓展,已由工业组织扩大到商业、政治团体、公共机构、政府机关、军队、医院等各种组织。

(3) 研究方向日趋综合化,既要研究个体,又要以个体为单元,研究劳动的社会环境对个人动机、态度和行为的影响,还要以社会系统为单元,研究工业系统的结构和功能、企业里上下级关系、生产班组等各类群体和组织系统的社会心理问题。

(4) 研究方法也更加多样化,逐步从单因素分析发展到多因素的综合分析,从过去传统的实验室实验方法发展为现场实验、参与观察以及大规模的问卷调查和统计分析等。

## 二、我国管理心理学的产生与发展

作为一门学科,管理心理学研究从1978年才开始在中国起步,目前尚处于探索建设中。但中国是世界文明的发祥地之一,源远流长的历史为人类留下了宝贵的文化遗产,也留下了极其丰富的管理心理思想。这些古代的管理心理思想不但是中国管理心理学形成与发展的根基,也为当代西方管理心理学进一步发展提供了新的空间。

### (一) 我国古代管理心理思想

#### 1. 儒家的管理心理思想

儒家思想对两千多年来我国社会历史与文化产生了极其深刻的影响,我国管理心理思想的形成自然也离不开儒家的管理心理思想。先秦儒家学派的代表人物是孔子及孟子,其思想分别见于《论语》和《孟子》。以孔孟为代表的先秦儒家思想主要体现在以下几个方面：

（1）关于人性，认为人性本善，人性可塑，因而主张"为政以德"，对人们加以道德上的引导和教化。《论语·阳货》中写道，"性相近也，习相远也"，即人的本性是相同的，只是由于后天的影响使人们之间出现了差异。基于这样的认识，孔子主张以德服人、以礼待人和以礼治国，如《论语·为政》中写道，"道之以政，齐之以刑，民免而无耻；道之以德，齐之以礼，有耻且格"，《论语·颜渊》中进而提出，"非礼勿视，非礼勿听，非礼勿言，非礼勿动"，《论语·里仁》中又指出，"能以礼让为国乎？何有？不能以礼让为国，如礼何"。

孟子将人性作了进一步的区分，提出了较为系统的理论，即"性善论"。孟子认为，人性本善；这种善的人性不同于动物的本性，它是人的恻隐之心、羞恶之心、辞让之心和是非之心；并且只有不断地努力去抵制外界的不良影响，才可能保持和发扬人善良的本性，如《孟子·告子上》中写道，"人性之善也，犹水之就下也；人无有不善，水无有不下"；《孟子·尽心上》中写道，"求则得之，舍则失之"。

（2）关于需要，肯定人对物质的欲望，但更强调社会的和精神的需要，并提倡用物质尤其是道德精神的手段来激励人们，从而达到治国的目的。孔子认为凡是人都有追求物质的欲望，这是正当的，应给予承认和适当的满足。即所谓"富与贵，是人之所欲也；不以其道得之，不处也"（《论语·里仁》），"富而可求也，虽执鞭之士，吾亦为之"（《论语·述而》）。不过，孔子强调，人们对富贵等"利"的追求应受到"义"的制约，如《论语·宪问》中写道，"见利思义，见危授命"，"义然后取，人不厌其取"。

孟子不但将孔子的物质需要扩展到社会交往、尊重和名望等精神上的需要，还进一步发展了孔子的见利思义思想，反对言利，把义与利对立起来。例如，《孟子·告子下》说，"为人臣者怀利以事其君，为人子者怀利以事其父，为人弟者怀利以事其兄，是君臣父子兄弟终去仁义，怀利以相接，然而不亡者，未之有也"。在这样的思想上，孔孟都主张治国先富民，为政要善，个人应有责任感和使命感，方能对民众起到较好的激励作用。《孟子·梁惠王上》中说，"明君制民之产，必使仰足以事父母，俯足以畜妻子"，《论语·颜渊》中说，"子欲善而民善矣"，《论语·泰伯》中有"士不可以不弘毅，任重而道远"。在这些"礼治"的措施之外，孔孟还极为推崇"乐"在管理个体中的激励作用，《论语·泰伯》中说，"立于礼，成于乐"。礼从外部调节人的行为，乐则从内部激发人的情感，两者共同为德治服务。

（3）关于识才、用才，重视人的作用，主张合理使用人才并发挥其潜能。儒家提出了一些识才、辨才的方法和用才的原则，如《论语·公冶长》就提到识别一个人时要"听其言观其行"，《孟子·离娄上》中提出："存乎人者，莫良于眸子。眸子不能掩其恶。胸中正，则眸子瞭焉。胸中不正，则眸子眊焉。听其言也，观其眸子，人焉庾哉?"至于用才,则要遵循任人唯贤、知人善任、用人所长的原则。《论语·为政》中说,"举直错诸枉,则民服;举枉错诸直,则民不服"。

(4) 关于处世,以"仁"为宗旨,讲求"爱人"。《孟子·梁惠王上》中写道,"老吾老,以及人之老;幼吾幼,以及人之幼:天下可运于掌"。在这个大的原则下,儒家还讲求把"孝"作为仁爱管理的根本,"忠"作为维系人与人关系的纽带,"信用"作为社会交往的道德标准,"和谐"是发展的基础。

2. 道家的管理心理思想

先秦道家也是"百家争鸣"时期的一个重要学派,它是中国古代道家的先驱,代表人物有老子和庄子,其管理心理思想主要体现在《老子》、《庄子》中。道家的管理心理思想主要有以下几个方面:

(1) 在人性与需要方面,认为人的本性是素朴、无知、少欲的。《老子·十九章》中说,"见素抱朴,少私寡欲",《庄子·马蹄》中也说,"同乎无欲,是谓素朴;素朴而民性得矣"。不过,老庄又认为,社会环境扭曲了本性,使人们变得贪婪,主张还复人的自然本性;老庄还认为人的需要若得以满足就可以产生行动的动力,因而合理的需要是应该被满足的,主张不强求的满足方式。例如,《老子·十九章》中说的"知足者富",《老子·四十四章》中也谈道,"知足不辱,知止不殆,可以长久"。

(2) 在管理谋略方面,主张以"无"为原则。道家把"道"奉为其哲学思想的最高信条,"道为万物之理"(《韩非子·解老》)就是说宇宙间一切事物全有其当然之理,人们只有发现其理才能得以其用。而事物的理是先于具体的东西——"有"的出现就存在的,所以在探讨事物和管理国家时应从"无"的角度来进行,以"无"的原则来管理,适当超脱以实现"无为而治"。正所谓"天下万物生于有,有生于无"(《老子·四十章》),所以应"功成事遂,百姓皆谓我自然"。

(3) 在人际关系方面,主张对人和事物作深入的观察,使物尽其用、人尽其才。《老子·五十四章》中写道,"故以身观身,以家观家,以国观国,以天下观天下。吾何以知于下然哉! 以此"。《老子·二十七章》中说,"常善救人,故无弃人"。

(4) 在用人方面,认为用人者应谦和而不自大、控制欲望,用人时要知人善任。《老子·六十六章》说,"江海所以为百谷王者,以其善下之";《老子·六十八章》说,"故贵以贱为本,高以下为基";《老子·二十九章》说,"是以圣人去甚,去奢,去泰……"《老子·三十三章》中说,"知人者智"。

(5) 在管理的思维方式方面,认为礼义法度应根据时势的不同而相应地变化,讲求权变的思维。老子在其著作中曾用水作比喻,提出了因势而变的思想。庄子关于这个问题的表述就更多,如"故礼义法度者,应时而变者"(《庄子·天运》),"依乎天理"、"因其固然"、"以无厚入有间,恢恢乎其于游刃必有余地矣"(《庄子·养生主》)。

3. 法家的管理心理思想

法家在反对儒家的"礼治"、"仁政"的过程中形成了自己的"法治"思想,并对中国古代管理心理思想产生了深刻的影响。它的代表人物主要有先秦时期著名的思想家慎子、商鞅、管子、韩非等,荀子的言论中也包含着一些法家的管理心理思想。代表著作有《慎子》、《商君书》、《管子》、《韩非子》及《荀子》。主要思想如下:

(1) 人性本恶。这种思想认为人都有各自的需要,而民性的根本特点是追求个人利益需要的满足。一旦某些需要尤其是基本的需要得不到满足时,就会导致人的邪念,酿成灾祸。《韩非子·解老第二十》中写道,"人有欲则计会乱,计会乱而有欲甚,有欲甚则邪心胜,邪心胜则事经绝,事经绝则祸难生。由是观之……故曰:祸莫大于可欲"。法家还认为人有趋利避害的思想,因而可以用利去激发人的积极性,同时可用义去约束人"恶"的本性,做到利、义的协调。法家认为,恶的本性是可以通过后天的影响和个人的修习来改善的。但在如何改善上,法家的主要人物们有不同的看法:荀子和管子倾向于儒家的思想,认为可以通过礼仪道德来达到改变民性的目的;商鞅和韩非则强调用刑法来制止人的恶性,他们认为人都有"畏恶"的心理,所以要多用刑、用重刑,才能很好地进行管理。正如商鞅在《商君书·说民第五》中写道:"刑生力,力生强,强生威,威生德,德生于刑。"

(2) 法治。这种思想认为,人性恶,所以是不可能完全依靠儒家的仁、义、礼来教化的,主要还应凭借法、术、势进行"法治"。法家把"法"当作管理的最高原则,舍法就不能管理。慎子在《慎子·君人》中就说过,"舍法而以身治,则诛赏予夺,从君心出矣","君舍法,而以心裁轻重,则同功殊赏,同罪殊罚矣,怨之所由生也"。法家还讲求法的公正严明。《管子·版法解第六十六》中说,"正法直度,罪杀不赦,杀戮必信,民畏而惧,武威既明,令不再行"。"术"是对"法"的辅佐,指实现有效管理的一些具体方法,如如何任用官员,如何考查工作业绩,如何选拔人才以及进行奖惩等。"势"是另一个辅佐"法"的手段,指威望、权势和地位。法家认为,巧妙地利用"势"带来的对旁人的影响力或震慑力,可以有效地提高管理的成效。法家主张将法、术、势三者结合起来实现"法治"。

4. 墨家的管理心理思想

墨家与儒家是先秦时期影响最大的两个学派,世人谓"世之显学,儒墨也"。墨家的创始人是先秦时期宋国思想家墨子,著有《墨子》一书。主要体现了重利贵义、修身亲士、尚同尚贤、非乐节用、兼爱非攻的思想和主张。其有关管理心理思想的主要内容如下:

(1) 关于人才。墨家极为看重人才,认为人才可以帮助国君管理国家,在关键时刻拯救国家。例如,《墨子·亲士》中说,"入国而不存其士,则亡国矣。见贤而不急,则缓其君矣。非贤无急,非士无与虑国。缓贤忘士,而能以其国存者,未曾有也"。因此,墨家提倡尚贤,并告诫君主无论在顺境还是在逆境都应尊重人才并借助他们的能力来治国。《墨子·尚贤》中就说,"得意,贤士不可不举,不得意,贤士不可不举"。墨家认为有德行、有能力的人就是贤能之人,而不论其出生的高低贵贱,主张"有能则举之,无能则下之。举公义,辟私怨,此若言之谓也"。贤能之人选拔起来后,还需要合理地使用,使人才各尽所能,用其所长。人才就会作出较大的成绩。《墨子·节用》说,"凡天下群百工……使各从事其所能",《墨子·尚贤》又说,"贤者之治国,蚤朝晏退,听狱治政,是以国家治而刑法正。贤者之长官也,夜寝夙兴,收敛关市、三林、泽梁之利,以实官府,是以官府实而财不散。贤者之治邑也,蚤出莫入,耕稼、树艺、聚菽粟,是以菽粟多而民足乎食"。若是用错了人,就会产生不良的后果。《墨子·尚贤》中说,"亲戚则使之,无故富贵、面目佼好则使之。夫无故富贵、面目佼好则使之,岂必智且有慧哉? 若使之治国家,则此使不智慧者治国家也。国家之乱,既可得而知己"。墨家还强调,用人不疑,疑人不用。主张用奖惩、君主将相的言行、情感和荣誉等多种方法,去激励人才为己效力。

(2) 关于处世。《墨子·兼爱》中写道,"兼相爱,交相利",这句话将墨家精神主旨表达得极为准确。墨家认为,人与人相处应怀着爱而不是恨,要互相尊重、互相体谅,唯有如此,每个人的利益才能得到满足。国君在治理国家时也应采取兼爱的义政,而不是相恶的暴政,唯有如此,国家才会和谐而太平。《墨子·兼爱》中这样写道,"若使天下兼相爱,爱人若爱其身,犹有不孝者乎? 视父、兄与君若其身,恶施不孝? 犹有不慈乎? ……犹有大夫之相乱家、诸侯之相乱国乎? 视人家若其家,谁乱? 视人国若其国,谁攻? 故大夫之相乱家、诸侯之相攻国者亡有"。兼爱的思想是墨家管理心理思想的根本。

(3) 关于管理者。墨家认为,管理者的言行对被管理者有极大的影响,管理者优秀的品质以及表现出来的素质会在民众中产生好的激励效应,因此管理者应加强自身的修养,具备必要的素质。《墨子》一书中列举了一系列管理者应具备的素质,主要有:高尚的道德品质、渊博的知识、较强的应变决策能力、能言善辩的口才、实干而不计个人得失的工作态度、节俭朴素的生活作风、宽宏平和的心态等。

(4) 关于治国谋略。墨家提出了治理国家的一套法规、制度、规范和标准,并把法仪看得神圣而至高无上,认为"天下从事者,不可无法仪;无法仪而其事能成者,无有也"(《墨子·法仪》)。墨家同时认为,君主在运用法仪进行管理时,必须了解事情的真实情况方能进展顺利。这就要求下情上达过程中的真实性,否则管理措施就会适得其反。《墨子·尚同》中论述了管理中情况传递的重要性,"故古者圣王唯而审以尚同,以为正长,是故上下情请为通。上有隐事遗利,下得而利之;下有蓄怨积害,上得以除之"。

### 5. 董仲舒的管理心理思想

董仲舒,西汉时著名的思想家和政治家,也是名重于世的大儒。他以先秦儒家思想为基础,同时吸收了法、道、阴阳各家的思想精华,把儒家思想发展成一个体系完整、符合大一统中央集权需要的学说,为当时的汉武帝纳用,从而引发了中国历史上有名的"罢黜百家、独尊儒术"。董仲舒的思想主要见于《春秋繁露》、《史记·儒林列传》和《汉书·董仲舒传》。其中包含的管理心理思想主要如下:

(1)关于领导者。董仲舒认为,领导者需要不断加强自身的修养,以提高自己对社会认知的能力,从而提高管理百姓、治理国家的能力。他继儒家"五事"即貌、言、视、听、思,提出了对领导者认知素养的要求。他认为,领导者应该是这样一种人,即态度恭敬、言语正当、视觉明晰、是非明辨、听觉聪慧、思想豁达。他还认为领导者要时时调整自己的心态,以保持乐观的情绪,这对其认知能力的修养、对国家民众的管理都是极有好处的。《春秋繁露·循天之道》中写道:"和乐者,生之外泰;精神者,生之内充。外泰不若内充,而况外伤乎? 忿恤忧恨者,生之伤也;和说劝善者,生之养也。君子慎小物而无大败也。行中正,声向荣,气意和平,居处虞乐,可谓养生矣。"此外,董仲舒面对西汉初期分裂割据的现象,提出了重威、重德的王权思想以帮助大一统中央集权的巩固。他宣扬王权天命神授说以树立君主的权威,如他在《春秋繁露·为人者天》中写道,"唯天子受命于天,天下受命于天子"。在如何巩固集权时,他又提出应以仁义道德为主、刑罚为辅,进而要求君王注重德行的修养、谨慎施权、注意言行、礼贤下士等。这个思想不仅发展了儒家仁政德治的思想,还融合了道家"无为而治"、法家"恃术处势"的主张。

(2)关于用人。董仲舒反对官吏世袭制和任亲制,提出选贤使能、用其所长、各尽其才,并设计了定期考试制度,改变了西汉初期官场混乱的局面,激发了官吏的积极性,推动了国家的统一和社会的安定。除了对官吏的激励外,董仲舒还重视对百姓的激励。他认为"利"对百姓有很强的诱惑力,所以应该满足百姓对"利"合理的需求。但"义"重于"利",只有明义,才能有利,所以总的来讲,激励应主要取向道德精神的激励。《春秋繁露·身之养重于义》中这样写道,"体莫贵于心,故养莫重于义。义之养生人,大于利矣","忘义而循利,去理而走邪,以贼其身而祸家",所以"虽富莫能自存"。

(3)关于权术。董仲舒认为,治国的大纲不随朝代的改变而变化,具体管理措施和方法可以因人、时、势而变,君主治理国家时应把握好变化的度,既要遵循古义,又要有所发展。董仲舒在《天人三策·第三策》中写道,"道之大原出于天,天不变,道亦不变",但他同时又认为万物有变与不变,"明乎经变之事,然后知轻重之分,可与适权矣"(《春秋繁露·玉美》)。

### 6. 刘劭的管理心理思想

刘劭,东汉时著名的思想家和政治家,他针对当时人才选拔和使用名不副实的流弊,写出了对策性文献《人物志》,因此《人物志》是一部专门研究人的问题的理论著作,主要分析和研究了如何知人、选人、用人和培养人,不但给出了行事的原则和方法,还分析了其中可能遇到的困难和容易出现的错误。

在"知人"方面,刘劭认为了解人的才能和品性是正确选拔和合理使用人才的前提,会给国家和个人带来好处。《人物志》开篇即说,"夫圣贤之所美,莫美乎聪明。聪明之所贵,莫贵乎知人。知人诚智,则众材其序,而庶绩之业兴矣"。在如何选拔贤士上,刘劭主张通过对人的道德行为、生活作风、才能性情的品评结果来选定。品评是借助于人的外部表现来进行的,如观察人的神、精、筋、骨、气、色、仪、容、言等九个特征就可以知道其内在素质。在选拔人才的过程中,选拔者因各种原因经常犯一些错误,使选拔出来的人名不副实。刘劭将这些错误分为六大类:一是仅靠传闻而不去求证;二是受自身爱恶的左右;三是为贵贱所迷惑;四是忽略本质;五是先人为主;六是以偏概全。认为选拔者只有克服了这些错误,才能选出真正的人才。在人才的任用上,刘劭认为会遇到人才因种种情况而不能合理使用的困难。针对这些困难,刘劭提出了一系列颇有见地的思想,如理论研究要推举有良好心理素质的人担当,将不同的人才置于不同的位置,根据不同的情况使用不同的人才,用人所长等。

### 7. 贞观时期的管理心理思想

贞观时期是中国封建社会的繁盛时期,当政者在重视儒家学说,遵循孔孟之道的基础上,把道家的"清静"、"无为"奉为圣旨,并剔除其中的消极因素,将其运用在治理国家的方方面面。主要思想体现于吴兢所著的《贞观政要》。

在人才的管理方面,强调甄别人才的重要性。《贞观政要·择官》中,唐太宗就说:"何代无贤,但患遗而不知耳!"这即是说,不是没有人才,而是怕不能识别人才。人才的选出是不容易的,因而一旦选出,就要善于利用。

在人才的利用中,要爱惜人才、人尽其用,要尊重和信任他们,才能发挥其作用,为国家作贡献。对于君臣自身,也有品质修养上的要求。唐朝重臣魏徵就曾向唐太宗提出"十思",提醒君臣应注意克服的十种不良作风,即不思知足、不思知止、不思谦降、不思挹损、不思搏节、不思后患、不思延纳、不思正己、不思因喜而僭、不思因怒而滥等。

在人际关系上,主张以"诚信"为原则,国君要信任臣子,臣子要忠诚于国君,臣子与臣子之间也要互相信任。《贞观政要·政体》中写道,"倘君臣相疑,不能备尽肝膈,实为国之大害也",即是说,若上下互不信任、缺乏忠诚,则于国家不利。在管理中,还主张"主纳忠谏,臣进直言"(《贞观政要·求谏》),主张赏罚要公正等。

《贞观政要》一书被称为当代管理者最需要研究的一本"领导学"。除了贞观思想外,还有儒家的程朱理学和兵家的《太白阴经》和《武经总要》,都是对先秦思想的继承和总结。

## (二) 我国近代管理心理思想

我国近代管理心理思想是围绕着民族的自强、国家的民主展开的,是随着资本主义的发展而发展的。主要的代表人物有魏源、郭嵩焘、张之洞、康有为、孙中山等人。

魏源,今文学派学者,著有《海国图志》一书,主张"师夷长技以制夷",学习西方技术如制造武器来达到自强的目的。他的主张得到了曾国藩、左宗棠、张之洞等官吏的支持,成为闻名一时的洋务派。洋务派的管理谋略中包含了许多管理心理的思想,如重视人才,许多富有管理才干和经验的买办被委以管理企业的大权,同时还强调企业领导在管理中的权威和影响力。

郭嵩焘,熟谙儒家经典的礼学大师,提倡通过发展民办工商业来刺激商人的责任感和进取精神,从而可以达到"利民"进而"富国"的目的。张之洞在论及西方体制和中方现状时提出了"中学为体,西学为用"、"中学治身心,西学应世变"的思想,引发了当时关于"民权"的大讨论。这之后,今文学派集大成者康有为在维新改良的政治主张中对富国之法、养民之法和教民之法也有论述,更提出了他的君主立宪和三权分离的思想。孙中山崇尚儒家的仁德思想,并将之演化到自己的政治主张中,提出了万事万物由公理、原则来主宰,因而"天下为公"、"人人皆兄弟"。在此基础上,孙中山还提出了"全民政治"的设想,即赋予人民选举权、罢免权、创制权、复决权四项民权以管理政府的行政权、立法权、司法权、考试权、监察权,使人民和政府的力量保持彼此平衡。除了上述官吏大儒,中国很多民族企业家注意到了"精神"在企业管理中的重要性,并开始探索企业精神的塑造。总的来讲,近代的管理心理思想是中西杂糅的思想,注重人才、管理机制和民权的探讨。

## (三) 我国当代管理心理思想

新中国成立前的管理心理思想因受社会经济水平的限制,并不发达。新中国的管理心理思想一直是围绕着如何调整中央与地方、中央与企业、企业与职工的权、责、利关系展开的。1956 年,毛泽东在《论十大关系》中指出,"国家和工厂、合作社的关系,工厂、合作社和生产者个人的关系,这两者关系都要处理好"。1960年,他又提出了著名的"两参一改三结合"的思想,即工人参加管理,干部参加劳动,改革不合理的规章制度,做到技术人员、工人、干部三结合。实践中"大庆精神"受到重视。中共十一届三中全会后,简政放权的思路为管理心理思想注入了新的活力,企业经营制度发生变化,厂长经理负责制激发了企业领导者的积极性,企业内部的经济责任制提高了职工的责任心和工作的主动性,企业职工的民主权利通过职工代表大会和工会得到了保障;农村实行的家庭联产承包制也给中国农民带来了好处。这个时期,经济生活中人的因素逐渐受到重视,权力的自由度逐步提高。

管理心理思想随着经济体制改革的深入不断有所丰富。

我国的管理心理思想博大精深、渊源悠远，但进入近代后成体系的并不多，其发展相对进入了停滞状态，以至于迄今为止仍没有形成一门独立的科学。管理心理学的研究在中国几乎是一个空白点。20 世纪 70 年代末，中国的理论工作者才开始着手对国外管理心理学的理论和实践进行介绍和评论。这以后，各种研究组织开始出现，建筑在中国实践基础上的管理心理学研究广泛开展起来，一些以东方文化为背景的研究著作开始出现。各高校也开始设置"管理心理学"、"行为科学"和"组织行为学"等课程，以"管理心理学"命名的教材日益增多。目前，我国管理心理学的理论研究和应用研究已取得了突飞猛进的大发展，各种有中国特色的理论学说不断涌现，具有中国特色的管理心理学理论体系正在不断地日趋完善与成熟起来。

# 本 章 小 结

管理心理学是心理学的一个重要分支，也是现代管理理论的一个重要组成部分，是研究管理过程中人们的心理现象、心理过程及其发展规律的科学。其主要任务是运用个体心理和行为规律、群体动力原理、组织理论和领导原则，揭示管理过程中人与人、人与物之间关系的规律性，充分调动人的工作积极性，从而提高工作效率和管理效能，为发展社会生产力服务；主要包括个体、群体、组织、领导等心理和行为活动的规律性以及各种理论。管理心理学具有人本性、综合性、应用性等特点，它既有自然科学性质，又有社会科学性质，是一门自然科学和社会科学交叉的学科。

管理心理学的研究方法主要是以心理学的研究方法为基础，结合管理的实际，使问题的解决更有科学依据。管理心理学的观点和结论是建立在完整的、系统的科学调查或实验研究的基础上的。研究原则包括客观性原则、相关性原则以及发展性原则，基本研究程序包括课题的选择、根据课题的研究目的建立假设、调查和实验的设计、研究的取样、数据的收集、数据的统计分析和作出结论等步骤。研究方法主要有观察法、个案研究法、调查法和实验法等心理学常用的研究方法。

西方管理心理学起源于 19 世纪末 20 世纪初，作为一门科学创立于 20 世纪 50 年代初的美国，随后在西方国家的企业管理理论和实践中得到普遍的承认和广泛的应用。在孕育阶段，闵斯特伯格和斯科特的研究使工业心理学作为管理科学的重要组成部分明确地建立起来了，为管理心理学的形成奠定了基础；另外，人事心理学和工程心理学的研究都对管理心理学的形成产生了很大的影响。在创立阶段，霍桑试验与人际关系学、德国的心理学家勒温的群体动力理论、美国的社会心理学家莫雷诺的社会测量学理论、美国人本主义心理学家马斯洛需要层次理论构成了管理心理学的主要理论基础。从 20 世纪 60 年代以来，当代西方管理心理学取得了较大的发展，主要特点有：研究队伍不断扩大、研究范围不断拓展以及研究方向日趋综合化等特点，并且在组织管理的应用领域得到了普遍的推广与应用。

我国管理心理的思想源远流长，一直是东方管理心理实践和理论的代表。我国古代管理心理学思想主要有儒家思想、道家思想、法家思想、墨家思想以及董仲舒等人的思想和贞观时期的管理心理思想等。近代我国管理心理学思想的代表人物主要有魏源、郭嵩焘、张之洞、康有为、孙中山等人，其特点是中西杂糅的思想，注重人才、管理机制和民权的探讨。20 世纪 70 年代末，我国的理论工作者才开始着手对国外管理心理学的理论和实践进行介绍和评论，各高校也开始设置"管理心理学"、"行为科学"和"组织行为学"等课程，以"管理心理学"命名的教材日益增多。目前，我国管理心理学研究正沿着中国改革开放的轨迹迅速开展起来，相信会逐步建立起具有中国特色的管理心理学理论体系。

## 思考题

1. 什么是管理心理学？
2. 简述管理心理学的研究内容。
3. 一项典型的管理心理学研究应包括哪些基本过程？
4. 简述闵斯特伯格的工业心理思想。
5. 简述霍桑试验对管理心理学创立产生的影响。
6. 简述儒家、道家、墨家的管理心理思想。

### 阅读材料

#### 管理心理学专家系统

专家系统一般指的是一种智能计算机程序，它用一定领域专家的知识和推理进程去解决通常需要人的知识和经验才能解决的复杂问题。管理心理学专家系统是管理心理学领域内专家的知识经验和计算机技术在该领域的应用成果。它描述的既不是数值计算的算法，也不是结构规范的数据库文件，而是管理心理学领域专家的知识和经验。这包含三层含义：① 该专家系统是软件，但由于它具有智能而不同于一般软件。② 它来源于管理心理学领域专家的经验、知识及解决问题的诀窍。③ 它要解决的问题本来是由称为"专家"的人才能解决的。它通过人机交互方式或其他方式获取新的知识，并用知识求解问题。

## 一、管理心理学专家系统的特征

### 1. 所利用的知识具有启发性

管理心理学专家系统的突出特点就是能存储和利用管理心理学领域内的启发性知识。在领域专家所掌握的大量专门知识中，有启发性知识和逻辑性知识两种类型。逻辑性知识是能够确保其正确无误的知识；而启发性知识往往是不完全、不精确、不确定的。而真正使专家比一般专业人员技高一筹的大都是这种启发性知识，是在其长期实践中积累起来的宝贵经验。这些知识通常没有严谨的理论依据，很难保证其在各种情况下的普遍正确性，但在一定条件下解决问题，它们往往简洁而有效，能够起到有效地简化问题或快速求解问题的作用。

### 2. 对知识的使用具有透明性

启发性知识是专家在实践中积累起来的知识，所以通常只有专家本人了解它们。同时，启发性知识多来源于经验，没有正确性保障。一般情况下，这些专门知识是很难写入教科书或其他专业书籍的。因此，人类专家的专门知识通常不被他人所了解，它们基本上是专家本人的专有知识。正因为如此，一方面，这些启发性知识通常鲜为人知。另一方面，它们又没有正确性保障。所以，如果专家系统像其他应用程序一样只提供最终结论而不对其作任何解释，则势必会影响用户对这些结论的信任程度，特别是当系统的结论与用户的看法相抵触时，更是如此。因此，管理心理学专家系统应具有解释功能，它可以回答用户的问题，告诉用户它是如何解决有关管理心理学方面的问题的，使用了哪些知识，这些知识的内容是什么以及它们的来源和合理性等，使专家系统对用户来说是"透明"的。较好的透明性也有助于知识的检验和修改。

### 3. 对知识的修改和扩充具有灵活性

由于启发性知识没有正确性保证，所以，相对于逻辑性知识来说它们是不稳定的。一旦遇到新情况、新问题，专家随时可能修正已有的知识或归纳出新知识以便能够处理这些问题。专门知识的不稳定因素要求管理心理学专家系统应具有较大的灵活性。也就是说，专家系统的知识应容易修改和扩充。

4. 对问题有较强的求解能力

管理心理学专家系统集各家之所长,把宝贵的、仅有少数管理心理学家才拥有的知识与经验"教"给计算机,这个知识集在数量和质量上的优势使管理心理学专家系统具有了像领域专家一样甚至更高的问题求解能力。

## 二、建立管理心理学专家系统的意义

### 1. 有利于知识的保存

由于专家系统中的知识来源于领域专家的知识和经验,因此,随着专家在本领域探索的不断深入,经验的不断积累,他所能提供的专家知识将越来越有价值。专家系统就是一种能将领域专家终其一生所得到的丰富经验保存下来的很好手段。保存的意义从另一种角度也可以理解为保存由于调动、退休、生病或死亡等变故而造成的知识流失。

### 2. 有利于知识的传播

专家系统使领域专家的知识能够为更多的人利用或学习。知识是一种宝贵的资源,知识的推广和使用可以产生巨大的经济效益。传统的知识转移包括教育、实习等步骤,通常需要较长的时间周期。把知识形式化并存入计算机中,知识的复制和转移就变得简单易行了。

### 3. 有利于知识的利用

尽管专家们精通业务,能熟练地解决问题,但地理位置、工作强度、外界环境、心理状态等因素都妨碍了专家充分发挥作用。管理心理学专家系统可以克服这些不利因素,很好地利用专家的知识造福于人类。另外,专家系统可以集各家之长,博采各学派之精华,避免单个专家的局限性。

### 4. 有利于知识的评价

通常把专家头脑中的知识形式化并很好地组织起来存入计算机中,对专家本人会有较大的促进作用。他可以从中发现其知识的缺陷,便于修改和提炼这些知识。同时,形式好并具有很好组织结构的知识易于被他人所理解,专家个人的知识处于公众的检验和评判之中,也有利于这些知识的改进。另外,不同专家的知识在专家系统中都用统一的形式描述,便于比较和评判这些知识的优劣。

## 三、管理心理学专家系统的建立

建立管理心理学专家系统是一项比较复杂的工程,它不仅需要有具备较高编程水平的软件工程师的努力,同时还需要有领域专家的协作。基本过程如下所述。

1. 确定问题域

确定问题域就是考虑在专家系统开发的适用性和必要性的前提下确定专家系统的应用范围。比如,目前的管理心理学专家系统由于考虑到其开发过程中所涉及的具体困难,还只停留在有关心理测量的专题应用上。而实际上心理测量仍然是一个范围较广的概念,它包括能力测验、个性测验、群体社会心理气氛测验等许多领域。只有严格界定了问题域的范围,才能为下一步领域专家的选择及一系列模型、规则的确定提供比较直接的参考。

2. 选择和修订基本材料

首先应确定选用哪些领域专家作为专家系统知识库的知识来源。由于管理心理学涉及心理学、社会学、人类学、管理学等多种学科,可选的专家范围比较广泛,其选用的宗旨是对于由领域专家的专门知识组织起来的知识库知识的使用是行之有效的。领域专家的名单确定以后,接下来的工作就是如何从这些领域专家处获取知识。知识工程师一方面需要同这些领域专家讨论,找到问题的关键点,另一方面需要通过一切可以得到的背景材料,如文献、手册、工作规程、工作工程的录音或录像等获取基础知识。知识工程师在消化了所有背景材料之后,同领域专家进一步作详细的讨论,将所获知识进行分析、编码和成文。获取领域专家不成体系的专门知识比较有效的途径是选用典型例子,以确定知识表达方式、推理方式以及问题求解方法等。

3. 选择开发工具

在基本确定了知识表达方式、推理方式以及问题求解方法以后,专家系统的基本结构也就相应地确定了。在此基础上,根据开发工具不同的特点,选用与推理方式和知识表达方式一致的工具来开发专家系统。目前,对于开发管理心理学专家系统来说,管理心理学专家系统开发工具是比较理想的选择。因为它是专门为开发管理心理学专家系统而设计的,针对性很强,对于管理心理学领域内的某些心理测验、调查问卷等的模型构架非常适用,不但可以做到省时省力,更重要的是用它开发的专家系统可以比较容易地达到令人满意的使用效果。但从发展的眼光看,对于管理心理学专家系统而言,随着它应用范围的拓展,其设计要求也会越来越高,那时,也许只有程序设计语言才能适应其不断的变化。因此,对于不同的需求应选择合适的开发工具。

4. 系统开发和集成

在材料和工具都已准备妥当的前提下,就可以开始着手开发工作了。在这个过程中,主要需解决的问题是由于不同的开发者对系统规划和设计中的规定的不同理解而产生的一系列冲突,将知识库、推理机制、用户界面及其他附属软件整合成一个完整的系统,是一个不断磨合的过程。

5. 测试和评价

刚刚编制完成的专家系统一般不宜马上进入使用阶段,它需要一段时间的"试用期"。在这段"试用期"内,需要对专家系统作以下的调试:① 对专家系统各部分功能能否正常运行进行调试。② 对知识库中的专家知识能否正常发挥专家作用进行调试。"知识"的调试对于专家系统来说尤为重要,因为专家知识的不确定性很容易导致错误地使用知识,从而导致其判断结果与领域专家的判断不尽一致的现象发生。因此,很有必要在专家系统的试用期间,只将它作为领域专家进行诊断的辅助工具,用领域专家的诊断结果与专家系统的诊断结果进行对照,找出差异存在的原因,以便对"知识"进行修正,最终实现其发挥领域专家作用的目的。在评价过程中有一个值得注意的问题,就是允许专家系统出错,如同人类专家也会出错一样。因此,对专家系统正确性的评价不能采用正确率百分比的方式,而应通过同领域专家所能达到的正确率作比较的方式得出相应的评价结论。

6. 应用与维护

在管理心理学专家系统的使用过程中,需要对知识作不断的更新,特别是对于评价人格、智力、各种能力和基本素质的定量标准,应及时跟上领域内专家知识的发展。因此,对它的维护是一个长期完善和发展的过程,其主要的工作就是对知识库中知识的不断修改、扩充和完善。在这个过程中,非常有意义的方面就是可以促进领域专家和专家系统的共同成长。对专家系统的建设使领域专家将自己的知识条理化、形式化、结构化,使自身知识的不足部分得到有益的补充,错误或不正确的部分得到改正,使领域专家对自身问题求解过程有更深刻的认识,甚至将改变其原有的问题求解方式。

#### 四、管理心理学专家系统的基本构件

1. 知识库系统

管理心理学专家系统的核心部分之一是知识库,它包含有描述关系、现象、方法的规则,以及在领域专家知识范围内解决问题的知识。知识库可以认为是由事实性知识和推理性知识组成的,它的来源主要有以下三个方面:① 管理心理学领域专家的知识、经验和诀窍。② 有关书籍、刊物等的定义和知识。③ 心理测量中所获得的知识、经验等。管理心理学专家系统通常将这些知识以一定的形式或规则进行结构化处理,形成具有一定结构的知识库。管理心理学专家系统知识库的结构可以分为三个层次:第一层是数据,相当于一般知识库中的事实知识;第二层是模型知识,是根据所获数据进行统计分析后得到的一系列评价人格、智力、各种能力和基本素质的定量标准;第三层是规则,这里的规则一部分是通过模型计算、归纳、推理的结果,另一部分是将研究结果整理成专家知识调查表,通过广泛征询领域专家意见统计计算后得出的结果及规则。

2. 推理机制

推理机制是利用知识进行问题求解的控制机制,是用过程化方式表征的程序。推理机制动态地组合使用知识,并在这些知识的基础上产生更多的知识,以便根据不同的情况采用不同的解决策略,发挥出智能的作用。它包括推理机和解释器。推理机包括操作规则和原理。推理机"知道"如何使用知识库,它的推理过程涉及知识库中所有的三个层次的知识(数据、模型和规则)。它的作用是确定下一步应选用什么规则,如何应用规则,以便从知识库的信息中得出合理的、前后一致的结论。实际上,推理机是通过决定激活和访问知识库中哪条适用的规则来驾驭专家系统的。推理机执行这些规则,通过"匹配-冲突消解-执行"的循环过程确定是否已找到可接受的解,并把结果送到用户界面输出。解释器可以对试图达到或已推得的某个结论的推理过程进行解释,回答"为什么"和"怎样推理"的问题,前者将通过向用户显示当前正在使用的规则来进行解释,而后者将通过提供推到当前的问题所经过的咨询诊断步骤来进行解释。

#### 五、管理心理学专家系统的应用前景

让管理心理学专家系统发挥专家的智慧,帮助进行综合诊断、指导甚至决策是管理心理学应用专家系统技术的最终目标。但是,在现阶段,专

家系统的应用还存在着许多不足之处,主要包括四个方面:① 目前的知识库规模相对于人类专家拥有的知识来说,还是很小的。因此,它的适用范围就很窄,遇上例外情况,往往束手无策。专家系统的功能实现都是建立在已有知识的基础上进行的,超过已有知识便会一筹莫展。② 开发专家系统是十分困难的,比开发传统的程序要难得多,最困难的是专家知识的获取。寻找好的专家有困难,一流专家的知识才能建成一流的专家系统,然而要从一流的专家那儿获取知识,尤其是获取他们解决问题时的直觉、经验、诀窍,并用适当的知识表示方式组织起来,难度很大,费时又费力。③ 专家系统的开发是昂贵的,它需要巨大的人力、物力和财力的投入,对于大部分企事业或团体来说,还难以单独承担其开发费用。④ 专家系统并不是百分之百的可靠,它的结果必须经过审核、测试、仔细检查后才能使用,通常要由人作最后判断。无论是知识工程师还是领域专家,都在努力地弥补这些缺陷,以期用高性能的专家系统来促进管理心理学的进一步发展。针对知识库规模狭小的问题可以采取各个击破的方法。对于人类专家而言,也还有专才和博才之分,而对于一个专家系统来说,首先要求它可以解决问题,无论这个问题域的范围是宽是窄,它首先应该就这个范围有比较好的问题求解能力。因此,在开发专家系统的过程中,应该确定合适的问题域,也就是说所确定的问题域应该已经拥有丰富的专家知识,以确保其性能。在这样的前提下,可以逐渐地向其他问题域进行拓展。管理心理学专家系统虽然就其现状而言,应用的范围很窄,但其潜力巨大。随着知识的积累,将向更高的层次、更宽的应用发展。

对于如何能有效地获取并利用这些影响到专家系统生命力的至关重要的知识,以拓宽知识库的规模,有关技术的研究正在不断地探索之中。现实世界的许多问题是不精确的,管理领域尤其如此。在知识库方面,对元知识的研究、常识的表示、时间和空间知识的表示取得了很大进展。在推理方面,目前主要的手段有确定性因子、模糊逻辑、猜测等办法,模糊专家系统也已成为一个热门的研究方向,而且取得了相当的进展。专家系统要进行实际应用,不但需要考虑其可行性,还需要考虑其适用性,是一个花巨大的代价是否值得一试的问题。虽然开发一个专家系统的费用很大,但却是非常有意义的。在管理心理学领域应用专家系统技术的前景有它的可实现性和巨大优势。

# 第二章
# 个性心理与管理

**【本章导读】** 现代管理已经从最初的 Know How 转向了 Know Who，即从了解如何生产转向了解人。这是以人为本的管理，要求管理者对人有深入的了解，只有这样才能在管理工作中依据个体差异而作出恰当安排，充分发挥每一个人的积极性，组成优良的工作团队，提高组织的工作效率。本章首先介绍了个性心理的相关理论内容，然后在此基础上介绍了如何在管理实践活动中运用该个性心理理论来指导管理实践，服务于管理工作，从而提高工作效率。

普通心理学研究人的心理现象及其规律，通常被分为心理过程和个性心理两个部分。心理过程指人脑能动地反映客观事物的过程，反映的是人类心理活动的一般规律性。个性心理又被分为个性（即个性心理特性，又称人格）和个性倾向性两部分，个性指在心理过程中稳固而经常表现出来的某些个人的特点，它代表了个体间的心理差异，如气质、性格、能力等。个性倾向性是人们进行社会活动的基本动力，代表个体对事物的不同态度及行为方式，如兴趣、需要、动机等。

虽然个性心理是心理学研究的一个领域，但是对人及人性的研究已经渗透到各个学科和研究领域，包括管理心理学。本章介绍如何把心理学中关于个性的理论应用于管理，以便人尽其才，提高工作效率。

## 第一节 个 性 概 述

### 一、个性的概念

**（一）个性与性格、人格、气质的概念辨析**

提到个性，人们不免联想到与之相似的其他几个概念，包括人格、性格以及气质。它们之间关系密切而且很容易混淆，所以在介绍个性的概念之前，有必要先对其进行辨析及阐释。

1. 人格与个性

我国古代汉语中没有"人格"这个词，"人格"这个术语是现代从日文中引入的，而日文中的"人格"则来自对英文单词"personality"的意译。人格是一个有着颇多歧义和界说的概念,不同的研究者对人格的理解不同,研究的范围不同,所下的定义也很不相同。迄今为止,没有一个人格定义是为学者们所一致认可的①。本章我们采用人格心理学家 Jerry M. Burger 在他所著的第六版《Personality》中的定义,他将人格定义为"稳定的行为方式和发生在个体身上的人际过程"。

1949 年以后,我国心理学界从俄文著作中翻译了大量的心理学文献,把"人格"意义上的俄文单词都翻译为了"个性"(individuality)。由此出现了这两个概念在运用时的混同和混乱,很多心理学著作中都把这两个概念当作同一个含义来使用。

在黄希庭所编著的《人格心理学》中,对这两个概念作了区分:其一,个性是指人的个别差异,是从差别的角度来看一个人不同于他人的特点;人格则是对一个人的总的描述或本质的描述。从这个意义上讲,个性仅表达人格的独特性,而人格还有整体性的特点。其二,人格只是针对人而言的,而个性是相对于共性而言的,因此世界上的万事万物都有个性。

尽管对人格和个性可以作上述的区分,但本章还是沿用了通常的管理心理学教材中的用法,本节标题中的个性即表示人格。

2. 性格与气质

当代美国心理学文献中不常用"character"这一术语,西欧的心理学文献中,"character"常与"personality"混用。在我国的心理学文献中,性格是人格结构的一个主要成分,性格包含于人格之中。虽然在日常生活中,人们常常把人格和性格混同起来。

性格是人格中的现实层面,是后天形成的。心理学家对性格的定义也对此有所侧重,如"性格是对客观现实稳定的态度以及与之相适应的习惯化的行为方式";"性格是指个人的品行、道德和风格。它是人格结构的一个重要组成部分,是个人有关社会规范、伦理道德方面的各种习性的总称,是不易改变的、稳定的心理品质,如诚实、坚贞等可作为善恶、好坏、是非等价值评价的心理品质"。

气质(temperament)是个人生来就有的心理活动的动力特征,类似于我们平常所说的"秉性"、"脾气"。例如,有人暴躁易怒,有人温柔和顺等。

与性格一样,气质也是一种人格特征。但与性格不同的是,气质是人格发展的先天基础,强调人格中的先天倾向,它依赖于人的生理素质或生物特点。

总之,个性经常与人格混用,如果严格区分,那么个性是指人格的独特性,是人格的一部分。性格和气质也是人格的一部分,气质是人格发展的先天基础,性格是后天形成的侧重现实层面的心理品质。

---

① 黄希庭. 人格心理学[M]. 杭州:浙江教育出版社,2002.

**（二）个性的概念**

个性，即人格，是一个人区别于他人的稳定的、独特的整体特点；是稳定的行为方式和发生在个体身上的人际过程①。

影响个性形成的主要因素有两个：一是遗传生物因素，二是环境因素。前者包括遗传、先天素质和成熟速率等，后者指一定的家庭、团体、学校等社会环境。个性是遗传和环境交互作用的结果，是相辅相成、难以分离的。至于在这种交互作用中两者孰轻孰重，要视情况而定，在不同的时间阶段和不同的情境中，是不同的。

# 二、个性的特性

**（一）稳定性与可变性的统一**

个性首先是稳定的，包括跨时间的稳定性和跨情境的稳定性两个方面。跨时间的稳定性即个性的持续性，表现为每个人自我的持久性。昨天的我是今天的我，也是明天的我，不因职业、贫穷、幸福与否而改变，这就是自我的持续性，是个性稳定性的一个重要方面。跨情境的稳定性即个性的一致性，是指一个人的个性特点不因情境变化而改变。例如，一个外倾的人不仅在学校里善于言谈和交朋友，而且在工作中也是如此。不过一个外倾的人偶尔也会表现出安静、与他人保持距离的行为，这些不属于个性特征，只有那些经常表现出来的、稳定的心理和行为特征才属于个性特征。

个性的稳定不是绝对的，而是相对的。即稳定的个性并不是一成不变的，而是会在特定的条件和环境下发生或多或少的变化。个性的变化有两种情况，一是个性特征会随着年龄增长而变化其表现方式，如一个容易焦虑的人，在少年时代为考试而忧心忡忡、心神不宁；而老年时则会为死亡和疾病而恐惧。二是对个人有决定性影响的环境因素和机体因素会改变个性特征，如移民异地、严重疾病等重大的生活事件有可能会影响个体的某些个性特征，如价值观、信仰等。

**（二）独特性与一般性的统一**

个性具有独特性。每个人都是独特的，都具有区别于他人的个性特征，因此我们才能把张三、李四和王五区别开来。正如一棵树上没有完全相同的两片叶子一样，世界上也没有个性特征完全相同的两个人。但是个性的独特性并不排除个性的共同性，如北方人有北方人的共性，直率豪爽；南方人有南方人的共性，细腻精明。这也就是说，生活在同一地区、同一民族、同一国家的人们，会因为共同的生活习惯、宗教思想、文化传统而具有相同的特点，即他们的共性。

---

① Jerry M. Burger. 人格心理学[M].陈会昌，译. 北京：中国轻工业出版社，2010.

### （三）社会性与自然性的统一

个性的社会性是指个体在社会化的过程中由生物意义上的人变为社会意义上的人。所谓社会化是指个体在与他人交往中掌握社会经验和行为规范，获得自我的过程。人类的婴儿具有一种与生俱来的对社会生活的需要和适应此种生活的能力。在社会生活中，人不断地总结社会经验，调整和发展自我，以适应发展变化的社会。与此同时，人还通过自觉的、独立的活动来改变社会，发展社会。正是在这个社会实践的活动中，人拥有了社会性。

个性的社会性并不排除个性的自然性，因为个性要受到个体生物特性的制约，是在个体特有的生理基础之上形成的。我们不能否认遗传对人类某些心理特征的巨大影响，如有的婴儿生下来就对人十分冷淡，有的则热情爱笑。可想而知他们从父母和他人那里得到的反应也不一样，逐渐形成的心理特征也将有所不同。

# 三、个 性 理 论

### （一）六大理论流派对个性差异的阐释

有一句格言："人与人之间无差别则已，有差别就很大。"这句话几乎总结了个性心理学家的观点。为什么有人交朋友不费吹灰之力，有人却形单影只？个性心理学家希望了解是什么使得人与人如此不同。针对这一问题，在过去的一个世纪中形成了很多种个性理论，其中有六个理论流派旗帜鲜明地提出了自己的个性理论。

精神分析流派的心理学家声称，人的无意识心理对他们个性的差异起着很大的作用。特质流派的心理学家确信人与人之间的个体差异是稳定的，每个人都处在各种各样的个性特征的连续体上的某个位置上。生物流派的心理学家用遗传素质和生理过程来解释个性的个别差异，那些富有攻击性的人是因为比别人具有更强的攻击性遗传倾向。人本主义心理学家认为，人的责任感和自我认同感是造成人格差异的主要原因。行为主义和社会学习流派的心理学家认为个性是条件反射和心理预期的结果，各种不同的条件反射累积的结果就造成了个体之间的个性差异。最后，认知流派则用人们加工信息方式的差异来解释个性的差异，他们认为人们如何对某一情境作出反应，取决于人们怎样解释这一情境。

### （二）典型的个性理论介绍

上面总结了六种理论流派对个性差异的解释，下面要介绍的几种典型的个性理论大致都属于上述流派的某一种。这些描述个性的理论采取了两种不同的角度，一种是将人的个性分为几种不同的类型，即个性的类型理论；另一种是个性的特质理论，特质理论家试图确定能够用来描述大多数人的个性的那些特质——即个性的有效组成元素。

## 1. 个性的特质理论

如上所述,个性的特质理论认为人的行为不受他的类型所制约,而是由若干种稳定的特质所决定的。特质是决定个体行为的基本特性,是个人有别于他人的特性。特质理论的主要代表人物是美国心理学家奥尔波特和卡特尔。

(1)奥尔波特的特质理论。奥尔波特是首次提出个性特质理论的心理学家。他把人格特质分为两类:一类是共同特质,即那些大致上适用于每一个人的特质;另一类是个人特质,指个体身上所独具的特质。个人特质包括三种:第一,是核心特质,指最能说明个体个性的若干个特质,不同的人其核心特质的数量不同,通常在 5 到 10 个之间;第二,虽然大多数人的核心特质都有几个组成,但对于一小部分个体来说,有时候一个单一的特质就可以决定其个性,这种单一的特质即首要特质;第三,次要特质,指对个体来说不太重要的特质,往往只在少数情况下才会表现。

(2)卡特尔的人格特质理论。卡特尔借用因素分析的方法,致力于发现组成人类人格的基本特质究竟有多少个。通过研究,最终确定了 16 种基本特质,并编制成了得到广泛应用的人格测量问卷:16 项人格因素调查表(简称 16PF)。

表 2-1 列出了卡特尔确定的 16 种人格特质,以及高分者和低分者所具有的特征。卡特尔认为每个人身上都具备这 16 种特质,只是每个人表现的程度不同而已。人格的差异主要表现在量的差异上,可以对人格进行量化分析。

**表 2-1  卡特尔的 16 种人格特质**

| 人 格 特 质 | 低 分 者 特 征 | 高 分 者 特 征 |
| --- | --- | --- |
| 乐群性 | 缄默孤独 | 乐群外向 |
| 聪慧性 | 迟钝、知识面窄 | 聪慧、富有才识 |
| 情绪稳定性 | 情绪激动 | 情绪稳定 |
| 恃强性 | 谦逊顺从 | 支配、攻击 |
| 兴奋性 | 严肃审慎 | 轻松兴奋 |
| 有恒性 | 权宜敷衍 | 有恒负责 |
| 敢为性 | 畏怯退缩 | 冒险敢为 |
| 敏感性 | 理智、着重实际 | 敏感、感情用事 |
| 怀疑性 | 信赖随和 | 怀疑刚愎 |
| 幻想性 | 现实、合乎常规 | 幻想、狂放不羁 |
| 世故性 | 坦白直率、天真 | 精明能干、世故 |
| 忧虑性 | 安详沉着、有自信心 | 忧虑抑郁、烦恼多端 |
| 激进性 | 保守、服从传统 | 自由、批评激进 |
| 独立性 | 依赖、随群附众 | 自立、当机立断 |
| 自律性 | 矛盾冲突、不拘小节 | 知己知彼、自律严谨 |
| 紧张性 | 心平气和 | 紧张困扰 |

（3）"大五"人格。在卡特尔早期工作之后的几十年里，人格心理学家一直致力于确定和描述人格的基本维度。一些不同的研究群体从许多不同的人格研究资料中发现了关于五个人格维度的证据，即"五种特质"的模型，形成了著名的"大五"人格结构理论。表2-2列出了人格的五个因素以及高、低分者的特征。

表2-2  "大五"人格因素及高低分者特征

| 人格因素 | 低分者特征 | 高分者特征 |
| --- | --- | --- |
| 神经质 | 平静<br>安全感<br>自我满意 | 烦恼<br>不安全感<br>自怜 |
| 外向性 | 不好交际<br>严肃<br>含蓄 | 好交际<br>爱娱乐<br>感情丰富 |
| 开放性 | 务实<br>遵守惯例<br>顺从 | 富于想象<br>寻求变化<br>自主 |
| 随和性 | 无情<br>怀疑<br>不合作 | 热心<br>信赖<br>乐于助人 |
| 尽责性 | 无序<br>粗心大意<br>意志薄弱 | 有序<br>谨慎细心<br>自律 |

（4）艾森克三因素模型。如同卡特尔一样，艾森克是另一位发现了人格特质基本结构的心理学家。他也运用了因素分析的方法，发现了三个基本的人格维度，分别是内外向型、神经质和精神质。表2-3列出了三种人格特质以及高、低分者的特征。

表2-3  艾森克人格三因素及高低分者特征

| 人格特质 | 低分者特征 | 高分者特征 |
| --- | --- | --- |
| 内外向型 | 安静、退缩、内省、自我保守 | 好交际、开朗、冲动、活跃 |
| 神经质 | 很少出现情绪失控，情绪不会大起大落 | 情绪不稳定、情绪化；<br>容易兴奋、生气和抑郁 |
| 精神质 | 温暖、宜人、体贴的、善解人意的 | 自我中心的、攻击性的、冷漠的、不考虑他人的 |

2. 个性的类型理论

个性的类型理论即将人的个性加以类型化,主要用来描述一类人与另一类人的个性类型之间的差异。下面介绍几种影响较大的个性类型理论。

(1) 我国古代的划分。最初孔子把人分为"狂"、"狷"、"中行"三种类型。狂者积极进取,狷者谨小慎微,中行介于两者之间。

著名医书《黄帝内经》根据阴阳的强弱把人分为太阴、少阴、太阳、少阳、阴阳平和五种类型。① 太阴之人,多阴无阳,个性特征是悲观失望、内省孤独、不合时尚、保守谨慎。② 少阴之人,多阴少阳,个性特征是冷淡沉静、节制稳健、戒备细心、深藏不露、善变是非、嫉妒心强、自知力强、耐受性高。③ 太阳之人,多阳无阴,个性特征是勇敢刚毅、坚持己见、激昂进取、傲慢暴躁。④ 少阳之人,多阳少阴,个性特征是外露、乐观、机智、随和。⑤ 阴阳平和之人,阴阳平和,个性特征是态度从容、平静自如、尊严谨慎、适应性强、稳定而不乱。

(2) 四种气质类型学说。气质学说源于古希腊医生希波克里特的体液说,他认为人体内有四种液体:粘液、黄胆汁、黑胆汁、血液,这四种液体的配合比率不同,就形成了四种不同类型的人。500 年后,罗马医生盖伦提出人的四种气质类型是胆汁质、多血质、粘液质和抑郁质。各种气质类型的特点如下:① 胆汁质——精力旺盛、直率热情、反应迅速,但情绪变化剧烈、抑制能力差、易于冲动、性情暴躁,属显著外向型。② 多血质——活泼好动、思维反应敏捷、灵活、乐观、喜欢与人交往,但轻率、情绪不稳定、注意力容易转移,属外向型。③ 粘液质——沉着冷静、坚韧执著、自知力强,但思维言语行动均迟缓、冷淡、情绪不易外露、注意力难以转移,属内向型。④ 抑郁质——细心谨慎、洞察力强、感受性高,但孤僻、不活泼、行动迟缓、不够果断、不够自信,属显著内向型。值得注意的是,现实生活中单一气质的人并不多,绝大多数的人是四种气质互相混合、渗透、兼而有之的。

(3) A 型和 B 型人格。医学专家发现心脏病患者在个性表现上更主动,精力更充沛,更具有支配性,也就是说他们具有心脏病的易感行为方式。据此,Friedman 和 Rosenman 提出了 A-B 人格类型。近年来,人们在研究人格和工作压力的关系时,常常使用这一划分方法①。

A 型人格的主要特点是喜欢从事高强度的竞争活动,并长期有紧迫感。他们总是不断驱使自己要在最短的时间里做最多的事。性情急躁、缺乏耐性。他们的成就欲高,上进心强,有苦干精神,工作投入,做事认真负责,外向,动作敏捷、说话快,生活常处于紧张状态。但办事匆忙,社会适应性差,属于不安定型的人。

B 型人格的主要特点是性情不温不火,举止稳当,对工作和生活的满足感强,

---

① 彭聃龄.普通心理学[M].北京:北京师范大学出版社,2004.

喜欢慢步调的生活节奏。在需要审慎思考和耐心的工作中,B 型人往往比 A 型人更适合,他们属于较平凡之人。

(4)荣格的心理类型说。瑞士心理分析学家荣格在其《心理类型》一书中,首先根据基本心态的不同将人分为内倾和外倾两种类型。外倾的人,其主导倾向是把精神能量向外释放,投入到客观的外部世界中,其特点是外露、积极、对人和外部世界感兴趣,这是一种客观的心态;内倾的人,其主导倾向是把精神能量向内释放,投入到自己主观的内部世界中,他们是内省的,在社交上是退缩的,这是一种主观的心态。

随后荣格又提出了心理的四种基本功能:感觉、直觉、思维、情感。每个人都会以其中一个为主。荣格给四种心理功能下的定义非常简练①。"这四种心理功能符合于四种明显的意识方式,意识通过这些方式使经验获得某种方向。感觉(感官知觉)告诉你存在着某种东西,思维告诉你它是什么,情感告诉你它是否令人满意,而直觉则告诉你它来自何处和去向何方"。

两种心态和四种功能可以组合成八种人格类型。荣格承认,不是所有的人都与其中一个恰好吻合,但是这个 2×4 的框架代表了人类心理结构中不同的固有特性。表 2-4 描述了八种人格类型的特点。

表 2-4 荣格的八种心理类型②

| 功　能 | 性　格　特　点 | |
| --- | --- | --- |
| | 外倾(extraversion) | 内倾(introversion) |
| 感觉<br>(sensing) | 对外部世界的经历感兴趣,喜欢感官刺激,沉迷于快感寻求;喜欢及时行乐的生活。 | 对自己的思想和内在感觉的兴趣胜过对外界事物的兴趣;通过艺术、音乐等形式表达自己,而且这种表达不为人们所理解。 |
| 直觉<br>(intuition) | 不断寻求新的挑战,对外部世界感兴趣;容易对工作和与人的关系感到厌倦;喜欢小说式的情境;有不稳定和轻浮倾向。 | 喜欢标新立异,但不能形成深刻的思想,而且不善于把这些想法传达给别人,认为自己是一个先知或是一个幻想着自己的想法为他人所实施的梦想家。常常不了解现实或社会常规,因此完全不能把计划付诸实践。 |

---

① 荣格. 心理类型[M]. 上海:上海三联出版社,2009.
② Jerry M. Burger. 人格心理学[M]. 陈会昌,译. 北京:中国轻工业出版社,2010.

（续表）

| 功　能 | 性　格　特　点 | |
|---|---|---|
| | 外倾（extraversion） | 内倾（introversion） |
| 思维<br>（thinking） | 集中于了解外部世界；现实、客观的思考者；对事实感兴趣；有时看起来冷酷、不近人情；适合于做科学家，善于应用逻辑和规则。 | 对了解自己的想法感兴趣；善于思考哲学问题和人生的意义；可能固执、不易接近、傲慢；更善于了解自己，而不善于了解他人。 |
| 情感<br>（feeling） | 情绪化、反复无常，易适应群体规范，喜欢追赶时髦，有时情绪高涨，能在新情境中迅速转变情绪。 | 有深刻的情绪体验，但不能把它们公开；不善言谈，自我认为是冷酷的人，但实际上隐藏着强烈的感情；往往不信仰宗教。 |

随后，美国的 Briggs 母女基于荣格的心理类型理论，经过几十年的研究，发展出了测量心理类型的工具 MBTI（Myers-Briggs Type Indicator）。该量表除了荣格提出的两种心态、四种功能外，又增加了一个维度"知觉（perceiving）-判断（judging）"，因此，可以测出 16 种人格类型。目前该量表广泛应用于职业咨询、教育咨询、企业管理、组织团队建设等非诊断性评价中。表 2-5 列出了 16 种人格类型的性格特点以及与之最匹配的职业。

表 2-5　16 种 MBTI 人格类型

| 性　格　类　型 | 性　格　特　点 | 职业举例 |
|---|---|---|
| ISTJ<br>内倾-感觉-思维-判断型 | 严肃，少言，依靠精力集中和有始有终。注重实践，有秩序，实事求是，有逻辑，现实，值得信赖。设法阻止好每样事情。负责任。自己决定该做什么并不顾反对和干扰，坚定不移地去完成它。 | 调查员 |
| ISFJ<br>内倾-感觉-情感-判断型 | 少言，友善，负责任，认真。尽心工作以尽职责。可以使任何项目和群体更加稳定。周到，刻苦准确。其兴趣通常不在技术性方面。能对必要的细节有耐心，忠贞，体谅人，有洞察力，关心别人的想法。 | 保护者 |
| INFJ<br>内倾-直觉-情感-判断型 | 依靠坚忍不拔取得成功。富创造力，希望做需要和想做的事情。全心投入工作。沉静坚强，责任心强，关心他人。因有坚定的原则而受尊重。由于在公共利益等方面有明晰的洞察力，别人可能会尊重和追随他们。 | 咨询师 |

（续表）

| 性 格 类 型 | 性 格 特 点 | 职业举例 |
|---|---|---|
| INTJ<br>内倾-直觉-思维-判断型 | 具有创意并大力推动自己的计划。目光远大,对外部事件能迅速找到有意义的模式。在受吸引领域有很好的能力去组织工作并将其进行到底。不轻信,且有批判性、独立性,有决心,对能力和行动有较高标准。 | 策划人 |
| ISTP<br>内倾-感觉-思维-知觉型 | 冷静旁观,少言,自制,以独有的好奇心和出人意料的创意幽默观察和分析生活。往往对起因和结果感兴趣,也对机械的事物怎么和为什么奏效以及用逻辑原理组织事物倾注兴趣。擅长抓住实际问题的核心并寻求解决的办法。 | 巧 匠 |
| ISFP<br>内倾-感觉-情感-知觉型 | 羞怯,沉静友善,敏感,和蔼,谦虚。回避争论,不将自己的观点和价值观强加于人。无意于作领导工作,但却常常是忠实的追随者,因为他们享受眼前的乐趣,所以事情做完经常松懈而不愿让过度的紧迫和费事来破坏这种享受。 | 作词人 |
| INFP<br>内倾-直觉-情感-知觉型 | 沉稳观察,理想主义,忠实,看重外在生活和内在价值的统一。有求知欲,能迅速看出各种可能性,促进计划实行。只要某种价值不受威胁,都善于应变,灵活接受。愿意谅解别人,了解发挥潜力的方法。对财富和外界事物不太关心。 | 治疗者 |
| INTP<br>内倾-直觉-思维-直觉型 | 沉默寡言。特别喜欢理论或科学方面的追求。喜爱用逻辑和分析解决问题。兴趣在于出主意,不大喜欢聚会和闲聊天。倾向于有明确范围的爱好。谋求那些他们的某些特别爱好能得到运用的和有用的职业。 | 建筑师 |
| ESTP<br>外倾-感觉-思维-知觉型 | 擅长于现场解决问题。喜欢行动,对任何进展都感到高兴。往往喜欢机械的东西和运动,并愿意朋友在旁边。善应变,容忍,重实效。集中精力于取得成果。不喜欢多加解释,最喜好能干好、能掌握、能分析、能合一的实际事物。 | 推销员 |
| ESFP<br>外倾-感觉-情感-知觉型 | 开朗,随和,友善,兴趣广泛,使事物由于其喜爱而让别人感到更有趣。喜欢行动并力促事情发生。了解正在发生的事情并积极参与,认为记住事实比掌握理论更为容易。在需要丰富的知识和实际能力的情况下表现最佳。 | 表演者 |

（续表）

| 性 格 类 型 | 性 格 特 点 | 职业举例 |
|---|---|---|
| ENFP<br>外倾-直觉-情感-知觉型 | 极为热心,极富朝气,机敏,富于想象力。几乎能够做他们感兴趣的任何事情。对任何困难都能迅速给出解决办法并随时准备帮助遇到难题的人。常依靠自己的能力去即席成事,而非事先准备。常能对他们想做的事情找到令人信服的理由。 | 优胜者 |
| ENTP<br>外倾-直觉-思维-知觉型 | 敏捷,有发明天才,长于许多事情。有鼓励性的伙伴,机警,直言。可能出于逗趣而喜争论。在解决挑战方面富于机警。但可能忽视日常工作。易把兴趣从一点转移到另一点。能轻而易举地为他们的要求找到合乎逻辑的理由。 | 发明家 |
| ESTJ<br>外倾-感觉-思维-判断型 | 讲实际,重现实。公事公办,有天生的商业头脑,对抽象理论不感兴趣,希望学习以便直接和立即应用。喜欢组织和参与活动,通常能做优秀的领导人。果断,迅速行动起来执行决定,考虑日常事物的各种细节。 | 监督人 |
| ESFJ<br>外倾-感觉-情感-判断型 | 热心,健谈,受欢迎,有责任心,天生的合作者,积极的委员会成员。要求和谐并可能长于创造和谐。经常为别人做好事,在能得到鼓励和赞扬时工作最出色。主要兴趣在于对人们的生活有直接和明显的影响的事情。 | 供给者 |
| ENFJ<br>外倾-直觉-情感-判断型 | 敏感,负责,真正地关心他人的所想所愿。处理事情时尽量考虑别人的感受。能提出建议或轻松而机智地领导小组进行讨论。喜社交,受欢迎,有同情心。对表扬和批评敏感,喜欢给人以方便并使人们能发挥其潜力。 | 教 师 |
| ENTJ<br>外倾-直觉-思维-判断型 | 直率,果断,各种活动的领导者。发展和完成完整的体系去解决机构问题。长于需要论据和机智的谈吐的任何事情,如公开演讲之类,往往很有学识并喜好增加其知识。 | 陆军元帅 |

（5）斯普兰格的六类说。德国心理学家斯普兰格认为人类的社会生活有六个基本的领域（理论、经济、审美、社会、权力和宗教），人们会对这六个基本领域

中的某一个产生特殊的兴趣和价值观,据此他将人划分为六种类型,如表2-6
所示。

表2-6  斯普兰格的性格类型分类

| 性格类型 | 性　格　特　点 | 职业举例 |
|---|---|---|
| 理论型 | 具有探究世界的兴趣,能客观而冷静地观察事物,力图把握事物的本质,尊重事物的合理性,重视科学探索,以追求真理为人生目的。 | 思想家<br>科学家 |
| 经济型 | 注重实效,以经济的观点看待一切事物,根据功利来评价事物,对人物的评价只看他的能力和资历,以追求利润和获得财富为人生目的。 | 实业家 |
| 审美型 | 对现实生活不太关注,富于想象力,追求美感,以感受事物的美作为人生的价值。 | 艺术家 |
| 社会型 | 关心他人,献身社会,助人为乐。以增进社会和他人的福利为人生追求的最高目标。 | 慈善家<br>志愿者 |
| 权力型 | 倾向于权力意识和权力享受,支配性强。其全部的生活价值和最高的人生目标就在于满足自己的权力欲望,得到某种权力和地位。 | 政治家 |
| 宗教型 | 信奉宗教,相信神的存在,把信仰视为人生的最高价值。 | 牧　师 |

(6)霍兰德的人格—职业匹配理论。美国心理学家霍兰德曾对个性与职业匹配问题进行了深入的研究,提出了具有广泛社会影响的职业兴趣理论。他认为兴趣是描述人格的另一种方法,是职业选择中更为普遍的概念。霍兰德将人划分为六种类型,每一种都有与其相适应的职业兴趣。由于个体常常是多种兴趣类型的综合体,单一类型显著突出的情况不多。所以他以六边形来标示六大类型之间的关系,即它们之间不是并列的、有明晰边界的,而是存在着相邻、相隔和相对的关系。属于相邻关系的两种类型个体之间的共同点较多,如图2-1中的现实型和研究型的人都不太偏好人际交往。属于相隔关系的两种类型个体之间的共同点比相邻的要少,如现实型和艺术型。属于

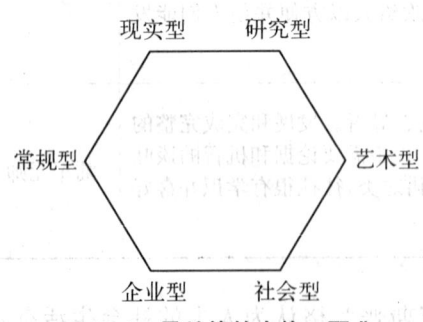

图2-1  霍兰德的人格—职业
匹配理论模型图

相对关系的两种类型个体之间的共同点少,因此一个人同时对处于相对关系的两个职业感兴趣的情况并不多见,如研究型和企业型。

表 2-7 列出了各种人格类型的特点及其与之相匹配的职业。

表 2-7 各种人格类型的特点及其匹配职业

| 类 型 | 特 点 | 匹 配 职 业 |
|---|---|---|
| 现实型 | 愿意使用工具从事操作性工作;<br>动手能力强,做事手脚灵活,动作协调;<br>不善言辞,不善交际。 | 机械工、电工、技术员、电器修理工、安装工人、矿工、木工、司机、测绘员、描图员、农民、牧民、渔民等。 |
| 研究型<br>(探索型) | 抽象思维能力强,求知欲强,肯动脑,善思考,不愿动手;<br>喜欢独立和独有创造性的工作;<br>知识渊博,有学识才能,不善领导他人。 | 生物学者、化学家、程序设计员、天文学家、地质学者、数学家、科学报刊编辑。 |
| 艺术型 | 喜欢以各种艺术形式的创作来表现自己的才能,实现自身的价值;<br>具有特殊艺术才能和个性;<br>乐于创造新颖的、与众不同的艺术成果,渴望表现自己的个性。 | 音乐家、室内装潢师、摄影师、音乐教师、作家、演员、编剧、漫画家、戏剧导演、广播节目主持人、书法家。 |
| 社会型 | 喜欢从事为他人服务和教育他人的工作;<br>喜欢参与解决人们共同关心的社会问题,渴望发挥自己的社会作用;<br>比较看重社会义务和社会道德。 | 教师、社会工作者、心理咨询师、福利人员、护士、导游、咨询人员。 |
| 企业型<br>(事业型) | 精力充沛、自信、善交际,具有领导才能;<br>喜欢竞争,敢于冒险;<br>喜欢权力、地位和物质财富。 | 商人、政治运动领袖、销售经理、政府官员、经理企业家。 |
| 常规型 | 喜欢按计划办事、习惯接受他人指挥和领导,自己不谋求领导职务;<br>不喜欢冒险和竞争;<br>工作踏实、忠实可靠,遵守纪律。 | 会计、银行出纳、图书管理员、秘书、法庭速记员、税务员、打字员、邮递员。 |

(7) 机能类型说。根据理智、情绪和意志这三种机能哪一个占优势,机能类型说把人分为理智型、意志型和情绪型三种。

理智型的人,以理智来衡量一切并支配其行动。

意志型的人,具有明确的目标,积极果断,行为主动,富有原则性。

情绪型的人,情绪体验深刻,言行举止易受情绪左右,比较感情用事。

# 第二节 气质与管理

## 一、气质的概念

气质(temperament),如前所述,是个人生来就有的心理活动的动力特征,类似于我们平常所说的"秉性"、"脾气"。也有研究者把气质定义为"我们生来就具有的形成某些特定行为类型的广泛的倾向性,即一般行为倾向性。"另外,气质还常被定义为"表现在心理活动的强度、速度、灵活性与指向性等方面的一种稳定的心理特征"。

人的气质大部分由遗传而来,受神经系统活动过程的特性所制约。个体的气质差异往往在一岁时就能看出来并且保持终生,甚至在新生儿身上就能观察到个体的气质差异,比如有的孩子爱哭好动,而有的孩子则平稳安静。

由于气质是稳定的,所以我们可以通过观察一个学前儿童的气质水平来判断他成年后会具有什么样的人格特点。很多研究都证实了气质在人格发展中的重要作用。尽管如此,气质并不是决定成人人格和行为的唯一因素,它只是决定了人格发展的一个特定方向,至于个体最终会发展出什么样的人格特质,还要受到环境等其他因素的制约,最终要由遗传与环境之间的交互作用来决定。

## 二、气质的类型与维度

### (一)气质的类型

#### 1. 体液说

人类对气质的最早探究可以追溯到公元前 500 多年。当时古希腊的著名医生希波克里特提出了"体液说",并据此将人划分为四种类型,随后罗马医生盖伦明确提出"气质"一词,完善了希波克里特的理论,发展出气质类型理论,即人的气质类型包括胆汁质、多血质、粘液质、抑郁质。每种气质类型的特点见前述。

#### 2. 体型说

继希波克里特的体液说之后,又兴起了体型说。德国精神病医生克瑞奇米尔根据体格将人分为三种类型:瘦长型(高而瘦)、矮胖型(矮而胖)、强壮型(肌肉发达),每一种类型都有与之相对应的气质类型,详见表 2-8。

之后美国医生谢尔顿深受克瑞奇米尔的影响,提出了三种体型以及与之对应的气质类型,见表 2-9。

表 2 - 8 克瑞奇米尔的气质类型说

| 体 型 | 气 质 类 型 | 行 为 倾 向 |
|---|---|---|
| 瘦长型 | 分裂气质 | 不善交际、沉静、孤僻、神经过敏 |
| 矮胖型 | 躁郁气质 | 善交际、活泼、乐观、感情丰富 |
| 强壮型 | 黏着气质 | 固执、认真、理解迟钝、情绪爆发性 |

表 2 - 9 谢尔顿的气质类型说

| 体 型 | 气 质 类 型 | 行 为 倾 向 |
|---|---|---|
| 内胚叶型 | 内脏紧张型 | 动作缓慢、爱好交际、感情丰富、情感舒畅、随和、有耐心 |
| 中胚叶型 | 身体紧张型 | 动作粗放、精力旺盛、喜好运动、自信、富有进取心和冒险性 |
| 外胚叶型 | 头脑紧张型 | 动作生硬、善于思考、不爱交际、情绪抑制、谨慎、神经过敏 |

3. 激素说

"激素说"由伯曼提出,他认为内分泌腺的活动与气质有关,即人的情绪性、活动的反应性和冲动性与内分泌有关。伯曼把人气质分为四种类型:甲状腺型(感觉灵敏、坚持性强)、垂体腺型(智慧聪颖)、肾上腺型(情绪激动)、性腺型(性别角色突出)。

4. 神经类型说

真正采用科学方法对气质进行研究的是前苏联生理学家巴甫洛夫,通过对动物和人的高级神经活动过程的研究,他提出兴奋和抑制是神经系统的两个基本过程,神经活动有三个特性:强度、平衡性、灵活性。强度是大脑皮层神经细胞工作能力或耐力的标志,强的神经系统能够承受强烈而持久的刺激。平衡性是兴奋过程和抑制过程的相对力量,两者力量大体相同是平衡,否则是不平衡。不平衡又可分为两种情况,一种是兴奋过程相对占优势,另一种是抑制过程相对占优势。灵活性是兴奋过程和抑制过程相互转换的速度,能够迅速转化是灵活的,否则就是不灵活的。

三种特性的不同组合可以形成四种气质类型,即"强、不平衡"、"强、平衡、灵活"、"强、平衡、不灵活"、"弱"。这四种气质类型解释了气质的生理基础,可以与盖伦提出的四种气质类型相对应,详见表 2 - 10。

表 2-10  高级神经活动类型与气质类型对应表

| 高级神经活动过程 | 高级神经活动类型 | 气 质 类 型 |
|---|---|---|
| 强、不平衡 | 不可遏制型 | 胆汁质 |
| 强、平衡、灵活 | 活泼型 | 多血质 |
| 强、平衡、不灵活 | 安静型 | 粘液质 |
| 弱 | 抑制型 | 抑郁质 |

### (二) 气质的维度

研究者除了探讨气质的类型之外,还着力于研究其维度的划分。由托马斯和切斯主持的著名的纽约追踪项目(New York Longitudinal Study,NYLS,1968)可以说是研究儿童气质的真正意义上的现代研究。他们通过对婴儿的观察,以及对父母的系统访谈,总结出九个气质维度,如表 2-11 所示。这九个气质维度在临床领域内得到广泛的认可和使用。

表 2-11  托马斯和切斯的气质九维度

| 维    度 | 特    征 |
|---|---|
| 活动水平 | 在吃、玩、走或爬中表现出的动作能力的一般水平。 |
| 节律性 | 对睡眠和饥饿之类的行为的可预见或不可预见性,也可称为规律性。 |
| 主动或退缩 | 对新的情境或经验的最初反应,要么急切、主动的,要么退到一旁去等待。 |
| 适应性 | 对新的或变化了的情境作出反应的能力(在最初的反应之后)。 |
| 反应阈限 | 能够引起反应所需的最小刺激量,包括对新的感觉、事物或人的反应。 |
| 反应强度 | 行为反应中能量的大小。 |
| 情绪质量 | 一般的情绪水平,愉快的、友善的或者不愉快的、不友善的。 |
| 分心程度 | 面对环境中的分心物能继续从事原来行为的能力。 |
| 注意广度和持久性 | 在一个任务上能集中注意力多久;面对障碍时孩子能在该任务上坚持多久。 |

通过对九个气质维度进行研究,把儿童分成三种气质类型:第一,易教养型儿童,他们在面对新情境时,比较主动而不是退缩,适应性强,通常会有积极的情绪,老师们希望学生都是这个样子的。第二,困难型儿童,他们在面对新情境时,表现得很退缩,而不是主动,适应环境比较慢,而且经常处于紧张和消极的情绪之中。第三,缓慢发动型儿童,这类儿童在面对新情境时也表现出退缩,然后逐步慢慢适

应新的学习任务和活动。

继托马斯和切斯的开创性研究之后,许多研究者从不同的理论角度提出了气质的维度,如 Buss 和 Plomin 在行为遗传学理论的基础上,提出了情绪性、活动性、社交性和冲动性四个维度。随后,Rothbart 的气质理论成为当前儿童气质研究中最具影响力、最流行的观点,得到了大多数研究者的关注和认可。她把儿童的气质划分为三个基本的维度:外向性、消极情绪性和努力控制性。

## 三、气质与管理

### (一)正确认识气质的特点,尊重个体的气质

气质是个体生来就有的心理活动的动力特征,具有遗传和生物基础,是个体无法通过自身努力来改变的特点,而且通常都是很稳定的。就因为气质具有以上的特点,所以管理者必须对气质有一个正确的认识,才能更好地胜任管理的实践活动。

首先,气质没有好坏之分,要尊重个体的气质类型。因为气质反映了人的高级神经类型的特性,所以就像神经类型没有好坏之分一样,人的气质类型也没有好坏之分。任何一种气质类型都有积极的一面,同时也有消极的一面。管理者要正视这一点,懂得尊重员工的气质类型,注意发扬其积极的一面,克服消极的一面。

其次,气质与个人的社会价值和成就的高低没有必然关系,要尊重每一种气质类型的个体。同一气质类型的人既可能成为品德高尚、对社会作出重大贡献的人,也有可能成为品质低劣、一事无成的人;而不同气质类型的人都可能成为品德高尚的人,都可以在同一领域内取得杰出成就。例如,俄国就有四位著名的文学家分别属于不同的气质类型,普希金属于胆汁质,赫尔岑属于多血质,克雷洛夫属于粘液质,而果戈理属于抑郁质。

### (二)了解气质与职业的匹配关系,为个体安排适合的岗位

虽然个体的气质类型没有好坏之分,也与个体的社会价值和成就高低没有必然关系,但是气质却可以影响个体的工作效率。如果人们从事的工作与其气质类型匹配,那个体工作起来就相对轻松,更容易适应,工作效率也最高。否则,如果从事与其气质特点不符的工作,工作起来相对费劲,适应起来比较困难,也难以保证最高工作效率。如果每个人都能在最适合自己的工作岗位上工作,每个工作岗位也都能找到最适合的人选,所谓人尽其才,那么整个社会的工作效率将会大大提高。所以作为管理者只有了解气质类型与各种职业的匹配关系,方能更好地进行人员安置,提高工作效率。表 2-12 以常见的四种气质类型为例,呈现气质与职业的匹配关系。

表 2 - 12　四种气质类型及与其适合的职业①

|  | 胆 汁 质 | 多 血 质 | 粘 液 质 | 抑 郁 质 |
|---|---|---|---|---|
| 气质特点 | 热情直率、外露、急躁。 | 活泼、好动、敏感。 | 稳重、自制、内向。 | 安静、情绪不外露、办事认真。 |
| 适合的职业 | 导游、推销员、勘探工作者、节目主持人、外事接待人员、演员等。 | 政府及企事业管理者、外事人员、公关人员、驾驶员、医生、律师、运动员、公安人员、服务员等。 | 外科医生、法官、财会人员、统计员、播音员等。 | 机要员、秘书、人事工作者、编辑、档案管理员、化验员、保管员等。 |
|  | 适合要求人们迅速作出灵活反应的工作。 |  | 适合要求人们细致、严谨、持久的工作。 |  |
| 不适合的职业 | 长期安坐的细致工作。 | 单调或过于细致的工作。 |  | 热闹、繁杂环境下的职业。 |

　　陈国海(2002)考察了管理者在四种气质类型上的分布,结果表明:多血质类型的管理者略偏多,占 27.1%;多血—粘液混合类型的管理者占 23.1%;胆汁—多血混合类型的管理者占10.2%;略偏粘液质的占9.3%。上述几种气质类型的管理者占了总人数的69.7%,没有一个典型抑郁质的管理者。男女管理者气质类型分布的总体差异不大。

　　管理实践活动除了要遵循上述的匹配原则之外,在某些特殊的职业中可能还要遵循绝对原则,像飞机驾驶员、宇航员、运动员、大型动力系统调度员等领域的工作人员往往要从事冒险或有危险的活动,要经受身心高度紧张的考验,这就要求他们必须具备某种气质,如反应灵敏、敢于冒险、临危不惧等。在这种情况下,必须以职业所要求的气质特性为绝对标准,来挑选和培训工作人员。

　　**(三) 根据气质互补原则构建高效的工作团队**

　　由于每个人的气质都既有积极的一面,也有消极的一面,因此在组建工作团队的时候,如果能按照气质互补的原则,选用不同气质类型的人组成一个团队,那么不但可以胜任多种工作要求,而且还可以发挥各自气质的积极作用,克服消极作用,从而提高工作效率,增强团队战斗力。例如,在一个领导班子中,必须有人办事果断、有号召力、有威信;同时也要有人细心谨慎、沉稳踏实,这样才能各司其职,各尽所能,工作才能有效率、有条理地展开。

　　**(四) 根据气质特点实施培训和教育**

　　管理工作离不开对员工的培训和教育,在进行教育和培训的时候,更应该结合个体的气质特点,因材施教,否则,非但起不到良好的效果,可能还会适得其反,引

---

　　① 陈国海,等. 管理心理学[M]. 北京:清华大学出版社,2002.

起员工的敌对情绪和反感。不同气质的人对批评、奖惩和困难的接受能力、感悟能力都不尽相同，作为管理人员，应该针对不同气质类型的人，采用不同的方式，以期达到目的。一般来说，多血质的人对挫折的承受能力较强，豁达大度，对他们可以采取直接批评的方式；相反，抑郁质的人较为敏感内向，而且孤僻冷淡，对他们直接公开批评就不合适，而应该因势利导，在工作上帮助，在情感上关怀，使其感受到温暖。

# 第三节　性格与管理

## 一、性格概述

性格，如前所述，是"对客观现实稳定的态度以及与之相适应的习惯化的行为方式"。性格是人格的一部分，是后天形成的，是人格中侧重现实层面的心理品质。例如，生活中我们往往会说某君高傲自大，某君遇事多疑，某君热情开朗，某君阿谀虚伪等，这些都是具体的性格表现。

与气质不同，性格不是生来具有的特征，而是在后天的生活过程中逐渐形成和发展起来的，是遗传和环境交互作用的结果。有一种观点认为，遗传规定了性格发展变化的大范围，在这个范围内，环境因素影响着性格的具体发展情况。对于性格的形成和发展，一些理论家认为会经历一个逐渐成熟的过程，而有的理论家，如精神分析学派，则认为性格是由婴幼儿的早期经验决定的。在性格发展的过程论中也有两派观点，一种观点认为性格的发展是一个连续的、逐渐变化的过程，个体的发展过程可以用一条平滑的曲线来表示，个体的发展变化本质上是一种量变的过程。另一种观点认为个体的发展可以划分为若干个阶段，每一个阶段都与上一个阶段存在质的不同，个体的发展过程可以用一条阶梯状的折线来表示。行为主义流派是典型的连续论者，他们认为条件反射（习惯）的累积，最后形成了人格。精神分析流派是典型的阶段论者，如埃里克森把人的一生划分为八个阶段，每一个阶段都面临着独特的冲突或危机，每种危机必须顺利解决才能成功过渡到下一个危机。在埃里克森看来，性格的变化在青春期以后仍会继续，并且会贯彻于整个成年时期。

尽管存在着连续论和阶段论两种观点，发展心理学家在研究中大多按照时间将人的生命全程进行分期，不过由于各自的研究侧重不同，所划分的期数和起止年龄并不完全相同。表2-13列出了一种划分方法。对于大多数人来说，性格在青春期结束之前已基本定型，而且一旦形成后就稳定下来，后期可变的余地比较小，所谓江山易改本性难移。

表 2 – 13　人的发展时间表

| 生 命 的 时 期 | 大致年龄范围 |
|---|---|
| 产前期 | 胎儿期 |
| 婴幼儿期 | 生命的头两年 0～2 岁 |
| 学前期 | 2～6 岁 |
| 童年中期 | 6～12 岁 |
| 青春期 | 12～20 岁 |
| 青年期 | 20～40 岁 |
| 中年期 | 40～65 岁 |
| 老年期 | 65 岁以后 |

由于性格是个性的一部分，而且是核心部分，所以个性的特征也同样适用于性格，即性格也是稳定性与可变性的统一、独特性与一般性的统一、社会性与自然性的统一。除此之外，由于性格是后天形成的，与现实的联系更为密切，可以体现一个人的品德、人生观和价值观，所以经常被进行价值评价，即性格有好坏之分。好的性格对社会有积极意义，受到推崇，如忠诚、勤奋、善良等，而坏的性格也对社会有消极影响，往往受到大家的排斥，如奸诈、懒惰、虚伪等。

## 二、性格的理论

如前所述，在美国当代心理学文献中不常用"character"一词，在西欧则把"character"与"personality"混用。由此看来，国外只有人格理论，而很少有关于性格的理论。在国内的心理学研究中，一般把性格看作人格结构的一部分，关于性格的理论也多借用人格理论。纵观国内其他的管理心理学教材，可以发现关于性格的理论，大都采用了《人格心理学》中关于人格类型的理论，所以我们也借用人格的类型理论，即个性的类型理论进行论述。详见本章第一节相关内容，此处不再赘述。

## 三、性格与管理

现代管理学已经从传统的以事为中心转移到以人为中心。透彻地了解员工的性格特点以及性格与职业的匹配关系，选用培养适合企业与岗位的员工，充分发挥员工的优势，是每一位优秀管理人员所不能忽视的。

### （一）根据性格特点安排工作、实施培训和教育

管理者首先要了解性格与职业的匹配关系，因为每一项工作，每一个岗位都对工作者的性格存在特定的要求，只有当员工的性格类型与工作相适应、相匹配的时

候,才会产生最大的工作绩效,员工工作起来得心应手,管理工作也顺畅自如。前面的性格理论中讲到了各种性格类型与工作的匹配关系,如 A 型 B 型人格、16 种 MBTI 人格类型、斯普兰格六种性格类型,以及霍兰德人格—职业匹配理论,都是可以用来指导管理工作的常用理论,管理者应该熟悉并在日常的管理工作中加以应用。

此外,管理者还需要准确把握员工的性格特点。只有清楚地了解每一个员工的性格特点,并且知道性格与职业的匹配关系后,才能因人而异地安排工作,使其在最适合的工作岗位上,最大效能地发挥作用,所谓知人善任。了解员工性格特点的方法有很多,除了常用的观察、调查、访谈以外,后面还会讲到人员测评和性格鉴定,管理者可以综合运用。

另外,管理工作离不开对员工的培训和教育,因为每个人的性格特征不同,如思维习惯、行为方式和接受能力等都有所区别,所以在进行培训和教育时,管理者要因人、因材施教,对不同性格特征的人采取不同的培养和教育方式。例如,对于情绪型的人,应动之以情;对于理智型的人,则应晓之以理;对于脾气急躁者,要避其锋芒,寻找时机进行劝导;对于开朗直爽者,不妨正面批评。当然这些经验只是一般规律,管理者只有结合实际,不断摸索,不断体会,才能达到理想的管理目的。

## (二)培养和塑造良好的职业性格和职业道德

前面提到,虽然性格是稳定的,但与具有生物基础的气质不同,它是在后来的生活实践中形成的,因此具有可变性。在重大的事件过后,或者长时间在某个特定环境的影响下,个体的性格也是可以改变的。性格的可变性这一特点,为塑造良好的性格特点奠定了基础。

几乎每一种职业都对性格品质提出特定的要求,要适应这一职业就必须具备这一职业要求的性格特征,这只是阐述了性格与职业之间关系的一个方面。除此之外,个体的性格也是可以随着职业的要求而逐步改变的,即职业塑造性格,因此职业与性格的关系是彼此促进又彼此制约的。在长期的职业生涯中,在同一环境从事同一工作或生活的人,在性格上往往会形成某些共同的特点,这就是所谓职业性格。特殊的职业会造就特殊的性格,如服务人员热情、周到、耐心、和气,文艺工作者活泼、开朗、情感丰富;科学工作者严谨认真、实事求是的态度;企业管理人员勇敢、沉着、果断、善于应变的性格等,都是在职业活动中适应职业要求而形成的,甚至不同工种对性格的形成也有较大影响。

既然职业可以塑造性格,那么管理者就可以通过创设一定的环境来培养员工的良好性格。美国著名学者克里斯·阿吉里斯曾经研究了管理方式和工作环境对性格成熟的影响,结果发现,员工的性格不成熟,许多情况下是因为受管理方式的束缚和工作环境的影响。因此,管理者要想有效地提高工作绩效,就要努力为员工提供一种有利于性格成长和成熟的环境,使其在致力于工作成功的过程中,也获得自己心理需要的满足,从而培养良好的性格。工作环境既包括硬环境也包括软环境,硬环境即物理环境,软环境即管理方式。以软环境为例,管理者可以通过制定一套统一的行为规范和管理制度,使员工在工作中接受严格的性格培训,逐步形成良好的职业作风和职业道德,并利用这种群体的效应,使个别具有不良职业性格的员工受到教育和熏陶。这种职业性格培训已经成为现代管理者建设企业文化,提高团队凝聚力的一种重要工作。

### (三) 组建性格互补的完美团队

管理的目的,是要实现组织效能的最大化,因而必须重视领导集体及其组织成员性格类型的多样化结构。在组织一个工作团队的时候,要注意各种不同性格类型之间的互补作用,彼此取长补短,就可以形成一个高绩效的团队。一个员工不可能拥有完美的性格,但若干个具有不同特点的员工却可以组建一个完美的团队。多种性格的员工用不同的方式发挥自己的优势和特长,使组织的整体实力进一步增强。例如,对于组织严密、办事果断者可委以领导重任;对于办事细心谨慎者可以让其从事财务工作。管理者可以通过调查了解、心理测试、组织活动等多种方式,全面深入地了解员工的性格特征。

### (四) 重视管理者自身性格的培养和锻炼

有效的管理,首先取决于是否拥有有效的管理者。有效的管理者,除了要具备扎实的专业知识和管理技能,还必须是一个具有良好性格的人。管理者高尚的人格魅力往往更能感染和激励员工。因此,要提高管理效能,管理者本身必须重视性格锻炼,使自己拥有健康的性格。有研究表明,具有领袖风范的人格特征一般是做事积极、勇敢、正直、独立、自信和幽默。在实践中,管理者应该首先全面了解自身的性格特征,然后分析判断哪些特征有利于管理,哪些特征不利于管理,并有针对性地进行自我调节。通过不断地学习和管理实践,自觉锻炼成为拥有健康性格的管理者。

# 第四节 能力与管理

## 一、能力概述

### (一) 能力的概念

能力是个体顺利完成某种活动、某项任务的个性心理特征。个体通过对客观事物的分析和综合,利用掌握的知识和技能,顺利地完成某项活动,这就是能力。能力不同于知识和技能。从能力的含义可以看出,知识和技能是能力形成的基础,但是获取知识、掌握技能又要以一定的能力为前提。能力的强弱制约着掌握知识技能的速度。因此,能力、知识和技能这三者之间是相互影响、相互制约的。

完成某种活动,尤其是复杂的活动,往往需要多种能力的结合。比如,企业管理,既需要组织协调能力、人际交往能力,还需要表达能力、语言应用能力等。个体如果具备了完成某种活动所需要的多种能力,那么我们就说他具备这方面的才能,能够胜任这方面的工作。

### (二) 能力的分类

人的能力很多,可以从不同的标准进行分类,一般可以分为以下几种。

1. 一般能力和特殊能力

一般能力(或普通能力)是指在许多基本活动中都表现出来,且各种活动都必须具备的能力。例如,观察力、记忆力、思维力、想象力都属于一般能力。学习、工作、创造发明以及任何活动的顺利完成,都离不开这些能力。一般能力的综合也称为智力。

特殊能力是在某种专业活动中所表现出来的能力。例如,数学能力、音乐能力、绘画能力、机械操作能力等,这些能力对于完成相应的活动是必须具备的。每一种特殊能力都是由完成该活动性质所制约的几种基本的心理特性构成的。例如,构成音乐能力的基本组成成分有:曲调感,即区分旋律和曲调特点的能力;听觉表象,即能随意地使用反映音高关系的听觉能力;音乐的节奏感,即感受音乐的节奏并能准确地再现它的能力。人要顺利地完成某种活动,必须具备一般能力和该种活动的特殊能力,两者缺一不可。另外,一般能力是特殊能力形成和发展的基础,特殊能力的发展也会促进一般能力的发展。

2. 模仿能力和创造能力

模仿能力就是仿照他人或其他事物使自己的行为举止与被模仿者相同的能力。班杜拉认为,模仿是人们彼此之间相互影响的重要方式,是实现个体行为社会化的基本历程之一。创造力是指产生既是首创又是适宜的产物的能力。在创造力中,创造思维和创造想象起着十分重要的作用。模仿能力和创造能力有密切关系,人们通常是先模仿,后创造。

3. 液态能力和晶态能力

液态能力和晶态能力是卡特尔理论中的术语。液态能力是指在遇到新异情境且没有固定答案的情况下,需要个人随机应变、运用思考加以解决问题的能力。这种能力依赖于先天的禀赋,主要与神经系统生理机能发展状况有关,而较少受教育与文化环境的影响。晶态能力是指在有固定答案的情况下个人以事实性资料的记忆、辨认和理解来解决问题的能力。这种能力依赖于知识经验的多寡,主要受教育与文化环境的影响。晶态能力依赖于液态能力。如果两个人具有相同的经历,其中一个有较强的液态能力,那么他将发展出较强的晶态能力。然而,一个有较强液态能力的人如果生活在贫乏的智力环境中,那么其晶态能力的发展将是低下或平平的。

4. 认知能力、操作能力和社交能力

认知能力是指接收、加工、储存和应用信息的能力,是人们完成活动最重要的心理条件。操作能力是指操纵、制作和运动的能力。劳动能力、运动能力、实验操作能力等都被认为是操作能力。社交能力是指人们在社会交往活动中所表现出来的能力。

5. 认知能力和元认知能力

认知能力是指智力。元认知是指对认知的认知,元认知能力是指个人对自身的心理状态、能力、任务目标、认知策略等方面的认识以及对自身各种认知活动的计划、监控和调节的能力。人们的元认知能力有很大的差别。专家和新手的明显区别不仅在于前者对本领域知识知道得较多,而且还在于善于监控和组织他的认知活动,即在元认知能力上专家与新手有明显区别。

**（三）能力的差异**

在社会生活中,个体与个体之间的能力差异是非常明显的,这主要表现在以下三个方面。

1. 能力结构类型的差异

这是个体能力在质的方面的差异。就一般能力而言,有些人擅长理性思维,而有些人擅长形象思维;有些人擅长视觉记忆,而有些人擅长听觉记忆;有些人擅长总体把握,而有些人擅长细节分析。此外,能力质的差异还表现在特殊能力方面,如有人极具舞蹈天赋,有人喜爱绘画,有人组织能力强,有人交际能力强,所谓人各有所长、各有所能。

2. 能力发展水平的差异

这是指个体能力发展程度的差异,即量的差异。有的人在某种能力方面发展得较为全面,而有的人因为条件限制,某种能力没有得到全面发展。即使在相同条件下,不同的个体对某种能力的发展也是不完全相同的,因为能力的发展同时受到基因和环境的双重影响。这种发展水平的差异在智力方面表现得非常明显。人类的智商是呈正态分布的,即处于两端的人占少数,大部分都处于中间状态,智力为一般水平。

3. 能力发展早晚的差异

这是指个体能力发展在年龄上的差异。有些人在儿童时期就表现出某方面的特殊才能,有的甚至被称为神童,而有些人到很晚时才具备某些才能,即大器晚成。但大多数人的各种能力的发展都集中在某一个年龄段,具有过早或过晚发展能力的仅占极少数。在个体能力发展的过程中,童年期与青少年期是人生发展最重要的时期,有研究发现,人的智力在3～13岁发展最为迅速,其后智力发展的速度越来越慢,在18～25岁期间达到顶峰。成年时期是能力发展最稳定的时期。

# 二、智 力 理 论

## (一) 智力的结构与过程

与其他人格特质一样,人们对智力的研究也有不同的取向,因而获得了不同的结果。其中包括因素分析取向和信息加工取向。因素分析取向是指对智力测验的资料用因素分析的方法来确定最少量的因素或能力倾向,把智力视为由相互独立的心理能力所组成。在20世纪60年代以前,对智力的研究以因素分析取向占主导地位。但随着认知心理学的兴起,产生了一种新的研究取向——信息加工取向。即由人类从事智力活动所显现的认知过程来理解智力,用实验的方法对智力活动中的各种心理过程进行测定。它不用因素去解释智力,而是试图确定构成智力行为基础的心理过程。下面介绍三种因素分析取向和一种信息加工取向的智力理论。

### 1. 斯皮尔曼二因素理论

因素分析的创始人英国心理学家斯皮尔曼认为智力由两种因素构成:一般因素(General Factor,简称G因素)和特殊因素(Specific Factor,简称S因素)。一般因素是个人的基本能力,它是决定智力测验上表现的主要因素。特殊因素是和特殊能力或特殊测验有关的。用智力测验测得的智力是反映一定数量的一般因素和一定数量的各种特殊因素的总和。不论个人有几种特殊因素,这些特殊因素间可能彼此互相独立,也可能彼此有些重叠,但是它们必定都含有一部分的一般因素。

### 2. 瑟斯顿群因素理论

瑟斯顿是著名的心理计量学权威,他创立了多因素分析方法。他反对斯皮尔曼所强调的一般智力,认为智力可以分解为若干基本能力。他用由56个测验组成的一组测验对218名大学生进行测验,然后用因素分析的方法求得构成智力的七种因素或七种基本能力,即① 词的理解力:了解词的意义的能力。② 词语流畅性:拼字正确迅速和词义联想敏捷的能力。③ 计数能力:正确而迅速地解答数学问题的能力。④ 空间知觉能力:运用感知经验正确判断空间方向及各种关系的能力。⑤ 记忆能力:回忆词刺激物的能力。⑥ 知觉速度:迅速准确地抓住视觉形象细节和看出画面上异同的观察能力。⑦ 一般推理:根据已知条件进行推断的能力。

### 3. 吉尔福特智力结构理论

近年来,美国心理学家吉尔福特提出了一种新的能力结构设想,称为"智力结构"学说。他认为人类的智力活动包括三类不同的事件：① 智力活动的内容。② 进行智力活动的操作。③ 智力活动的产物。其中,智力活动的内容包括图形、符号、语意和行为四种类型;智力活动的操作包括认知、记忆、分析思维、综合思维和评价五种能力类型;智力活动的产物包括单元、门类、关系、系统、转换和含义六类。这样就可以得到总共 120 种(4×5×6)不同的能力。1977 年,他根据自己的研究结果对理论作了修改,将智力活动内容中的形状改为视觉和听觉两类,于是人类的智力结构就有了 150 种。1982 年,他又将智力操作中记忆一类改为记忆收录和记忆保存两类,最后人类的智力结构成了 180 种(5×6×6)不同能力。

吉尔福特的智力结构理论是对能力结构认识的一个深入,为心理能力的研究开辟了广阔的思路。

4. 斯滕伯格的智力成分理论

美国当代心理学家斯滕伯格从信息加工心理学的角度出发,研究智力活动的内在心理结构,提出了智力成分理论。他认为个体的心理过程具有一组成分性智力,它们以某种组织的方式运作,以产生各种智力活动。表 2 - 14 列出了斯滕伯格提出的智力成分。

表 2 - 14　斯滕伯格的智力成分

| 成　　分 | 过　　　　　程 |
| --- | --- |
| 元成分 | 在一个作业中负责规划、监控和决策的执行过程 |
| 作业成分 | 执行计划并完成由元成分选择决定的过程 |
| 获得成分 | 获取新信息和贮存新信息的过程 |
| 记忆成分 | 根据不同的情境从原先贮存在记忆中提取信息过程 |
| 转移成分 | 在陌生或新奇情境中信息转移的过程 |

**(二) 智力的测量**

对智力的测量一直是心理测验的重要任务之一。在西方,高尔顿提出了第一个测量智力的测验,但未能证明其实用性。对现今智力测验贡献最大的是法国心理学家比纳,他受法国公共教育部的委托,为了解决当时巴黎公立学校十分拥挤,且很多智力低下儿童在这种学校里又学不到什么东西的现象,与另一位法国心理学家西蒙一起于 1905 年设计出第一个比纳-西蒙量表,又称比西量表。比纳-西蒙量表于 1908 年和 1911 年进行过两次修订。它传入美国后又由特尔曼于 1916 年在斯坦福大学作了修订,成为斯坦福-比纳量表,简称斯比量表。斯比量表在 1937 年、1960 年、1972 年、1986 年又进行过修订。国内已经将斯比量表译成中文并加以修订。

### 1. 比纳-西蒙量表

该量表用语言、文字、图画、物品等形式编制而成,1905 年,该量表以 16 岁以下儿童为对象,测验包括 30 个项目,涵盖记忆、注意、理解、推理能力等方面。1908 年和 1911 年两度修订,其应用范围由甄别正常儿童转至测定正常儿童智力的高低。1908 年的修订量表有以下特点:① 测验项目增至 59 个。② 测验项目按照年龄分组,所测量的是某一儿童的智力究竟相当于哪一个年龄水平。例如,一个 4 岁儿童通过了 4 岁组的全部项目,又通过了 5 岁组的一半项目,那么这个儿童的心理年龄就是 4 岁半。③ 测验结果用智龄表示。比纳首次提出用智龄(Mental Age,MA),即心理年龄,来表示儿童的智力水平,即通过智龄与实际年龄的比较来衡量儿童智力水平的高低。

### 2. 斯坦福-比纳智力量表

1916 年,美国斯坦福大学的刘易斯·特尔曼翻译并出版了比纳量表的修订本,该测验从此以"斯坦福-比纳智力量表"(下称斯比量表)闻名。与比纳量表相同,斯比量表也是以年龄来分级的,任务设置适用于评估 3~13 岁的儿童的平均智力发展水平。但与比纳的不同之处在于,特尔曼是按照心理年龄进行分级的。他采用斯滕伯格提出的智力的商数,后来被称作智商(IQ)。IQ 是由个体的心理年龄(MA)除以实际年龄(CA)再乘 100 得到的值。它可以用来表示儿童的聪明程度和智力发展水平。

$$IQ = MA/CA \times 100$$

IQ 为 100 代表平均值,表示儿童的心理年龄与实际年龄正好相等。IQ 高于 100 表明该儿童的智力水平与比他年龄大的孩子相当,而 IQ 低于 100 表明该儿童的智力水平相当于比他年龄小的儿童的水平。

斯比量表的修订版至今仍在使用。测验常模的建立是以各个社会阶层和民族为基础的,年龄跨度从 6 岁到成人。修订版的测验还用来测量那些对学业有重要作用的能力,即语言推理、数量推理、空间视觉推理和短时记忆能力。但在斯比量表和现代其他的量表中,都不再用心理年龄的概念来计算智商了,而是用 IQ 来表示个体的智力水平比同龄人高还是低。IQ 的平均水平还是 100,个体的 IQ 分数越高(或越低),表明与同龄人相比其智力发展水平越高(或越低)。

### 3. 韦氏量表

1939 年,韦克斯勒(Wechsler)发表了韦克斯勒-贝勒维智力量表,亦称韦氏量表。该量表是为了修正旧版斯比量表的部分欠缺而设计的。其主要特点有三:第一,它的适用对象是成人,测验的内容较少带有学业成分,不像旧版斯比量表那样具有语文或语言倾向。第二,韦氏量表集合所有类似的项目成为一个分量表,而斯比量表则将项目分别安排在各个年龄层次中。例如,在韦氏量表中,所有算术题放在一起成为一个分测验,难度由浅入深。韦氏量表整个测验分为一个语言量表(含 6 个分测验)和一个操作量表(含 5 个分测验),因此该量表的测验结果除了一个全量表智商外,每个量表还分别有一个智商分数,参加者会得到三个分数:语言智商、操作智商和整体智商。第三,韦氏量表废弃了智力年龄的概念,保留了智商的概念,但已经不是传统的比率智商,而是离差智商,即用标准分数来表示的智商。让每一个被试和他的同龄人相比,看他在同龄人中的排名位置,而不像以前比纳量表那样和上下年龄段的人比较。

韦氏量表很快就流行起来,因为它不像斯比量表那样受语言水平的严重影响。它包括语言分量表和操作分量表,新增的操作分量表能够克服语言能力带来的误差,能够使来自不同背景的儿童都能表现出自己的智力,这对那些有一定语言障碍的儿童来说是公平的。而且,该测验对各种心理技能的不一致性反应敏感,测验结果可以作为发现神经发育不正常或者学习困难儿童的一种早期信号。例如,有阅读智障的儿童,在韦氏测验的言语内容上的得分会很低。

目前,韦氏量表有三种:① 韦氏成人智力量表(WAIS),用以评定 16 岁以上成年人的智力,1939 年首次发行,1955 年修订为韦氏成人智力量表修订版(WAIS-R),1981 年发行。② 韦氏儿童智力量表(WISC),用以评定 6～16 岁少年儿童的智力水平,1949 年首次发行,1974 年首次修订。③ 韦氏学前及学童智力量表(WPPSI),用以评定 4～6 岁半儿童的智力,1967 年首次发行。上述三种量表都已译成中文并在我国国内作了修订。

# 三、能 力 与 管 理

个体的能力直接影响对某项工作的完成情况,因此,管理者应该注意员工能力的运用和培养,要善于用人。

## (一) 遵循"职能匹配"原则

每一项工作对员工的能力、知识、技能要求都不一样。好的管理者在进行任务分配的时候,必须对这种要求了如指掌,随后要调查了解员工所具备的能力,所掌握的知识和技能,然后进行职能匹配,使员工各尽所能,最大程度地提高工作效率。任何一种高职低能或高能低职的分配,都不能充分发挥员工的积极性,甚至还有可能妨碍工作的顺利进行。

## (二) 遵循"能力互补"原则

正如前面所提及的性格互补、气质互补,能力也要做到互补。现实生活中很少有全才,具有不同才能的个体可以发挥各自所长,互相促进,齐心协力,这样的个体才具有战斗力。正如一个朝廷需要文武百官;一支军队需要运筹帷幄的军师,也需要冲锋陷阵的大将。

### （三）要进行科学合理全面的能力培训

现代管理以人为主，因为任何一项工作都是通过人去完成的，如何使个体圆满高效地完成工作呢？除了要职能匹配，分配他能胜任的工作，管理者还应该把培养发展个体能力作为一项长期的管理工作。一方面要进行与工作直接有关的专业知识、专业技能和特殊能力的培训，另一方面要加强员工思维、语言、记忆等一般能力培训。这样的能力培训不仅能提高员工对工作的胜任程度，同时还使员工感受到企业对他们的重视，加强他们对企业的归属感，从而增强企业凝聚力。

# 第五节　个性倾向性与管理

个性倾向性是人们进行社会活动的基本动力，代表个体对事物的不同态度及行为方式，包括兴趣、需要、动机、信念、理想、价值观等。本节以需要和动机为例，试述个性倾向性在管理中的应用。

## 一、需要与管理

管理的首要问题是如何调动人们的积极性。研究人们的需要就是为了了解和掌握人的心理和行为规律，以调动其积极性。人们的一切活动都是为了满足自己的某种需要，需要成为人们行动的出发点。作为一个管理者，要实行有效的管理，就必须了解人们的需要。了解和掌握人们在想什么、有什么问题需要解决，只有这样才能激发人们的动机和行为，提高人们的积极性。

### （一）需要概述

需要是有机体感到某种缺乏而力求获得满足的心理倾向，它是有机体自身和外部生活条件的要求在头脑中的反映，是人脑对生理需求和社会需求的反映。需要是个体行为和心理活动的内部动力，是个体行为积极性的源泉。需要一旦被意识到，就形成一种寻求满足的力量，驱使人朝着一定的对象去活动，以满足自身的需要。一般来讲，需要的强度越大，活动的积极性就越高。

需要可以按照不同的标准进行分类。例如，根据需要的性质，可以分为生理需要和心理需要；根据需要的迫切程度，可以分为直接需要和间接需要；根据需要的主体特征，可以分为个体需要和群体需要；按照需要的社会功能特征，可以分为物质需要和精神需要等。

需要具有多样性、发展性和层次性的特点。所谓多样性，是指人的需要呈现出无穷多样性，就像人们现实生活的丰富多彩性一样，人的需要也是丰富多彩、不可穷尽的。所谓发展性,是指人的需要会随着自身和社会的发展变化而变化。所谓层次性,是指人的各种需要可以按照从低级到高级的层次顺序进行排列,通常情况下先满足低级需要,然后依次满足高级需要。后面将介绍几种需要层次理论。

**(二) 需要的层次**

**1. 马克思的需要层次理论**

马克思主义把人的需要分为三个层次:生存、享受和发展。恩格斯进一步发展了马克思关于人的需要的思想,从物资资料的角度第一次提出了社会主义社会人的需要层次,即生活需要、享受需要和发展需要。马克思又提出了共产主义社会人的需要层次:劳动是人的生活的第一需要,每个人的"自由个性",即人的全面性,是第二需要。

**2. 马斯洛的需要层次理论**

马斯洛在其《人类动机理论》一书中提出了著名的"需要层次理论",他认为每个人有五个层次的需要:生理需要、安全需要、爱和归属的需要、尊重需要和自我实现的需要。个体的需要是由低级到高级,逐层上升的,当一种需要被满足后,另一种更高层次的需要就会占据主导地位。后来,马斯洛又在《激励与个性》一书中把需要理论发展为七个层次:生理需要、安全需要、友爱和归属的需要、尊重的需要、求知的需要、求美的需要、自我实现的需要。但马斯洛的追随者认为求知和求美的需要是自我实现需要的组成部分,就把七个层次的需要仍改为五个层次,后来,五层次需要理论在管理激励理论中得到广泛应用,后面章节将会详细介绍。

**3. 赫兹伯格的双因素理论**

美国心理学家赫兹伯格在 20 世纪 50 年代后期提出来一种需要理论,他认为人类有两种不同类型的需要:保健因素和激励因素,它们是彼此独立的,能以不同的方式影响人们的行为。保健因素是指和工作环境或条件相关的因素,这类需要如果得不到基本满足,会导致员工不满,甚至会严重挫伤其积极性;反之,如果处理得当,得到满足,则能防止员工产生不满情绪。激励因素是指和工作内容紧紧联系在一起的因素,这类需要的满足,往往能给员工以很大程度的激励,调动积极性,产生满意感。

**4. 阿尔德福的 ERG 理论**

美国耶鲁大学教授阿尔德福在 20 世纪 70 年代发展了马斯洛、赫兹伯格的需要层次理论,提出来一个新的需要层次理论。他把人的需要归为以下三类:生存需要(E 需要)、关系需要(R 需要)、成长需要(G 需要)。与马斯洛的需要层次理论所不同的是,ERG 理论认为,需要的满足既可以是在满足了较低层次需要之后往前追求较高层次需要的满足,也可以在较高层次需要未能满足时,退而求其次,转为满足较低层次的需要。

5. 麦克利兰的成就需要理论

美国哈佛大学心理学家戴维·麦克利兰于 20 世纪 50 年代从社会表现的角度仔细观察人的需要，提出了自己的需要理论。他指出，除了生理和安全的基本需要以外，人的高层次需要还包括三种：成就需要、权力需要、归属需要。麦克利兰对人的成就需要进行了大量的研究，对管理心理学的需要理论作出了重大贡献。

**（三）需要在管理实践中的运用**

需要是个体行为和心理活动的内部动力，正是各种需要推动着人们在各个方面积极的活动。没有需要，就没有个体的一切活动。需要越强烈，由此引起的活动就越有力。因此，管理者的一个重要任务就是了解员工的各种需要，并尽可能最大限度地满足他们的合理需要，从而调动他们的工作积极性。通常可以采取以下方法。

（1）调查员工的需要情况，并进行综合分析。调查研究是解决好员工需要的前提和基础，员工的需要是多种多样的，有的合理，有的不合理；有的需要是当前急需的，有的需要是长远的，等等。因此，只有开展多种形式如座谈、访谈、问卷调查等，才能真正了解员工的根本需要，并在此基础上综合分析，研究制定科学合理的解决方案，从而真正解决员工的需要问题，调动其生产积极性。

（2）在管理实践中，管理者不仅要针对员工的物质生活基本需要，解决其生活中的实际困难，还应针对员工的精神生活基本需要，安排适当的活动，丰富其精神生活。满足员工对物质利益的需要，关键是为其办实事，解决其生活中的实际问题，如住房、就业、医疗、文化教育等与员工的日常生活息息相关但又难以凭借个人力量来解决的问题。当员工的物质生活需要得到一定满足之后，必然产生相应的精神需要。管理者可以通过举办丰富多彩的业余文化活动，向员工提供精神关怀和积极引导，让员工的精神生活也一起丰富起来。这样，当员工在工作中感受到家庭式的温暖时，就会更加安心地工作，提高工作效率。

# 二、动机与管理

**（一）动机概述**

动机是指引起和维持个体的活动，并使活动朝向某一目标的内部心理过程或内部动力。个体的一切行为，从日常的举手投足到科学上的发明创造，无不是在动机的推动下产生的。可以说，动机在人的一切活动中有着最为重要的功能，它是引起活动的直接机制。

动机和需要之间的关系十分密切，动机是在需要的基础上产生的。但需要产生之后，并不一定就成为推动人们进行活动的动力，需要变成动机往往要经过一个发展阶段。但也有心理学家认为，动机与需要、欲望、驱动力皆为同义词，可以互换应用。

动机具有激发功能，它是行为的发动机。动机具有导向功能，它是行为的方向盘。动机具有维持功能，它引起某行为并将之导向至特定目标后，还需要维持该活动直到实现目标。动机还具有调整功能，它是行为的变速器。

动机与工作效率之间存在一定的关系。各种活动都存在一个最佳的动机水平，动机不足或动机过高，都会使工作效率下降。

## (二) 动机理论

行为产生的动机到底是由何引起的？对这一问题的研究，产生了很多动机理论。这些动机理论大致可以分为两类，一类是侧重生物因素的，另一类是侧重认知因素的。

本能理论是最早出现的行为动力理论，它的基本观点是：人的行为主要是受人体内在的生物本能所驱动，不受理性支配；动机的驱力理论认为，有机体的生理或心理内驱力是行为产生的动机；诱因理论认为，不能仅仅用驱力降低来解释所有行为产生的动机，诱因在唤起行为时也起重要作用，它强调了外部刺激在引启动机中的重要作用，诱因有唤起有机体行动和指导行动方向两种功能。

随着认知心理学的发展，许多心理学家探索运用认知观点来解释人的动机现象。我们将这些动机理论统称为动机的认知理论。目前，动机的认知理论中较有影响的有认知失调理论、成就动机理论、归因理论。

认知失调理论的代表人物是费斯廷格，他认为每个人都有一个由知识、观念、观点、信念等认知元素组成的认知系统，当各认知元素之间互相矛盾、不和谐时，个体就会感到紧张和焦虑不安，从而就会设法消除矛盾以解决这种失调状态，这即是行为产生的动机。成就动机理论认为，力求获得成功是人们在完成任务时的内部动因。成就动机分为追求成功的倾向和回避失败的倾向。当人的成就需要大于回避失败的需要时，总的成就动机是正值，表现为趋向成就活动；反之，则表现为回避成就活动。归因理论的代表人物是韦纳，韦纳认为，人们对成败的归因是行为的基本动力，如果个体将成功归因于自己的持久努力这种内部的、稳定的、可控的因素，那么行为的动机就强；反之，如果归因于运气这种不稳定的、不可控的、外部的因素，行为的动机就弱。

## (三) 动机分类

根据不同的分类标准，可以将动机分为不同的种类。

(1) 内部动机和外部动机。根据动机的引发原因，可将动机分为内部动机和外部动机。内部动机是由活动本身产生的快乐和满足所引起的，它不需要外在条件的参与，如学生为了获得知识、充实自己而努力读书就属于内部动机。外部动机是由活动外部因素引起的，个体追逐的奖励来自动机活动的外部，如有的学生认真学习是为了获得教师和家长的好评等。

（2）生理性动机和社会性动机。根据动机的起源，可将动机分为生理性动机和社会性动机。生理性动机是与人的生理需要相联系的，具有先天性。社会性动机是与人的社会性需要相联系的，是后天习得的，如交往动机、学习动机、成就动机等。

（3）主导性动机和辅助性动机。根据动机在活动中的地位和所起作用的大小，可将动机分为主导性动机与辅助性动机。主导性动机是指在一段时期内或一种活动中，处于支配地位、发挥主导作用的动机。其他动机则处于从属地位，只起辅助作用，这类动机称为辅助性动机。

（4）近景动机和远景动机。根据动机与目标远近的关系，可将动机划分为近景动机和远景动机。近景动机是指与近期目标或具体活动本身相联系的动机，影响范围小，持续作用时间短；远景动机是指与长远目标或活动的社会意义相联系的动机，影响范围大、持续作用时间长。例如，有的学生努力学习，其目标是为期末考试获得好成绩；而有的学生努力学习，其目标是为今后从事教育事业打基础。前者为近景动机，后者为远景动机。

**（四）动机在管理实践中的运用**

既然动机在人的行为活动中具有重要功能，直接影响着工作效率，所以如何在管理实践活动中做到让员工保持最佳动机水平，是每一位管理者要面对的重要问题。

管理者可以通过多种方法来调整员工的工作动机，调整时主要从动机的强度、方向、稳定性和清晰度四个方面来进行。动机强度的调试是指根据任务的难易程度来调整动机的强弱，如目标设置要难度适宜才能激发合适的动机；动机方向的调整是指调整动机的思想倾向，如通过归因训练让员工从外部归因转为内部归因；动机稳定性的调整是指管理者要经常关注员工的动机，以便让其维持一定的稳定性；动机清晰度的调整是指管理者要让员工意识到自己的动机水平，提高其自我管理和调节能力。下面是可以用来调整员工工作动机的具体方法。

1. 采用多种方法激发员工的动机

首先，管理者要善于激发并保护员工的内部动机。由于内部动机是由活动本身引起的，无需外力的推动，是持久而强烈的，所以对有些行为来说，它才是推动行为的真正动力。管理者如果能创设一定的环境来激发员工的内部动机，那么将会起到事半功倍的效果。具体来说，一是可以通过创造新颖的情境，来激发员工的疑惑和好奇心，从而激发内部动机；二是要鼓励员工负起独立选择的责任，为他们提供选择和建议，而不是加以控制，员工的自主性也会激发其内部动机。除此之外，还可以通过以下方法来保护员工的内部动机：一是，设置任务和目标时要难度适当,不能困难到无法完成,也不能太简单,否则都会削弱员工的内部动机;二是,有些时候外在的补偿和奖励会削弱内部动机,所以在操作时要格外注意。

其次,适当使用奖惩来激发外部动机。管理心理学的实验发现,奖赏会显著提高职工的生产动机,即使奖赏取消后,对生产动机的增强仍然可以维持一段时间。但在实施奖赏的过程中要注意以下几个问题:可以给职工发放他们喜欢的生活用品作为奖励,发放奖金要适度;对同一个体而言,奖赏不能用之过久,要逐渐撤销;在员工的行为正受内部动机驱使时,要慎重使用奖惩,以免削弱内部动机;可以通过开展学习竞赛活动来合理地实施奖惩,从而间接激发外部动机。

最后,利用员工的自我调节能力来激发并维持动机。一是,管理人员要使员工正确认识自己,对工作保持适度期望值。二是,锻炼员工的意志力,提高意志水平。三是,要及时向员工反馈其工作成效,以便帮助其及时调整动机水平。

2. 对员工进行归因训练

动机的归因理论认为,个体的归因模式会显著影响其动机水平,而归因模式属于个体的一种认知能力,可以通过训练加以改变。归因训练是一套训练程序,训练者运用说服、讨论、示范、强化等措施对个体进行有目的、有计划的指导,通过系统的干预,使个体原来的消极归因模式变为积极的归因模式。即把个体将成功归因于不稳定的、不可控的、外部的因素的归因模式,转变为将成功归因于稳定的、可控的、内部的因素的归因模式。

# 第六节  人员测评与选拔

不论是选拔还是使用人才,首先必须对各种人才进行考察,了解他们各方面的情况,这样,人员的测评和选拔就成为管理心理学的重要研究内容。本章主要探讨人员测评和选拔问题。

## 一、人 员 测 评

所谓人员测评是指在人员选拔过程中,运用各种科学的和经验的方法对应聘者加以客观鉴定的各种方法的总称。人员测评可以帮助企业挑选合格的员工,可以为特定的工作岗位选定适当的人,这个过程还可以体现出公平竞争的原则。

### (一) 人员测评的主要内容

现代人员测评的主要考察内容是个人稳定的素质特点,主要包括以下三个方面:一是能力因素,二是动力因素,三是个人风格因素。

1. 能力因素

国内有人主张把能力分为科学智能和社会智能,前者来自人与自然交往过程中的直接经验,或者由人通过书本学习间接经验得到。后者来自社会实践,是通过人与人之间的交往、联系、竞争与合作来获得的。

长期以来,我国很重视科学智能的测查和开发,部分原因是因为科学智能要比社会智能容易考察得多。但事实上,社会智能和科学智能一样,对人的工作和生活都是非常重要、必不可少的,对于管理者来说,有时社会智能甚至比科学智能更重要。现代的人员测评已经逐步扭转了这个局面,不仅重视科学智能的测量,同时也很重视社会智能的测量。后面将会介绍社会智能的测量技术。

2. 动力因素

一个人能否有所作为,不仅取决于他的能力水平如何,还取决于他愿不愿意干,即动力因素。在现代人员测评技术中,心理测验中有专门测量动力因素的工具。在动力因素中,价值观是层次最高、影响面最广的因素。其次是动机水平,兴趣是层次最低的因素。

3. 个人风格因素

每个人在行动的时候总会表现出自己独有的行为方式,这便是个人风格。人格是个人风格的一部分,国外有很多人格测验可以用来考察人体的行为风格,本节后面将会介绍。值得注意的是,行为风格本身并无好坏之分,只有在与具体的工作相联系时,才会出现是否适合,好与不好的问题。

**(二) 评价标准的制定与选择**

评价标准指在某职位上的合适人选所应具有的稳定的素质特点,这是运用测评技术的基础。

评价标准的制定,一般先根据组织的需要和已有的研究成果,进行系统的工作分析,确定能胜任某一项工作或适合某一职位的人的关键特征,并对这些关键特征进行归类分析,确定初步的评价标准。然后再根据预测情况进行完善,制定最终的评价标准。

评价标准的选择,要从组织的需要出发,根据组织的实际需要和有关职位的具体要求来进行。具体来说要注意以下两点:一是不同的职位应选择不同的评价标准,如同样是测评管理人员,但一般管理人员的测评标准和高层管理人员的测评标准是不一样的。二是不同的组织其评价标准也不同,由于不同组织的特点及文化特征的不同,所以也要据此选定相应的评价标准。

**(三) 人员测评的主要方法**

现代人员测评主要采用以下几种方法:履历调查、知识水平考试、心理测验、面试、绩效模拟技术等。下面介绍除了知识水平考试之外的方法。

1. 履历调查

履历调查有两种形式,即申请资料核实和参考查询。前一种形式已被证实是获取人员甄选有关信息的一个有价值的渠道,但后一种形式的效果有待探讨。

有几项研究证明,对申请表中填写的"事实"进行核实是有益的。有相当大比例的应聘者对自己的资料会夸大其词或叙述不准,因此将其进行核实是很有必要的。参考查询也为许多组织所用,但是其效果很难保证。一是雇主担心给自己带来法律上的麻烦,通常不愿意对先前的员工提供公正的评价;二是个人的喜恶也会对所作的推荐产生强烈的影响,即很可能带有偏见。

2. 心理测验

心理测验是招聘测试中的一个重要方法。第二次世界大战期间,心理测验在美国军队中被广泛应用,战后企业界开始在人员招聘中大量应用心理测验。我国在 20 世纪 80 年代中后期也开始在企业人员选拔中运用心理测验。

(1)心理测验的基本原则。心理测验是一种科学的测试手段,要遵循一些基本的原则。首先,要保护个人的隐私,资料不能泄露给其他人员;其次,心理测验要按照严格的程序进行,事先必须做好充分的准备工作;最后,心理测验的主试要进行必要的培训,以保证结果的可靠性。

(2)心理测验的技术指标。心理测验有一定的技术指标来保证其科学性,即信度、效度和常模。信度,即可靠性或稳定性,是指同一个人在同一心理测验中,几次测验结果的一致性。信度可以分为再测信度、副本信度、分半信度,以及内部一致性信度。效度指的是一项测验所测量的东西在多大程度上符合原本要测量的东西,即准确度或有效性,它可以用测验结果与想要测验的内容的相关系数来表示。效度主要包括内容效度和效标关联效度。效度是科学测验工具所必备的重要条件,如果一个测验没有效度,那么无论它具有其他任何条件都是没有意义的,因此在选用心理测验时,首先要考虑其效度。信度和效度之间有重要关系,信度不高的量表,效度肯定不高,但是信度高的量表,效度却不一定高。常模,是心理测验中的比较标准,即在心理测验中常用的标准化样本的分数,如果没有常模,心理测验的结果就会变得毫无意义。心理测验中最常用的是年龄常模,即根据某一个年龄组的被试所得出的平均数。

(3)心理测验的种类。根据不同的分类标准,心理测验可以分为以下几种:

标准化测验和非标准化测验。前者是指通过标准化程序获得的测验,后面将要介绍的都是指标准化测验。非标准化测验是指一些非正式的、未经标准化的测验,如教师自编的课堂测验等。

认知测验和人格测验。前者是指测量认知行为的测验,包括成就测验、智力测验和能力倾向性测验等。后者是指测量人的情绪、态度、气质、性格等非认知特点的测验。

速度测验和难度测验。两者的主要区别在于有无时间限制。前者的时间限制非常严格,几乎没有一个人能在允许的时间内完成全部题目。难度测验并无时间限制,它测量的是人们解答难题的最高能力。

个别测验和团体测验。前者指在某一时间内只能测量一个人,即单独进行,如对某些特殊对象(如幼儿)就只能实施个别测验。团体测验是指在某一时间内由一名主试同时对很多人施测,如在教室里让全班同学填写一份问卷。

(4)常用的心理测验介绍。常用的心理测验有能力测验和个性测验。能力测验,分为一般能力测验和特殊能力测验。前者即智力测验,常用的包括斯比量表,以及韦氏量表(请参考前面的介绍)。特殊能力测验又称为特殊性向测验,主要测量一个人的特殊能力,以预测将来是否具有某项工作所要求的某种特殊的潜在能力,包括机械能力性向测验、心理运动能力性向测验、文书能力性向测验和创造力测验。机械能力性向测验考察人们对机械原理的理解以及判断空间形象的准确性,通常使用的有斯元奎的"一般机械装接测验"和明尼苏达的"空间关系测验"以及修订明尼苏达的纸板测验等;心理运动能力性向测验主要考察手指的灵活性、操作能力、运动能力、肌肉的协调能力和手眼的协调能力以及反应时间等。西方常用的测验包括欧卡诺的手指灵活测验,麦克奎里的机械能力测验,明尼苏达的操作测验以及普渡侦钉板测验等;文书能力性向测验是一种集体进行的速度测验,测验内容包括两部分,一部分是数字和速度,包括核对、字母顺序排列、数字计算、发现错误和运算推理等项目;另一部分是语言,包括拼写、阅读、理解、词汇和语法等项目,常用的有明尼苏达文书测验。创造力测验主要考察人们发散式思维能力的高低,如1962年盖茨尔斯和杰克逊设计的包括五个分测验的创造性测验,1966年明尼苏达大学心理学家托伦斯也编制了一套与此类似的测验。

个性测验,目前有以下三种测验方法:观察评定法、自陈法以及投射法。

观察评定法就是主试通过对被试进行系统的观察,然后将其个性特征按照预定的等级进行评分。这种主观的打分法,常常会受到评分者个人态度和偏见的影响,致使信效度降低。

自陈法是人格测验常用的一种方法,它是指被试对自己的人格进行评价的方法。常见的人格测验包括明尼苏达多项人格调查表(MMPI)、加州人格问卷(CPI)、卡特尔16种人格因素量表(16PF)、艾森克人格问卷(EPQ)、Y-G性格测验等。明尼苏达多项人格调查表(MMPI)是由美国明尼苏达大学临床心理学系主任哈撒伟和心理治疗家麦金利于20世纪40年代共同编制的。经过临床实践的反复验证和修订,到1966年修订版的项目确定为566个,通常在临床诊断中只使用前399个项目,包括十个临床量表和三个效度量表,其余的项目则与一些研究量表有关。MMPI 的内容非常广泛,包括身体各方面的状态(如神经系统、心血管系统、生殖系统等)、精神状态以及对家庭、婚姻、宗教、政治、法律、社会等的态度。几十年来,MMPI 一直被广泛应用于心理学、医学、人类学和社会学等研究领域的研究工作中,翻译成各种版本达 100 多种。中国在 1989 年也完成了修订工作,用于测验 16 岁以上具有初中文化程度的人。加州人格问卷(CPI)由美国加州大学的心理学教授高夫设计。该问卷一半的题目来自 MMPI,另一半反映正常青少年和成人的个性,与 MMPI 相比,CPI 更强调正常。CPI 由 480 道"是"、"否"型题目组成,分成 18 个量表。CPI 在我国被修订为"青少年性格问卷",230 道题目,适用于12~70 岁的有一定文化程度的人,尤其是高中和大学生。卡特尔 16 种人格因素量表(16PF)是由美国伊利诺伊州立大学教授卡特尔经过几十年的系统观察、科学实验以及因素分析统计后逐渐形成的。这一量表能在 45 分钟内测出 16 种主要的人格特质。16PF 具有 A、B 两套等值的测题,每套 187 个项目。16PF 在国际上广泛流行,被翻译成多种文字,被许多国家所修订。中国版的修订工作也由戴忠恒和祝蓓里主持完成,取得了全国范围内的信效度资料。艾森克人格问卷(EPQ)是由英国心理学家艾森克及其夫人于 1975 年在先前几个人格调查表的基础上编制的。艾森克经过长期的实验研究和临床观察,提出精神质、外倾性和神经质三个维度,根据这种观点编制的 EPQ 由四个分量表(EPNL)组成,EPN 分别代表外倾性、精神质和神经质,L 是测谎量表。该量表分为儿童和成人两种,儿童问卷 97 个题目,适用于 7~15 岁的受测者;成人问卷 101 个项目,适用于 16 岁以上的受测者。EPQ 中国版由龚耀先教授主持修订,修订后的儿童版和成人版都只有 88 个项目,按照是否作答,已经取得了全国范围内的信效度资料和常模。Y-G 性格测验是由日本京都大学教授矢田部达郎于 1957 年根据美国吉尔福特个性量表修订而成的,它包括 120 个题目,12 个分量表。Y-G 除测量特质外,还可以评定性格类型。我国已在 1983 年由华东师范大学进行了中文版的修订,该量表在我国南方应用较广,较多应用在青少年心理咨询、就业指导、人才选拔与培训、司法诊断等方面。

投射法是利用某些材料(图画、故事等),让被试在作出回答时不知不觉地把自己的思想和情感透露出来,从而确定其性格特征的方法。常见的有默里的主题统觉测验和罗夏的墨迹测验。美国心理学家默里的主题统觉测验(TAT)主要是通过对图片的观察和描述,来宣泄自己的内心活动,最早是用来研究病人的人格心理,借以进行心理治疗,后来被大量应用于性格测验。TAT 最初只有 20 张模糊不清、暧昧不明的照片,后来增加到 30 张。使用时每张图片只在被试面前呈现 5 分钟,然后让其据此编写一个故事,具体包括图片所描写的情境、情境发生的原因、情境可能演变的结果、个人的感受。主试可以运用一定的技术来分析被试编写的故事,从而确定其性格特征。罗夏墨迹测验由 10 张对称的墨迹图组成,5 张黑色,5

张黑色加彩色,测验是利用人们惯常的趋向,会把它们想象成动物、白云、战场、脸谱等,无意中即反映了被试的思想、愿望和情感等。测验进行的程序是:主试逐一向被试出示卡片,并提问"这可能是什么?""你看见了什么?"或"这使你想起了什么?"然后对被试的回答进行评定,以确定其性格特征。

### 3. 面试

面试是现代人才测评中非常重要的一种方法,也是传统的选人、用人中广泛应用的一种方法。但现代人才测评中的面试不再是传统面试中的简单的面对面交谈,不再具有主观随意性的特点,而是具有明确的目的、问题设计、评分标准和相对统一的面试程序,所以更加具有客观性。根据实施的规范化程度,面试可以分为结构化面试、半结构化面试和自由化面试。结构化面试是指面试实施的内容、程序和技术方法等都经过完整的设计的面试。自由化面试则是面试的内容、程序和技术方法完全不确定,在面试实施时随机而定的面试。半结构化面试介于上述两者之间,在面试实施前虽然也有设计,但在实施中也可以调整或部分自由确定的面试。现代人才测评主要采用结构化面试。

为了使面试取得更好的效果,可以采用以下方法来进行:① 培训主试人员,使他们清楚知道要了解什么。② 主试应该有准备地提出恰当的问题。③ 请几个不同的主试人员进行多次面试。④ 取得与被试工作有关的更详细的信息,如核实证明信和介绍信等。

### 4. 绩效模拟技术

绩效模拟技术,顾名思义就是让被试完成一项实际的工作,然后根据其工作绩效来测试其工作能力。由于绩效模拟技术所测试的是人的实际工作行为,而不是替代物,所以自然比笔试更有效。最有名的绩效模拟测试有工作抽样法和评价中心技术法两种,前一种方法适用于常规的职务,后一种方法更适用于挑选从事管理工作的人员。

工作抽样法是给被试提供一项职务的缩样复制物,让他们完成该职务的一种或多种核心任务。被试通过实际执行这些任务,将展示他们是否拥有必要的才能。

评价中心技术是现代人才测评的一种新方法,主要用于管理人员的选拔测试中,是现代人才测评方法综合发展的高水平体现。在国外许多大的组织机构中,评价中心技术被认为是考察管理潜能的最有效的方法之一。它是绩效模拟测试的一种更为复杂的方法,特别适用于评价被试的管理潜能。它一般由一线主管人员、监督人员以及受过训练的心理学家组成一个测评中心,模拟性地设计出实际工作中可能面对的一些现实问题,让被试经受 2~4 天的测试练习,从中评价其管理能力。练习活动根据实际工作者会遇到的一系列可以描述的活动要素来设计,可能包括与人面谈、解决出现的问题、小组讨论和经营决策等。

评价中心技术的主要特点是综合利用多种测评技术手段,把被试置于一系列模拟的工作情境中,让其进行某些规定的活动,从而考察被试是否胜任某项拟委任的工作并预测其各项能力或潜能。具体的测评技术手段包括心理测验、面试、文件筐作业、无领导小组讨论、角色扮演、案例分析、管理游戏等。这些评价技术通常是在团体中进行的,评价时间的长短随评价对象的层次而变化,评价基层管理者往往只需要 1 天时间,而评价中高层管理者则需要 2~3 天。

评价中心技术由于综合利用了多种测评技术,强调在动态中考察被试的能力,因而可以获得关于被试的丰富信息和详尽资料,所以测评结果比较客观有效,具有独特的优势。但是测评技术也有它的局限性,一是过分依赖于测评专家,需要专家投入大量的精力;二是投入比较大。由于这个原因,在实践中人们只对比较重要的工作种类(如管理)和较高的职位(如中高层管理者)才应用这一技术。

## 二、人 员 选 拔

员工选拔是指企业为了发展的需要,向外吸收具有劳动能力的个体的全过程。人员选拔的基本程序包括:评价企业人力资源状况、确定行动方案(招聘决策)、发布信息、招聘测试、人事决策五大步骤。

(1) 评价人力资源状况。任何组织在进行人员选拔之前,必须先对本组织的人力资源状况有充分的了解,因此,人力资源评价就成为人员选拔的第一步。人力资源评价可分为当前评价和未来评价两种。当前评价主要是对组织现有人力资源的状况进行考察,通常以开展人力资源调查的方式进行。未来评价是由组织的目标和战略决定的,是由组织的人事部门对本组织未来的人力资源需要所进行的评价。

(2) 确定行动方案(招聘决策)。确定人员选拔行动方案,也称为选拔决策,主要是指组织中的最高管理层关于重要工作岗位的选拔和大量工作岗位的选拔的决定过程。具体包括以下内容:什么岗位需要招聘? 招聘多少人员? 每个岗位的具体要求是什么? 委托哪个部门进行招聘测试? 招聘预算是多少? 新员工何时到位? 何时发布招聘信息? 运用什么渠道发布? 等等。

(3) 发布招聘信息。一旦招聘决策拟定后,就应该迅速发布招聘信息。发布招聘信息要遵循面广、及时,以及层次等原则。

(4) 招聘测试。见上述相关介绍。

(5) 人事决策。人事决策是员工招聘中的最后一环,也是十分重要的一环,指的是人事任免决策。其基本步骤包括:对照招聘决策、参考测试结果、确定初步人选、查阅档案资料、进行体格检查、确定最终人选。

# 本 章 小 结

个性,即人格,是一个人区别于他人的稳定的、独特的整体特点;是稳定的行为方式和发生在个体身上的人际过程。

个性的特质理论认为,人的行为不受其类型所制约,而是由若干种稳定的特质所决定的。常见的特质理论包括奥尔波特的特质理论、卡特尔的人格特质理论、"大五"人格、"艾森克三因素模型"。

个性的类型理论即将人的个性加以类型化,主要用来描述一类人与另一类人的个性类型之间的差异。影响较大的个性类型理论包括《黄帝内经》,它根据阴阳将人划分为五种类型,四种气质类型学说,A 型和 B 型人格,荣格的心理类型说,斯普兰格的六类说,霍兰德的人格-职业匹配理论以及机能类型说。

气质是个人生来就有的心理活动的动力特征,类似于我们平常所说的"秉性"、"脾气"。气质是人格发展的先天基础,强调人格中的先天倾向,它依赖于人的生理素质或生物特点。

将气质理论应用到管理实践活动中:正确认识气质的特点,尊重个体的气质;了解气质与职业的匹配关系,为个体安排适合的岗位;根据气质互补原则构建高效的工作团队;根据气质特点实施培训和教育。

性格是对客观现实稳定的态度以及与之相适应的习惯化的行为方式。性格是人格中的现实层面,是后天形成的。

将性格理论应用到管理实践活动中:根据性格特点安排工作、实施培训和教育;培养和塑造良好的职业性格和职业道德;组建性格互补的完美团队;重视管理者自身性格的培养和锻炼。

能力是个体顺利完成某种活动、某项任务的个性心理特征。一般能力(或普通能力)是指在许多基本活动中都表现出来,且各种活动都必须具备的能力。一般能力的综合也称为智力。

智力的结构理论包括斯皮尔曼二因素理论、瑟斯顿群因素理论以及斯滕伯格的智力成分理论。智力测量的常用量表包括比纳-西蒙量表、斯坦福-比纳智力量表以及韦氏量表。

将能力理论应用到管理实践活动中:要遵循"职能匹配"和"能力互补"原则,要进行科学、合理、全面的能力培训。

个性倾向性是人们进行社会活动的基本动力,代表个体对事物的不同态度及行为方式,包括兴趣、需要、动机、信念、理想、价值观等。

需要在管理实践中的运用：调查员工的需要情况，并进行综合分析；在管理实践中，管理者不仅要针对员工的物质生活基本需要，解决其生活中的实际困难，还应针对员工的精神生活基本需要，安排适当的活动，丰富其精神生活。

动机在管理实践中的运用：采用多种方法激发员工的动机；对员工进行归因训练。

人员测评的主要内容：能力因素、动力因素、个人风格因素。人员测评的主要方法包括：履历调查、知识水平考试、心理测验、面试、绩效模拟技术。

人员选拔的基本程序包括：评价企业人力资源状况、确定行动方案（招聘决策）、发布信息、招聘测试、人事决策五大步骤。

## 思考题

1. 气质、性格、能力和个性之间的关系如何？
2. 如何根据个性差异展开管理工作？
3. 你认为你的个性特征是什么？如何做到个性与职业的匹配？

### 一、"过劳死"的罪魁祸首到底是谁？

"2011 年 4 月 14 日，普华永道上海一位入职仅半年的 25 岁女职员，因急性脑膜炎去世，在网络上引发强烈关注。这位女职员的去世被传为'过劳死'，这让许多职场人士心有戚戚。"

"最近，华为公司 25 岁员工胡新宇因过度加班，心力衰竭而亡的消息，引发了众多身在职场者的关注和议论，人们共鸣着心头郁积已久的感触。这几年来，'英年早逝'的事件在各地屡有发生，这使我们不禁深思：是工作第一还是身体第一？'胡新宇事件'是值得我们警醒和深思的。"

上面两段文字摘抄自网络，是引发了诸多关注和议论的"过劳死"案例。事件报道后，引起了人们的激烈讨论。

有一种观点否定简单的"过劳死"一说：

"普华永道女硕士的去世，则是由于未能及时或有效治疗急性脑膜炎而导致身亡,工作压力可能只是其延误治疗的原因,难以将其简单地视为'过劳死'。"

"从医学角度看,病毒性感冒引起的急性脑膜炎,是致使普华永道女硕士去世的真正原因。尽管其生前工作辛苦,经常加班,却难以简单将其视为'过劳死'案例。"

"众多医疗专家对于胡新宇是否'过劳死'普遍持保留态度。于教授认为,劳累只是诱因,病原体才是致命因素,'过劳死'的说法很夸张。华为健康指导中心的沈医生指出,人在疲劳、精神压力过大的情况下,机体的抵抗力和免疫力会下降,容易患病。具体到胡新宇的个案上,工作上的压力以及加班的疲劳可能会影响他的身体状况,乘虚而入的疾病才是夺去他年轻生命的罪魁祸首。从医学角度来看,胡新宇的死亡是由于'患病不治',而并非传说中的'过劳死'。"

另一种观点仍然认为持续的工作压力和长时间的加班是导致案主死亡的重要原因:"华为公司新闻发言人傅军说:'虽然专家诊断的结论是,胡新宇的去世跟加班没有直接的因果关系,但加班所造成的疲劳可能会导致免疫力下降,给了病毒可乘之机……'"

讨论:

1. 请结合本章介绍的气质、性格、能力的相关知识,分析导致文中"过劳死"案主死亡的原因。

2. 组织的管理人员可以通过哪些措施来预防"过劳死"事件的发生?

## 二、人格类型测试——心理类型量表(MBTI)

第一部分:哪一个答案最接近地描述了你通常的思考和行为方式:

1. 当你某日想去某个地方,你会_____?

A. 计划好将做的事情以及何时做

B. 什么都不想就去

2. 如果你是一位老师,你愿教_____?

A. 涉及事实的课程

B. 涉及理论的课程

3. 你通常是_____?

A. 一个善于交际的人

B. 安静缄默的人

4. 你喜欢_____?

A. 事先安排好约会,聚会等

B. 只要时机恰当就无拘无束地做任何有趣的事

5. 你通常和_____相处得更好?

A. 想象力丰富的人

B. 现实的人

6. 往往,你是_____?

A. 情感驾驭理智

B. 理智驾驭情感

7. 当你和一群人在一起时,你会_____?

A. 参加大家的谈话

B. 只同你熟知的人单独谈话

8. 你更喜欢_____做多数事情?

A. 即兴地

B. 有计划地

9. 你愿意自己被认为是一个_____?

A. 善于动手的人

B. 善于创意的人

10. 在大群体中,你常更多地_____?

A. 介绍别人

B. 由别人来介绍你

11. 你更喜欢_____?

A. 头脑灵活的人

B. 务实且有丰富常识的人

12. 按日程表办事_____?

A. 正合你意

B. 束缚了你

13. 你觉得通常别人要花费_____?

A. 很久来了解你

B. 一小段时间来了解你

14. 对于制定周末计划,你觉得_____?

A. 很有必要

B. 没必要

15. 被称为_____是更高的赞赏?

A. 感性的人

B. 一贯理性的人

16. 多数时候,你倾向于_____?

A. 独处

B. 同他人在一起

17. 日常工作中,你喜欢_____?

A. 在时间紧迫的情况下争分夺秒地工作

B. 通常先安排好工作并加以完成,以免压力过大

18. 你愿把_____作为朋友?

A. 常有新观点的人

B. 脚踏实地的人

19. 你能否_____?

A. 只要愿意就能轻松地同几乎任何人说个没完

B. 只能在特定场合下或同特定的人才愿意讲许多话

20. 当有一项特殊工作时,你会_____?

A. 在开始前精心组织策划

B. 在工作进行中找出必要环节

21. 你更倾向于_____?

A. 感性地做事

B. 依逻辑行事

22. 当你为了消遣而阅读时,你_____?

A. 欣赏奇特新颖的表达方式

B. 喜欢作者确切地表达其意思

23. 你新认识的人_____说出你的兴趣所在?

A. 马上就能

B. 只有当他们真正了解你之后才能

24. 在计划一次旅行时,你更喜欢_____?

A. 在多数情况下随心所欲地行事

B. 事先就知道在大部分日子将做的事情

25. 做很多人都会做的事情时,你喜欢_____?

A. 按惯例做

B. 按自己独创的方式做

26. 多数人认为你_____?

A. 不太把自己的事情告诉别人

B. 非常坦率

第二部分：在以下各对词中，你更倾向于哪一个。考虑以下这些词的意思，而不是它们好不好听或好不好看。

| | A | | B |
|---|---|---|---|
| 27. | 抽象 | | 实在 |
| 28. | 有计划 | | 随意 |
| 29. | 温柔 | | 坚硬 |
| 30. | 事实 | | 观点 |
| 31. | 思考 | | 感觉 |
| 32. | 热情 | | 安静 |
| 33. | 晓之以理 | | 动之以情 |
| 34. | 陈述 | | 观念 |
| 35. | 分析 | | 认同 |
| 36. | 系统的 | | 自发的 |
| 37. | 敏感 | | 合理 |
| 38. | 缄默 | | 健谈 |
| 39. | 事实的 | | 理论 |
| 40. | 同情怜悯 | | 深谋远虑 |
| 41. | 系统 | | 随机 |
| 42. | 文静 | | 开朗 |
| 43. | 利益 | | 祝福 |
| 44. | 推测 | | 确定 |
| 45. | 坚决 | | 热忱 |
| 46. | 理想 | | 现实 |
| 47. | 意志坚强 | | 慈悲心肠 |
| 48. | 想象的 | | 事实的 |
| 49. | 客观的 | | 易动情的 |
| 50. | 制作 | | 创造 |
| 51. | 热情 | | 客观 |

52. A. 实用的　　　　　　B. 迷人的
53. A. 有同情心　　　　　B. 有逻辑头脑
54. A. 制造　　　　　　　B. 设计
55. A. 冲动　　　　　　　B. 决定
56. A. 公正的　　　　　　B. 体谅的
57. A. 文静　　　　　　　B. 爱交际
58. A. 理性　　　　　　　B. 感性
59. A. 不受限制的　　　　B. 安排好的
60. A. 详实　　　　　　　B. 概括
61. A. 注重实际的　　　　B. 感情丰富的
62. A. 公开的　　　　　　B. 私人的
63. A. 建造　　　　　　　B. 发明
64. A. 有序的　　　　　　B. 随便的
65. A. 想象的　　　　　　B. 现实的
66. A. 称职的　　　　　　B. 好心的
67. A. 理论　　　　　　　B. 事实
68. A. 少许朋友　　　　　B. 很多朋友
69. A. 可能性　　　　　　B. 必然性
70. A. 宽容　　　　　　　B. 坚定
71. A. 新颖的　　　　　　B. 已知的
72. A. 温和　　　　　　　B. 力量
73. A. 切实　　　　　　　B. 创新

第三部分：哪一个答案最接近地描述了你通常的思考和行为方式。

74. 你觉得被许多人围着_____？
A. 让你感到更有精神
B. 常让你精力衰竭

75. 作决定时,对于你来说更重要的是_____？
A. 权衡事实
B. 考虑人们的感受和观点

76. 通常你更喜欢_____？
A. 提前安排好业余活动
B. 即兴地做事情

77. 在聚会中,你_____?

A. 有时觉得无趣

B. 总是玩得很开心

78. 多数情况下,你更喜欢_____?

A. 顺其自然

B. 按日程表办事

79. 你通常_____?

A. 同大家打成一片

B. 倾向于独处

80. 你喜欢_____?

A. 看清事态如何发展再作计划

B. 事先很早就做好准备

81. 别人_____了解你?

A. 很容易

B. 很难

82. 通常,你更喜欢涉及_____的课程?

A. 概念和原则

B. 具体内容

83. 在聚会中,你_____?

A. 自己聊得多

B. 听别人聊得多

84. 你觉得自己更偏向于是一个_____?

A. 自发性的人

B. 有组织性的人

85. 你_____?

A. 只同那些和自己有共同兴趣的人才能长时间的交谈

B. 只要愿意,就能和几乎任何一个人谈个没完

86. 当你开始了一项必须在一周内完成的大项目时,你会_____?

A. 花时间列出所要做的事情及其先后次序

B. 直接开始

87. 被称为_____是更高的赞赏?

A. 有竞争力

B. 富有同情心

88. 你觉得按计划行事_____ _____?

A. 有时必要,但令人不爽

B. 多数时候是有帮助的适宜的

89. 你愿在一个_____老板(老师)手下工作(学习)?

A. 脾气好,但前后不一致

B. 对人严厉,但有条理

90. 总的来说,要完成一项重大任务,你倾向于_____?

A. 边做边考虑必须完成的事

B. 开始先确定每一个步骤

91. 在社交场合中,你通常觉得_____?

A. 同某些人很难开展和维持长时间的谈话

B. 很容易同大多数人长时间谈话

92. 你喜欢的处事方式是_____?

A. 坚持那些已经有效的做法

B. 分析哪些仍有错并挑战未解决的问题

93. 你更喜欢按照_____做大多数事情?

A. 当天的感觉

B. 已定的日程表

# 第三章

# 情 绪 管 理

【本章导读】 管理最重要的是管人，管人最重要的是管心，而情绪是心灵最富有灵动性的晴雨表，情绪劳动越来越受到重视，因此，情绪管理是组织管理的重要组成部分。情绪管理不当会影响员工的身心健康，导致员工工作倦怠，影响员工的人际关系，从而影响到组织绩效，情绪管理在组织管理中具有举足轻重的作用。

通过对本章学习，要求学生熟悉情绪的含义、特征、状态和功能；认真掌握情绪的认知协调理论、情绪的归因理论和情绪调节的 ABC 理论及其实践应用；严格把握情绪管理的概念和情绪劳动的基本概念，认识工作压力对于员工的影响，切实掌握情绪管理的几项基本原则和关键步骤，提升对情绪管理的理论认知水平和实践操作能力。

本章主要从情绪概述、情绪调节的理论、情绪劳动和情绪管理四个部分对情绪管理模块进行详细介绍。常见的几种情绪调节理论及其应用、情绪管理的基本原则与实施步骤，是学习本章的重点与难点所在。

## 第一节 情 绪 概 述

在快速发展的现代社会，人们的工作、生活节奏越来越快，心理矛盾与冲突普遍存在，竞争的压力、工作中的挫折、生活环境的显著变化、人际关系的紧张等，让人时时处在紧张、焦虑、烦躁的情绪之中，人们正经历着一个前所未有的情绪风暴时期，企业员工更是面临着情绪管理的艰难挑战。据调查，中关村科技人员的平均寿命仅 52 岁，近年来一些大学也连续出现了年轻教师"过劳死"的现象，而 2010 年富士康的"十连跳"，更是让人瞠目结舌。情绪可以影响心情，长久的心情会变成性情，性情可以影响一个人的行为习惯，最终会影响组织的氛围和组织绩效。因此，正确地认识情绪对组织的发展具有重要意义。

### 一、情绪的含义及种类

情绪的概念是由拉丁动词"行动"而来，表示促使个体采取某种行动的驱力，它是个体受到某种内在的或外在的刺激所产生的一种身心激动状态,是一种不同于认知或意志的、精神上的情感或感情,它是主观意识的经验,会影响人的行为。从管理心理学的角度看,情绪反映了客观事物与主体需要之间的关系,它们是由客观事物是否符合并且满足人的需要而产生的,是对事物的态度和体验。情绪是伴随着认识的产生而产生的,并且随着认识过程的发展而发展,没有对事物的认识,也就没有什么情绪。人对事物认识不同,情绪也就相异。反过来,情绪对人的认识活动起着重要的调节和推动作用。

人类的情绪表现多种多样、千姿百态,我们很难回答出人类究竟有多少种不同的情绪。研究人员经过大量研究,提出了六种普遍存在的情绪:快乐、惊讶、恐惧、悲伤、愤怒及厌恶。这六种情绪可以形成一个连续统一的概念,在这个统一体中,两个情绪靠得越近,就越容易被混淆。人在快乐的时候,主要的生理变化是负责抑制负面感觉及提升可用能量的大脑中枢活跃度增强,而产生忧虑情绪的大脑中枢趋于平静。不过,此时的生理状态保持静止,不会产生特殊的变化,身体复原的速度要快于悲伤情绪引起的生理变化。这种特征使身体能够得到正常的休息,同时为即将面临的任务以及朝着目标努力储备充足的热情和力量。人在惊讶的时候,眉毛会往上挑,使视野更加开阔,同时允许更多的光线射向视网膜,从而捕捉更多关于意外事件的信息,以便准确分析当下的情况,确定最佳行动方案。人在恐惧的时候,血液会流到大块的骨骼肌,如双腿,以方便逃跑,而且面部会由于血液的流失而发白(因此会有血"变凉"的感觉)。与此同时,也许是因为需要考虑是否应该躲藏,身体有那么一瞬间会呆住不动。大脑情绪中枢的回路释放出大量使身体保持警觉的激素,人的感觉变得敏锐,为行动做好充分的准备,同时集中精力分析当前的威胁,更有效地评估即将采取的行动。人在悲伤的时候,随着悲伤情绪的加深,并慢慢滑向沮丧,人体的新陈代谢就会减缓,这种内在的收缩为个体创造机会哀悼损失或者哀悼幻灭的希望,领悟损失对人生的影响,并且在能量回升之后开始新的生活。悲伤会降低生命活动的能量和热情,降低尤其是娱乐活动或者享乐。人在愤怒的时候,血液会流到手部,以方便抓起武器或攻击敌人,同时心率加快,肾上腺素激增,为强有力的行动提供充沛的能量驱动。人在厌恶的时候,面部表情在全世界几乎都是一样的,而且传递的是同样的信息:吃到或者闻到让人很难受的东西,或者类似这样的经历。厌恶的面部表情——上唇撇向一边,鼻头微微皱起,达尔文认为这是人类的一种本能反应,为了不吸入有害气体而屏住呼吸或者吐出有毒的食物。

## 二、情绪的特征

情绪是一种由客观事物与人的需要相互作用而产生的包含体验、生理和表情的综合性心理过程。情绪由三部分构成,只有三种成分共同活动才能构成完整的情绪过程,任何单一的成分都不足以构成情绪。这三部分为:主观体验;生理激起,任何情绪都有其生理基础;外显表情,如面部表情和身体姿势等。

情绪可以通过三个方面表现出来:通过语言直接提问,通过脸部表情、姿势、肢体移动、身体距离等非语言形式表现出来;通过沟通过程中的附属语言,如音调、振幅、速度、音量大小等,提供情绪的附加信息。情绪是有一定的强度的,情绪的呈现程度不同体现出不同的情绪强度。情绪强度指一个人内在的情绪表现在外(如表情、动作、声音、脾气等)的程度。一个情绪呈现强度很大的人,是喜、怒都形于色的;反之,则看不出他在想什么。情绪强度因性格及环境要求而不同,如害怕的程度可从担心到惊恐,生气可由不快到愤恨、爱可从倾慕到热烈等。情绪有几个特点:第一,情绪是那些与自然需要相联系的主观体验;第二,情绪具有情境性,易受环境的影响,随情境的变迁而变化,为此,较为不稳定;第三,情绪具有更多的冲动性和外显行为,如手舞足蹈、欣喜若狂、怒不可遏、暴跳如雷等。情绪一旦发作,人常一时难以冷静或难以控制。人的情绪反应只表现为生理变化与表情动作。人的植物性神经系统是在大脑皮层在控制下进行活动的。植物神经系统控制着内脏器官、外部腺体(唾腺、泪腺等)及内分泌腺(肾上腺、甲状腺等)的活动的同时,也控制着情绪反应,因此人在情绪波动时表现出生理上的反常,诸如心跳加快、血压升高、汗分泌增多等。与人的情绪状态相关的表情动作,可分为面部表情、身体表情与言语表情。例如,人在激动时"满脸通红",在惊恐时,"面色苍白"等表现为情绪的面部表情;人在恐惧时"四肢发抖",在得意时"趾高气扬"等表现为身段的表情;所谓"说话听声、锣鼓听音",则是说明情绪的言语表情。

## 三、情绪的三种状态

根据情绪发生的强度、速度、紧张度、持续性等指标,可将情绪分为心境、激情和应激三种强度不同的状态。

### (一) 心境

心境是一种比较微弱、平静而持久的情绪状态。心境就是平常所说的心情,它不是对某一事物的特定体验,而是弥漫性的一般情绪状态,往往在一段长时间内影响一个人的言行和情绪。心境体现了"忧者见之则忧,喜者见之则喜"的特点。平稳的心境可持续几个小时、几周或几个月,甚至1年以上。心境有积极和消极之分,对员工的工作有着重要的影响。积极的心境可以使人心情愉快、思维敏捷,充满克服困难的信心,因此有利于劳动效率的提高,消极的心境则使人感到工作乏味、思维迟钝,遇到困难就心灰意懒,往往造成劳动效率下降。可引起心境变化的原因很多,个人生活上的重大事件、工作上的顺逆、人际关系、健康状况、环境条件等,都可能成为引起心境变化的原因,对心境好坏具有决定性影响的因素,是人的世界观和理想。

**(二) 激情**

激情是一种时间短促、猛烈而爆发的情绪状态。例如,狂喜、绝望、暴怒、恐怖等都属于激情状态。激情通常是由个人生活中的重大事件或社会中具有重大意义的事件所引起的。强烈对立的心理冲突或过度的压抑与兴奋也可能会引起激情。激情也有积极和消极之分。积极激情能够鼓舞人们为正义、为真理而斗争;消极激情会使人的理智分析判断能力下降,自我控制能力减弱,往往不能正确评价自己行为的意义和评估行为的后果,在劳动中有时表现为蛮干、不讲科学,是造成事故的诱因。因此,在激情状态下,要注意调控自己的情绪,以避免出现冲动性行为。

**(三) 应激**

应激是指在意外的紧急情况下所产生的适应性反应。当人面临危险或突发事件时,身心会处于高度紧张状态,会引发一系列生理反应,如肌肉紧张、心率加快、呼吸变快、血压升高、血糖增高等。例如,遭遇歹徒抢劫时,人就可能会产生上述的生理反应,从而积聚力量以进行反抗。但应激的状态不能维持太久,因为这样很消耗人的体力和心理能量。若长时间处于应激状态,可能会导致适应性疾病。

# 四、情绪的功能

情绪在进化历程中始终占据心灵的核心位置。从长远来看,情绪的确是人类的绝佳武器,危急时刻唯一指引我们的就是我们最深沉强烈的情感。每一种情绪各有独特的生物特征,也都扮演不同的角色。任何情绪都可能促使我们采取行动。

**(一) 情绪的动机作用**

情绪与动机的关系十分密切,主要体现在两个方面。

(1)情绪能够以一种与生理性动机或社会性动机相同的方式激发和引导行为。有时我们会努力去做某件事,只因为这件事能够给我们带来愉快与喜悦。从情绪的动力性特征看,分为积极增力的情绪和消极减力的情绪。快乐、热爱、自信等积极增力的情绪会提高人们的活动能力,而恐惧、痛苦、自卑等消极减力的情绪则会降低人们活动的积极性。有些情绪同时兼具增力与减力两种动力性质,如悲痛可以使人消沉,也可以化为力量。

(2)情绪被视为动机的指标。情绪也可能与动机引发的行为同时出现,情绪的表达能够直接反映个体内在动机的强度与方向。所以,情绪也被视为动机潜力分析的指标,即对动机的认识可以通过对情绪的辨别与分析来实现。动机潜力是在具有挑战性环境下所表现出的行为变化能力。例如,当个体面对一个危险的情境时,动机潜力会发生作用,促使个体做出应激的行为。对这个动机潜力的分析可以由对情绪的分析获得。当面对应激场面时,个体的情绪会发生生理的、体验的以及行为的三方面的变化,这些变化会告诉我们个体在应激场合动机潜力的方向和强度。当面临危险时,有的人头脑清晰,沉着冷静地离开;而有些人则惊慌失措,浑身发抖,不能有效地逃离现场。这些情绪指标可以反映出人们动机潜力的个体差异。

### (二)情绪情感的调控功能

情绪情感对于人们的认知过程有积极的影响也有消极的影响。适当的情绪情感对人的认知活动具有积极的组织功能,而不当的情绪情感对人的认知活动具有消极的瓦解功能。

(1)促进功能。良好的情绪情感会提高大脑活动的效率,提高认知操作的速度与质量。耶克斯—多德森定律说明了情绪与认知操作效率的关系,不同情绪水平与不同难度的操作任务有相关关系。不同难度的任务,需要不同的情绪唤醒的最佳水平。在困难复杂的工作中,低水平的情绪有助于保持最佳的操作效果;在中等难度的任务中,中等情绪水平是最佳操作效果的条件;在简单工作中,高情绪唤醒水平是保证工作效率的条件。总之,活动任务越复杂,情绪的最佳唤醒水平也越低。我们了解了情绪与操作效率之间的关系,就能更好地把握情绪状态,使情绪成为我们认知操作活动的促进力量。

(2)瓦解作用。情绪对认知操作的消极影响,主要体现在不良情绪对认知活动功能的瓦解上。一些消极情绪,如恐惧、悲哀、愤怒等,会干扰或抑制认知功能。恐惧情绪越强,对认知操作的破坏就越大。考试焦虑就是一个典型例子,考试压力越大,考生考砸的可能性越大。一般来说,中等程度的紧张是考试的最佳情绪状态,过于松弛或极度紧张都会瓦解学生的认知功能,不利于考生正常水平的发挥。当一个人悲哀时,会影响到他的工作或学习状态,导致注意力不集中,易分神,思维流畅性降低等。

由此可见,情绪的调控功能是非常重要的。情绪的好坏与唤醒水平会影响人们的认知操作效能。

### (三)情绪情感的健康功能

人对社会的适应是通过调节情绪来进行的,情绪调控的好坏会直接影响到身心健康。常听人们叹息"人生苦短",在一般人的情绪生活中,常是苦多于乐。在喜、怒、哀、乐、爱、惧、恨中,正面情绪占 3/7,反面情绪占 4/7。情绪对健康的影响作用是众所周知的。积极的情绪有助于身心健康,消极的情绪会引起人的各种疾病。我国古代医书《内经》中就有"怒伤肝,喜伤心,思伤脾,忧伤肺,恐伤肾"的记载。有许多心因性疾病与人的情绪失调有关,如溃疡、偏头痛、高血压、哮喘、月经失调等。有些人患癌症也与长期心情压抑有关。一项长达 30 年的关于情绪与健康关系的追踪研究发现,年轻时性情压抑、焦虑和愤怒的人患结核病、心脏病和癌症的比例是性情沉稳的人的 4 倍。所以,积极而正常的情绪体验是保持心理平衡与身体健康的条件。曾有人说过,一个小丑进城胜过一打医生,这非常形象地说明了情绪对人身体健康的影响。

**(四)情绪情感的信号功能**

情绪是人们社会交往中的一种心理表现形式。情绪的外部表现是表情,表情具有信号传递作用,属于一种非言语性交际。人们可以凭借一定的表情来传递情感信息和思想愿望。心理学家研究了英语使用者的交往现象后发现,在日常生活中,55%的信息是靠非言语表情传递的,38%的信息是靠言语表情传递的,只有7%的信息才是靠言语传递的。表情是比言语产生更早的心理现象,在婴儿不会说话之前,主要是靠表情来与他人交流的。表情比语言更具生动性、表现力、神秘性和敏感性。特别是在言语信息暧昧不清时,表情往往具有补充作用,人们可以通过表情准确而微妙地表达自己的思想感情,也可以通过表情去辨认对方的态度和内心世界。所以,表情作为情感交流的一种方式,被视为人际关系的纽带。

# 第二节 情绪调节理论

情绪调节理论主要研究个体如何调节影响自己体验到的情绪性质、何时体验以及怎样体验和表达情绪等内容,比较有影响的主要有费斯廷格提出的情绪认知失调理论、情绪的归因理论和艾里斯的情绪 ABC 理论。

## 一、情绪的认知失调理论

认知失调理论是最早由费斯廷格(Leon Festinger,1957)提出来的一种理论。在费斯廷格看来,所谓的认知失调是指由于做了一项与态度不一致的行为而引发的不舒服的感觉,如你本来想帮助你的朋友,实际上却帮了倒忙。费斯廷格认为,在一般情况下,人们的态度与行为是一致的,如你和你喜欢的人一起郊游或不理睬与你有过节的另一个人。但有时态度与行为也会出现不一致,如尽管你很不喜欢你的上司夸夸其谈,但为了怕他报复你而恭维他。在态度与行为产生不一致的时候,常常会引起个体的心理紧张,为了克服这种由认知失调引起的紧张,人们需要采取多种多样的方法,以减少自己的认知失调。以戒烟为例,你很想戒掉你的烟瘾,但当你的好朋友给你香烟的时候你又抽了一支烟,这时候你戒烟的态度和你抽烟的行为产生了矛盾,引起了认知失调。当个体的行为与观念不一致时,就会出现认知不协调。我们总是为自己的某个行为寻找着内心的平衡,即认知协调,也就是说,人们总是试图使由不协调造成的不适最小化。认知失调理论告诉我们:一旦我们作了一个决定或选择了一种立场,我们总是试图采取各种措施或寻找各种理由,让自己相信作出了明智的选择。美国心理学家海德认为,人际交往起源于两种基本的需要:一是与他人认知协调;二是行为上与他人一致,避免冲突。例如,在工作中,某个员工表现好、做出业绩的时候,就希望得到领导的认可及同事的赞许。这里就包含着认知与行为的协调。认知失调理论与员工情绪的关系:现实世界中,没有哪个人能够避免不协调,而不协调会直接或间接地影响员工情绪,发生在工作场合中的认知不协调会给员工的内心带来冲突。

我们大概可以采用以下几种方法减少由于戒烟而引起的认知失调:

(1)改变态度。改变自己对戒烟的态度,使其与以前的行为一致(我喜欢吸烟,我不想真正戒掉)。

(2)增加认知。如果两个认知不一致,可以通过增加更多一致性的认知来减少失调(吸烟让我放松和保持体型,有利于我的健康)。

(3)改变认知。改变认知的重要性让一致性的认知变得重要,不一致性的认知变得不重要(放松和保持体型比担心 30 年后患癌更重要)。

(4)减少选择感。让自己相信自己之所以作出与态度相矛盾的行为是因为自己没有选择(生活中有如此多的压力,我只能靠吸烟来缓解,别无他法)。

(5)改变行为。使自己的行为不再与态度有冲突(我将再次戒烟,即使别人给也不再抽烟)。

## 二、情绪的归因理论

归因是指人们对他人或自己行为的原因进行解释和推测的认知活动。本质上,它是一种社会判断过程,指的是根据所获取的各种信息对他人的外在行为表现进行分析,从而推论其原因的过程。换言之,归因就是根据行为事件的结果,通过知觉、思维、推断等内部信息加工过程,来确认造成该行为事件原因的认知过程。怀疑主义哲学家休谟说过,原因是知觉者为了使环境更易于理解、更有意义而构造出来的,用这句话来理解心理学上的归因十分贴切。

如果某个特殊原因总是与某个特殊结果相伴而生,基本不变,则意味着两者之间有因果关系。归因就是寻找这种因果关系。工作场合中,管理者与下属对事情的看法往往会不一致;员工之间对同一事情的看法也往往不一致,这是因为对同一问题进行了不同的归因。归因现象涉及工作的各个方面,对企业的发展、日常管理和员工的个人发展都有着重要的影响。

### (一)归因与情绪的关系

同一行为结果会引起两类情绪反应:一类是依赖结果的情绪,对行为结果的价值分析;另一类是依赖归因的情绪,对原因分析不同,也会引起不同的情绪变化。归因与情绪是相互影响的:一方面,归因对情绪有重要影响,如当人们将成功的结果归因于能力、努力等内部原因时,会体会到自豪、自信、自我胜任、自我满足等;如果人们将失败结果归因于那些稳定的或不可改变的原因时,就会有失望、焦虑甚至自暴自弃。另一方面,情绪对归因也有重要影响,如高焦虑者在为失败承担了一定个人责任的同时,又感到有更多的客观理由去抱怨。情绪不好的人,更倾向于将失败归因于他人,看很多事情都会扭曲,这就是情绪对归因的影响。

**(二) 归因疗法**

人们总有一种要弄明白自己为什么会成功或失败的倾向,这种归因未必都是对的,但这种未必正确的归因却通过自信心、自尊心及情绪态度的变化影响了人的后继行为。归因对每个个体来说都十分重要,没有归因,我们就无法很好地管理好自己的情绪,无法建立良好的人际关系。归因疗法是指借助归因理论,从员工个人和企业两个角度来分析企业管理中存在的问题。从员工角度来看,归因疗法可以转变员工的观念、调节他们的情绪、全面提高他们的素质,归因疗法主要是从认知上改变员工的态度和情绪的。从管理者角度来看,归因疗法中的一些针对性措施十分有效:如疏通情绪发泄渠道,员工在受到众多挫伤后会产生一些思想情绪是正常的,作为管理者不仅应正确看待这一现象和问题,而且要积极疏通情绪发泄渠道。企业管理者通过正确的沟通方法和管理措施,帮助员工进行正确的归因,是改善整个组织情绪、营造良好氛围的有效措施。可以举办一些活动,让员工在一起自由交谈、发牢骚,使他们在心理上趋向平衡,减少员工流失率。

总的来说,企业管理者有很多措施都可以影响员工对事情的归因。管理者要通过精心设计,采取一系列措施来影响员工使其进行符合企业发展目标的归因,这就是成功的管理。

**(三) 归因理论对员工管理的启示**

这里我们用韦纳的归因理论来分析企业中人力资源管理的问题。韦纳提出了归因的三个基本成分,即部位(内部对外部)、稳定性(稳定对不稳定)和控制性(可控制对不可控制)。据此,韦纳创立了归因的三因素模式:部位×稳定性×控制性,用这三因素可构成八种不同原因成分的分类组合。从这里可以找出归因与行为和情感相互作用的规律。韦纳发现原因的稳定性影响人的期望,原因的部位和控制性影响人的情感等,可以用来分析各种原因。例如,能力是内部的、稳定的、不可控的原因,如果把成功归因于它,就会期望以后继续成功,并伴随自豪和胜任感;如果把成功归因于运气这个外部的、不稳定的、不可控的原因,对未来成功就会不抱期望,仅产生惊喜感。把原因按其特性进行分类,是因为归因的三个维度都有独特的心理学意义,对个体的期望、情感和行为都有不同的影响。韦纳的研究表明,原因的稳定性归因会影响成败期望的继续。在此基础上还可以作出三条推论：如果将一个事件的结果归因于稳定的原因，那么这一结果将来还可能会出现；如果将一个事件的结果归因于不稳定的原因，那么这种结果可能会变，也可能不变；将结果归因于稳定的原因比归因于不稳定的原因在将来有更大重复的可能性。

因此，归因可以改变员工的思想和行为，从而影响企业整体绩效。目前，企业的知识型员工越来越多，员工的心理活动更为复杂，能否满足员工的心理需要，使其不受创伤或少受创伤，进而保护他们工作的积极性和创造性，对企业的稳定和发展至关重要。

目前，许多企业员工流失率非常高，严重影响了企业正常的生产和运营。从心理学角度看，离职的员工往往是遇到了一些自我无法克服的障碍，产生了一定的消极情绪，工作积极性受到了伤害。据调查，员工离职的原因来自多方面：既有外部原因，也有内部原因；有物质的，也有精神的；有有意识的，也有无意识的；有显性表现，也有隐性表现；有自我挫伤，也有他人挫伤等。而对中国企业来说，主要原因在于员工的工资、福利待遇低和得不到应有的尊重，由此造成员工情绪低落、心灰意冷，行为上则表现为离开公司。针对这一现状，管理者应充分利用韦纳的成功与失败四种归因要素（努力、能力、任务难度及运气），帮助员工正确地归因，树立对企业的归属感和责任感。

## 三、情绪调节的 ABC 理论

"情绪 ABC 理论"是由美国心理学家艾利斯提出，其基本观点就是：人的情绪不是由某一诱发性事件的本身所引起，而是由经历了这一事件的人对这一事件的解释和评价所引起的。在 ABC 理论模式中，A 是指诱发事件（activating events）；B 是指个体在遇到诱发事件之后相应而生的信念（beliefs），即他对这一事件的看法、解释和评价；C 是指特定情景下，个体的情绪及行为的结果（consequence）。通常人们会认为，人的情绪的行为反应是直接由诱发事件 A 引起的，即 A 引起 C。ABC 理论则指出，诱发事件 A 只是引起情绪及行为反应的间接原因，而人们对诱发事件所持的信念、看法、解释，B 才是引起人的情绪及行为反应的更直接的原因，也就是说由于所持的信念不同，同样的一件事情发生在不同的两个人身上会导致截然不同的两种情绪反应。

这个理论，主要是阐述了情绪产生的过程。针对情绪的调节方法，该理论仍然具有相当的意义：首先是 A——这里我们主要指诱发人们不良情绪的外在事件。于此，我们主要可以通过两种方式：其一，对事件的发生有一定的预知，即做好心理准备，这样可以防止事件的到来过于突然而难以承受。其二，主动避开引起不良情绪的环境，因为虽然情绪的直接引发事件已消失，可原先环境中的其他种种都有可能已经和先前的不愉快形成了一定的连接,容易"触景伤情"。然后是 B——我们对事件的评价和认知。这是情绪调节中最为关键的一个环节。面对同样的遭遇,不同的人却会有悲观和乐观之分,这就是因为我们对其理解的角度和层面不同。所以,在面对各种刺激的时候,我们都应该进行多方位思考,对事物尽量从全局上来认识和把握,因为我们知道任何东西往往是有两面性甚至多面性的,从而避免让自己的思想进入一条死胡同而越陷越深。当然,各人的认知风格与其所受的教育、社会生活经验以及一定的基因水平都存在着相关。最后是 C——我们知道,有刺激,就一定会引起某种反应,不管它是外显还是内隐。平日里诸如心情郁闷,痛哭流涕等其实都是由某些事件带给我们的情绪反应,要想改善不良情绪,我们亦可从自己的行为反应有效性上进行思考,也就是说自己现在的一系列作为,或者说长期使自己陷入一种消极的情绪状态,是否能对事情有所改善,有所帮助。对情绪进行一些合理的发泄是很有必要的,但长期的消沉却于事无补,若真正能够认清这一点,很多人都会选择做一些具有积极意义的努力。

## 第三节　情绪劳动

相传成吉思汗有一个"盛怒杀爱鹰"的故事。他带着心爱的老鹰上山打猎,干渴难耐时发现一处有少量水渗出的山泉,便耐着性子用杯子接那滴答滴答下来的泉水,在接满水准备喝的那一刻,老鹰把杯子扑翻在地。如此反复两次令成吉思汗勃然大怒,一气之下杀了爱鹰。后来,当成吉思汗到更高处的水源喝水时才发现,原来爱鹰不让他喝水并不是出于逗弄,而是由于水源里有一条死去的毒蛇,是爱鹰救了他的命,但成吉思汗在盛怒那一刻已经被"情绪绑架",情绪阻断了合理的逻辑思考过程,最终酿成大错。由此可见,掌握情绪的负面影响,对于情绪管理具有重要的意义。随着服务型经济的不断发展和企业间竞争的愈发激烈,对员工的情绪管理有较高要求的工作种类越来越多,情绪劳动正在被企业作为提高服务质量和增加组织绩效的手段,越来越受到重视和强调。员工的情绪劳动越来越具有不可替代的价值,对情绪劳动的管理已经不仅仅作为一种领导艺术存在,而是作为可以进行量化管理的、有交换价值的商品存在的发展趋势。

### 一、情绪劳动的含义

情绪劳动的概念最早由美国社会学家 Hochschild 率先提出,她把情绪劳动定义为"管理自己的情感以创造一种公正可见的面部和肢体的表现"。在戏剧理论的启发下,Hochschild 提出员工管理情绪有两种方式:表层扮演和深层扮演。表层扮演是指员工调节情绪表达,使之与组织的要求相符;深层扮演是指为表达组织期望的情绪而对真实情感进行调整,使其一致。情绪劳动本质上是个人根据组织制定的情绪行为管理目标所进行的情绪调节行为。根据个体努力程度的不同,情绪调节可以分为表层调节和深度调节。表层调节和深度调节的本质区别在于个体的情绪表达是否反映了其真实的情绪体验。情绪劳动是个体为了满足组织的要求而表现出一定的情绪行为,情绪劳动对个体和组织都会产生影响,这些影响既可能是积极的,也可能是消极的。因此,如何有效地管理情绪劳动是当代人力资源管理所需要思考的一个问题。美国学者 Morris 和 Feldman 把情绪劳动定义为"员工在与顾客交往的过程中,对企业要求的情绪反应作出的正确表达"。这一定义表明,情绪劳动是员工工作内容的组成部分,它要求员工在与顾客的接触中适当掩藏和控制内心的真实情绪,即使员工精疲力竭、情绪低落,也必须按企业的要求微笑地面对顾客。Grandey 将情绪劳动定义为"为表达组织期望的情绪,个体进行必要的心理调节加工"。尽管不同的学者对情绪劳动的定义有不同的看法或侧重点,但这些不同的定义都包含一个相同的观点,即都指出并强调员工要以组织所期望的方式表达情绪。

一般而言,情绪劳动是指员工在工作中表现出令组织满意的情绪状态,是与情感有关的一个概念。相关的研究在 20 世纪 70 年代就已经开始进行,1924 年霍桑试验的结果使人们对因工人情绪对于生产率造成巨大影响产生了兴趣,工人们因为被实验组所关注而迸发出了几倍于平时工作的效率,远远超过了科学家的预期。从此以后,关注人的主观能动性,以人为本的思想开始被大多数企业所接受,学术界也开展了一系列有关企业员工心态的研究,以保证企业的高效运转。进入 21 世纪后,社会化分工发展已经达到了相当的高度,有关员工的人力资源管理研究体系也日趋完善。但大多数企业出于直观利益的考虑,不太关注员工的情绪问题,认为这和企业工作没多大关系,仅仅是私人的生活情绪调整,不属于企业的关注范畴。但事实上企业作为商业社会的构成主体之一,从社会责任的分担到企业中长期利益来看,员工个体的心理健康都事关企业的基业长青,不是小事。

现代社会人独立主体意识的强化,社会福利保障机制的完善,企业竞争的加强,使工作不再是人生活中的唯一,员工在选择企业的时候更多倾向于个体价值的体现和成就感导向,以个体为中心的价值导向越来越得到年轻员工的推崇,情绪化管理的重要性也在企业人力资源管理中凸显出来。

## 二、情绪劳动的特点

与一般的智力劳动和体力劳动相比,情绪劳动主要具有以下三方面的特点。

## （一）调节的主动性

情绪劳动情境一般都包含员工与公众（如顾客、患者、乘客等）之间面对面的交互作用，因此，员工的情绪表达不仅会影响公众的情绪体验和反应，同时也会受到公众情绪反应的影响。当受到公众消极的或意料之外的情绪影响时，员工就需要按照角色要求和组织期望及时而灵活地调整自己的情绪劳动方式及策略，以便有效地对公众的情绪反应加以引导，使之朝着组织所期待的方向发展。

## （二）目的的间接性

在情绪劳动中，表达适当情绪的目的是为了影响公众的情绪、态度或行为，以提高组织效率、促进组织目标达成以及增加组织信誉等。情绪劳动理论假设只有在某种适当的情绪状态下，公众才有可能作出组织所期望的反应。因此，为了实现组织的目标，就需要充分利用情绪的感染力和交流效果，通过员工适当的情绪表达，使公众在心理上产生组织所预期的变化。

## （三）要求的职业性

员工在实际工作中管理和表达情绪的方式恰当与否，取决于其所属职业或组织的具体要求。通常情况下，组织会以岗位职责、职业道德、行为规范和组织文化等形式，明示在与公众进行交往时哪些情绪表达是恰当的，以及如何有效地表现出这些情绪行为。不同职业或组织在情绪劳动的具体要求上存在着一定的差异。例如，交警对违章者既要求礼貌更要求严肃，而推销员对客户则要热情而富有耐心。

# 三、情绪劳动的作用

## （一）情绪劳动的积极作用

对于组织而言，员工在工作中进行情绪劳动，如按照组织的要求对顾客微笑，会使顾客心情愉快，提高购物量，甚至有下次再来购物的念头，进而提高组织整体绩效。对于员工个人而言，情绪劳动也体现了不可小视的价值。情绪劳动保证了工作正常有效地开展，是自身职业发展的基础。相反，对适时的情绪表达不予重视，会直接导致顾客的厌烦最终影响自己的职业发展。例如，作为一名律师，对自己的客户冷漠、无礼，将无法赢得顾客对自己的信任和好感，最终失掉很多顾客。从更深层次上看，员工通过运用表面行为这种情绪劳动策略，使自己仅从外在的情绪行为上符合要求，无需从认知层面使自己的真实情绪也与之符合。这从心理层面上，将员工和自己的工作保持了一段距离，成为员工自身的生活和工作之间的一个缓冲地带，从而为员工自身的心理健康提供了保证。另外，员工有效地表达组织所要求的情绪，赢得客户的赞誉，是对自我能力的一种展现，进而得到组织的肯定和认同，增加员工个人的成就感和自我效能感，形成一个良性循环，即更努力地工作，取得更好的业绩。

### (二) 情绪劳动的消极作用

情绪劳动给员工带来诸多裨益的同时,也不可避免地影响到员工的身心健康,如产生工作压力、导致工作倦怠、威胁身体健康等不良症状。首先,情绪劳动是员工产生工作压力的原因之一。员工在进行情绪劳动时,经常会遭遇内在的真实感受和组织要求的情绪表达不一致,即情绪不协调。长时间的情绪不协调会使员工产生工作压力,出现一系列与工作相关的失调症状。例如,低自尊、抑郁、对工作玩忽职守和疏远等;又如,航空飞机上的服务人员经常与自己平时的"伪装"作斗争,她们觉得自己是在表演,甚至会认为这样做是道德问题,是行为上的污点(她们认为她们在情绪上的"欺骗"对于提升组织的利益是有很大帮助的,但是却会影响到自身的心理健康)。其次,情绪劳动还可以导致工作倦怠。工作倦怠指的是在以人为服务对象的职业领域中,个体的一种情感耗竭、人格解体和个人成就感降低的症状。情感耗竭是指个体的情感资源过度消耗,疲乏不堪,精力丧失;人格解体指个体对待服务对象的负性的、冷淡的、过度疏远的态度;个人成就降低指个体的胜任感和工作成就的下降。资源保护理论认为,人们具有获得、保存、保护及建立有价值的资源,并使资源流失威胁最小化的动机。当个人在面对工作负荷时,若遭到资源丧失的威胁、遭遇到实际资源的丧失,或在投入资源后却无法获得资源时,心理上会感到压力和不适。

最后,长期的情绪劳动还会对身体健康有许多潜在的负面作用。研究表明,自我表露和健康人格有很大关系,持续压抑情绪的人比善于情绪表达的人更能产生疾病。情绪和免疫系统也有非常密切的关系。在免疫系统中影响广泛的"化学信使"同样在调节情绪的神经系统中也密集地存在,这也就意味着在情绪和免疫系统之间可能存在直接的生理联结。此外,近些年还发现,压抑情绪可能导致血压升高。例如,对生气、敌意的抑制和高血压、冠心病都有很大关系。因而,一味地压抑自己的情绪,不把自己真实的情绪表达出来确实对身体造成了不可忽视的危害。

# 第四节 情绪理论在管理中的应用

"情绪"人人皆有,先要处理好"心情"才能处理好"事情",先要有"情绪管理",才会有"完美绩效"和"非常服务"。员工情绪的综合效果会形成企业情绪,而企业情绪与企业寿命成正比关系。因此,处理好员工之间的关系,尤其是处理好员工的情绪,可以保持热情高涨的士气,从而对企业的生命周期有积极影响,情绪管理是新经济时代的必然要求。

# 一、情绪管理的意义

情绪管理的第一步,是要认识情绪管理本身的重要性。某件事情发生时情绪会自然地发生,从而带来愉快、气愤、悲伤、焦虑或失望等各种不同的内在感受,如果负面情绪持续存在,就会对个体的身心健康、人际关系或日常生活等带来负面的影响。

## (一) 情绪管理不当会影响生理健康

《礼记》上说"心宽体胖",意思就是情绪畅快时,人就会身体好。若一个人常有负面或消极的情绪产生,如愤怒、紧张、过度焦虑、情绪不安或不快乐等,人体内分泌就会受到影响,并导致内分泌不正常,长期如此,就会形成生理上的疾病。这就是心理学上所说的"心身疾病",即持续的心理问题若不注意调节,就会带来生理上的问题。

## (二) 情绪管理不当会影响人际关系

情绪表达是否恰当会影响我们的人际关系,而人际关系在现实社会中显得尤其重要。有人指出,一个人的成功,30%来自其专业技能,70%则来自人际技能;而对于管理者来说,人际技能所占的比重更大。如果管理者总是在下属面前对自己的负面情绪不加控制,久而久之,就会被员工视为难以相处的人。对下属关心和友好,才能激发他们内在的动力,心甘情愿地为企业服务。一个常面带微笑、爱赞美下属的领导,人际关系自然会得到改善。

## (三) 情绪管理不当会影响组织绩效

好的情绪可以让员工充分发挥自身的潜能,积极投入工作,为企业的目标而努力,提高组织的绩效。尤其是面对竞争对手的时候,我们更要控制好自己的情绪。只有控制冲动的情绪,我们大脑中的理智机构才会开始运行,从而做事周全缜密,不给对方以可乘之机。例如,三国时期的诸葛亮就曾经在战场上当众把华歆活活气死,华歆不懂得控制情绪,诸葛亮正是抓住了他的这个弱点。诸葛亮是个情绪管理高手,他设的空城计完全是在和对方玩心理战术——如果他不能很好地控制自己的情绪,在敌人面前露出半点慌张,他的空城计将会失败。

情绪管理能力的重要性表现在生活和工作中的各个层面:它决定了个人主观上认为工作与生活是否顺心,也会影响个人与他人(如家人、朋友、配偶、上司、同事、客户)之间的关系,甚至会影响工作表现。一个不能处理好自己情绪的管理者,必定很容易受情绪所左右,表现出冲动的行为,因而破坏企业的整体工作气氛。相反,管理者若能敏锐地察觉自己及他人的情绪,表现出自己的负面感受,并且能够多角度地看待并坦然面对这些工作中的困难和挑战,那么就容易与他人保持良好的关系,许多事情都能迎刃而解。做事是否顺利、圆满,往往不是由能力决定的,更多地取决于能否主动倾听他人的观点和建议、能否将人际关系冲突的阻力化为企业发展的动力。

## 二、情绪管理的原则

情绪管理需要把握以下几项原则。

（1）人力资源部门应从员工招聘的时候就开始培养员工坦诚沟通、真诚以对的企业文化，在员工入职的时候就建立良好的心理契约和信任感。如果有条件的，可以针对岗位的特点建立相应的素质模型，使员工的能力素质与岗位相匹配，降低员工因为工作不适应导致的工作紧张情绪。

（2）引导建立员工的非正式组织。按照马斯洛的需求理论，员工的工作有很大部分需求是得到社会的尊重和社交需要，因此保证员工的非正式组织沟通对于缓解员工的工作压力有很大的帮助。通过各种联谊活动，以及组成一些社团和活动小组，不仅可以培养员工的团队精神，也会使员工对组织产生依赖和归属感，激发员工的组织公民行为。

（3）建立 EAP 员工援助项目，华为、富士康等公司员工自杀的事件虽然只是个体行为，但对于激烈的市场竞争和动荡的就业环境，大多数人都不同程度地面临着各种压力，如果组织没有为员工提供及时和恰当的解压援助的话，部分心理素质相对脆弱的员工在重压下表现出非常规的伤人行为的几率将大幅度提高。在国外的大型公司，都建有自己的 EAP 员工援助项目，通过内外部的专业团体合作，为企业员工提供各种心理和生理服务，保障员工的基本生理尤其是心理健康，使员工获得及时的心理救助。

（4）人力资源的绩效考核反馈辅助。企业在奖励高绩效员工的同时，不应忘掉某些低绩效水平的员工，对于低绩效员工，应建立相应的考核反馈机制，及时把握员工的低绩效原因，帮助员工尽早摆脱低绩效压力，防止因低绩效导致的负面工作情绪。

（5）通过各种培训为员工建立正确的工作心理和自我情绪管理意识。对于人力资源的管理理论而言，管理的最高境界是员工自我管理，通过各种培训，培养员工的自我管理意识，学会自我管理技能，掌握自我管理的基本原理和方法。

（6）企业文化的正确引导。企业应及时总结出企业的文化体系，使员工能及早了解企业的文化氛围，调整自己的行为、行事准则，降低因为文化冲突导致的情绪伤害，使员工能及早融入到组织文化中去。

## 三、情绪管理的阶段与步骤

### （一）情绪管理的阶段

第一，情绪感知，是指强调对情绪的感觉。无论是对自己的情绪，还是对员工的情绪都要及时地察觉，准确地感觉到别人的真实情绪。良好的情绪感知，要求用恰当的词汇、不带任何指责对方的态度表达自己的情绪体验和感受。

第二,情绪解读,是指理解和分析情绪。任何情绪(无论是积极的还是消极的)都具有意义,因此,理解情绪所带来的提示、分析情绪背后的思维和认知是很重要的。情绪是有力量的,情绪解读力是个人力量的主要成分。我们都会犯情绪性的错误,但是,没有情绪,我们都将成为精神病患者。因此,如果我们希望情绪能为我们工作,赋予管理者以力量而不是扯后腿,就必须先察觉自我情绪并能察觉他人情绪,进而能管理自我情绪并理解他人情绪。

第三,情绪调节。可以根据自身的条件和情况,采用各种方法进行情绪调节。一般有认知和行为两个层面的情绪调节。

第四,情绪资本运作。这是对情绪管理要求较高的阶段。当我们能够很好地感知、解读和调节自己的情绪后,我们就要学习积累我们的情绪资本,为个人和企业创造价值。作为管理者,要用心去创造和积累企业的情绪资本,尤其是善于积累整个企业中全体员工整体士气表现出来的整体情绪资本。

现代企业管理,主要就是对员工思想行为的管理,而对员工的思想行为管理,其背后是对员工情绪、假设和核心信念以及行为的管理。企业文化的研究,使得我们深刻认识到理念对于员工行为的影响作用。通过对于员工情绪的影响不断改变员工表层的思维理念,不断优化其在企业内部的行为方式。所以,要想得到满意的结果,必须找到行为背后的核心问题,通过这些问题的研究和分析,来逐步建立适合于本企业甚至具体部门的、完善的情绪化管理模式。

### (二) 情绪管理的具体步骤

#### 1. 情绪的行为分析

这一步骤主要回答的问题:工作中什么样的情绪使得员工有了某些既定的行为? 实际分析员工在工作中的各类行为,以及当时的情绪表现,建立企业自身研究的情绪—行为数据对应库。从某种意义上讲,情绪就是人员不自主的思维,它是指我们在某种特定的情境中内在的思维(即我们内在的假设)所明确感受到的情绪。我们内在的假设将会支持、加强这种情绪。想要改变行为,让行为真正对个人、个人所处的情境有效,我们必须改变自己的情绪,而要改变情绪,我们就必须找到自己的核心信念。

#### 2. 情绪的意识性分析

这一步骤主要回答的问题:所产生的这种情绪,员工自己是否有意识? 通过丰富的数据分析,来查看这种情绪是不是员工有意识地表现出来的一种状态。企业可以根据心理分析问卷来具体分析数据库中收集的情绪。这一步骤所产生的问题需要不断地验证。心理学上认为,人类的情绪大多数是人在无意识的状态下的习惯反应,即情绪是由潜意识来决定的。当人在发怒、生气、悲伤的时候,并不真正知道情绪要告诉自己的是什么。如果企业管理中用逃避的方式来解决员工情绪的问题,情绪就会很难捉摸。

3. 情绪的结果导向分析

这一步骤主要回答两个问题:① 如果第二步骤问题的答案是无意识的,分析它给我们带来的结果是什么? ② 这种结果对企业发展是否有利? 这两个问题的关键就是对情绪结果的分析。要根据企业实际的情况,按照企业实际要求界定正方向导向的员工情绪。

4. 情绪管理的提升

这一步骤主要回答的问题:如果上述这种情绪可以正方向影响我们的企业目标,我们应该如何维持这种有效的情绪化管理? 一般情况下,比较强烈的情绪显示着生命中有些重要的事情对人的大脑进行映射。要管理情绪就要了解实际过程中,人的大脑反映出来的人对于周围一些工作现状的反馈,这种反馈再通过人的情绪展现出来,而仅仅采用所谓正面积极的态度反而会让我们错失重要的信号。应尝试着从负面、正面及中性的角度来看问题,重新下结论,多方位判定事情发展的方向,判断员工情绪后面的原因,通过情绪的管理来管理员工的有效工作行为,进而使其对企业的战略目标的实现作出贡献。

生活中10%的情绪是由发生在你身上的事情组成的,而另外90%则由你对这10%的情绪所决定,我们无法控制发生在我们身上的10%,但我们却可以控制另外的90%,当然,这也并不是说我们要控制情绪,而是要关爱情绪,因为情绪不是我们的宠物,不能过分地放纵它,而是应该接纳它,加强对自我和他人情绪的管理,让情绪为自我发展所用。

# 本 章 小 结

情绪是一种不同于认知或意志的、精神上的情感或感情。它是主观意识的经验,会影响人的行为。从管理心理学的角度看,情绪反映了客观事物与主体需要之间的关系,它们是由客观事物是否符合并且满足人的需要而产生的,是对事物的态度和体检。情绪可以通过两个方面表现出来:通过语言直接提问;通过脸部表情、姿势、肢体移动、身体距离等非语言形式表现出来。根据情绪发生的强度、速度、紧张度、持续性等指标,可将情绪分为心境、激情和应激三种强度不同的状态。情绪具有动机、调控、健康和信号的功能。

情绪的认知失调理论认为所谓的认知失调是指由于做了一项与态度不一致的行为而引发的不舒服的感觉。情绪归因就是根据行为事件的结果,通过知觉、思维、推断等内部信息加工过程,来确认造成该行为事件原因的认知过程。"情绪 ABC 理论"是由美国心理学家艾利斯提出,其基本观点就是:人的情绪不是由某一诱发性事件的本身所引起,而是由经历了这一事件的人对这一事件的解释和评价所引起的。

情绪劳动的概念最早由美国社会学家 Hochschild 率先提出,她把情绪劳动定义为"管理自己的情感以创造一种公正可见的面部和肢体的表现"。在戏剧理论的启发下,Hochschild 提出员工管理情绪有两种方式:表层扮演和深层扮演。表层扮演是指员工调节情绪表达,使之与组织的要求相符;深层扮演是指为表达组织期望的情绪而对真实情感进行调整,使其一致。

情绪管理不当会影响生理健康,会影响人际关系,会影响组织绩效。情绪管理需要把握以下几项原则:从员工招聘的时候就开始培养员工坦诚沟通、真诚以对的企业文化,在员工入职时就建立良好的心理契约和信任感;引导建立员工的非正式组织,建立 EAP 员工援助项目,进行人力资源的绩效考核反馈辅助,通过各种培训为员工建立正确的工作心理和自我情绪管理意识,进行企业文化的正确引导。情绪管理包括情绪的感知、解读、调节和资本运作几个阶段,包括情绪的行为分析、情绪的意识性分析、情绪的结果导向分析与情绪管理的提升等步骤。

## 思考题

1. 情绪的理论都有哪些?
2. 什么叫情绪劳动? 情绪劳动的特点是什么?
3. 如何运用情绪理论进行情绪管理?

### 笑 是 良 药

俗话说,"笑一笑,十年少","愁一愁,白了头"。烦恼、忧愁等都是自己伤害自己。一个人在烦恼或忧伤时,人体内气的机能就失调,导致内脏功能紊乱而得病,所以笑是最好的药物。

1. 笑声护士

据美国芝加哥《医学生活周报》报道,美国一些大型医院和心理诊所已经开始雇用"幽默护士"。她们陪同重病患者看幽默漫画并谈笑,以此作为心理治疗的方法之一。幽默与笑声,帮助不少重病患者或情绪障碍者解除了烦恼与痛苦。笑声一般都是人们所喜欢的,每个人都不愿意看到朋友愁眉苦脸。最新的医学研究发现,笑口常开可以防止传染病、头痛、高血压,可以减轻过度的精神压力,因为欢笑可以增加血液中的氧分,并刺激体内免疫物质的分泌,对抵御病菌的侵袭大有帮助。而不笑的人,患病几率较高,且一旦生病,也常是重病。美国医学界将欢笑称为"静态的慢跑"。笑能使肌肉松弛,对心脏和肝脏都有好处。如果生活中没有时间去慢跑,我们可以每天多笑一笑,甚至哈哈大笑几十次,以调节身体状态,增进健康。耶鲁大学心理学教授列文博士说:"笑表达了人类征服忧虑的能力。"笑又往往是人欢乐的一种表达,之所以欢乐,是人体在生理上产生了某种愉悦的缘故。赶紧笑起来吧,别等到生病以后才咧开嘴。

2. 笑的妙用

名医张子和曾采用使人发笑疏导法治愈了一个人的怪病。当时有个官吏的妻子,精神失常,不吃不喝,只是胡叫乱骂,不少医生使用各种药物治疗了半年也无效。张子和则叫来两个老妇人,在病人面前涂脂抹粉,故意做出各种滑稽的样子,这个病人看了不禁大笑起来。第二天,张子和又让那两个老妇人做摔跤表演,病人看了又大笑不止。后来张子和又让两个食欲旺盛的妇人在身边进餐,一边吃一边对食物的鲜美味道赞不绝口,这个病人看见她俩吃得津津有味便要求尝一尝。从此她开始正常进食,怒气平息,病全好了。著名科学家法拉第年轻时,由于工作十分紧张,导致精神失调、身体非常虚弱,虽然长期进行药物治疗却毫无起色。后来一位名医对他进行了仔细的检查,但未开药方,临走时只说了一句话:"一个小丑进城胜过一打医生!"法拉第对这句话仔细琢磨,终于明白了其中的奥秘。从此以后,他经常抽空去看马戏、滑稽戏与喜剧,经常高兴得开怀大笑,愉快的心情使他恢复了健康。

3. 欢笑诊所

据说现在每天早上,在印度孟买的大小公园里,可以看见许多男女老少站成一圈,一遍又一遍地哈哈大笑,这是在进行"欢笑晨练"。印度的马丹·卡塔里亚医生开设了150家"欢笑诊所",人们可以在诊所里学到各种各样的笑:"哈哈"开怀大笑;"吃吃"抿嘴偷笑;抱着胳膊会心微笑······以此来治疗心情压抑等心理疾病。

4. 复旦大学"笑吧"

复旦大学心理健康教育中心成立了"无缘无故笑吧",鼓励同学们尝试通过无缘无故大笑以后引发的发自内心的笑,引导同学们在活动中积极地看待他人对自己的反应,笑出勇气,笑得自信,使参与者忘掉生活中的不快与烦恼、尴尬与忧愁。

5. 笑能拯救生命

加利福尼亚大学的诺曼教授,40多岁时患上了胶原病,医生说,这种病康复的可能性是五百分之一。他按照医生的吩咐,经常看滑稽有趣的文娱体育节目,有的节目使他捧腹大笑,有的节目使他从心底发出微笑。他除了看有趣的节目,平时还有意识地和家人开开玩笑。1年后医生对他进行血沉检查,发现指标开始好转了。2年以后,他身上的胶原病竟然自然消失了。为此,他撰写了一本《五百分之一的奇迹》,书中提出:"……如果消极情绪能引起肉体的消极化学反应的话,那么,积极向上的情绪就可以引起积极的化学反应……爱、希望、信仰、笑、信赖、对生的渴望等,也具有医疗价值。"中外许多心理学家、运动学家认为,一般性的笑,能使隔膜、咽喉、腹部、心脏、两肺,甚至连肝脏都能获得一次短暂的运动。捧腹大笑,它还能牵动脸部、手臂和两腿肌肉的运动。当笑停止之后,脉搏的跳动会低于正常的频率,骨骼肌也会变得非常松弛。

6. 装笑也管用

美国一广告公司的部门经理弗雷德工作一向很出色。有一天,他感到心情很差,但由于这天他要在开会时和客户见面谈话,所以不能有情绪低落、萎靡不振的神情表现。于是,他在会议上笑容可掬,谈笑风生,装成心情愉快而又和蔼可亲的样子。令人惊奇的是,他的这种心情"装扮"却带来了意想不到的结果——随后不久,他就发现自己不再抑郁不振了。美国心理学家霍特指出,弗雷德在无意中采用了心理学的一项重要规律:假装有某种心情,模仿着某种心情,往往能帮助我们真的获得这种心情。有些人通常在情绪低落的时候避不见人,直到这种心情消散为止,这么做果真是好办法吗?

多年来,心理学家都认为,除非人们能改变自己的情绪,否则通常不会改变行为。当然,情绪、行为的改变也不是说变就变、想变就变的"瞬间"现象,而是有一个心理变化的内在过程。心理学家艾克曼的最新实验表明,一个人老是想象自己进入了某种情境,并感受某种情绪时,结果这种情绪十之八九果真会到来。需要注意的是：随着年龄、性别、职业、性格等因素的不同，情绪变化的程度和时间也不一样。情绪有了变化之后，伴随每一种情绪的外在表现，生理反应也会出现变化。心理学家研究发现：一个故意装作愤怒的实验者，由于"角色"行为的潜移默化影响，他真的也会愤怒起来，并表现在待人接物、言谈举止等方面；同时，他的心率和体温(心率和体温都是愤怒的生理反应指标)也会加快和上升。为调控好情绪，不妨偶尔对自己的心情进行一番"乔装打扮"。

（摘自马前锋主编：《心灵驿站——情绪调控》，上海科技教育出版社2000年版.）

# 第四章

# 激励理论与管理

**【本章导读】** 激励是企业用人的重要一环,也是体现管理效用的关键所在。通过激励,员工可以做出更好、更多的绩效行为,从而提高企业业绩。而从管理心理学的知识体系来说,激励也是承上启下的重要一章。掌握好了激励的内容,有助于了解员工的需求和工作动机,了解企业所希望的员工的工作方式、工作目标等。这是一个站在更高层次观察劳资双方的平台,所以,学习激励理论有很重要的意义。

本章将主要的激励理论作了介绍,并将激励理论在企业中的应用作了说明。学习完本章,读者要能够明确激励的原理,熟悉马斯洛的需要层次理论以及它的延伸——ERG 理论。要能够区别激励因素和保健因素,了解期望理论中的三种重要关系,掌握学习理论和认知、评价、评论。对薪酬和福利管理、表扬和非经济激励也要着重掌握,对股权激励计划也要作一定的了解。

本章的重点在经典和当代的激励理论,尤其是需要层次理论、学习理论,目前在管理学、心理学等各个学科均有涉及,足见它的影响范围之广,所以应该重点掌握。本章的难点在于这些理论在管理实践中的应用,这些应用均是与员工的切身利益密切相关,在操作中如何用之有度,这是个难题。

## 第一节　激 励 概 述

### 一、激 励 的 概 念

激励(motivation),从字义上,可以理解为采用有效方法激发人的行为积极性。所以人们一说起激励,往往想到的是方法,如发奖金、表扬等。但实质上激励所包含的内容应不局限于方法。激励应该是一个过程,是从识别人的需求,找到合适的需求满足物,将需求满足物与工作目标有效地联系起来,到用合适的方法向人提供需求满足物的持续进程。进一步来看,激励的这个过程是动态的,因为人的需求在不断变化、发展。旧的需求不断得到满足,新的需求不断产生,见图 4-1。从上述

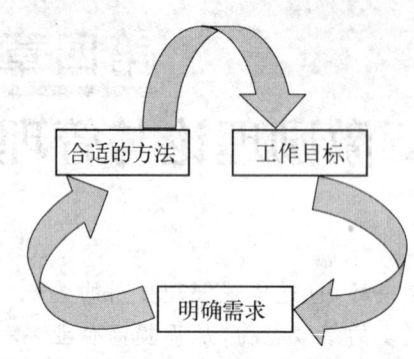

**图4-1 激励的动态环**

的分析来看,激励应该定义为:发现并采用合适的方法满足个体不断产生的需求,从而调动个体的积极性以实现工作目标的过程。

从激励的定义,我们可以发现三个核心要素:员工需求、工作目标和合适的方法。下面我们对三个核心要素逐一进行分析。

1. 员工需求

每个人的身体都是一个系统,这个系统不断在平衡—不平衡中发展。当机体系统处在平衡中时,个体就会体验到满足感。若机体处在不平衡时(如饥饿、缺乏安全感),员工就会体验到焦虑,这种焦虑感迫使员工作出寻找需求满足物来使焦虑感减少直至消失,这时机体会重新恢复平衡。而员工的需求总是在发展变化中,所以对于企业来说,也需要不断明确员工的新需求。

2. 工作目标

工作目标是企业希望员工作出努力,以实现的目标。

3. 合适的方法

合适的方法是将员工的需求和工作目标联系起来。若员工想要满足需求,则需要做出和工作目标相一致的行为来。员工日常的工作,通常由很多种行为组成。有些行为是和工作目标联系在一起的。做与工作相关的事,这是工作行为,在这些行为中,那些能够提升工作业绩的,我们称之为绩效行为,这部分行为需要增多,所以应该受到激励。常见的方法有薪酬福利、表扬、社会性关注等。当然还有些行为如闲聊、发呆等则和工作无关,这些行为应该减少,故不应该受到激励。

## 二、激 励 理 论

在激励理论的研究与实践中,学者们对激励的问题进行了多角度探讨,提出了不同的激励理论,这些理论可从以下两个角度进行归纳。

**(一)经典的激励理论**

著名的理论有马斯洛(Maslow)的"需要层次理论"、赫茨伯格(Herzberg)的"双因素理论"、奥德弗(Alderfcr)的"ERG 理论"、麦克利兰(McClelland)的"成就动机理论"等。

**(二)当代的激励理论**

区分当代与经典激励理论,并非因为这些激励理论诞生的时间先后有别,而是因为这些理论目前在企业中的应用程度。当代的激励理论在企业管理中扮演着重要的角色,目前仍有广泛的应用,其中主要有弗洛姆(Vroom)的"期望理论"、亚当斯(Adams)的"公平理论"、"目标设置理论"、"学习理论"、"认知评价理论"等。

# 第二节 经典的激励理论

## 一、马斯洛的需要层次论

马斯洛早期曾从事动物社会心理学的研究,后来转入人类社会心理学的研究,他的学说被心理学界称作继弗洛伊德、华生之后的"第三思潮"。1943年,马斯洛在《人类动机理论》一文中提出了"需要层次"的重要概念。马斯洛认为人有五种基本需要,这五种需要基本上反映了不同文化环境中人类共同的特点,并且这五种需要是由低级到高级,以层次形式出现的。人类的基本需要是一种有相对优势的层级结构。1954年,马斯洛又对这个理论进行了发展和完善。该理论在我国心理学界和管理理论界都产生了很大影响。

### (一)需要层次论的主要内容

需要层次论的主要内容可简要概括为以下五个方面。

1. 生理需要

生理需要是人类维护自身生存的最基本要求。衣、食、住、行是每个人少不了的,也是首先要考虑的,如食、性、渴等。马斯洛认为,长期处于极端饥饿状态的人,他的追求目标首先是食物,为此,生活的目的被看作是为了填饱肚子。但是,这种需要被满足了,就不再是一种需要了。

生理需要是属于最低层次的人类基本需要。在现实生活中,人的正常生理需要是应该满足的,但不能局限于此,而应该去追求更高层次的需要。

2. 安全需要

安全需要是人类要求保障自身安全,摆脱失业和丧失财产等威胁的需要。它与生理需要一样,是客观存在的,有机体可以完全受它所支配。每个人都需要安全,不仅希望人身安全,而且也希望避免疾病、失业和其他各种危险。在生理需要相对满足后,安全需要几乎成了行为的唯一组织者,能调动一切能量去行动。

安全需要的含义是广泛的,从世界和平、社会安定到个人的安全,人们希望有一个和平、安定、良好的社会。在这个社会中,健康、正常、幸运的人的需要基本上可以得到满足。目前,社会表达安全需要的现象很多,如稳定的职位、稳定的收入、各种保险和退休福利等。

3. 友爱和归属的需要

友爱和归属的需要是指个人对爱、情感和归属的需要。在生活中,人都有与他人进行社会交往的愿望,人都渴望能得到支持和友爱,并有所归属、得到承认。

爱应该包括两方面,即给别人的爱和接受别人的爱。现实社会中,要搞好人际关系,不能简单地就事论事,而应该有感情和爱的因素。

#### 4. 尊重的需要

尊重的需要是指人们都希望自己有稳定、牢固的地位,希望得到别人的高度评价。尊重的需要包括有自尊和被人尊重的需要。

自尊意味着"在现实环境中希望有实力、有成就、能胜任、有信心,以及要求独立和自由";受人尊重意指"要求有名誉或威望,可看成别人对自己的尊重、赏识、关心、重视或高度评价"。马斯洛还特别指出,"自尊需要的满足使人产生一种自信的感觉,觉得自己在这个世界上有价值,有实力,有能力,有用处。而这些需要一旦受挫,就会使人产生自卑感、软弱感、无能感。"在现实工作中,尊重的需要主要有:提高人们对完成工作的认识,提高人们在群体中的社会地位,提升等。

#### 5. 自我实现的需要

自我实现需要指的是一种使人能最大限度地发挥自己的潜能并完成某项工作或某项事业的欲望,这种欲望就是希望自己越来越成为所期望的人物、完成与自己的能力相称的一切事情。

当低层次需要基本得到满足时,自我实现的需要就变得突出起来。当人的需要进入到这个层次时,都想实现他们全部的内在潜力,来满足自我实现的需要。但是,自我实现需要比其他任何需要的实现都少得多,因为这种需要还要采用许多其他不同的方式方法才能达到。马斯洛对达到"自我实现"境界的人刻画了15个特点:① 能更有效地意识到现实。② 认识自己和认识别人。③ 自发性。④ 集中处理问题。⑤ 独立性。⑥ 自立性。⑦ 有不断新鲜的鉴赏感觉。⑧ 有不受束缚的想象力。⑨ 对社会有兴趣。⑩ 与有同样自我实现需要的人有深厚友谊。⑪ 民主的性格。⑫ 能辨别目的和手段。⑬ 幽默感。⑭ 创造性。⑮ 有反潮流精神。马斯洛晚年在"自我实现"需要的基础上,又提出了"灵性需要"、"超个人需要"等。

在现实社会中,人的高层次需要应该是自我实现。人们千方百计地通过工作实践,将自己的潜能现实化。现代人应该不断地希望、向往和有所追求,使自己成为一个比较完善的自我实现的人。

#### (二) 需要层次论评价

综上所述,马斯洛的需要层次理论首先强调的是需要对激励的重要关系。需要本身就是激发动机的原始驱动力,一个人没有需要,也就没有什么动力和活力。

马斯洛认为,人的五种基本需要分高、低两级,并且按次序逐级上升。其中生理需要、安全需要、社交需要属于低级需要,这些需要可以通过外部条件得到满足;而尊重需要、自我实现的需要则属高级需要,它从内部使人得到满足,并且一个人对尊重和自我实现的需要,是永远不会感到完全满足的。也只有当人的低级需要获得满足以后才会追求上一级的需要。但这种需要层次逐级上升并不是遵照"全"或"无"的规律。事实上,现实生活中的大多数人在正常情况下,他们的每种需要都是部分地得到满足,部分地得不到满足。马斯洛还认为,人的五种需要是在有意识和无意识当中产生的,而且无意识的动机可能比有意识的动机更多些。对于具有丰富经验的人来说,通过适当的技巧,可以把无意识的需要转变为有意识的需要。

马斯洛的高层次需要,不仅内容比低层次需要广泛,而且实现的难度愈益增大,满足的可能愈益减少。从心理学角度看,难度越大则激励力量越强,个体追求自我实现的愿望也最强。据马斯洛估计:80％的基本生活需要和70％的安全需要一般能得到满足;而只有50％的友爱和归属需要、40％的尊重需要和10％的自我实现需要能得到满足。

马斯洛的需要层次理论具有直感性、逻辑性强,易于被人们所理解等特点。但是马斯洛的需要层次理论也有一定的局限性和不足之处。首先,它把自我实现看成是一个自然成熟的过程,完全否认人的社会存在对人的成长有决定性的影响。脱离社会实践、脱离集体,搞封闭型的自我实现,容易使人误入歧途。其次,它的层次理论带有一定的机械主义色彩,它把需要看成是一种机械上升的固定程序,忽视了人的主观能动性,忽视了高级层次需要对低层次需要的影响。

当然,在美国文化背景下提出的需要层次理论,存在跨文化的局限性,在如中国、日本、希腊和墨西哥等国家,安全需要可能处于需要层次的顶端;而在如丹麦、瑞典、挪威、荷兰和芬兰,社会需要可能出于顶端。因此,因跨文化而应用该理论时,应该因地制宜。

### (三) 实践"需要层次论"

(1) 满足不同层次的需要。管理者的任务就在于找出相应的激励因素,采取相应的组织措施,来满足不同层次的需要,以引导和控制人的行为,实现组织目标。

(2) 满足不同人的需要。马斯洛的研究成果对主管人员来说是很重要的。因为它表明,本层次需要基本上得到满足时,激励作用就不能再保持下去。要使激励继续有效发挥作用,就必须把需要转移到满足另一个层次上去。

## 二、双因素理论

双因素理论是美国心理学家赫茨伯格于20世纪50年代后期提出来的一种需要理论。他是针对人们在工作中,按满意与不满意因素作分析后,得出的激励员工的不同要素。

### (一) 双因素理论的基本内容

赫茨伯格认为,激励人的积极性主要从内部、从工作本身进行。他修正了传统的关于满意与不满意的观念。

传统的观念认为满意的对立面是不满意。赫茨伯格认为,满意的对立面是没有满意,而不是不满意;不满意的对立面是没有不满意,而不是满意。他认为满意与不满意是质的差别,不是量的差异。

赫茨伯格把员工感到非常满意的因素称为激励因素,使员工感到非常不满意的因素称为保健因素。缺少保健因素,员工会感到不满意,有了保健因素,员工并不会感到满意,而是没有不满意;有了激励因素,员工会感到满意,没有激励因素,员工不会感到不满意,而是没有满意。

保健因素是指和工作环境或条件相关的因素,又叫维持因素。这类因素没有激励人的作用,但却带有预防性、保持人的积极性、维持工作现状的作用。若这类需要得不到满足会导致员工的不满,甚至会严重挫伤员工的积极性。相反,若这类因素处理得当,则能防止员工不满情绪的产生。这类因素带有预防性质的作用,所以被称作为保健因素。赫茨伯格认为,保健因素主要有以下几个:公司的政策和行政管理,技术监督系统与监督者个人之间的关系,上、下级之间的关系,薪金,工作安全性,工作环境,地位等。这些外在因素没有激励人工作积极性的作用,但带有预防性质,处理得好,可以保证工作积极性不受削弱。

激励因素是指影响人们工作的内在因素,其本质为注重工作本身的内容,以此可以提高工作效率。这类需要的满足,往往能给员工以很大程度上的激励,使员工产生工作的满意感,且有助于充分、有效、持久地调动他们的积极性。这类因素主要有:工作表现机会和工作带来的愉快,工作上的成就感,对未来发展的期望,工作职务上的责任感,提升等。

### (二)双因素理论评述

赫茨伯格的双因素理论和马斯洛的需要层次论是密切相关的。需要层次论针对人类的需要和动机;而双因素论则针对满足这些需要的目标或诱因。将两者结合起来看,保健因素相当于需要层次中低层次需要,这些需要的满足仅能消除不满,但不能导致满足,只能看作是激励的起点;相应地,激励因素相当于需要层次中的高层次需要,这类需要的满足才能真正导致满意感,真正有效、持久、充分地激励员工。

双因素理论在需要层次理论的基础上提出了一些新的观点。

(1)人的需要是多种多样的,但并不是所有的需要得到满足都能激励起人们的积极性,只有那些被称为激励因素的需要得到满足,对人们的积极性才能达到极大的调动。

(2)激励因素以工作为核心。也就是说,激励因素是在员工工作时发生的,因为工作本身就有报酬。双因素理论告诉我们,当员工受到很大的激励时,对外部因素引起的不满足感具有很大的忍受力,而当他们经常处于"保健"状态时,则常常会对周围事物感到极大的不满意。这一发现启发管理者不仅要致力于工作内容的研究和工作的再设计,更重要的是要从员工心理上、内心上培养产生激励,使员工在工作进行的过程中获得满足感。

### (三)实践"双因素理论"

在现实工作中,双因素理论的应用有一定的参考意义。

(1)要区别对待不同人的激励因素和保健因素。对某些人来说,赫茨伯格列入保健因素的项目条款可能正是他们的激励因素。

(2)有效的管理。应在保健因素的基础上,多采用使工作丰富化的激励因素,给员工更多的主人翁感,多安排有挑战性的工作,扩大工作范围,增强成就动机,让工作本身成为一种强有力的激励因素。

(3)注意保健因素。创造良好的工作外部环境和条件,消除员工的不满情绪和态度。

(4)利用双因素理论发放奖金,就必须把奖金的发放与企业的经营好坏,以及部门、个人的工作业绩挂起钩来,若奖罚不明,奖金就由激励因素变成保健因素,企业虽然相安无事,但奖金再多也起不到激励作用。

## 三、ERG 理 论

奥德弗根据对工人进行的大量调查研究的结果,认为一个人的需要不是分五种,而是三种,即生存、相互关系和成长。这是奥德弗在发展赫茨伯格和马斯洛理论的基础上于 20 世纪 70 年代初提出来的,简称为 ERG 理论。

### (一) ERG 理论的基本内容

(1)生存的需要是最基本的需要,它指的是生理需要、物质需要、对工作环境和条件的基本要求等,这一需要与马斯洛的需要层次论中的生理和部分安全需要相对应。

(2)相互关系和谐的需要,它是指人与人之间的社会关系的需要。这一需要类似于马斯洛需要层次理论中部分安全需要、全部归属或社会需要以及部分尊重需要。

(3)成长发展的需要,它是指一种要求得到提高和发展的内在欲望,它指出人不仅要求充分发挥个人潜能、有所作为和成就,而且还有开发新能力的需要。这类需要可与马斯洛需要层次中部分尊重需要及整个自我实现需要相对应。

ERG 理论的特点是改变了马斯洛"需要优先"的关系,具体表现在他对各层次需要之间的内在联系的较有说服力的阐述。其一,"需要满足"。在同一层次的需要上,当某一需要仅得到了较少的满足,一般会产生更强烈的需要,要求得到更多的满足。其二,"愿望加强"。较低层次需要满足得愈充分,对较高层次的需要往往就会愈强烈。其三,"需要受挫"。较高需要的满足愈少,也往往会导致较低层次需要更为强烈地突出。

### (二) ERG 理论评述

ERG 理论和马斯洛及赫茨伯格的理论相比较,有相似之处,但更重要的是它们之间的区别。

(1) 需要层次论是基于"满足—前进"的逻辑;ERG 理论不仅是"满足—前进",还包含有"受挫—倒退",表明在较高层次需要没有相应满足或受到挫折情况下,需要的重点也会转向较低层次。

(2) ERG 理论不认为在激发高层次需要之前一定要先满足低层次的需要。一个人的背景或相应的环境有时会使相互关系的需要比尚未满足的生存需要处于更优先的地位。

(3) ERG 理论不认为"剥夺"是激发需要的唯一手段。例如,个人成长的需要在相对满足之后,可能会更增加其强烈的程度。并且,一个人还可以同时有一个以上的需要。

实际上,ERG 理论的观点有很多与马斯洛的需要理论雷同,并未超出马斯洛需要理论的范畴。可以认为,马斯洛所论述的是带有普遍意义的一般规律,而 ERG 理论侧重于带有特殊性的个体差异。因此,ERG 理论可能更切合实际,容易被人们所接受。

### (三) 实践"ERG 理论"

作为一个企业管理人员,应该了解员工的真实需要。需要分为三类,个人有不同的需要。这种不同的需要会导致他们工作中不同的行为表现,最终也决定了他们不同的工作绩效。管理人员要想激励下属员工的工作行为和工作表现,首先要了解他们的真实需要,同时,要通过控制工作绩效,使之成为满足下属员工需要的东西。

## 四、成就动机理论

成就动机理论是 20 世纪 50 年代初期由心理学家麦克利兰提出来的。

### (一) 成就动机理论的基本内容

成就动机理论主要研究在人的生理需要、安全需要基本达到满足的前提条件下人的成就动机。它的基本内容分为三种类型:一是对权力的动机;二是对归属和社交的动机;三是对成就的动机。

#### 1. 对权力的动机

权力是管理成功的基本要素之一,权力有个人权力和社会权力之分。具有较高权力欲的人对施加影响和控制表现出很大的兴趣。这类人一般寻求领导者的地位,他们常常表现出争辩、健谈、直率和头脑冷静,并且善于提出问题和要求,喜欢教训人,乐于演讲。

2. 对归属和社交的动机

具有这类动机的人,通常从友爱、情谊、人与人之间的社会交往中得到欢乐和满足,并总是设法避免因被某个组织或社会团体拒之门外而带来的痛苦。他们喜欢保持一种融洽的社会关系,享受亲密无间和相互谅解的乐趣,随时准备安慰和帮助危难中的伙伴。

3. 对成就的动机

有成就动机的人,对胜任和成功有强烈的要求。他们热衷于接受挑战,经常为自己树立有一定难度而不是高不可攀的目标;他们敢于冒风险,又能以现实的态度对付冒险,不以侥幸心理对待未来,而是对问题善于分析和估计。这类人愿意承担所做工作的个人责任,希望自己所从事的工作情况得到明确的反馈。对待失败也不过分沮丧。

麦克利兰认为:具有强烈成就动机的人,把个人对成就的追求看得比金钱更重要。从成就中得到的鼓励超过物质鼓励的作用,把报酬看作是衡量成就大小的工具。这种人事业心强,有进取心,敢冒一定的风险,比较实际,大多是进取的现实主义者。

**(二) 成就动机理论评价**

成就动机理论告诉我们,具有强烈成就动机的人喜欢有这样的情境,即"难度"和"风险"。身处其境者可以通过自己的努力去取得成功;可以承担个人风险,相信会有结果。难度也即任务艰巨,成功机会少,虽然满足动机的可能性低,但完成任务后会产生满足感。同时,受成就激励的人不得不考虑情境中的风险,因为它可能影响成就,但要迎接挑战,就不能不冒一定的风险。战胜风险的成就,这种工作做起来才更富有刺激性。

麦克利兰认为,有 50% 成功的机会往往最能激励人们去取得成就。任务成功的概率太低或太高都不能吸引人。所以,追求成就的行为取决于三个因素:第一,动机强弱;第二,期望大小;第三,刺激性价值。至于外部因素,只是在取得成功的激励力量与逃避失败的抑制力量相等情况下,即两者相互抵消时才能体现出来。

成就动机理论从另一个侧面阐明了三种基本的激励需要,特别对人的成就方面进行了深入的研究。但是也要注意理论的跨文化适应性。把高成就动机作为一种内部激励因素,其预先假定的文化特征为:乐于接受中等程度的冒险和关心绩效。这在美国、英国和加拿大是存在的,但在智利和葡萄牙这样的国家则基本不存在。

**（三）实践"成就动机理论"**

麦克利兰认为，具有高度成就动机的人对企业和国家都有重要的作用。一个公司或国家拥有的这种人越多，它的发展越快，也越兴旺发达。成就的需要是一个组织的重要动力。如果把高成就动机的人放在有困难的工作岗位上，工作的挑战性就会成为成功的动力，这种动力会激发出致力于成就的期望；因此，善于发现和利用具有高成就动机的人才，是管理人员的主要职责。麦克利兰强调，通过教育和培训可以造就出具有高成就动机的人。举办训练班，宣传高成就动机人物的形象，交流经验等措施都可能取得积极的效果。这对企业管理人员有很大的启发。

# 第三节　当代的激励理论

## 一、期望理论

工作激励的期望理论源自卢因和托尔曼所提出的认知观念及古典经济理论的效用概念。因此，期望理论也称为"效价、工具、期望理论"，简称 VIE 理论。它是美国心理学家弗洛姆（Vroom）于 1964 年首次提出来的。期望理论反映了人的行为的心理机制，因而成为分析管理措施、管理目标的激励力量的有效工具。

**（一）期望理论的基本内容**

期望理论的基本点是，人们只有在预期其行动有助于达到某种目标的情况下，才会被充分激励起来，从而采取行动以达到这一预期目标。期望理论认为，激励就是选择的过程。也就是说，一个人在其行动的种种选择中所作出的最后抉择，必然和其行为同时发生的心理活动紧密相连。

弗洛姆认为，任何时候，一个人从事某一行动的动力取决于个人对行动之全部预期成果的主观估计乘以个人对这种预期成果实现可能性的主观估计，它是一个动态的变量。

期望理论的基本思想集中地表现在以下公式里：

这里：
$$F = E \cdot \sum VI$$

$F$——表示激励力量，即个人所受激励的程度，它是推动被激励者作出绩效的力量。

$E$——代表期望值，即被激励者对于经过努力能够达到的某种目标的期望概率。它反映了努力与绩效的关系。期望指的是某一特定行动将会导致预期成果或目标的概率,即个人就其经验对自己所采取的行动将会导致某种预期成果之可能性的主观估计。它是一种概率,其数值范围是 $0 \leqslant E \leqslant 1$。

$V$ ——表示效价,即被激励者所预计的结果带来的满足和不满足的程度,也称目标效价。效价指的是个人对自己所要采取的行动将会达到的某一成果或目标的偏爱程度,是个体对这一成果或目标之有用性的主观估计。目标效价是心理学上的概念,它表示一定的目标对于满足个体需要的价值。当个人对达到某种成果或目标漠不关心时,效价为零;当个人宁可不要出现这种结果时,效价为负值;当个人多少希望达到预期结果时,效价就为正值;当个人强烈期待出现预期结果时,效价就很高。

$I$ ——表示工作绩效与结果之间的关系变量,指一个人认为其作出一定绩效与他要得到结果之间的联系如何,即工具性或手段性。

期望理论的基本模式表明:激发力量,亦即推动人去追求和实现目标,满足需要的力量,是效价和期望值这两个变量的乘积。效价越高,可能性越大,努力的程度也越大,取得的成就和效果也会越好。不言而喻,绩效水平将会得到报酬,或是奖金或是职务提升等,对于员工来说,这才是有意义、有吸引力的,是正值。激发员工对目标的价值看得越大,估计实现的概率越高,则激发力量越大。

## (二) 期望理论评价

几十年来,弗洛姆的期望理论在学术领域里已经成了在解释工作激励过程方面被广泛流传的理论,在许多学者的研究中不断得到发展和完善,并且更富有应用价值。首先,区别两种效价,把工资、提升等外在效价和成就、个人发展等内在效价区别开来。外在效价是由个人的绩效从他人那里得到奖酬的结果;内在效价来自工作本身。其次,考虑到其他与工作激励有关的变量对期望理论的主要变量的影响,包括对在期望认知的形成中个性变量的可能影响;生活经验对期望发展的影响;角色认知和环境条件对激励和实际绩效相互关系的影响。

## (三) 实践"期望理论"

在实际工作中,期望理论显示出了它的适用性和有效性,并对管理者有很大的启示:

(1) 人都有一种希望做出成绩,满足某种需要的心理。如果管理者能针对性地给人以期望,就能较好地调动被管理者的积极性。

期望理论是侧重研究在目标没有实现的情况下,目标对人的积极影响的一种理论,这就启示我们在目标管理中既要考虑目标的效价,又要考虑实现目标的概率,才能有效地激发人们的积极性。从目标来讲,目标既应该具有挑战性,又应该是经过努力可以实现的。对目标不能估计过高,也不能过低。过高会使人产生挫折感,降低积极性;过低会使人感到唾手可得,也激发不起积极性。

（2）期望是激励中的一个重要因素，但期望并不等于现实结果。因此，管理者必须了解不同的期望与不同的现实对人心理的不同影响，正确处理期望与现实之间的关系才能更好地调动人的积极性。

# 二、公平理论

公平理论是亚当斯（Adams）于 1965 年根据认识失调论而提出来的。它是在社会比较中探讨个人所作的贡献与其所得的奖酬之间如何平衡的一种理论。其实质是探讨投入劳动与所得报酬的比值概念，即个人所进行的投入与他人所取得的报酬之间的平衡。

## （一）公平理论的基本内容

公平理论描述了一种工作环境里常见的现象：职工对自己是否受到公平合理的对待十分敏感。个人在组织中更加注意的不是他所得报酬的绝对值，而是与别人相比较的相对值。大多数人往往喜欢在生活中和他人进行比较，并对公平与否的程度作出判断。从某种意义上来说，工作动机激发的过程，实际上就是人与人之间进行比较，作出判断，并据以指导行动的过程。近年来，这一理论越加受到广泛的重视，用公式表示如下：

$$Oa / Ia = Ob / Ib$$

这里：

$a$ ——表示存在公平或不公平的个体。

$b$ ——表示与 $a$ 有某种关系或 $a$ 与之相比较的个体。

$O$ ——表示个人从某项工作所得的报酬，或所产出的结果，简称"所得"或"产出"。一般指工资、奖金、地位、提升或对工作的兴趣等。

$I$ ——表示个人对该项工作所付出的努力或所投入的代价，简称"付出"或"投入"，一般包含年龄、性别、所受的教育和训练、所具有的经验和技能、资历、职务、社会地位、对组织的忠诚、作出的努力程度、过去和现在的工作绩效等。

$Oa / Ia$ 与 $Ob / Ib$ ——分别表示个体 A 与 B 的"所得"与"付出"之比率。

上述公式具体显示了 A 与 B 相比较后所表现出的三种基本心理状态：其一，两者比率相等，即报酬相当，个人感到公平；其二与其三，比率不等（过大或过小），即报酬不足或过高，个体产生不公平感。

公平理论认为，员工对报酬的满足程度是一个社会比较过程；一个人对自己的工作报酬是否满意，不仅受到报酬的绝对值的影响，而且也受到报酬的相对值的影响；每个人都需要保护分配上的公平感，只有产生公平感时才会心情舒畅，努力工作。

### （二）公平理论评价

应当指出的是，"所得"和"付出"全凭个体的主观感觉，只有当个体主观上感到"不公平"时，才会产生一种力图恢复"公平"的愿望。一般来说，"不公平"感觉对大多数人是一种令人不安甚至厌恶的刺激，此时个体会产生一种尽快消除紧张状态的内在驱动力，这就成了一种激励，其强度与个体所感受到的不公平程度成正比。亚当斯指出，这样一种激励可以表现为多种形式：如试图改变其"所得"或"付出"；无意或有意地曲解自己或他人的"所得"与"付出"；或竭力改变他人的"所得"或"付出"等。

### （三）实践"公平理论"

要求公平是任何社会普遍存在的一种社会心理现象，管理者在工作任务的分配、工作绩效的考核、工资奖金的评定以及待人处世中能否做到坚持公正合理，既是衡量管理水平高低的一个重要标志，又是能否保持企业安定、人际关系良好、员工的积极性能否充分发挥的重要因素。

人们的心理上普遍有自尊的需要，因而在运用公平理论时重点应通过群众性的总结，使每个人明确工作成绩，明确其在各自的工作上所作的贡献，从而可以满足人们心理上的高级需要。

## 三、目标设置理论

人的行为是由动机引起的，并且都指向一定的目标。动机和目标是两个既互相区别又相互联系的概念。凡是能引起人去从事某种活动，指引活动去满足一种需要的愿望或意念，称之为这种活动的动机。动机是比目标更为内在、更为隐蔽、更为直接推动人去行动的因素。动机和目标的区别表现在：① 有些行动的动机只有一个，而目标可以有若干个局部或阶段性的具体目标。② 同样的动机可以体现在目的不同的行动中。

### （一）目标设置理论的基本内容

目标设置理论最先是由管理学家兼心理学家洛克教授提出来的，他在科学研究和工作实践中发现，外来的刺激如奖金、工作反馈、监督的压力等都是通过目标来影响动机的。另一管理学家休斯认为，成长、成就和责任感都要通过目标的达成来满足个人的需要，因此，重视目标和争取完成目标是激发动机的重要过程。

目标设置理论模式如图 4-2 所示。

在上述模式中，洛克认为：指向目标的努力不仅仅是目标难度和目标明确性，还有接受目标和目标责任心。接受目标指一个人把目标作为自己追求事情的程度，接受越深越是努力。责任心是此人渴望亲眼见到目标完成的感受。影响这两者的因素主要有：① 参与目标设置过程。② 目标有挑战性且又符合现实。③ 坚信目标完成能导致有价值的报酬。

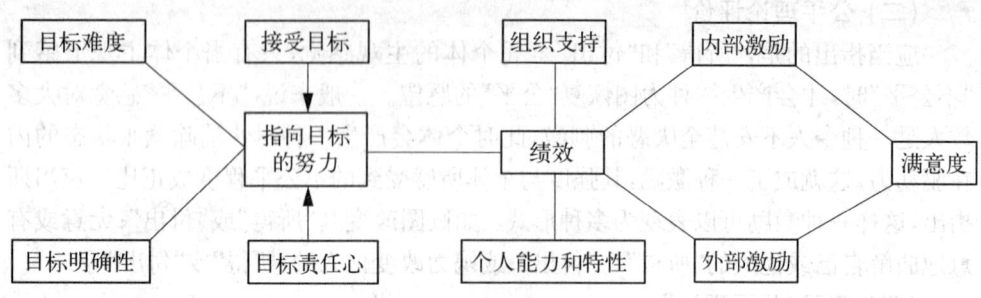

图 4-2　目标设置理论模式

　　目标难度即目标具有挑战性,要求用一定力量来完成。人们愿竭尽全力完成难度较大的目标,但不能接受无法达到的目标,因此尽可能使目标符合现实而又具有一定难度,无疑能刺激人们的成就感。

### (二) 实践"目标设置理论"

　　目标设置理论认为,目标是一种强有力的激励,是完成工作最直接的动机,也是提高激励水平的重要过程。从激励的效果来说,有目标比没有目标好,有具体目标比空泛的、号召性的目标好,有能被执行者接受而又有较高难度的目标比唾手可得的目标好。

　　目标设置理论认为,对于难度很高的长远目标,可采取"大目标,小步子"的目标管理方法,通过分解使大目标变为一个个具体的小目标,使人常常看到工作的进步与成绩,使人经常处于受激励的状态。

　　休斯特别就企业目标与个人目标的关系问题进行了研究。他认为,管理者使下属各级人员明确和达成个人目标是激发动机的关键,但同时要力求把组织目标与成员个人目标结合起来,并使个人目标有实现的可能。

　　如果管理人员让员工掌握企业的目标和明确自己的个人目标并让他们有参与实现企业目标的工作机会,就能促使员工产生工作积极性。如果将企业目标强加于员工,他们又无实现个人目标的机会,这将导致职工的不满,甚至造成企业的动荡。企业与个人的目标相一致,并不意味着员工必须以企业的目标代替自己的目标,而是两者之间必须协调。所以,设置企业的目标常是反复的过程,要用不同的目标加以组合,直到获得符合意图的方案为止。在这个过程中要注意让职工参与,这样既有利于职工个人目标的实现,又有利于企业目标的实现。

## 四、学 习 理 论

### (一) 学习理论的基本内容

学习理论是以经典条件反射理论和操作性条件反射理论为基础的,它着眼于行为的结果。学习理论是从人的行为与客观环境的相互关系中去寻找改造人的方法,它强调通过控制刺激人行为的外在目标和行为结果的奖惩来塑造和改变行为。在学习理论学家看来,人的行为是强化的结果。员工进入一个新的企业,不会是白纸一张,总会带着他先前的行为方式来工作。但员工之后的行为会如何发展,则完全取决于对新行为的学习,而这离不开强化。

**1. 正强化**

正强化是运用刺激因素,使人的某种行为得到巩固和加强,使之再发生的可能性增大的一种行为改造方式。能起到正强化作用的因素主要有认可、表扬、赏识、加薪、奖金、提升等。

**2. 负强化**

负强化指的是预先告知某种不符合要求的行为或不良绩效可能引起的后果,允许人们通过按所要求的方式行事或避免不符合要求的行为来回避一种令人不愉快处境的方式。如果员工能按所要求的方式行事,即可减少或消除这种不愉快的处境。

**3. 惩罚**

惩罚指的是以某种带有强制性、威胁性的结果,如以批评、降职降薪、罚款、开除等来创造一种令人不快乃至痛苦的环境或取消现有的令人满意和愉快的条件,以示对某一不符合要求的行为否定,消除这种行为重复发生的可能性。惩罚的目的在于使人们的行为按照社会赞许的规范发生变化,它具有控制、矫正、预防行为和净化心灵的功能。

**4. 衰退**

衰退是指对撤销人的某些行为的强化,即取消正强化。它表示对该行为的轻视或某种程度的否定,使这种行为出现的频率逐步减少、衰弱。

在这里要注意区别"负强化"与"惩罚",两者并不相同。负强化是使相关行为增多,而惩罚是使相关行为减少。比如员工在操作流水线时,安全阀没有打开,导致警报声大作,直到员工将安全阀打开,警报声才停止。这里的警报声就是负强化物,会使员工增加打开安全阀的行为。但如果员工因为没有打开安全阀,被公司罚款,这种惩罚措施会使不打开安全阀的行为减少,但惩罚能否增加安全阀打开的行为呢?我们就不得而知了,也许员工就此拍屁股走人了。所以对于公司来说,需要较多地使用强化措施而慎用惩罚措施,因为惩罚所带来的负面效果很多,人们受罚时,会体验到愤怒、挫折感、自尊受损等,这是我们不愿看到的。

**(二) 强化的功效**

**1. 强化的时间功效**

强化的时间安排会影响员工的行为和功效。强化的时间安排可大致分为连续和间断两大类。连续强化指的是一个行为每出现一次就给予强化;间断强化是指某一行为出现若干次后才给予的一次强化。

在日常的具体操作过程中,强化的功效普遍倾向于采用正强化的办法调动员工的积极性。正强化步骤可归纳为以下四步:① 每一工作岗位都确定一个标准,通过它不仅使公司便于检查工作,本人也可看到自己对公司的贡献。② 每一岗位都有明确的目标,并且尽可能是可以计量的目标。这些目标由管理部门和有关员工共同制定。③ 让员工取得工作反馈信息,使其掌握自己的工作与目标之间的差距,及时采取改进措施。④ 给工作优秀者以奖励。

2. 强化的反馈功效

所谓反馈就是在强化过程中,通过各种形式或途径对工作中的各项指标完成情况以及工作态度进行全面总结评比,让员工了解自己行为活动的结果和功效,进一步激发努力的动机。反馈具有激发进取心和调节行为的功能。

**(三) 实践"学习理论"**

学习理论应用于实际过程中有三个方面:首先,确定并说明行为的目标。例如,工作定额或新产品设计定额等有刺激作用的外部环境。其次,事先确定在人的行为达到目标后所给予的报酬和奖励。例如,工资、奖金、表扬等。再次,通过改变目标或改变工作结果来控制人的行为。

在应用强化手段改造行为时应遵循以下原则。

(1) 设立一个目标体系。

(2) 采取小步子强化的原则,以增强行为转化的信心。

(3) 及时反馈和及时强化。

(4) 多用不定期奖酬,少用定期奖酬。

(5) 因人而异采取不同的强化方式。

(6) 奖惩结合,以奖为主。

# 五、认知评价理论

人们发现,20 世纪 60 年代末,对工作努力所采取的内部奖励,是由工作内容本身的乐趣而产生的,而现在更多的是采用外部奖励,如增加工资。这两种外部奖励的引入可能会降低动机的总体水平,这种观点就被称作认知评价理论。

从历史上看,激励理论的假设是:内部激励因素(如成就、责任和能力)独立于外部激励因素(如工资、晋升、和谐的上下级关系和愉快的工作环境)。也就是说,两者互不影响。但是认知评价理论却不这么认为。它认为当组织把外部报酬作为对良好绩效的奖励时,来自个人从事自己的工作的内部奖励就会减少。也就是说,如果给予一个人从事自己感兴趣工作的人外部奖励,会导致他对任务本身的兴趣降低。

为什么会出现这样的结果？有解释认为，这是个人失去了对他自己行为的控制能力，所以以前的内部激励就消失了。更进一步，外部奖励的取消会带来一个人关于其为什么从事这一工作的看法发生变化，即从外部解释转为内部解释。

如果认知评价理论是有效的，应该对管理实践有重大意义。许多年来在薪资专家中流行着这样的话"如果工资或其他外部报酬要成为有效的因素，它们必须根据个人的绩效而调整"。但是，认知评价理论给我们提醒，这只能会使一个人增加从事这项工作所产生的外部满意度。我们已经用外部激励因素代替了内部激励因素。事实上，如果认知评价理论是正确的，其意义在于为了避免内部动机降低，应该使个人的工资不随绩效的变化而变化。

# 第四节 激励理论在管理中的应用

## 一、表扬与非经济激励

当你问及某个公司的员工为什么工作时？回答往往非常一致，为了钱。人们辛勤工作，每个月获得工资收入，这听起来是天经地义的事。公司也深悉用钱来激励员工的道理，所以才会有常见的与钱相关的激励措施，如派发奖金、红利，增加工资等。当然，如果员工不努力工作，或是出错导致公司损失的话，还会受到扣钱等惩罚。

当与"钱"相关的激励措施正在越来越被普遍使用时，一些问题也暴露出来了。曾经有个公司，每到年底，老板都出手阔绰地大派奖金。"真好，这样的老板我喜欢"，一位新进公司的员工听人说之后这样说。但事情的发展总是出人意料，在一次年终奖发过之后，公司离职率再创新高。为什么会这样？原来问题出在发奖金的规则上，规则的不公平导致最该拿到奖金的人空手而归，怨言四起，离职也就成了迟早的事。另外，本该成为激励员工的绩效奖金，当以固定的形式发放时，就逐渐会被员工认为是工资的组成部分，拿到手时觉得是工作应得，一旦没有，则会士气大损。

还有如果以奖金进行激励时，可能会激励不到应该激励的绩效行为。假设员工在这一段时间工作表现特别优秀，大家也认为如此，在年底时，回顾今年该员工的工作绩效情况，给予奖励。这时，距离表现突出的那段时间已经很久，员工甚至早已经忘记当时做了什么，这样的激励如何能够达到发奖金的原始目的呢。"我们走得太远，以至于忘记了当时出发的目的。"激励一定要放在最需要的那个人身上，同时也一定要在最恰当的时机给出。而表扬则可以随时随地给予，员工表现不错，马上表扬,这样,可大大增加绩效行为被强化的可能性。

表扬创新对竞争优势来说越来越必要。在知识经济时代,竞争已经越来越集中到人力资本上。研发人员进行工作的大部分时间都处在低绩效期,一次次试验的失败构成了工作的大部分内容,而对于企业来说,用传统的激励方式进行,往往会找不到激励的时机和理由,而表扬这种激励形式则可一试身手,无论研发创新过程是否顺利,都可即时给予。

一般来说,建立表扬的系统可参考以下步骤:

(1)当引进新的表扬程度和计划的时候,利用所有的沟通工具——包括企业内部的互联网和其他信息的共享,以便让每个员工都知情。

(2)培养管理者,要求他们将表扬作为薪金的一部分。

(3)使表扬成为绩效管理的必要部分,让每个人都开始使用它。

(4)在公司的沟通渠道比如周报或月刊的特定位置公布表扬的内容。

(5)宣传员工的最优秀表现,以使每个人都知道他们自己能够做的、可以获得表扬的事。

(6)让每个人都知道最优秀的管理者正在有效地使用表扬。

(7)不断地审视和检查表扬程序,以引进新的程序和计划,去掉那些不再有效的内容。

(8)同时从员工和管理者那里征求关于表扬的想法,因为他们最有可能知道什么是有效、什么是无效。

非正式地提供认可和关注(如真诚地赞扬)对人们来说往往是非常有力的强化物,而且人们似乎对这种东西不会反感。有人说,那不是要发挥“千穿万穿,马屁不穿”的精神吗?那是当然,但“马屁”这里应该理解为“真诚地关注与认可”,真诚地关注不会让人恶心。当然,社会性认可应该与员工的绩效表现相一致,这样才会给员工绩效带来积极的影响。尤其是被重要的人(如老板、老师、偶像等)认可,那种感觉和给你些奖金非常不同,振奋人心的效果非常好。

目前有大量的表扬(非经济激励)在全世界的企业中使用,所有这些行之有效的措施都有两个特点:第一,它们被设计为奖励那些有效的员工绩效行为和提高员工的满意度及对员工的承诺,从而改善员工绩效和促进留任。第二,它们被设计为满足员工特定且变化着的需要。过去曾经有效的系统将来不一定有效,在这个企业效果显著换个企业就行不通。所以公司确立表扬系统的过程,一定是经过反复试验的,正是在这个过程中,形成了各个公司的做法,呈百花齐放之态。

有的公司会利用公司内部刊物对明星人物进行表扬,如双周一次的“大拇指人物”,着重表扬那些工作业绩突出的人;“效率达人”,表扬在工作中节省公司资源,改进工作流程的人。“与老板一起晚餐”计划,是对这些优秀的人才,提供与老板一起共进晚餐的机会;公司的免费停车位也提供给这些"明星"员工,尤其当公司的停车位紧张,连高管都得找车位停的情况下,这种车位的提供,会给这些员工莫大的荣誉,从而极大地推动员工的绩效行为。

归根结底,激励一定是多元化的,针对不断变动着的需求,需要两条腿走路,所以把"钱"作为激励的唯一手段时,会存在不少问题。这就给我们提出了新的命题——在经济激励大行其道的当下,非经济激励的手段有用吗?回答是有用的,而且非常有用,在某些情况下甚至比经济激励的效果还要好。

## 二、薪酬与福利管理

### (一) 薪酬管理

根据马斯洛的需要层次理论,钱往往是和最基本的需要联系在一起的,可以换来衣食住行之所需。但随着社会的发展,钱已经远远超越它原始的含义,可以带来如身份、声誉、权力等让人着迷的非物质意义,所以钱对人的激励作用是巨大而又复杂的。但"不患寡而患不均"的理念,应当在薪酬设计中着重体现,不公平的薪酬发放,会严重降低员工的工作积极性。

许多薪酬(如薪水,员工福利,舒适的工作安排等)都由组织控制。组织所能够分配的薪酬类型比较复杂,既有直接的工资,但也有间接的薪酬和非金钱的薪酬。每种类型的薪酬又可以分为个体、群体和组织三种分配层次。薪酬体系还可分为内部薪酬和外部薪酬。内部薪酬是员工从自身工作得到的薪酬,多半是员工对自己的工作比较满意的结果。通过工作丰富化或工作重新设计来增强员工在工作中的个体价值感,并增强工作的内部薪酬意义;外部薪酬包括直接薪酬、间接薪酬、非金钱性薪酬。一般来说,员工期望得到某些形式的直接薪酬,如基本工资、加班费、假期津贴、绩效奖金、利润分红、公司股票期权等,并且希望自己的直接薪酬与其对群体和组织的贡献相一致,也会与那些能力、绩效与自己相近的员工的直接薪酬进行比较。组织还为员工提供间接薪酬,如保险、假期工资、各种服务、额外津贴等。一般来说,无论绩效如何,这些薪酬对于同一工作水平的所有员工来说是相似的。不过,如果由管理人员来控制间接薪酬,并用来奖励绩效,间接薪酬就成为激励性薪酬了。非金钱性薪酬通常是员工所渴望的,其激励作用取决于薪酬形式是否为组织成员所渴望,同时又在管理者控制权限之内。为了发挥综合激励作用,应该在薪酬的设计上,区别薪酬的特点,灵活组合和运用多种薪酬类型。

#### 1. 我国行政机关薪酬制度与作用

现行的行政机关职级工资制,根据不同职务和级别拉开了工资档次,并建立了正常的增资制度,促使机关工作人员积极工作,不断上进。在年度奖金分配上也拉开了档次,以考核为依据,在一定程度上起到了鼓励先进、鞭策落后的作用。在各种福利分配上,则采取按人头平均发放的做法,使人保持心理平衡,有利于调动其工作积极性。这种薪酬制度也还存在着一些弊端。一是不同程度存在着苦乐不均的现象,薪酬分配基本上没有与工作量挂钩,难以充分体现按劳分配的原则;二是工作薪酬与个人和团体绩效挂钩不紧密,用于考核的奖金占总收入的比重相对较小,难以起到奖勤罚懒、奖优罚劣的作用。

2. 不同体制企业的薪酬形式有较大的差异

国有企业基本是以岗位技能工资为主要形式,即固定薪酬加上灵活薪酬。国有企业薪酬管理特征是:① 员工特别是一线工人和销售人员实行计件工资制,能较公平地体现多劳多得的原则。而管理人员根据职务高低,按系数拿工资。② 薪酬体制上侧重班组层次的团队精神,一般由于流水作业多,产品科技含量高,所以,薪酬体制上比较强调班组团队精神的特征,如对班组实行计件承包责任。③ 薪酬形式较为单一。④ 薪酬管理制度与绩效联系的密切程度就个体而言不明显。

合资企业的薪酬形式在很大程度上受合资外方的影响,薪酬上名目繁多,分配上比较灵活。管理人员与工人的工资薪酬拉开距离,每月薪酬不公开,金额大小相互保密。因此,合资企业的薪酬管理特征为:① 层级明显,工资拉开一定的档次。② 薪酬管理体制上侧重于个体。③ 与绩效挂钩密切。

乡镇企业的薪酬形式中,工人一般实行计件工资,而管理人员一般实行"固定工资+奖金+补贴"的薪酬形式。乡镇企业的薪酬特征为:① 薪酬制度的制定倾向于一线工人和个体水平。② 薪酬形式比较单一。③ 与绩效联系较为密切。

**(二) 福利措施**

尽管员工们并不熟知企业详细的福利项目,但他们都在享受福利,这一点毋庸置疑。企业每年在福利项目上的支出数额巨大,以至于有部分企业质疑这样的高支出是否有意义。但事实上,福利作为重要激励因素,对于吸引、留住优秀员工很有帮助。目前企业常见的福利项目如下所述。

1. 法定福利项目

(1) 社会医疗保险。社会医疗保险是国家和社会根据一定的法律法规,为向保障范围内的员工提供患病时基本医疗需求保障而建立的社会保险制度。我国的社会医疗保险由基本医疗保险和大额医疗救助、企业补充医疗保险和个人补充医疗保险三个层次构成。有了社会医疗保险后,员工在患病时,社会保险机构对其所需要的医疗费用给予适当补贴或报销,使员工恢复健康和劳动能力,尽快投入工作中。

(2) 社会养老保险。我国的基本养老保险制度就是通常所说的社会统筹与个人账户相结合。该制度在养老保险基金的筹集上采用国家、企业和个人共同负担的形式。社会统筹部分由国家和企业共同筹集,个人账户部分则由企业和个人按一定比例共同缴纳。基本养老保险是由国家强制实施的,其目的是保障离退休人员的基本生活需要。

我国养老保险体系分为三个层次:① 基本养老保险。它是按国家统一政策规定强制实施的,为保障广大离、退休人员基本生活需要的一种养老保险制度。② 企业补充养老保险。它是企业根据自身经济实力,在国家规定的实施政策和实施条件下为本企业职工建立的一种辅助性养老保险,由国家宏观指导,企业内部决策执行。③ 个人储蓄性养老保险。它是由职工个人自愿参加、自愿选择经办机构的补充保险形式。在第②、第③两个层次中,企业和个人既可以将养老保险费按规定存入社会保险机构设立的养老保险基金账户,也可以选择在商业保险公司投保。

(3) 失业保险。失业保险是指员工由于非本人原因暂时失去工作,致使工资收入中断而失去维持生计来源,并在重新寻找新的就业机会时,从国家或社会获得物质帮助以保障其基本生活的一种社会保险制度。失业保险基金主要来源于社会筹集,由单位、个人和国家三方共同负担,缴费比例、缴费方式相对稳定。筹集的失业保险费,不分来源渠道,不分缴费单位的性质,全部并入失业保险基金,在统筹地区内统一调度使用以发挥互济功能。

(4) 其他法定保险。根据我国有关法律规定,员工还依法享有生育保险,这是一项通过立法,对怀孕、分娩女职工给予生活保障和物质帮助的社会政策。其宗旨在于通过向职业妇女提供生育津贴、医疗服务和产假,帮助她们恢复劳动能力,重返工作岗位。我国生育保险主要包括两项:一是生育津贴,用于保障女职工产假期间的基本生活需要;二是生育医疗待遇,用于保障女职工怀孕、分娩期间以及职工实施节育手术时的基本医疗保健需要。

对于工伤保险,又称职业伤害保险,是通过社会统筹的办法,集中用人单位缴纳的工伤保险费,建立工作保险基金,对员工在生产经营活动中遭受意外伤害或职业病,并由此造成死亡、暂时或永久丧失劳动能力时,给予员工及其实用性法定的医疗救治以及必要的经济补偿的一种社会保障制度。这种补偿既包括医疗、康复所需费用,也包括保障基本生活的费用。

(5) 带薪休假。根据我国《职工带薪年休假条例》规定,机关、团体、企业、事业单位、民办非企业单位、有雇工的个体工商户等单位的职工连续工作 1 年以上的,享受带薪年休假(以下简称年休假)。单位应当保证职工享受年休假。职工在年休假期间享受与正常工作期间相同的工资收入。职工累计工作已满 1 年不满 10 年的,年休假 5 天;已满 10 年不满 20 年的,年休假 10 天;已满 20 年的,年休假 15 天。国家法定休假日、休息日不计入年休假的假期。

单位可根据生产、工作的具体情况,并考虑职工本人意愿,统筹安排职工年休假。休假在 1 个年度内可以集中安排,也可以分段安排,一般不跨年度安排。单位因生产、工作特点确有必要跨年度安排职工年休假的,可以跨 1 个年度安排。单位确因工作需要不能安排职工休年休假的,经职工本人同意,可以不安排职工休年休假。对职工应休未休的年休假天数,单位应当按照该职工日工资收入的 300% 支付年休假工资报酬。

**2. 企业福利的新发展**

(1)员工帮助计划。员工帮助计划(Employee Assistant Program,EAP)最初设计为帮助有酗酒问题的员工,后来发展为处理物质滥用,现在发展为包括压力管理、职业心理健康、裁员心理危机、灾难性事件、职业生涯发展、健康生活方式、家庭问题、情感问题、法律纠纷、理财问题、饮食习惯、减肥等各个方面,全面帮助员工解决个人问题。

从整体上看,员工帮助计划是由企业为员工设置的一套系统的、长期的福利与支持项目。通过专业人员对组织的诊断、建议和对员工及其直系亲属提供专业指导、培训和咨询,从而提高员工在企业中的工作绩效。EAP 不仅仅是员工的一种福利,同时也是对管理层提供的福利。员工援助专家可以为员工和企业提供战略性咨询、确认并解决问题,以创造一个有效、健康的工作环境。通过对员工的辅导,对组织环境的分析,帮助组织处理员工关系的死角,消除可能影响员工绩效的各方面因素,进而增加组织的凝聚力,提升公司形象。它帮助识别员工所关心的问题,并且给予解答,这些问题不公会影响到员工的工作表现,同时影响到整个组织机构业绩目标的实现。

(2)员工自助式福利。企业总想把最合适的福利给最需要的人,这样可以极大地调动人的工作积极性,但是想要明确员工的需要却绝非易事。员工甲现在刚贷款买了婚房,还款压力相当大,他正拼命工作增加收入,而企业给他放几天假,这种福利对他起不到任何作用。相反,员工乙则工作压力巨大,迫切希望休假,企业还安排他外出学习,学习的任务加上手头的工作仍然要继续,压力更大了,这样反而会增加了他的怨气,降低工作绩效。在这种困境之下,自助式福利诞生了。企业把心思放在开发员工需要的福利措施上,然后开出一个福利菜单,员工按照一定的规则享用福利模块,员工需要什么就可以选什么福利,这样可在很大程度上激励到员工。但是,企业发现,实施这些福利措施会增加成本,必须要有人记录每个员工选用过的福利,而开发众多的福利会增加费用,所以,尽管这种自助式的福利很受员工欢迎,但目前应用的企业并不很多。

(3)员工保健计划。我们非常推崇"带病上阵"、"轻伤不下火线"这样的精神,但这种方式显然不具有持续性。不会休息的人不会工作,现在我们主张生活与工作平衡,拥有健康的身体,才可能会有更多的绩效行为的出现。目前有企业推出

"员工保健计划",旨在促使员工注意身体健康,减少生病,提高工作绩效。该计划鼓励员工科学地锻炼身体,如在公司内部建立健身馆、开设瑜伽课等。还有公司建立健康基金,鼓励那些减肥成功的人,如每减掉 1 斤,薪酬增加 15 元。如果减掉的 1 斤重量又回来了,就需要捐 15 元到健康基金里。通过这样的福利措施,企业中会有关注健康的氛围,员工的身体健康了,病假就会减少,绩效行为随之增多,企业与员工双赢。

(4) 其他福利。① 儿童看护计划。现在的家庭,大多数是夫妻双方均要工作。这就面临着不少问题,如未到学龄的幼儿如何教育,学龄儿童放学后去哪里等。部分企业看到了自己的员工有类似的困难,就特地在企业内部设置了相关的场所,专门雇佣相关的人员帮助员工看护孩子,或者安排员工轮流看护。这样员工可以在休息的时候看看自己的孩子,甚至可以和孩子一起用餐,极大地解决了员工的后顾之忧。② 老人照料计划。中国目前典型的家庭结构为"4 - 2 - 1",即夫妻双方均为独生子,需要养育自己孩子的同时,还需要照顾双方的老人。这对正值工作盛年的员工来说,压力着实不小。这时,有企业就推出了"老人照料计划",企业出钱雇佣专业社工,来照顾老人,如果老人生病,还会有专人送其去医院并进行照料,这种做法会让员工非常感激。

**(三) 股票期权激励**

近年来,薪酬激励的研究与应用重点转移到以高层管理部门为对象,特别是经营者的薪酬计划。一般而言,企业的高层管理人员的薪酬由固定工资、奖金、股票和股票期权构成。其中,工资是稳定可靠的收入,没有风险,起到基本的保障作用,但激励作用不大;奖金与其经营业绩密切相关,有一定的风险,也有较强的激励作用,但容易引发经理的短期化行为;股票和股票期权会使得经理级人员享有一定的剩余索取权,激励作用最大,风险也高。尤其是股票期权允许经理级人员以某一个基期的价格购买未来某一年份的同等面额的股票,旨在激励经理级人员的长期行为,其激励作用很大,但风险也更高。因此,薪酬激励机制的设计可以根据企业组织状况、行业特点等因素对这几种形式进行最优组合。

1. 优先购股权的含义

股票期权又称优先购股权或股份选择权,是指公司给予员工在未来时期内以预先约定的价格购买一定数量本公司普通股票的权利。

优先购股权的特点是个人未来财富同当前业绩、个人利益和公司长期发展有机地联系起来。获得优先购股权的人员,在公司股票价格上涨时,通过执行优先购股权,以优惠价格获得公司股票,然后以市场价格出售,中间差价就是个人收入。但这是一种不确定的"风险性"收入,数额多少同当前的工作态度、努力程度、业绩贡献有密切关系。凭借优先购股权致富的前提是公司价值长期最大化。个人利益与公司长期发展挂钩,购股权的获得者将更加关注公司的长期发展前景和未来增值能力。

### 2. 优先购股权的构成要素

一份优先购股权计划包括下列构成要素:授予对象、授予频率、授予价格、授予股票数量、执行方式和执行期、权利获得期限。

(1) 授予对象。授予对象是根据公司人力资源管理政策及相关福利和激励政策确定的,对象范围非常灵活。优先购股权最早实行时主要面向高级管理层,以激励他们从股东利益出发,尽可能地提高公司业绩,增加公司市值。现在授予对象范围有逐步扩大的趋势。一些公司向全体或大部分员工授予优先购股权,有的公司向兼职人员及非雇员,如公司董事、公司重要客户和供应商授予优先购股权。在美国,授予对象的范围要符合有关法律规定,具体人选则由公司董事会批准。

(2) 授予频率。授予频率,即两次授予购股权之间的时间间隔。优先购股权的授予应该有一个比较稳定的频率。在美国,通常是1年一次,以使公司的新员工也能够享受。已经获得过的员工也能再次获得,从而使其不断积累财富。

(3) 授予价格。授予价格是指授予员工优先购股权时确定的员工将来购买股票的价格。授予价格是优先购股权方案的核心。如果价格过低,员工不必努力就可获益,就起不到应有的激励作用;价格过高,风险过大,其激励效果也会下降。授予价格有三种:平价、溢价和折价,以授予公司评估价格为基准。

(4) 授予股票数量。决定获得股票数量多少的主要因素是个人的报酬水平和业绩表现。目前,决定股票授予数量的方法主要有未来价值法、现值法和期权执行成本法。① 未来价值法。首先假定购股权到期时公司股票的价格。该价格减去购股权的执行价格,就是员工获得的每股收益。然后用总期望收入去除每股收益,就得出应授予的股票数量。② 现值法。将估计的股票未来价值折现为当前价值。③ 执行成本法。执行成本等于授予股票的数量与购股权执行价格的乘积。决定执行成本的公式是:收入×系数=执行成本。收入一般用员工薪水表示,系数用来调整收入。

### 3. 优先购股权的作用

(1) 有利于激发员工的积极性。优先购股权作为一种激励制度,将员工的报酬与工作表现相联系,员工获得报酬的高低,又与公司的经营业绩相联系。员工在公司中责任越重、表现越好,贡献越大,所获得的购股数量就越多,将来得到的收益也越高。因此,优先购股权能够在长期内最大限度地发挥员工的积极性和创造性。

(2) 帮助公司留住优秀人才。人才是公司发展的根本。高薪吸引和留住人才,只能在短期内发挥效应,一旦其他公司高薪"挖角",人才仍会流失。优先购股权可以帮助公司留住优秀人才。公司向员工授予优先购股权时,往往附带限制措施,否则视为弃权。因此,员工若想获得高额收益,就必须留在公司内和公司共同发展,并最大限度地贡献自己的聪明才智。

(3) 减少公司现金福利支出,并享受相关税收优惠。优先购股权是一种用远期收益弥补和替代现期收入不足的福利补偿形式。

Tellabs 公司的员工持股方案便有许多值得借鉴之处。Tellabs 公司位于伊利诺伊州的 Lisle,主要生产数据和声音系统方面的通讯设备,它的客户主要是像 MCI 和 AT&T 这样的大公司。Tellabs 创建于 1975 年,当时只有 6 人,但第一年的销售收入就达到 312 000 美元。现在公司员工达到 3 600 人,其中 800 人在美国以外的国家工作。公司迅速增长的重要动力就来自员工持股。Tellabs 公司 1996 年 7 月开始实行优先购股权计划。全体员工都有资格获得。1996 年公司给予每一员工购买 200 股的权利,另外,在公司服务 1 年,再随赠 10 股,员工一旦获得优先购股权即可执行期权,公司则在收入中扣除股票购买价格与授予价格之间的差价。Tellabs 的购股权在授予后的 10 年内执行,员工每年获得权利的 25%,4 年获得授予的全部权利。公司还推行一套为留住优秀人才而设计的"核心贡献者股权方案",每年留出 1 000～2 000 股额度,向特定雇员授予优先购股权。

Tellabs 公司重视在公司中形成良好的持股文化,使管理层和非管理层都能够充分理解并正确行使优先购股权。公司创作了一本《所有者手册》,解释了优先购股权的原理,员工如何行使期权以及其他股票计划的作用。公司每季度出一期简讯,通过简讯,雇员可以和公司进行对话。公司特别强调对管理层和非管理层培训的绝对重要性。公司认为,让经理级人员做好准备,能向雇员们传达持股的消息,并能解释这些计划的作用。这一计划可谓皆大欢喜。实行优先购股权以来,公司股票价格迅速增长,这反过来又激发提高工作业绩的兴趣。员工们渴望知道公司的经营状况和自己对公司股票的影响程度。公司的投资者对购股权计划的结果表示满意。实际上,公司自实行购股权计划以来,收益和收入屡创新高,股票转手率为 7%。员工通过优先购股权,收入也得到了增长。我国的联想集团、四通集团、东方电子股份公司等企业也在积极探索期股(权)激励方式,已经造就了一批百万富翁,员工的积极性得到了提高,企业的业绩也不断提高。

# 本 章 小 结

本章回顾了主要的激励理论,有个核心的要素,就是员工的需求,这是激励的基础。在这里,我们主要回顾一下这些理论。

## 一、经典的激励理论

主要是对激励的原因与起激励作用的因素的具体内容进行研究。其中，著名的有马斯洛(Maslow)的"需要层次理论"、赫茨伯格(Herzberg)的"双因素理论"、奥德弗(Alderfer)的"ERG 理论"、麦克利兰(McClelland)的"成就动机理论"等。

### 1. 需要层次理论

该理论认为人有五种基本需要，分别是生理需要、安全需要、尊重需要、归属和爱的需要、自我实现的需要，这五种需要是由低级到高级，以层次形式出现，低层次需要未被满足，高层次需要不会出现。

### 2. 双因素理论

该理论满意的对立面是没有满意，而不是不满意；不满意的对立面是没有不满意，而不是满意。使员工感到不满意的因素称为保健因素，员工感到满意的因素称为激励因素。保健因素往往和工作环境或条件相关，这类因素没有激励人的作用，但却带有预防性、保持人的积极性、维持工作现状的作用。若这类需要得不到满足会导致员工的不满，甚至会严重挫伤员工的积极性。相反，若这类因素处理得当，则能防止员工不满情绪的产生。激励因素是指影响人们工作的内在因素，其本质为注重工作本身的内容，藉此可以提高工作效率。这类需要的满足，往往能给员工以很大程度上的激励，产生工作的满意感，有助于充分、有效、持久地调动他们的积极性。

### 3. ERG 理论

ERG 理论的特点是改变了马斯洛"需要优先"的关系，具体表现在他对各层次需要之间的内在联系的较有说服力的阐述。其一，"需要满足"。在同一层次的需要上，当某一需要仅得到了较少的满足，一般会产生更强烈的需要，要求得到更多的满足。其二，"愿望加强"。较低层次需要满足得愈充分，对较高层次的需要往往就会愈强烈。其三，"需要受挫"。较高需要的满足愈少，也往往会导致较低层次需要更为强烈地突出。

### 4. 成就动机理论

成就动机理论主要研究在人的生理需要、安全需要基本达到满足的前提条件下人的成就动机。它的基本内容分为三种类型：一是对权力的动机；二是对归属和社交的动机；三是对成就的动机。具有强烈成就动机的人，把个人对成就的追求看得比金钱更重要。从成就中得到的鼓励超过物质鼓励的作用，把报酬看作是衡量成就大小的工具。这种人事业心强，有进取心，敢冒一定的风险，比较实际，大多是进取的现实主义者。

## 二、当代的激励理论

### 1. 期望理论

期望理论的基本点是，人们只有在预期其行动有助于达到某种目标的情况下，才会被充分激励起来，从而采取行动以达到这一预期目标。期望理论认为，激励就是选择的过程。也就是说,一个人在其行动的种种选择中所作出的最后抉择,必然和其行为同时发生的心理活动紧密相连。任何时候一个人从事某一行动的动力取决于个人对行动之全部预期成果的主观估计乘以个人对这种预期成果实现可能性的主观估计,它是一个动态的变量。期望理论的基本思想集中地表现在以下公式里:$F = E \cdot \sum VI$。

**2. 公平理论**

个人在组织中更加注意的不是他所得报酬的绝对值,而是与别人相比较的相对值。大多数人喜欢不断地在他们生活中和他人进行比较,并对公平与否的程度作出判断。工作动机激发的过程,实际上就是人与人之间进行比较、作出判断,并据以指导行动的过程。近年来,这一理论越加受到广泛的重视,用公式表示为$Oa/Ia = Ob/Ib$。

**3. 目标设置理论**

目标设置理论认为,目标是一种强有力的激励,是完成工作的最直接的动机,也是提高激励水平的重要过程。从激励的效果来说,有目标比没有目标好,有具体目标比空泛的、号召性的目标好,有能被执行者接受而又有较高难度的目标比唾手可得的目标好。对于难度很高的长远目标,可采取"大目标,小步子"的目标管理方法,通过分解使大目标变为一个个具体的小目标,使人常常看到工作的进步与成绩,使人经常处于受激励的状态。

**4. 学习理论**

学习理论是以经典的条件反射理论和操作性条件反射理论为基础的,它着眼于行为的结果。学习理论是从人的行为与客观环境的相互关系中去寻找改造人的方法,它强调通过控制刺激人的外部环境中的人的行为的外在目标和行为结果的奖惩来塑造和改变人的行为。学习理论学家看来,人的行为是强化的结果。

**5. 认知评价理论**

该理论认为当组织把外部报酬作为对良好绩效的奖励时,来自个人从事自己的工作的内部奖励就会减少。也就是说,如果给予一个人从事自己感兴趣工作的人的外部奖励,会导致他对任务本身的兴趣降低。

另外,本章还介绍了表扬与非经济激励、薪酬和福利管理、股权激励计划等目前在企业中被广泛应用的激励方式,这些对理解理论在企业中的应用很有帮助。

# 思考题

1. 激励的特点与作用是什么?

2. 试比较需要层次理论、双因素理论、ERG 理论、成长需要理论四者之间的内在联系与不同,结合企业管理的实际情况应如何应用?

3. 试分析期望理论、目标设置理论、公平理论对现代企业管理制度的影响与作用。

4. 结合实际谈谈如何激励工作对象?

5. 如何确立表扬的程序?

 阅读材料

## 某管理咨询公司知识型员工激励体系

目前,国内管理咨询业远不能适应市场的高层次需求;与此同时,一大批国际顶级的管理咨询企业进军国内市场,在培育开发中国市场的同时,也在分割中国市场。国内的管理咨询公司特别是中小型管理咨询公司面临着巨大的生存和发展挑战。如何培育竞争优势是亟待解决的重大课题。随着经济全球化的发展,价值创新能力、品牌影响力、企业文化及企业社会公信度等"软实力"日益取代规模、营销和市场份额等"硬实力"而构成企业的核心竞争力。硬实力可看作是物对物的比拼,软实力可看作是人对人的较量。对于管理咨询公司而言,最重要的人力资源就是承载着知识的创造、利用和增值职能的知识型员工。他们的稳定性和积极性,直接关系到企业的生存和发展。

"知识型员工"又称"知识工作者"、"知识员工"或"知识工人"。它是随着知识经济浪潮和知识管理革命而兴起的一个概念,至今学术界没有统一定义。美国管理大师彼得·德鲁克最早提出"知识工作者"的概念,将其界定为"那些掌握与运用符号和概念,利用知识或信息工作的人"。当时他指的是经理或执行经理层,随着知识经济的到来,知识型员工的范围已经扩大到大多数白领知识型员工。他们不仅能利用现代科学技术和知识提高生产效率,而且本身也具有较强的学习知识和创新的能力。他们对组织的意义主要在于其通过创新性的劳动为组织的价值增值作出贡献,从而为组织赢得竞争优势。他们所从事的也主要是创造性工作,以脑力劳动和技术为主,亦具有通常所讲的"高智力人力资本"。

知识型员工主要有以下特征:第一,拥有较多的人力资本存量,综合素质较高。第二,具有较强的成就动机,实现自我价值的愿望强烈。第

三,具有较高的创造性和自主性。第四,工作过程难以监督控制,工作成果不易直接测量和评价。第五,追求更好的职业发展,流动性强。

正是由于具有这些特征,使知识型员工成为以知识资本的投入决定企业的竞争能力和应变能力的重要因素;同时,如何通过卓有成效的管理,吸纳、留住、激励、开发企业所需要的知识型员工,成为企业面临的重大挑战。某管理咨询公司是中国国内最早致力于人力资源管理体系构建的研究和实践机构,目前在北京、济南、南京设有三家系列机构。自1997年成立以来已成功为汽车、机械制造、物流商贸、高科技IT、医药、通讯、家电、金融等行业的几百家客户提供过人力资源管理咨询服务。目前,公司共有员工70人,其中50名员工(包括董事长、总经理以及市场中心、项目中心和研究中心三个部门的经理)从事咨询、培训及市场开发工作,是为客户提供管理咨询服务,使公司成为客户的"外脑"的中坚力量,是知识型员工。

## 一、该公司在日常管理和运营中存在的问题

### (一) 知识型员工对公司的利润分享制度的满意度较低

目前,公司只有股东有资格参与利润分享。每年年底,提取净利润的20%作为分享总额,然后按照出资股份分配给股东分配。这种方法使各位股东分享了经营收入,使股东的主人翁身份得以体现,对股东起到了很好的激励作用,然而却极大地挫伤了非股东员工的积极性。

### (二) 新老员工薪酬满意度存在差异

在公司工龄越长,对薪酬的满意度越高。公司的薪酬平均来讲处于地区同行业中等偏上水平,但入职时间不长的员工薪酬水平却是中等偏下,这已成为年轻员工离职率较高的一个很重要的原因。公司采用基本工资＋绩效工资＋项目奖＋年终奖的薪酬结构模式。年轻员工只能保证基本工资部分,而绩效工资和项目奖较低,年终奖又主要是发给从事行政后勤管理的员工,导致年轻员工对薪酬的不满意感较高。

另外,福利只在一定程度上起到保健作用。福利作为员工激励的重要因素,已经被认为是人力资源战略的重要组成部分。而该公司实行的是全员式福利,且福利项目较少,只能起到保健作用。

### (三) 绩效考核不太科学

考核指标的设定方面,总的来讲比较符合咨询公司知识型员工的特点,但也有不足之处。比如,客户满意度指标只作为年度考核指标,使得

公司不能及时了解客户对于公司提供的服务质量和成果的满意程度,不利于及时总结积累成功与失败经验及改进工作。另外,公司没有将工作行为和态度列入考核指标,两者虽然是定性指标,但对知识型员工的绩效有着重要的影响。

还有,考核周期为1个月存在不合理性。该公司的知识型员工多采用项目团队的形式工作,根据项目的大小和难易程度,完成周期会存在差别,周期最短的在1个月左右,而一般要几个月,周期长的要一两年甚至更长的时间。月度考核显然难以有效衡量知识型员工的绩效。

最后,考核主体只有直接主管,导致考核结果不够全面、客观。该公司的知识型员工实际上是接受部门经理及项目经理的双重领导。而考核主体只有直接主管,极易导致考核的不全面、不客观。

## 二、该公司制定的整改措施

### (一) 实行利润分享计划,实现激励长期化

利润分享计划不应只针对有限的几个股东,而应成为激励所有对公司有贡献的员工的利器,实现共同愿景、共同发展、共同分享的"企业利益共同体"。利润分享计划可包括两种形式:

一是现金分享。首先,对公司内部各部门进行部门评价,根据各部门的重要性、对公司贡献等评价因素确定各部门的权重。然后,对各部门内的各岗位进行岗位评价,根据各岗位的责任、任务、工作环境、劳动强度等评价因素确定各岗位在部门内的权重。这样,到年中或年末时,按年初约定的比例从公司总利润中提取公司理论奖金总额,再根据各部门的权重将公司理论奖金总额分摊到各部门,形成各部门的理论奖金总额。部门理论奖金总额乘以部门绩效考评分数再除以100(绩效考评总分为100分),就得到各部门的实际奖金总额。最后,根据部门内各岗位的权重将部门实际奖金总额分摊到各岗位,得到各岗位的理论奖金额。对于个人也是同样的原理。这样,在"利润分享制"下,各部门以及各岗位员工都能得到有效激励,并有利于促进员工之间的协作。

二是延期利润分享。可通过员工股票选择计划、股票增值权、虚拟股票计划、股票期权、科技成果折价入股等。延期利润分享充分体现了知识型员工所拥有的知识对企业价值创造的重要贡献,可以减少员工的短期行为,使员工利益和公司命运紧紧联系在一起,并鼓励员工从战略的高度考虑公司的发展前景,从而大大提高他们的工作积极性和对公司的忠

诚度。

（二）优化薪酬福利体系，提高薪酬激励效果

1. 激励年轻知识型员工

年轻员工是公司发展的后备力量，公司必须注重如何留住和激发他们的创造性和工作热情。公司首先要保证薪酬的内部公平性和外部竞争性，前者是要做到同工同酬，奖惩分明，使薪酬充分体现知识型员工价值和绩效的差别；后者是要确保年轻员工的基本工资处于本地区同行业的中上水平。另外，要运用全面薪酬的理念，通过有效的培训与开发机制及职业生涯管理，帮助年轻员工提升就业能力，增强年轻员工对自己职业前景的信心，提高其对公司的忠诚度。

2. 变福利为激励因素

可以通过两项措施来实现：其一，实行"自助餐"式福利。福利总额由员工的业绩来定，经核算后给予一定的福利点数，员工可以从公司提供的一份列有各种福利项目的菜单中自由选择其所需要的福利。员工要想获得更多的福利点数，就必须争取更好的业绩。其二，实行"福利特区"计划。即针对特殊人才单独享有的福利，如在产品研发、工艺开发、质量攻关、市场营销、经营管理创新等方面贡献突出的核心员工，可享受配备房、车及带薪假等特殊福利，使知识型员工获得额外利益，产生自豪感和满足感。

（三）完善绩效考核制度，客观评价并不断提升知识型员工的绩效

1. 及时进行客户满意度调查，适当增加行为指标考核

改变客户满意度调查滞后的现状，在一个项目结束之后立即进行客户满意度考核，并在项目进行过程中及时了解客户的需求，以更好地为客户服务；加强对工作行为和态度（如工作努力程度、遇到挑战性工作时的反应、同事之间合作意愿和实际行为等）的考核，促使员工按时完成工作方案与计划，同时也有助于加强管理人员对于员工的关注和监督。当然，权重不宜过大，可以控制在 10% 左右。

2. 合理设定考核周期

对于咨询公司知识型员工的考核，应适当延长考核周期，或按项目周期进行考核，将项目研发、项目完成的过程表现、阶段性成果等作为考核指标。如项目周期较长，可进行阶段性考核，以便及时发现问题、改进绩效。

3. 实行考核主体多元化

对于咨询公司知识型员工的考核，应以上级考核为主，并增加专家考核（公司内或由外部聘请权威专家对其成果进行鉴定和评议）、项目经理考核和自我考核。

（郭学静，陈海玉.构建管理咨询公司知识型员工激励体系——以 H 公司为例[J].中国人力资源开发.2010,239(5).）

# 第五章

# 人际沟通与交往

**【本章导读】** 沟通交流贯穿人类文明发展的始终,这是一个由联络构成的世界,不管你喜欢或者不喜欢,都要与这个世界发生各种各样的联系。从心理学的角度分析,沟通是人类心理的基本需求,任何人都有倾诉的需求,每个人也需要从沟通中获得心理的满足感①。在人与人的沟通中存在一些看不见的法则,如果你能发现并遵守它,会让沟通变得顺畅。良好的人际关系将促使工作成功和员工幸福感提升,将促使组织内部走向良性发展。在管理工作中,充分的沟通既可以促进管理者改进沟通,又可以激励员工的工作热情和参与管理的积极性,从而增强组织内部凝聚力,使管理工作更加富有成效。

在日常管理工作中,如果没有沟通,任何工作都无法正常开展。有研究表明,人们有大约70%的清醒时间(包括听、说、读、写四个方面),因此有效地将想法或思想传递给接受者,显得十分重要。沟通中措辞的使用、语音、语调、沟通距离等因素都会影响沟通的效果。

在现实管理工作中,许多管理者的主要工作便是协调人际关系,考虑如何搞好平衡、稳定等工作。在社会生活中,人们通过沟通传递信息、交换意见、表达思想及情感,建立人际交往关系。本章将从沟通理论、人际吸引和人际关系、沟通技术在组织中的应用和沟通能力的自我训练等四个部分,阐述人际沟通在管理中的应用,着重探讨沟通理论以及沟通技术在管理中的应用,使读者掌握人际沟通中存在的法则和规律,领会在组织管理中存在的跨文化沟通。

## 第一节　沟通理论概述

随着社会的发展,人们之间的交往与联系日益紧密,有效的交往与沟通显得尤为重要。心理学、社会学、管理学、伦理学等学科均对人际交往展开新的研究与探

---

① 孟昭兰.普通心理学[M].北京:北京大学出版社,1994:60-65.

讨。无论是机关、企业或学校,都是许多人为了一个目的集合在一起进行一定活动的团体。在这个团体中,人们相互沟通、相互知觉、相互影响,管理者与被管理者的思想自觉或不自觉地受到他人的影响,在相互之间的交往中形成了一定的情感关系——人际关系,从而使人际沟通、人际知觉、人际关系、人际影响也成了管理心理学视野下的研究课题。

## 一、人际沟通的概念

人际沟通(interpersonal communication)一般是指人与人之间的信息交流过程。其过程就是人们借助于语言、书信、表情、通讯等沟通方式在事实、思想、意见、情感等信息方面进行的交流。沟通的定义里包含着几个关键的要素,即信息输出者、信息、信息接收者和沟通的渠道等几个要素。人际沟通,尤其是在组织内部的沟通,存在着不同的沟通网络。

(1)链状沟通,是指单一渠道的垂直沟通。链状沟通遵循正式命令链,一般是在组织中下达命令时使用。

(2)轮状沟通,是指一位领导与其他多人之间的沟通。该领导负责所有成员信息的接收和发送,而其他成员相互之间没有直接的沟通。轮状沟通依赖于一个核心任务作为所有群体沟通的管道。

(3)环状沟通,是指在组织中的人两两进行沟通,既可以是垂直和横向沟通的结合,也可以是直接的横向或垂直沟通。

(4)交错型沟通,又称全通道式沟通,是指组织中的所有人之间都可以进行信息交换,是最不具层次结构性的、形式活跃的沟通。

## 二、管理心理学中的人际关系及其分类

社会是人类有机组成的人的集合体,人和社会的关系,归根结底是人与人的关系。人们不得不相互交往,相互打交道,从而形成各种形式的人际关系。在社会心理学的辞典中,人际关系主要是指人与人之间的联系,尤其是指人与人之间心理上的联系。在关系取向特征相当强的中国,对人际关系具有特殊的情感,良好的人际关系不仅是谋取生存和发展的一种基本手段,而且是一种生活质量的重要衡量标准,也是一个人或组织比其他人或组织更具有发展前景和优势的重要标志[①]。在管理工作中,良好的人际关系对员工有着较强的吸引力,员工倾向于留在人际关系良好的企业,这样会增加员工的企业忠诚度和主动奉献精神。一个管理者如果能够对员工的人际关系进行开发、管理,可以促成员工的自我管理与自我奉献,还能

---

① 黄江泉.企业内部人际关系资本化研究[D].武汉:华中农业大学,2009:7.

起到激励和保健作用。人际关系包含有认知、情感和行为三个方面的心理因素,其中,情感起着主导性的作用,制约着人际关系的亲疏、深浅和稳定的程度,在管理心理学研究中也不例外。我们在研究了管理领域中人的心理活动和行为方式之后,将人际关系进行以下分类。

(1)按管理者与被管理者的情感关系来分,两者关系可分为吸引关系和排斥关系。

(2)按管理者与被管理者的双方地位来分,两者关系可分为支配关系和平等关系。

(3)按管理者与被管理者的关系存续时间来分,两者关系可分为长期关系和短期关系。

可见,在研究管理心理学中的人际沟通与交往,首先应该明确管理领域中的人际关系的概念及其分类情况,以便根据不同的情况,采用不同的沟通技巧与交往方式,从而形成一个良好的人际关系网络,使管理者与被管理者之间能相互理解彼此的个性,了解彼此的需要,明确彼此的期望,应对彼此的挫折,激励彼此的行为,最大限度地调动人的积极性和创造性,使得管理者与被管理者双方均感受到工作的辛劳与美好。

## 三、管理领域中的人际沟通

在工作场所中的每个人都会与其他各种人存在一定的关系,这种关系的健康发展,关键在于人际沟通,特别是思想上的沟通。这种沟通通常是直接而对等的信息交流,在管理心理学中一般分为两类:一类是言语沟通,另一类是非言语沟通。近年来电子媒介沟通在管理领域中的使用日渐增多。

### (一)言语沟通

言语沟通是人类沟通的主要形式,在管理领域中妥善运用言语来交流信息,表达情感是十分有意义的。

1. 语种

在言语沟通中,最重要的是语种,不同国家或地区均有着自己独特的语言。言语不通作为一种语言障碍和沟通障碍,很容易引起说者与听者之间的心理障碍,使其产生失望、沮丧甚至自卑等不良的情绪反应,造成信息传递不畅。随着国际化进程的不断加快,各国之间的交流与合作不断深入,熟练掌握一门国际通用语言,如英语,并反复练习直至能够标准流利地发音,是很有必要的。

2. 语体

言语沟通还涉及语体。说者要注意采用通俗化的口语,因为听者的"耳朵不像眼睛那么有耐性,听到一个不爱听的字或一句不易懂的话,马上就不耐烦"(老舍)。

通俗化的口语还能使听者产生一种熟悉和亲切的感觉,他们的思维、想象甚至情感会不自觉地认同说者的观点与想法,特别是在进行跨行业、跨领域的言语沟通中,注意采用通俗易懂的语体,既能活跃气氛,又能达到预期的目的。但在专业领域进行沟通时,应尽量使用规范、专业语体。另外,沟通时应注意语体的通用范畴,不同的地域形成了不同的口语体。因此,涉及跨文化或正式沟通时,应使用通用语体。

3. 语词

言语沟通涉及语词在逻辑和修辞等方面所表现的情感功能,用词的准确与否,称谓的恰当与否,直接影响到说者与听者言语交流时的心理感受。例如,某大学生刚刚离开校园初入职场,遇到年轻的女同事热情地叫了声"姐姐",非但没有得到相应的回答和呼应,反而得到一个白眼和一声抢白。为什么呢?究其原因,主要是因为这位学生社会经验不足,忽略了工作场所与家庭的区别以及工作场所中的称呼的不成文规定,单纯想用家庭中的称呼来表达自己热情、尊重的情感,用词不当,反而引起别人的不快。在不同场合中使用恰当的称谓称呼对方,是人际沟通中重要的一项内容。在我国,一般称呼可分为职务性称呼,以示身份有别、敬意有加,如李经理;职称性称呼,对于具有职称者,尤其是具有高级、中级职称者,可在工作中直接以职称相称,如李教授;行业性称呼,对从事某些特定行业的人,可直接称呼对方的职业,如李医生;性别性称呼,对从事商界、服务性行业的人,一般称呼"小姐"、"女士"或"先生";姓名性称呼,一般限于熟人之间,可以直呼其名或直呼其姓。

4. 语调

在言语沟通中,说者采用的语调,也会在不同程度上影响沟通的效果,社会心理学家曾利用录音带来研究语言的音调对发言者知觉的影响,结果发现,高音调的人被认为是小个子、软弱、不诚实,比较神经质;低音调的人被认为冷漠、被动、不太可靠;而正常的音调则被认为是安静、痛快、有说服力。某些研究还表明,当某人说谎时,平均音调会比说真话时要高一些。语调的变化同时也体现出讲话者态度的体现,如尖锐的语调夹杂着贬低和嘲弄的气息,平淡的语调透露出讲话者不感兴趣的态度。

5. 语速

当人们的听觉速度较说者的速度快时,如果在较长时间内没有听到什么东西,注意力就比较容易分散;当人们的感知速度较说者的速度慢时,信息传播的速度会显得过快,听者就较易感觉紧张,也容易产生疲倦感,同样会形成注意力涣散。因此,掌握适当的语速也会有利于增强沟通效果。例如,想表达急切、震怒、兴奋、激昂等情绪时,可以说得快一些;想表达沮丧、悲哀、思索、亲切等情感时,可以讲得慢一点。叙述事情时可快些,阐明观点时可慢些。有些说者在紧张、焦虑时讲话语速增快,语速增快又会加重说者的紧张和焦虑感。适度放缓的语速可减轻说者的焦虑,并有时间思索接下来的讲话内容。

6. 音量

在管理领域中,日本著名的"推销之神"原一平曾提出:应该掌握自己的"音量调节器",根据不同的需要,把自己的音量"活用"到最大限度。一些心理学家也认为,明朗浑厚的中低音和每分钟具有 100～150 个音节的语言在人际沟通中最易为人们所接受,也最能达到预期的效果。具体操作时,说者还可以根据不同的表达内容分别进行处理,配合语音的抑扬顿挫,更有利于说者与听者的相互理解和交流。在会议或演讲等场合,应适当提高音量、减慢语速;在公共场合,应降低音量,以不打扰到第三方为准则。

**(二) 非言语沟通**

人们在使用言语沟通时,都包含着非言语信息,有时这些成分还可以单独存在[1]。一颦、一笑、一个皱眉、一种注视等都传递着信息与意义,因此在沟通中没有非言语沟通是不全面的。非言语沟通属于一种无声的信息交流,它借助人的触觉、嗅觉、视觉和听觉以及身体的动作、姿势等来表达感情和愿望。此外,人的面部表情、眼神和身体姿势也是沟通的主要途径,且人的情绪信息传递主要依靠这些非言语途径。在管理领域中,如果能够适当地运用非言语手段进行沟通,对建立良好的人际关系将会起到意想不到的作用。

1. 面部表情

面部表情与一个人的情绪息息相关,从人的面部表情来看,某些心理学家甚至认为:交流一项信息的情绪效果:7％词语＋38％声音＋55％身体语言。有时候,面部表情在人际沟通中更能准确地传达有效的信息。例如,某企业销售人员与客户交谈时,见对方面无表情,眼睛东张西望,双腿习惯性地抖动,嘴里却热情地说:"你讲得太好了,请继续讲下去。"销售人员根据客户的面部表情和动作姿态不失时机地作出判断,适时调整了自己的沟通方式,从而较快地与客户建立起良好的关系,达到自己产品销售的最终目的。如果该销售人员不善于观察别人的面部表情和动作姿态,仍旧滔滔不绝,最终只会引起客户的反感,弄不好还会失去客户。

达尔文在他的著作《人和动物感情的表达》中对世界各民族的表情进行了观察描述。曾指出,人的表情最初就是为了适应环境的需要,如愤怒时的咬牙切齿、鼻孔张大等是人类祖先在搏斗中的适应性行为,以后才形成后天的习惯,并在历史发展中获得新的社会功能。正因为表情的这种生物意义和社会功能,人们往往自觉或不自觉地运用这种方式来表达自己的思想情感,推断其他社会成员的情绪体验。

---

① 罗宾斯,贾奇. 组织行为学[M]. 李原,孙健敏,等,译. 12 版. 北京:中国人民大学出版社,2009:313.

国外心理学家曾进行过多次实验：他们把印有不同表情的照片分给许多人看，请他们分辨这些表情所标志的情绪特征。结果表明，人们对愤怒、惊讶、满意、愉快、喜悦、厌恶、悲哀等表情的辨认基本一致。有的实验还表明，人们对愤怒的感情流露领会得最好也最快，而微笑最容易得到别人的认同和喜欢。有时候，这种非言语沟通的形式还会影响到人们对其他社会成员人格特征的评价。在管理领域中，人们对于初次合作的人，常会自觉或不自觉地进行观察，然后将从言语沟通和非言语沟通中获得的信息进行综合分析，特别注意新来的合作者是否"面善"，是否表情柔和或面带微笑，如果是的话，就会臆测合作会比较顺利等。

2. 眼神

在职场上，有人说，"微笑是最好的入场券"。的确，微笑标志着自信、友好，也许是最具说服力的"心理武器"，然而，微笑应该是心理上真诚而发的，而不是生理上故意而生的，发自内心的微笑是和人的眼神相通的，充满笑意的眼神能使人的面部表情熠熠生辉。

社会心理学家认为，目光接触是非言语沟通的主要信息来源。人们常说："眼睛是心灵的窗户"、"眼睛会说话"等，表明人的眼睛里可以反映出许多难以言表或胜于言表的情绪体验来。芬兰心理学家曾请一些演员通过表情来表现不同的情绪，然后再把照片裁成细条，排出印有双眼的细条照片让人们辨认，结果回答的正确率高于对面部表情的判断。如果企业家在公众场合，能够注意使用"眼神"这种特殊的"语言"，就能更有效地使别人了解自己的思想、感情、人格和态度，一个目光炯炯的管理者对被管理者所产生的心理效应是不言而喻的。

眼神的合理运用还可以补偿人们在交往中由于空间距离所形成的沟通障碍，如企业管理者在台上演讲时，应以前视为主，统摄全场，尽量使更多的听众认为"他是在向我讲话"；左视或者右视，都会冷落一部分听众，导致他们的注意力涣散；如果总是斜视门窗、台下或天花板，则明显地表示出了内心的胆怯，影响演讲者的讲话效果。台下的听众在倾听时，也最好能保持目光的前视，用眼神来鼓励演讲者，使演讲者能够感觉到"他们对我讲的内容有兴趣"；如果有人坐在台下左顾右盼，窃窃私语，难免会影响演讲者的情绪，影响其他成员的收听效果，严重的还会使自己成为"不受欢迎的人"。同样的情况如果发生在被管理者身上时，同事们应当以自己的专注神情给予演讲者无声的鼓励，特别是坐在台下的管理者更应以良好的姿态与眼神支持下属发表自己的意见，表达自己的观点。

眼神的运用虽然能使人际沟通减少障碍，但是也应避免一些不妥当的运用。心理学家认为，目光接触有着两种相互矛盾的含义，即友谊和威胁，短暂的目光接触是友好的表示，超过 5 秒钟的注视就是凝视，凝视不相识者能引起对方的紧张感，对方会不自觉地逃避你的目光，即使是相识者，无缘无故的凝视，也会使对方志忐不安,容易给对方造成一定的心理负担,因此在工作中应尽量使用自然的目光与人交流;此外,眼神的运用还应避免"眼睛滴溜溜转"和"目光呆滞,昏暗无光",前者会给别人留下心慌甚至油滑的印象,后者则不能表达应有的信息,令人感到不可亲近。

### 3. 运动姿势

运动姿势也称体态语言,是利用身体动作或姿势来传递信息的一种非语言沟通手段。人们在交往中经常会使用身体的运动姿势去传递信息或强调所说的话。社会心理学把这种运动姿势的功能分为两种:一种是有明确意义的,可以代替言语沟通的姿势,如点头表示赞成,摇头表示反对或不知道等,但是在不同文化里,相同的身体动作有着不同的含义;另一种是没有确实含义,只是伴随语言的,如一些手势的运用等。运用动态语言要特别注意"动静相济"的原则。在与人交流的过程中,可以通过坐、立、躯体和手势的变化体现个体的思想情感和文化教养。例如,初次和客户见面,如果对方是同性,有力地握手、身体微微前倾、面带笑意,这些姿势均可给对方留下良好印象。

身体语言补充了言语沟通,并常常使言语沟通变得复杂。身体动作或运动本身并不带有精确的或普遍性的意义,但当它与口头语言结合起来时,就使得信息的传送变得生动和具体。

### (三) 书面沟通

在管理工作中,书面沟通的形式越来越多,信息的发送采用书面形式可以使传递的信息变得有形而且可以核实。

近年来随着互联网的发展,人们使用电子媒介沟通逐渐增多,使得管理中沟通手段更丰富,沟通内容也更加广泛,其中包括电子邮件、即时通讯工具、内部网络和电视电话会议等方式。电子邮件已经成为管理中常用的沟通方式,它可以快速书写、编辑和储存,可以迅速把信息传送给多人。当然,在发送电子邮件时应注意称谓的使用和格式得当,毕竟它缺乏情绪的内容。即时通讯工具发展迅速,不再是青年人的专属,现在已经逐步进入管理领域。即时通讯工具可以与一人单独进行沟通,也可以在多人之间进行信息交流,传输文件,下达命令。但是管理者无法避免这些电子媒介沟通工具被用于管理私人事务的处理中。电话会议是一种内部网络或外部网络的延伸,可以使得员工不必亲自赶往会议地点参加会议,人们可以不离开办公桌就可以参加电话会议,大大降低了经济成本。

## 四、人际关系在管理中的发展

在管理领域中,人际关系建立的形式可以是多种多样的。人和人之间从相识到相知,一般也要经历一个或快或慢的发展过程。与社会心理学中有关人际关系发展阶段有所不同的是,管理心理学中的人际关系发展跨越了零接触状态,从双方交往的初始,就明确了彼此是同事关系和工作关系,直接进入了表面接触阶段,并随着双方沟通的深入和扩展产生情感上的融合与信赖。心理学家把人们的这种情感融合时期称为亲密互惠阶段,并将此阶段分为合作、亲密和知交三种水平。

1. 合作水平

处于合作水平上的人们,心理世界只有一小部分重合,人们共同协作,互相帮助,但相互之间的感情依赖性不是很强,双方交往的目的不是情感需要,而是为了完成一项共同的工作任务。例如,某公司为完成某项特殊任务,从各部门挑选一名员工组成一个团队,经过短期培训,这个团队中的成员既能单兵作战,又具有合作精神,这个团队在顺利完成了既定的任务之后,团队中的成员都将返回自己的部门工作,随着团队的解散,他们相互之间的关系如果没有进一步的开拓可能会淡漠下去。

2. 亲密水平

处于亲密水平上的人们,其心理世界已有了较大的重合,情感融合范围也相对较大,交往双方有一定的自我暴露。由于合作双方相处得非常愉快,双方情感的依赖程度也有所增强,甚至在分离后仍会相互牵挂。同样,以上述团队为例,如果上述团队成员在合作时有较长一段时间形影不离,且相互之间协调配合得非常默契,即使分开也仍经常保持联系,相互问候甚至倾诉思念之情,那么,他们之间的关系也就可能向更高的水平发展。

3. 知交水平

处于知交水平的人们,心理世界高度融合,情感融合的范围也覆盖了双方大部分的生活内容,双方在观念、志趣和人生态度上均趋于一致,并伴有强烈的情感依赖,甚至可以发展到心心相印,生死与共,从而达到人际交往的最高境界。这种水平的交往模式在管理工作中比较少见。

# 第二节　人际吸引与人际关系

中国有句名言:"桃李不言,下自成蹊",就是说,桃李虽不能言语,可是喜欢它的人还是会接踵而来,以至在桃树、李树下自然踏出了道路,说明桃树、李树的丰姿和内涵的精神有着巨大的吸引力。在管理中,人与人之间的沟通也十分需要这种"吸引",心理学辞典中也称之为"人际吸引"。所谓"人际吸引"(Interpersonal Attraction),主要是指人们彼此愿意接近,乐于和对方在一起工作,并因此产生依恋、喜爱等感情的互动过程。

## 一、影响人际吸引的因素

### (一) 仪表吸引

在人际交往中,那些衣着得体、举止端庄、待人有礼而又风度翩翩的人容易给人以好感,从而使对方产生进一步交往的意愿。美国社会心理学家沃尔斯特和阿伦森曾做过这样一个实验:举办各种类型的晚会创造会面的机会,然后问被试是否愿意与某人约会。结果是,实验者方面事先评定的身体魅力值与对方提出再次会见的数值成正比。因此,在初次会见客户时,一个人的衣着、举止体现的不仅是个体形象也是公司形象。但是,外表因素产生的吸引力,一般随着人们之间交往的深入,其作用会越来越小,而内在吸引力逐渐上升。

### (二) 接近性吸引

交往双方在空间距离上的接近性可使交往双方相互接触的机会增多,相互之间更容易快而全面地熟悉对方,因而也就容易建立人际关系,如同学、同事和邻里之间等。人与人之间在空间距离位置上越接近,双方解除和了解的机会越多。当然,距离的远近和交往的频率不是建立良好人际关系的充分条件,只是必要条件。人们对接近者表示接纳,这样接近性才会增加吸引力。心理学家查荣克做过实验:他让被试看一些人的照片,有的照片被看了25遍之多,有的只让看一两次。然后,让被试说出他比较喜欢的人,结果,被试说出的是看过其照片次数多的人。因此,作为一名管理者,应多走进基层,让员工熟悉自己,同时也能了解员工的工作状况和实际需求,促进工作的良性进展。

### (三) 能力吸引

人们一般喜欢聪明能干、比自己优秀的人,而不喜欢与无能平庸的人交往。一个人在某一领域有才干、有特长就会产生一种吸引力,其他人就会欣赏其才能,产生钦佩感,愿意与其交往。一方面,聪明能干的人或许能在一些问题上给予对方指点和帮助,另一方面,与才华出众者交往能使与其交往者产生满足和愉悦心理。心理学研究显示,人们最喜欢交往的并不是那种完美无缺点的人,而是有才华又有小缺点的人。因此,管理者在做好管理工作的同时,应注重提升个人能力,提升自身的"光环"效应。

### (四) 相似吸引

人们在交往过程中往往乐于与和自己相似的人交往,同他们建立和发展良好的人际关系。交往双方在诸多方面的相似可以促进彼此信息的交流,产生相似的情感体验,在感情和行为上相互支持和帮助。相似性吸引主要包括:年龄的相似、社会地位和成长经历的相似、态度和价值观的相似。其中,交往双方态度和价值观的相似尤为重要。

美国社会心理学家纽卡姆曾经做过这样一个实验：让态度相似和不相似的大学生们混合住在同一宿舍，一段时间后调查他们的人际关系结构。结果表明，在相处的初期，空间的距离决定了他们之间的相互吸引程度，但到了后期，则态度越相似彼此间的相互吸引力越大。美国心理学家尼尔森等人从事的一些实验研究结果也支持了上述观点。他们认为，如果你面临两个人，一个人对你的观点持二分赞同，另一个人对你的观点持五分赞同，那么一般情况下，人们通常会倾向喜欢后者。

## 二、人际吸引的层次

人际吸引一般可分为三个层次：合群、喜欢和爱情。其中，合群主要是指愿意与他人在一起合作共事，具有接近他人的倾向，但并不涉及太多的感情和对他人品质的评价；喜欢属于中度的吸引形式，在共同的工作与合作中，人们会因相互欣赏或具有共同兴趣而聚在一起做事，包含了一定的情感因素；爱情是较为强烈的吸引形式，虽然与喜欢有一定的关联，但性质有所不同，它会受到社会伦理的制约，不能轻易地混为一谈。因此，在运用"人际吸引"进行相互沟通时，应当妥善地处理好上述三个层次中的人际关系。

### (一) 群体中的人际关系

人们在工作中会和许多团体、组织、单位和个人发生联系，在工作单位、工会、社团、球队、电影院、社区和家庭里，每个人会根据自己的需求和感受确认这种关系的密切程度。一般来说，对于家庭，人们都是满怀主人翁的情怀的，家里的空调坏了，马上就会找人来修，而如果是电影院的空调出了问题，人们就会想，这事应该由电影院的工作人员来负责处理，与自己无关。对于企业来说，如果员工在生产实践中感觉到这个团体与自己血肉相连、休戚相关的时候，就会对企业产生深厚的感情，这就是员工对企业的高群体融入度。当员工为许多实际困难而苦恼，而企业对他们的关心不多，帮助不大的时候，员工对整个企业的工作也会漠不关心，这时员工对企业的融入度较低。影响员工群体融入度的原因主要有三个方面：第一，从客观实际来看，一个企业或团体和某人有无密切的关系，首先要看这个人是否是这个企业或团体中的成员，相互之间有没有必需的工作联系，否则很难产生高群体融入度。第二，如果某个企业或团体与成员之间存在着实际的密切关系，如上下级关系、同事关系等，就要看这种关系能否正确地表现出来。例如，管理者是否关心被管理者的疾苦，是否能尊重被管理者的选择，都会影响这种密切的关系，被管理者在感觉不到关心和尊重时，员工群体融入度减弱。第三，如果某个企业或团体与成员之间关系密切，且这种关系又能正确被表现出来，大多数成员就能体验到企业的兴衰荣辱与自己密切相关，且能体谅企业或团体存在的暂时困难，积极地配合管理者把工作做好。

现代社会的发展使得人们相互之间的联系更加密切，想要建立良好的人际关系，合群是很重要的，在群体中有意识地增强群体融入度更是很有必要，因为群体融入度经过提炼和升华会使人产生对企业、对国家、对民族的责任感，在这种社会责任感的良性驱动下，人们会以主人翁的态度积极地发挥自己的能动性和创造性，为社会创造财富，为企业发展作出贡献。

## （二）喜欢与友谊

在管理领域里，友谊的模式主要是指具有不同年龄和性别、不同社会生活背景和不同受教育程度的人聚在一起，由于工作或相关原因而组成的交友群体的存在形式。这种模式的变化反映了人们对社会化及对社会关系和人际关系的认识的基本过程，喜欢与欣赏是友谊产生的前提。

人们的友谊观和社会认知能力是相互适应的。很多时候与儿童的某些做法相类似。例如，某人初到一个团体时，往往会表现为：谁跟他接近或在一起做事，谁就是朋友。友谊中尚未有了解或照顾他人的思想、情感。第二阶段，则会根据自己的需求来交朋友，不重视朋友的意见，基本上按自己的心愿或想法行事，谁能满足需求，谁就是朋友。这类友谊形成很快，也很容易结束。到了第三阶段，则会以特定的善意行为证明自己是可信赖的，能够客观地评价自己和对方，并能互相关照、合作或者妥协。当在互助、互利的基础上形成了较为稳定的人际关系之后，会在众多同伴中产生几个亲密的朋友，这种友谊建立在思考和珍惜关系的基础上，经得起时间和距离的考验，是较为成熟的人际关系。

管理领域中的人们对友谊的认识更加深刻，且非常世故，人们往往会自觉或不自觉地区分并且建立各种不同的友谊，如熟人、同事、社交性朋友和亲密朋友等，参与不同范围的交友圈，跨越年龄、性别、生活背景和受教育程度的界限，主动地选择和结交朋友。一方面可以满足自己事业发展和生活方式的需求，另一方面还可以因为与合作伙伴的志趣相投而提高工作效率，减少因情感差异而产生的矛盾和工作障碍。在工作场合中，能够与自己喜欢的人合作做事是一种幸运，被别人喜欢或欣赏也是一种福气，尤其是当人感到忧伤、孤独或焦虑的时候，这种友谊的模式会恰到好处地伸出"援助之手"。

## （三）异性交往

记得曾在一本小说中读到过这样一句话："集体劳动好，劳动中产生爱情。"的确，爱情在职业生涯中作为一种友谊的升华存在于各种团体之中，爱情是一种较为强烈的人际吸引形式，虽然与喜欢颇具关联，但却较喜欢有本质的区别。因此，在工作中正确地处理好与异性的交往，是有利于发展健康的爱情关系的。异性交往不同于同性交往，交往中存在着许多规则需要遵守，不可随意逾越，否则就会显得反常、悖谬。在日常工作中，异性交往的机会很多，如何把握这种人际关系的尺度是很重要的，一般说，找准自己的角色定位，是妥善处理交往中两者关系的关键。

### 1. 上下级之间的角色定位

对待年长的异性下属要特别尊重，取长补短；对待年少的异性下属则要循循善诱，扬长避短；对待异性主管人员，无论其年长年少，均应明确自己的被管理地位，尊重上级，善解人意，切不可恃才傲物，影响彼此的正常交往。

### 2. 同事、合作伙伴之间的角色定位

在与同事的交往中，首先应当注重互助互爱，敬业乐群。与异性相处不卑不亢，友善相待，并自觉掌握好与异性交往的分寸感，不说过头的话，不做过分的事，尽量避免产生不必要的误会和麻烦，更不能传播流言蜚语，把工作中产生的异性友情庸俗化，降低自己的人格品位。

### 3. 恋人之间的角色定位

彼此相爱的人们理应受到别人的祝福，但如果在工作中不分时间、地点地"表演爱情"，则会令人侧目甚至惹人反感。因此，沉浸在爱情之中的恋人们也应把握好自己表露感情的尺度，互相尊重，互相爱护。

## 三、学习理论与平衡理论

在人际吸引的理论中，较有影响的还有学习理论和平衡理论。学习理论主要是由克劳尔和第伯恩从古典条件反射原理发展而来的。这种理论认为，任何一个人或物，当在人们心情好的时候出现，就会因条件反射而受到喜爱。平衡理论的主要代表人物是海德和纽科姆，这种理论认为，人们在一起都力求达到双方对某一事物的看法或态度一致，当交往双方看法一致时，无论是肯定或否定，都能建立或维持友好感情的平衡关系，否则就会处于不平衡的状态。根据这两种理论，让我们来看一看以下这个例子。

A君和B君是两位生活环境类似的普通员工，月薪均为3千元。

A君经常抱怨："呸！薪水就只有这么一点点，好事轮不到，烦事少不了……"

B君却认为："以我目前的状况，每月可以拿3千大洋，真该谢天谢地了，好好干吧！会越来越好的……"

同样的生活环境，具有A君想法的人们必然会终日闷闷不乐，甚至会忧郁，而具有B君那种想法的人们却会生活愉快，知足常乐。

其实，生活中并非任何事情都会因乐观的态度而改变，但由于各人对事物的感受与见解不同，所得结果也会大相径庭。如果你想健康快乐地工作，就学学B君的样子，不妨换一种角度思考问题。尽量保持开朗的心情，用感谢与知足来平衡自己的心态，不要用抱怨浪费自己宝贵的时间，破坏自己美好的未来。此外，由于B君

们所持的积极乐观的人生态度,他们在人际交往中也会获得良好的人际关系,并能够为自己和他人营造一种较为轻松、和谐的人际环境,使整个团体在这种氛围下,更加能充分地发挥出创造力和团队精神。B君们无论是作为管理者或被管理者都会是独具吸引力的。

# 第三节　沟通技术在管理中的应用

管理者希望通过某种手段或途径使得组织内部和谐、融洽,树立良好的企业形象。实现上述目标是由许多因素决定的,但良好的沟通是解决一切问题的必要条件。无论多伟大的构思,如果不传递给其他人或被其他人理解,都是没有意义的。在管理工作中,有效的沟通可以提高工作效率、增进员工情感联结。1916 年,亨利·法约尔作为第一个提出沟通作用的学者,对于促进管理沟通的研究起了重要的作用,他认为沟通指的是组织内部传递信息[①]。

## 一、沟通在管理中的作用

管理者在从事管理工作中应树立一个基本的观念,即避免以自己的职务、地位和身份为基础进行沟通,即使不同意他人的观点,也要表示出倾听的诚意。存在主义认为,每个人都活在自己的经验世界之中,对他人而言,他所亲身经历过的才是真实的。有效的沟通不是谁胜谁负,而是真实地去理解彼此的想法。

组织对内的沟通可以控制员工的行为,使员工遵从组织中的规章制度、按照工作流程进行工作,并可以了解员工的意见倾向和工作成果;组织对外的沟通可以获得外部环境的各种信息和情报资料,有利于组织制定符合组织发展的目标;管理中的沟通可以激励员工,明确告诉员工应该做什么,如何做,如何改进。管理者用自己的知识、经验及观念影响着员工的知觉、思维和态度。充分的沟通可以促进管理者改善管理,提高员工参与管理的热情,从而使管理工作富有成效;管理中沟通是员工工作的需要,沟通提高了情绪表达的渠道,使沟通双方产生了解。如果在管理工作中沟通渠道不畅,员工会产生心理压力、失落等负面情绪。因此,保证组织内部沟通渠道的顺畅,有利于满足员工的心理需要,提高组织凝聚力。

---

① Jurgen Ruesch. Technology and Social Communication. In：communication Theory and Research,eds. L. Thayer. Springfield：Thomas,1957：462 - 465.

## 二、组织管理中的沟通实践

管理工作中的沟通是指围绕企业、单位的管理运作而进行的沟通行为，是以过程和目的为导向的；是管理者为了实现组织目标，在履行管理职责、实现管理职能过程中，通过信号、媒介和渠道，有目的地交流观点、信息和情感的行为过程。管理沟通和日常人际沟通是有区别的，管理沟通是围绕组织目标进行，为了完成某个任务和解决某个问题，进行沟通的一种行为，是一种带有职务身份的信息传递，有别于私人交流。

管理活动中的沟通，是一种特殊类型的沟通，其本身就有一种管理的内容与行为。因此，管理中的沟通不应是随意的、私人的和非规范的沟通。在信息传递时，传递语言和传递形式应与组织目标、任务和要求等密切相关。管理者应自觉制定和应用管理沟通的规则，使管理中的沟通活动具有规范性和有序性①，应在组织内建立管理沟通的组织制度。

每个企业或单位内部的管理沟通都有特定的沟通流程，而沟通流程与组织任务和目标紧密相关，管理中沟通通畅与否，会影响到组织的工作效率。在管理沟通中应对沟通流程及关系及时梳理，在沟通的各个环节中，管理中的沟通应注重反馈这个环节。反馈是信息发出者和信息接收者相互间的反应，反馈意味着沟通的每一个阶段都要寻求接收者的支持，更重要的是要了解信息的传递情况。反馈可以帮助管理者了解沟通的效果，及时调整沟通的策略和方式；反馈能让沟通主体参与了解信息是否按他们预计的方式发送和接收信息是否到位，对及时评估沟通效果是至关重要的。

管理中的沟通有组织内部沟通和组织外部沟通。管理者应明确组织内部沟通和组织外部沟通的区别，组织内部的沟通多为员工之间的两两沟通、一人对多人的沟通和组织部门间的沟通。组织内部沟通顺畅、有效，可增加管理工作效率、组织内人际关系良好。组织外部沟通是管理工作中与外部进行沟通、合作的常用方式，组织外部沟通顺畅，可以提升组织的外部形象、协调工作关系、为组织发展提供帮助。

## 三、管理工作中沟通应遵循的原则

在管理领域中，人际关系的发展通常会停留在合作和亲密水平的层面上，由于人性的复杂性和差异性，人们往往会因各种原因制约自己与他人的人际交往，尤其是在工作中的人际交往。由于种种原因，人们在工作场合下还会自觉或不自觉地将自己的人际关系水平控制在某一状态，有时甚至会出现水平的倒退。因此，若想

---

① 查尔斯·E·贝克.管理[M].北京：中国人民大学出版社，2003：12-16.

使人际关系健康发展,在管理沟通过程中还有必要遵循以下六项原则。

(1)消除过度的群体压力和群体规则。群体中成员的独立性和个性应得到尊重,要明确友伴与合作关系不是相互占有,而是相互之间有各自行事的自由,有各自的爱好和活动,有可供独处的私人时间。

(2)管理者与被管理者之间应有简单而有力的支持。在工作中的相互支持应是无保留和理所当然的,但应注意不要刻意地"证明"自己对别人的友谊,否则容易引起被支持者的不良反应,如不安、内疚甚至不满等。

(3)成员间的关系要更友善、和谐。成员相处时首先要相互尊重,同事之间要学会欣赏各自的相似点和不同点,信任来自他人的关怀和支持,不要有所顾虑,暗存戒心,影响彼此之间的和睦相处。

(4)尽量坦诚、开放和直截了当地进行交流沟通。同事间可以相互交流各自的期望、爱意、价值观等问题,且在沟通时能够相互信任,交流时能够自在坦率,即使彼此在意见上存在分歧和差距,仍然能够轻松自如地交往。

(5)群体中成员之间的相互帮助应顺其自然。当有人求助时,一种关怀之心应能自然而生;自己需要帮助时,也能不为请求帮助而感到为难;帮助别人时,应当尽力而为,请求帮助时,应以不令对方难堪为准。

(6)成员间应相信时空不能阻隔彼此的友谊。群体中成员建立在信任、尊敬和关怀之上的友谊,应当能够忍受由于时间或空间上的分离而造成的联系上的缺乏,或设法弥补这种缺憾,或坦然接受这种时空的变化。

# 四、在管理中的跨文化沟通

随着中国国际化进程的加快,国际合作增加,不同文化背景的个体一同共事日渐成为一种常态。了解多种文化知识,尊重不同文化的风俗习惯在管理工作中是非常必要的。在管理实践中,文化与管理有共生性,文化的发展方向、水平、模式影响和决定着管理的发展,而管理的发展反过来又影响文化。一个企业在发展中形成的管理模式必是在一定的文化背景中形成的。

所谓跨文化(intercultural),事实上并没有确切的定义,但可以通过描述性的叙述来阐述它。跨文化研究就是指在不同文化背景下,研究人与人之间的相互关系,处理因文化不同所导致的冲突,并尽力寻找减少或避免这种冲突的方法。在文化多元交融的今天,要求管理者改变单一文化管理理念,要了解企业所具有的多元文化差异,发挥多元文化及其差异具有的潜能和优势。

## (一)导致文化冲突的主要原因

在跨文化沟通(Cross-Cultural Communication)中,导致文化冲突的原因主要表现在以下三个方面。

1. 不同的风俗习惯和行为举止产生的差异

不同文化背景的人们在一起工作、交流,由于观念和生活经验的差异,在交往过程中常常存在信任和理解的障碍,因此,需要通过跨文化沟通来达到理解和共识①。不同文化背景和社会环境会产生不同的风俗习惯和行为举止。例如,美国人常常弯曲摇动自己的食指以招呼别人到自己的面前,并无恶意;而中国人在使用这个动作时,却往往是呼唤小动物。所以,当美国人向中国人打这个手势时,中国人就会感觉受辱而产生不快。这时,这种非语言沟通的形式——手势,就会因其文化含义的不同而产生误会甚至冲突。再如,在接受礼品的时候,西方人总是爽快地收下,并当面打开,对礼品大加赞扬且对送礼人表示感谢;而中国人在受礼时,则会推却再三,在说过几句客套话后才勉强收下,且不当着送礼人的面打开礼品盒。在不了解东西方人接受礼品习惯差异的情况下,西方人会认为中国人冷漠、虚情假意;中国人则会认为西方人无礼,举止粗野,不同的风俗习惯引起了文化冲突。

2. 不同的价值观念产生的文化差异

文化价值观对客观事物和人的行为具有导向、制约和评判的作用,通常表现为对交往中人的素质的评定,一般以定性方式来表示。在管理领域中,管理者因其所拥有的文化价值观的差异,会从各自的角度对被管理者进行评判。在跨文化交流中,西方人不像中国人那样把谦虚看成是一种美德,他们把自尊和自信看成是个人心理健康的标志,很少会为了表示谦虚而贬低自己。他们强调个人的权利和尊严,强调个人在自我发展中的责任,常常会称赞自己。当喜欢自谦的中国人进入西方文化的氛围时,最好能够入乡随俗,要善于表现自己的长处,乐于接受别人的赞赏,自强不息,自尊自爱,否则很有可能成为因不同价值观念的差异而引起的文化冲突的牺牲品。例如,某跨国企业中的业务员 A 君,工作勤奋努力,吃苦耐劳,与同事合作也很和谐,且有一定管理能力,当外国老板夸奖他时,他却总是谦虚地说:“哪里,哪里……”久而久之,老板还以为自己判断出了差错,于是不再称赞他,更谈不上提拔他了,A 君就这样在文化差异的影响中错失了被提升的机会。

3. 陌生的自然环境和日常生活事务之间的差异

自然环境和日常生活事务方面的差异虽然是引起文化冲突的次要因素,但同样会对沟通双方产生身心上的影响。人们会因气候、时差、饮食、作息制度的改变而产生水土不服,出现皮肤过敏、腹泻、失眠等躯体不适症状,从而影响人际交往的兴趣和情绪。同时还会因购物、乘车、看病、上银行、上邮局等日常生活事务与本土的差异,遇到一些不必要的挫折,有时还会发生人际冲突或人际疏离。例如,某医

---

① 艾里丝·瓦尔达,琳达·比默. 跨文化沟通[M]. 北京:机械工业出版社,2006:166-169.

疗器械厂与美国客商达成了引进"大输液管"生产线的协议,第二天就要签约了。可是,当这个厂的厂长陪同外商参观车间时,向墙角吐了一口痰,然后用鞋底去擦。这一幕让外商彻夜难眠,结果造成一口痰"吐掉"一个合作项目的后果。可见,个人的卫生习惯虽属个人生活中的"琐事",但若处理不当,在人际交往中也会引起别人的反感,严重的还会有损企业和国家的利益。

### (二) 解决跨文化冲突的方法

一般说,解决跨文化冲突的主要方法有两个。

#### 1. 进行多方面的相互沟通

要理解跨文化的沟通,首先要了解人类交往的一般情况,尽管交往双方所受教育程度、文化背景不同,但他们交往的基本途径和方式还是具有类似之处的。例如,人们会采用口头交谈、电子邮件、报纸杂志、广播电视、告示牌、录音录像、电脑网络等方式进行经济与文化的交流。在相互合作与协调中,应以解决人与人之间交往的有效沟通为主,沟通时要注意以下几个问题。

(1) 语言要沟通。语言是文化的一种直接表现形式。一个民族的语言与他们的民族文化之间有着千丝万缕的联系。在跨文化沟通中,语言交往的相通或相歧,难免会受到不同文化的共同性或特异性的影响。因此在进行语言沟通时,要注意对语种的选择,若不能熟练使用对方的语言语种,就应选用一些通用的语种如英语、普通话等,并反复练习直至能够标准流利地对话。同时还应注意用词的准确及其词语的特定含义,遇到某些多义词时,要设法弄清其确切含义,避免因翻译不准确引起沟通双方的误解。

语言沟通中要尽量使用礼貌用语,如"您好"、"谢谢"、"对不起"、"请原谅"等,既能表达沟通的诚意,又可反映出自身的文明习惯和礼貌修养,如在接听电话时,可以根据不同情况使用下列文明用语:"您好,请讲"、"请稍等"、"对不起,他刚走开,请问有什么事可转达",切忌因自身的忙碌或情绪不佳而采用不规范的用语,如"你是谁"、"不知道"、"等一会儿"等语气不耐烦的词句。

(2) 认识上求同存异。跨文化沟通中的"文化性"差异,还会表现在人们对问题的认识角度、思维方式和判断标准上。因此在企业管理中,要求各方合作者做到"求大同存小异",达成一定的"共识"是很重要的。但是在达成"共识"的过程中,有时还需要合作各方的变通、妥协或让步,否则将会阻碍双方良好关系的建立和发展。且一旦达或"共识",任何一方均不可擅自改变,失信于人是交往中的大忌。管理者要满足不同文化背景员工的文化需求,在认识上相互理解。

(3) 情感上宽以待人。具有不同文化特征的人,其情感活动在内容、方式、格调和倾向等方面均会存在较大的差异,这种差异往往会成为人际交往和事业合作中误解、纠纷和冲突的起源。因此在实施管理时,合作双方应彼此尊重对方的情感习惯,严于律己,宽以待人。例如,日本人任主管时,通常会要求属下言听计从,口无怨言,胸无怨气,并不停地说:"哈依(是)!"由于历史的原因,许多中国员工可能在情感上难以忍受这种管理方式,行动上也就不会表现得那么"顺从",这时,双方若能进行有效的沟通,使得对方能够明白自己的心理感受,在相互谅解的情况下,尽量减少这种强制性的做法,将有利于企业的发展。

(4) 行动上要相互协调。管理领域中由于人的"文化性"不同,其动力特点和行为的习惯方式也会相去甚远,并成为一种潜在的冲突源。比如,美国社会的信息技术比较发达,工作和生活节奏都非常快捷、紧张,而中国员工相对来说不太适应这种速度,有时可能会显得"拖拉"和"懒惰",这样难免会引起美方管理者的不满。其实,只要双方本着互谅、互尊、互促的诚恳态度,完全可以使双方在行为上逐步适应,动作上逐渐合拍,最终实现同步进行的目的。

2. 接受跨文化的员工培训

主动接受跨文化的培训是防止和解决冲突的有效途径。人们对新文化的适应过程在各个阶段或时期都会有所变化,个人的语言能力、性格、情感特点、居留时间的长短、年龄、性别均会对这种适应产生影响。进行适当的培训,既可以学习到不同文化背景下的历史、地理、艺术、音乐、政治、经济等方面的知识,又可以深层次地了解不同文化中的风俗习惯、行为举止、价值观念、道德规范和社交准则;既能从理论上使自己得到全方位的知识提升,又可以在实践中防止和减轻因"文化冲突"而形成的人际关系压力。此外,通过参加培训,员工相互之间也能进行一定程度上的沟通,彼此间的相互熟悉则会有利于未来企业中各部门之间的合作。

总而言之,从文化本身的概念来看,文化是人类所处的环境中由自己造就的那一部分,是人类知识、信仰、艺术、道德、法律、风俗习惯以及人类作为社会成员后所获得的其他一切能力和习惯的总和;文化是人群独特的生活方式,是人们对生活的设计,是人类生活的总汇。在此所研究的,主要是一些与管理最直接有关的文化现象。跨文化沟通,则不仅包括国际交往,还包括一国中不同地区的文化交流。跨文化沟通所主张的是人们在言语、认识、情感和行动上的有机相融,但并无一种刻板的模式。沟通中人们可以根据自己的不同需求,选择符合自己性格特征的方式进行交流。东西方文化、不同地域的文化可以既保持自己的独特风格,又相互交融,互相补充,形成一种独特的信息交流平台和良好的关系网络。

# 第四节   沟通能力的自我训练

人们在工作中除了可以积累许多专业的经验之外,还可以编织一张对自己生涯发展有帮助的"关系网",也即建立良好的人际关系,把人际关系当作宝贵的资源加以开发和利用。因此,掌握一些人际沟通与交往的技巧,了解一些为人处世的方式和待人接物的方法,将会使管理者在实施管理手段与管理方法时更得心应手,使被管理者在执行命令时能够充分发挥自己的主观能动性。

管理心理学家通过大量的研究,认为在处理管理领域的人际关系时,可以运用以下技巧与方法,对自己的沟通能力进行自我训练。

## 一、运用相似性原则进行训练

这主要是指在人际交往中,沟通双方在信念、价值观、个人特点、社会地位或生理年龄上具有相似之处。人们可以从相似性中寻找更多志同道合的朋友。

在人际交往中,如果能够了解到自己与别人存在的相似之处,沟通起来就会相对容易一些,可是,怎样来发现这些相似之处呢?

细心观察不失为一个好的方法。俗话说,"目有所见、心有所念、行有所动"。敏锐的观察力是各行各业的从业人员都需要具备的能力,培养观察力可以从以下四个方面着手:

1. 要有明确的观察目的

观察事物时,有目的地观察和漫不经心地观察,其结果是大不相同的。因此,用心观察工作对象(包括人和物),处处做有心人,才能观察得细致入微。在沟通中除了认真倾听说话者传递的言语内容,还应注意观察说话者的面部表情和身体姿势。

2. 要具备一定的知识、经验和技能

知识、经验不仅能使人进行深刻的思考,而且能使人更精细地去感知事物。因此,掌握一些心理学、社会学、伦理学、教育学、管理学等方面的相关知识,能够使人观察得更全面。借助个体以往的经验去观察和了解事物,可帮助个体减少不必要的探索,但在人际交往中应注意避免"刻板印象"。

3. 观察应当有顺序、有系统地进行

在观察的过程中,对于被观察的对象不能东看一点,西看一点,要有顺序、按步骤地看,也即按照事物的面有规律地去看,才能看到事物各个部分之间的相互联系,而不至于遗漏某些重要的特征,造成判断失误。

4. 要把观察和其他认识活动结合起来进行综合研究

观察往往局限于了解事物的表面现象,若想由表及里地了解别人的信念、价值观和个人特点,还需进行长期的观察和交往,并将所获得的信息资料加以综合分析研究,这样才能作出较为准确的判断。所以,在人际沟通中对一个人的了解应增加交往频率,避免以"第一印象"下结论。

通过经常性的自我训练,在与人交往时,对方的一个眼神、一个动作,身体或衣服上的一个特征,或者一开口说话,就可以帮助你发现对方是否真的与你有相似之处,是否值得你与之进一步交往或合作,是否能够成为志同道合的朋友。

## 二、运用互补性原则进行训练

由于人的个体差异,需要用互补的方式来满足双方的需求,最终达到取长补短、共同进步的目标。

人们可以从互补性中接纳各具特色的朋友。在管理领域中,存在着各种类型的人,有的人视工作为享乐,有的人则视工作为责任。依据价值观的差异,还可以把工作者划分为:理论型(追求真理)、经济型(讲求实效)、艺术型(重视感受)、社会型(注重关系)、政治型(获取权力)和宗教型(完整和谐)六种类型。由于每一种类型的人其特性、偏好与行为模式等均存在较大差异,因此在人际交往中应该提倡采取相互尊重、相互包容的态度,理智地承认彼此之间的差异,并在交往中学会"取长补短"、"拾遗补缺",完善自己的工作方式和行为能力,经常以接纳与欣赏的心态和方法来处理相互之间的关系。在上下级之间、同事之间和客户之间发展出一些相互适应的良好关系,使自己获得一些各具特色的朋友。

例如,北京某外贸公司的一位女业务员,为了开展对中东某国的出口业务,潜心研究了阿拉伯国家的习俗礼仪,在去该国推销产品时,她尊重阿拉伯国家的习惯,穿上素服,戴上头巾,不露秀发,赢得了客户的信任。在客户应邀到北京谈判时,她又处处注意礼节,坚持平等互利。每逢伊斯兰教节日,便暂停谈判,并安排客户参加宗教活动。这样,既保持了业务交流(曾签署了上百万元的出口合同),又建立了深厚的友谊,促进了沟通,同时还取得了对方的信任与尊重。

随着近代工业的迅速兴起,商品经济领域的不断扩展,人们交往的活动也日趋频繁。各种不同性质、不同层次、不同行业的人出访他国,已经成为社会生活中必不可少、经常发生的事情。国际交往活动一般总是表现为不同文化背景下的人们的相互交流、贸易往来、学术研讨、文化交流和政治外交等活动方式,在很大程度上依赖于人的行为的和谐性和心理的相容性。因此,如果能像上述那位北京的女业务员那样,及时掌握一些国际通用礼仪的程序、方法,补充自己知识结构中的缺陷,并将所学理论积极地运用到业务开展中去,不仅能拓宽业务,增进友谊,还能提升企业与国家的形象。

## 三、运用外貌吸引原则进行训练

人们往往容易受到相貌俊美的人的吸引,如果这个人的举止得体,言谈流畅,则更容易引人瞩目。人们在公共场合的仪表体态,言谈举止,常常能反映出一个人的内在素质和修养。特别是当你作为国家、政府、团体、企业的代表进行对外活动的时候,良好的个人形象往往会成为相互间进一步了解和交往的重要依据。印象管理 (Impression Management)是指个体通过一定的方式影响别人对自己印象的过程。个体积极、有效地进行印象管理,有助于良好沟通的开始,为深入沟通交流奠定基础。

外貌的吸引只是人际交往中的一个瞬间,气质的吸引才是人们交往中追求的目标。气质主要是指人在生理、心理等方面的综合素质,可以通过人的外在形象、言谈、举止表现出来。知识是气质美的主要来源,所谓"腹有诗书气自华",就是说人可以通过学习来改善自己的气质和外貌。

良好的气质因素表现为:

沉静、稳重、耐心、细致、善良、宽容、热情、自信、谦和、待人诚实、乐于成人之美和闻人之誉、说话和气、语言和举止文雅得体……

不好的气质因素表现为:

急躁、不耐心、没有礼貌、易生气发怒、自私、古板、孤僻、冷漠、自卑、自负……

可以通过保持充足的睡眠、适当的运动和营养、良好的生活方式来改变自己的体质;也可以通过接受艺术熏陶、提高知识水平来使自己变得高雅。但是,如果认为受过高等教育,有知识、懂艺术,就可以放松自我品德上的修养,那就错了,因为气质塑造并无捷径可行。一个内心龌龊卑下、自私、虚荣、嫉妒心强的人,在气质上就会有较大的缺陷,所谓"相由心生",只有善良、真诚、充满爱意的心灵,才是一切气质美的发源地。

## 四、运用相互性原则进行训练

这主要是指人际交往中的情感互动,一般说,人们往往会不由自主地喜欢那些喜欢自己或欣赏自己的人。

人与人之间在交往过程中不仅会有行动上的接近,还会发展到思想上、心理上的接近,这在心理学上称作心理交融。管理者与被管理者若能在心理上相融,就能建立一种良好的互动关系。

和心理交融相反的是心理对抗。心理对抗就是人和人之间在心理上处于矛盾、对立以至互相冲突的状态,这是进行工作的最大障碍。

### (一)管理者消除心理对抗的方法

怎样才能消除交往中的心理对抗,最终达到心理交融呢? 从管理者来说,应当通过各种途径主动接近被管理者,了解产生心理对抗的原因,具体可采用以下办法。

1. 面谈

通过面对面的交流,不仅能了解下属一些真实想法,还能考察下属的理解能力、语言能力和思维能力。可以定期与员工进行会议或工作交流,增进感情交流。

2. 集体活动

通过打球、下棋、打牌、聚餐和出游等集体参与的活动,既能与下属进行轻松的交流,又能比较真实地了解下属的胜负心和名利欲。

3. 出差

有时候长期共事仍不能了解的人,一起出差就能看清楚了,因为在出差过程中,人们的很多习惯会暴露,处事方式中的许多细节也显露出品性特质和应变能力。

**(二) 被管理者消除心理对抗的方法**

当被管理者由心理交融变为心理对抗时,单纯地逃避是行不通的,只有积极地面对挑战才是最佳的方法,具体可有如下做法。

1. 调整好身心状态

通过睡眠、饮食和运动将自己的体质改善到最佳状态,并保持充沛的体力,给予自己充分的良性暗示,帮助自己重建自信和自尊。

2. 保持稳定的情绪

不要因为人际关系的压力改变自己对工作的态度,要一如既往地热爱工作,积极地为个人的成长和发展而努力,可以自嘲,但不要浪费时间去抱怨。

3. 主动与对手交流

当人际关系出现问题时,可以直接约会难以应付的对手进行面对面的交流,可以选择自己熟悉的餐厅或酒吧为约会地点,并尽量比对手提前到达,这种心理上先入为主的做法,有利于助长自己的从容感。

# 五、运用熟悉性原则进行训练

这主要是指人们喜欢与相互熟悉的人或事打交道,因为这样可以减少出差错的机会,增加成功的可能。

人们也许会有这样的经历,即在众目睽睽之下面对许多人讲话时,往往会产生不适的感觉,而对陌生人进行相互介绍时,也会产生一些迟疑。其实这些都是正常现象。因为当人们离开熟悉的环境或事物时,都会感觉有一些异样,但是如果这种受损害或受压抑的感觉持续出现的话,就应引起重视了。

所谓社交性障碍通常起病于青少年期,男女都可能出现。表现为不敢见人,遇到陌生人经常面红耳赤,神经处于一种非常紧张的状态,严重的还会把自己孤立起来,拒绝与任何人发生社会交往,这对日常工作造成极大的妨碍。

社交性障碍是一种因心理紧张造成的心因性疾病,只要积极治疗,是可以治愈的。具体可以尝试以下的方法。

1. 消除自卑,树立自信

要尽量摆脱那种过多考虑别人评价的思维方式,认识到过于自尊和盲目自卑均无必要,经常鼓励自己要自信。通过点滴小事发现自身的优点,通过积极的行为转变个体的不合理认知。学会悦纳自我,分析自身的优势和不足,取长补短,对自我有清晰和明确的认识。

2. 积极应对，适应变化

要尽量多参加一些团队活动，在活动中尝试主动与同伴或陌生人交往，逐渐摆脱羞怯感和恐惧感，改善自己的个性和处事方法，乐观主动地适应环境、事物的变化。

3. 掌握知识，消除障碍

可以有意识地学习一些有关社交知识、技巧和艺术，掌握一些社会学、心理学的常识，了解人际交往和沟通知识，增加交往机会，使用积极的心理暗示，提升自身素养。

# 六、运用临近性原则进行训练

由于空间上的接近，人们比较容易产生一种自然的亲切感，如前文所述，处在同一团队的人通常更能互相支持、相互鼓励。

在管理领域中，团队合作正在日益增多，人们既渴望在合作中能够相互交融，又希望获得个人的交往空间。美国心理学家罗伯特·索默的研究结果表明，每个人都具有一个自己原住的心理上的个体空间，如果这个空间被人侵犯，就会感到不舒服或不安全，甚至恼怒。人际交往只有在这个空间允许的限度内才会显得自然。

交往空间作为一种特殊的无声语言，主要是指人与人之间交往时，无形中感到彼此间应有的一种距离。美国人类学家爱德华·霍尔博士将这种距离按双方的关系划分为四种区域。

1. 亲密距离

这是人际交往中的最短距离，一般在 15～44 厘米之间，用于私下情境，适合贴心朋友、夫妻和情人之间说悄悄话，在社交场合一般不采用这种距离。

2. 个人距离

近段在 46～76 厘米之间，远段在 76～122 厘米之间，允许较少的身体接触，有较大的开放性，任何朋友和熟人都可以自由地进入这个空间。

3. 社交距离

近段在 1.2～2.1 米之间，远段在 2.1～3.7 米之间，一般出现在工作环境和社交聚会或正式交往中，主要考虑交往的正式性和庄重性，如谈判、产品发布会等。

4. 公众距离

近段在 3.7～7.6 米间，远段在 7.6 米以外，处在这个空间内的人们可以相互"视而不见"，不予交往，人际间的直接沟通大大减少。

上述四种空间距离的划分并非是一成不变的，在实践中，这种交往空间仍有较大的伸缩性和可变性，主要受到以下五个方面的影响：① 文化背景和民族特点差异的影响。② 社会地位和年龄差异的影响。③ 性格差异的影响。④ 性别差异的影响。⑤ 情绪状态和交往场景差异的影响。

　　尽管从社会到个人都存在着一定的差异,对交往空间存在着不同程度的影响,但管理人员仍应学会在实践中找出适合对方,又适合场景和自己交往空间的三维标准,使自己在人际沟通中游刃有余。在管理沟通中,掌握适当距离的方式表达了他们的信仰、价值观,以及相对应的文化内涵。在管理沟通中,一定要注意不同国家和地区对空间距离的差异。例如,德国人倾向于划分界限分明的私人领地,而阿拉伯人在公众场合显得比较亲密。

　　在管理工作中,成功的合作、销售或跨文化沟通都与恰当把握空间距离密切相关。代表个人或企业形象的管理者应明白在不同场合中什么样的空间行为是合适的,哪些行为举止可以提升企业形象。总之,如果能够在工作中注意到上述因素对建立良好人际关系的影响力,在人际交往中根据不同的情况采用不同的沟通方式,将会起到事半功倍的效果。

# 本 章 小 结

　　越来越多的管理者逐渐认识到一个企业发展的根本动力来自企业内部员工,充分调动员工的主动性和创造性,管理沟通是不可忽视的。本章详细论述了管理中人际关系的分类,沟通技术在管理工作中的实践,在沟通中准确把握好言语沟通并恰当运用非言语信息。非言语信息在沟通过程中占据相当大的成分,它是沟通的有效补充。近年来兴起的电子媒介沟通,如电子邮件等严格意义上说也是言语沟通的范畴,在沟通过程中要注意格式、语气及语词的使用。管理沟通是企业文化发展和管理制度制定的一部分,在管理工作中应形成企业内部和外部的沟通模式,建立良好的企业形象。

　　人们在交往的过程中会不自觉地愿意与某人深入交往,这就是常说的人际吸引。本书将人际吸引分为合群、喜欢和爱情三个层次,在管理学中重点讨论合群这个层次。在员工中注重培养员工的组织认同感和主人翁意识,增加员工的群体融入度。在沟通中要注意沟通双方的职位、性别,并适时调整沟通方式,言语得体,距离适中。了解学习理论和平衡理论在人际吸引中的应用。

　　在沟通中单纯地追求所谓的技巧并不能达到理想的沟通效果,无论是怎样的技术都最终要通过人自身这个载体传递,因此应注重个体综合素质的提升。端庄的服饰、得体的妆容、优雅的举止、恰当的表达等会在人际交往中给对方留下深刻的印象,要及时了解沟通对象的心理需求、性格、气质、管理风格等要素,针对不同类型的沟通对象,采用不同策略;在管理领域人际交往中要注意消除过度群体压力,减少群体对抗,给予成员支持,进行坦诚交流。

　　多元文化的碰撞在管理中体现日益增多,不同风俗习惯、价值观念和陌生环境等都容易导致文化冲突。跨文化沟通通常是指不同文化背景的人之间发生的沟通行为，因为地域不同、种族不同等因素导致的文化差异。跨文化沟通不仅发生在国与国之间，也发生在不同地区之间。随着国际化经营趋势日益增长，管理者应了解内部员工的文化差异，也应了解外部客户、消费者的内在文化需求。学习并尊重不同文化习俗、熟练掌握一门通用语言，行动上相互协调，接受跨文化的员工培训等，是解决跨文化冲突的有效方法。

个体的沟通能力不是与生俱来的，是经过后天的学习和训练得以不断提高的，在管理工作中更是如此。管理沟通有别于私人沟通，是在特定的背景、制度下的沟通，是需要在实践中不断积累、提升的。在了解自身特点、充分认识自己的基础上，可以为自己制定相应的沟通能力自我训练方法。本章介绍了运用相似性原则、运用互补性原则、运用外貌吸引原则、运用相互性原则等方法进行沟通能力训练。当然，个体可以创造属于适合自己的训练方法提升沟通能力，增强个人和社会的相互影响。

## 思考题

1. 什么叫人际关系？管理心理学的人际关系分为几类？
2. 在人际交往中应怎样妥善运用语言进行沟通？
3. 什么叫人际吸引？应怎样理解人际吸引的三个层次？
4. 管理领域中的人际关系主要受哪些因素的影响？
5. 除本章所述的沟通技巧与方法之外，能否介绍一些你所熟知或喜欢的技巧与方法？
6. 怎样处理跨文化沟通中遇到的问题？

### 一、英特尔一对一面谈，员工必须善于沟通

英特尔采取开放的沟通模式，既有自上而下的，也有自下而上的。管理层通过网络，向全球员工介绍公司最新的业务发展，同时也会通过网上聊天，与员工进行互动的沟通，回答员工提出的各种问题。每个季度，公司都会定期出版员工简报，让员工及时了解公司最新情况。此外，公司还有一个"一对一面谈"制度，即公司与员工之间就工作期望与要求进行沟通。面谈通常通过员工会议的形式进行，要求员工来制定会议议程，由员

工来决定会议议题。

有记者曾问一位英特尔员工如何在英特尔获得更好的个人发展时，这位员工深有感触地说："关键还是要善于沟通，不要处处都要等老板来找你谈工作，而是要随时和同事、老板保持一个非常顺畅的沟通关系。"英特尔的用人之道有一个很重要的原则，即：评价员工工作业绩是以结果为导向的，不管过程怎么辛苦，付出多大，老板只看结果。也正是因为这样的原因，在新员工进入英特尔之初，得到最多的告诫就是不要去做远远超出自己能力的事情，必须善于沟通，融入团队。

（摘自彭信之新浪的博客，2012.3。）

### 二、福特吸纳工人参与管理，扭亏为盈

20 世纪 70 年代至 90 年代，日本汽车大举打入美国市场，势如破竹。1978—1982 年，福特汽车销量每年下降 47%。1980 年出现了 34 年来第一次亏损，这也是当年美国企业史上最大的亏损。1980—1982 年，3 年亏损总额达 33 亿美元。与此同时工会也是福特公司面临的一大难题，工会工人举行了一次罢工，使当时的生产完全陷入瘫痪状态。面对这两大压力，福特公司却在 5 年内扭转了局势。

鉴于福特员工一向与管理层处于对立状态，对管理层极为不信任，因而公司管理层把努力团结工会作为主要目标，公司管理层定期与工会沟通，坦诚双方立场，在某些争议问题上逐步达成共识，积极吸纳员工参与公司决策。经过数年努力，将工会由对立面转为联手人，化敌为友，终于使福特有了大转机。

目前，福特公司内部已形成了一个"员工参与计划"。员工投入感、合作性不断提高。而这一切的改变就在于公司上下能够相互沟通，管理层与员工增加对话；内部管理层和员工改变了过去相互敌对的态度。领导者关心员工，提升公司员工的群体融入度，从而使员工努力工作，促进企业发展。

生产率的提高，没有什么奥秘，而纯粹在于人们的忠诚，人们经过成效卓著的训练而产生的献身精神，个人对公司成就的认同感，用最简单的话说，就在于职工及其领导人之间的那种充满人情味的关系。

上述这段话揭示了这样一点：人是最宝贵的资源，对人尊重使工作成为一种新型的具有人性的活动——爱你的员工，他会加倍地爱你的企业。

（摘自周之博的新浪博客，2007。）

### 三、跨文化交流障碍

飞利浦照明公司某区人力资源副总裁（美国人）与一位被认为具有发展潜力的中国员工交谈。想听听这位员工对自己今后5年的职业发展规划以及期望达到的位置。中国员工并没有正面回答问题，而是开始谈论起公司未来的发展方向、公司的晋升体系，以及目前他本人在组织中的位置等。说了半天也没有正面回答副总裁的问题。副总裁有些大惑不解，没等他说完已经有些不耐烦了，因为同样的事情之前已经发生了好几次。"我不过是想知道这位员工对于自己未来5年发展的打算，想要在飞利浦做到什么样的职位罢了，可为何就不能得到明确的回答呢？"谈话结束后，副总裁忍不住向人力资源总监抱怨道。"这位老外总裁怎么这样咄咄逼人？"谈话中受到压力的员工也向该总监诉苦。作为人力资源总监，虽明白双方之间不同的沟通方式引起了隔阂，虽然他极力向双方解释，但要完全消除已经产生的问题并不容易。

以上是一个很典型的跨文化交流的例子。首先，我们看到这位副总裁是美国籍人，而那位员工则是中国籍。既然出生于两个不同的国度，那他们的思维方式、生活习惯、文化背景、教育程度、文化差异等众多方面都存在着差异。正是由于这些文化差异的存在，才使得双方在交流、沟通过程中产生一系列障碍。其次，"中国员工并没有正面回答问题"，我们可以想象一下这位中国员工没有正面回答问题的原因。比如说由于语言障碍、没有理解透彻美国副总裁所说话语的原意，或者说副总裁的文化方式让中国员工产生了误解，抑或是中国员工有意回避从正面回答……以上原因都只是我们的推测而已。下面我们给出一个假设。假设这位中国员工从正面直接回答了副总的问题。比如，中国员工回答："……想在5年之内做到营销部经理的职位。"很显然，按照中国人的传统心理，这样的回答违反了中国人一向谦虚、委婉的心理习惯。太直接反而暴露出自己很有野心，高傲自大的缺陷。谦虚也可以给自己留有后路，万一做不到那个理想的位子，也不至于丢面子，被人耻笑。恰恰相反，美国人一向简单明了，很直接，这也是他们一贯的思维方式。

由此看来，中国人似乎没有一个明确的奋斗目标或规划，只是做一点算一点，得过且过；而美国人则在做某件事前总是先做好精心的策划，然后在一个明确目标的指导下去采取行动。这样，中国人的那种思维习惯就容易给企业领导留下不良印象。美籍副总裁询问这位员工对于自己未来5年发展的打算,及想要在飞利浦公司做到什么样的职位,是因为美国人很注重个人在企业的发展状况。强调通过个人才华的施展和努力来取得企业的辉煌业绩和达到理想目标,这也许与美国一贯提倡的人权问题有着莫大的关系。而从中国员工的回答来看,基本上是"从集体到个人"的单一模式。他先谈论的是与公司有关的一些情况,如公司未来的发展方向、晋升体系;接着才说到自己在公司所处的位置等。一个好的集体是由每一个优秀的个体所创造和组成的。中国人的思维方式是习惯于从集体得到更多,而自己付出甚少。以上的问题就是由于在不同文化中形成的价值观造成的。

(摘自《百度文库·教育学案例》,2012。)

# 第六章

# 冲突理论与管理

**【本章导读】** 在心理学上,冲突是指两个或两个以上相互对立的需要同时存在而又处于矛盾中的心理状态。它是直接以对方为攻击目标的一种互动行为,有直接交锋,在形式上比竞争激烈得多,往往突破了规则、规章甚至法律的限制,带有一定的破坏性。在社会学领域最早将冲突作为一种互动类型来研究的是德国社会学家 G·齐美尔。他将冲突划分为四种类型:① 战争,即群体之间的冲突。② 派别斗争,即群体内部的冲突。③ 诉讼,即通过法律途径处理的冲突。④ 非人格的冲突,即思想观念上的冲突。

冲突产生的原因可能是各种各样的,但只要存在差异就会有冲突,它是社会生活中不可避免的。研究表明,管理人员把大约 21% 的时间都用在处理冲突上。对冲突的社会功能,社会学界存在不同意见。结构功能主义对冲突采取否定态度,而冲突理论则强调冲突的正功能,认为一个社会中存在错综复杂的冲突,可以防止社会分裂和社会僵化。因此,有必要深入了解有关冲突的理论,进行研究及实践。在管理中,产生冲突在所难免,它为我们正常的工作和管理造成了一定的困扰,但控制得当也会对组织的发展起到积极的推动。例如,某一位成员诚恳的反对意见可能使整个团体免遭集体决策不当带来的损失。管理人员可以运用适当的策略去管理冲突、减少冲突,同时也可以利用冲突来促进创造、推动改革。

本章从个体内部的冲突、人际冲突和群体冲突三个方面详细介绍有关冲突的知识,着重探讨冲突的概念、冲突产生的原因、冲突的管理风格、解决策略以及冲突在组织管理中的应用。

## 第一节　冲　突　概　述

许多人会把冲突与争斗、骚乱或战争联系起来,但这些极端的情境只体现了冲突外在的、好斗的一面。管理人员常常遇到的是更为微妙的、非暴力性的对抗,诸如争执、批评或反对。

## 一、冲突的含义及其分类

在管理学上,冲突更多的是指被人们知觉到的一种价值观或目标上的矛盾状态,并伴有故意阻碍对方取得成功的行为以及情绪上的敌意。现实中的冲突多种多样。

根据冲突主体的不同,可以将冲突分为个体内部的冲突、人际冲突和群体冲突。个体内部的冲突是指个人内心的心理矛盾,根据内部冲突出现的原因可分为:挫折引起的冲突、目标冲突和角色冲突。人际冲突是指个体之间的相互作用引发的冲突。群体冲突则是指群体之间相互作用引起的冲突。

根据发生冲突双方目标是否一致可以将冲突分为建设性冲突和破坏性冲突。建设性冲突是指双方在目标一致的情况下因手段和方法的不同而产生的冲突,对企业的发展一般起积极作用。破坏性冲突是指由于双方目标不同而产生的冲突。

根据冲突可能引发结果的性质可以将冲突分为良性冲突和恶性冲突,良性冲突指支持组织目标并能够提高组织绩效,在客观上对组织有利的冲突。恶性冲突则正好与此相反。

## 二、冲突理论的发展

20 世纪以来,对冲突的认识经历了一个发展过程,冲突理论也经历了传统理论、人际关系理论和相互作用理论三个阶段。

传统冲突理论认为,冲突是功能失调的结果,与沟通渠道是否畅通、人际信任及上下级之间的关系有关。认为只要冲突存在就会影响人际关系及工作效率,会影响组织目标的实现,会威胁到管理人员的权威。"科学管理之父"泰勒认为,劳资双方应该将注意力转移到提高劳动生产率,进行科学分配上来,建立劳资之间的利益关系,从深层次上解决劳资冲突。组织理论家法约尔及其他专家也持相同的观点,认为所有的冲突都应尽量避免或尽快解决。后来,专家们承认冲突是不可避免的,建议管理人员学着忍受冲突,但仍强调要尽可能及时地解决冲突。

人际关系理论的观点认为,冲突只是人与人之间相互作用的一种表现形式,主张通过人际关系的协调来消除矛盾。梅奥在霍桑实验的研究中认为,企业中不仅存在"正式组织",还存在人们在共同劳动中形成的非正式团体,他们有自己的规范、情感和倾向,并且左右着团体内每个成员的行为。管理人员要想实施有效的管理,就要注意在非正式组织的感情逻辑和正式组织的效率逻辑之间保持平衡,目的在于使人们为实现组织的共同目标而合作。为了实现合作,必须发展一种新的领导方式。一方面,为满足成员物质的、经济的需要而进行生产和分配物质资料,即发挥技术性技能。另一方面,为实现满足成员物质需要的目标而确保成员间的自发性合作,使每个人获得人类的满足,即发挥社会性技能,以避免冲突。梅奥在 1933 年发表了《工业文明中的人性问题》一书,正式创立了管理学的人际关系学说。

相互作用理论是随着社会的发展和竞争的需要而产生的。该理论认为冲突既有消极作用,又有积极作用。市场经济下企业面临激烈的竞争,要想在竞争中立于不败之地,必须保持企业顽强的活力,这就需要企业不断创新技术、改善管理,激发员工的积极性、主动性和创造性。如果一个企业长时期处于平淡、安宁的氛围下,就很难保持昂扬向上的斗志和旺盛的生命力。目前也有很多学者提出了适度冲突有利于提高效率的观点。相互作用论使人们更加认识到了这一点。

## 三、冲突产生的原因

了解冲突产生的原因,可以更好地解决冲突、利用冲突。容易引起冲突的情境主要有以下几方面:

(1) 价值观或人格上的差异。

(2) 职责范围不清或职责的重叠。

(3) 争夺有限的资源。

(4) 沟通不畅、信息传递有误。

(5) 任务的相互依赖性(如只有等他人完工后才能进行自己的工作)。

(6) 组织结构复杂(如组织的层次越多,越可能发生冲突)。

(7) 规章制度不合理或不清晰。

(8) 集体决策,过分关注民主,缺少权威(参与决策的人越多,冲突的可能性越大)。

(9) 追求一致同意(要 100%的全体通过决策几乎不太可能)。

(10) 期望落空(员工对工作任命、工资、提升的期望落空时易发生冲突)。

(11) 长期未解决或被压抑的矛盾。

有远见的管理人员能根据冲突将要发生的预兆而采取相应的措施。例如,集体决策时只要求大多数同意就可以,在发扬民主的同时注重集中,而不必追求全体通过,从而避免或减少群体之内的冲突。

## 四、冲突的发展过程

冲突是一个动态发展的过程,在这一过程中,冲突双方的认知、情绪和关系都可能发生变化。罗宾斯把冲突过程划分为五个阶段:潜在的对立或失调、认知与人格化、行为意向、行为和结果。表 6-1 描绘了这一过程。美国学者潘迪(Pondy)也提出了冲突的五阶段模式:冲突潜伏阶段(latent conflict)、冲突知觉阶段(perceived conflict)、冲突感受阶段(felt conflict)、冲突外显阶段(overt conflict)和结果阶段(aftermath of conflict)。如图 6-1 所示。

表6-1　冲突的五阶段

| 阶段1 | 阶段2 | 阶段3 | 阶段4 | 阶段5 |
|---|---|---|---|---|
| 潜在的对立或失调 | 认知与人格化 | 行为意向 | 行为 | 结果 |

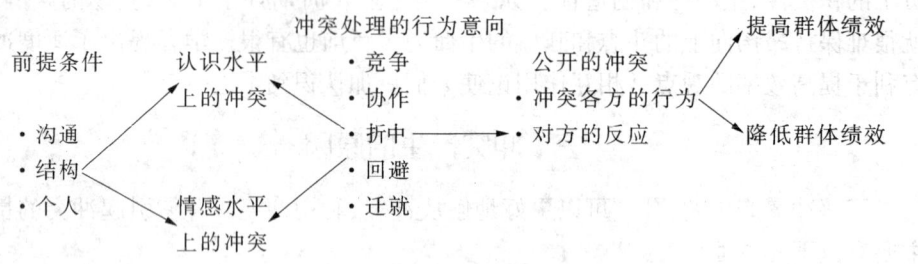

图6-1　关于冲突过程的五阶段模型

托马斯(Thomas,1976)也提出了关于冲突过程的模型,认为冲突的历程可分为挫折期(frustration)、认知期(conceptualization)、行为期(behavior)和结果期(outcome)。结果可以导致新的挫折和冲突的循环(Thomas J. B. 和 Roger J. V. ,1989)。如图6-2所示。

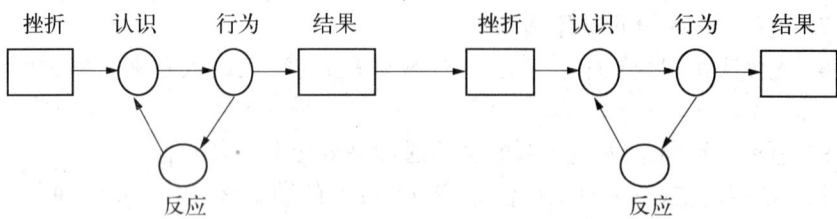

图6-2　Thomas 关于冲突事件的过程模型

拉美尔(1976)把冲突过程看成追求平衡的行为过程,即均衡与非均衡相互转化的过程。拉美尔的冲突过程模型可以用冲突生命圈模式来表示,在这一模式中,冲突是螺旋式不断上升的过程,如图6-3所示。

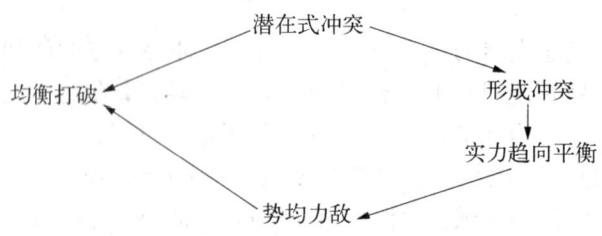

图6-3　拉美尔的冲突过程模型

## 五、冲突的管理风格

良性的冲突有利于组织目标的实现，只要善加利用就会收到积极的效果。不同的个体对不良冲突的管理具有不同的模式和风格。冲突管理专家拉姆提出，管理不良冲突有五种不同的风格，适用于不同的情境，不管哪一种都有利有弊，如图6-4所示。

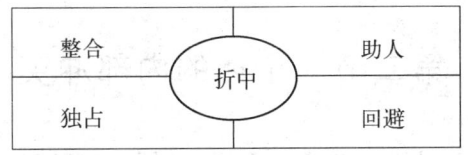

图6-4 管理不良冲突的五种风格

### （一）整合（问题解决）

整合就是相关人员或群体在面对问题时，能够共同分析问题，提出并评估解决方案，最后找出解决问题的最佳途径。这种风格适用于双方有共同的目标。但是由于误会、信息传递不畅等问题引起的复杂情境，这种风格不适用于由价值观的差异等这些根本性问题导致的冲突。这种风格标本兼治，效果比较持久，但花费的时间比较多，也较为费力。

### （二）助人（顺从）

助人为乐的人以帮助他人为本，有时不惜牺牲自己的利益。助人的风格适用于对双方都有利益可言，而且有可能获得回报的情境，不适用于复杂的或正在恶化的问题。它可以增强合作精神，但治标不治本，只是权宜之计。

### （三）独占（强制）

这种风格以获取自己的利益为目的，不考虑他人利益，无视他人需求。它依靠正式的权威使他人服从，适用于不能与他人分享必须独占的问题；或必须采取某种不受欢迎的方法才能达成的问题；或问题较小，或时间来不及的情况。但这种风格不适用于公开的、参与性的场合。这种风格的优点是快速，但常会招致反感，可能会使双方关系进一步恶化。

### （四）回避

这种风格是指不敢正面回应面临的问题，采取被动的逃避或者是主动压抑的态度。它适用于琐碎的问题或不值得花费较大代价去解决的问题，但不适用于根本性的对立或复杂的、正在恶化的问题。这种风格的优点是可以在未判明情况下更好地争取时间，以便找出解决问题的有效途径，但也只是权宜之计，治标而不治本。

**（五）折中**

这种风格讲究中庸之道，在外界或第三方的干预、调解下，或通过投票表决等方式，每一方都有所放弃，双方各有得失。它适用于双方目标对立但力量相当（如劳资谈判），同时有一定的共同利益，不适用于彻底对立、价值取向相反的问题。但妥协不是一劳永逸的解决方法。这种风格的优点是比较民主，双方各有收获，没有输家，但同样是权宜之计，还会抑制创造性。

# 第二节　个体的内部冲突

人为了求得个体和社会的生存和发展，必须要求得到一定的事物。例如，食物、衣服、睡眠、劳动、交往等。这些需求反映在个体头脑中，就形成了他的需要。但在现实生活中，人们的需要不一定都能得到满足，预期目标不一定都能实现。俗话说："人生不如意者，十有八九。"然而满足需求和实现目标的手段又是各式各样的。在满足的同时也会遇到各种各样的障碍，于是便产生了个体需求与现实之间的差异，这种差异在个体心中的纠结就是内心冲突。个体内部的冲突主要是由个体遭受挫折所引起的，也有目标上、角色上的冲突。

## 一、挫折引起的冲突

个人需求得不到满足就会令人产生挫折感（如图 6-5 所示）。障碍可能是明显的（外在的、生理的），也可能是隐蔽的（内在的、心理的）。遇到挫折时，人们常会运用心理防御机制来应付。心理防御机制有很多种，大致可以分为四类，攻击、退缩、固执和妥协等。

例如，学生李某一心想考公务员，寄希望因此有份稳定的工作，来改变家庭的现状。于是除学习刻苦外，还积极参加社会活动，争做班干部等。但是由于竞争激烈等原因，他名落孙山，因而感到沮丧。又如，本科学生王某一心想在大城市找份好工作，但在求职过程中却遇到不少困难，如学历限制、工作经验、专业限制等，多次被用人单位拒之门外，由此他可能变得愤愤不平（攻击），或冷漠、茫然（退缩），或假装障碍不存在、继续寻找（固执），或去家乡联系工作（妥协）。挫折的产生模式如图 6-5 所示。

个体的教育背景、家庭环境、人格、应对方式等都会影响对挫折的反应，常见的个体对挫折的反应主要有以下几种：

（1）补偿。即通过在其他方面的出色表现来弥补不足之处。例如，某员工由于学历低，迟迟未能升职，于是在工作中更加勤奋，也更加注重积累实践经验。

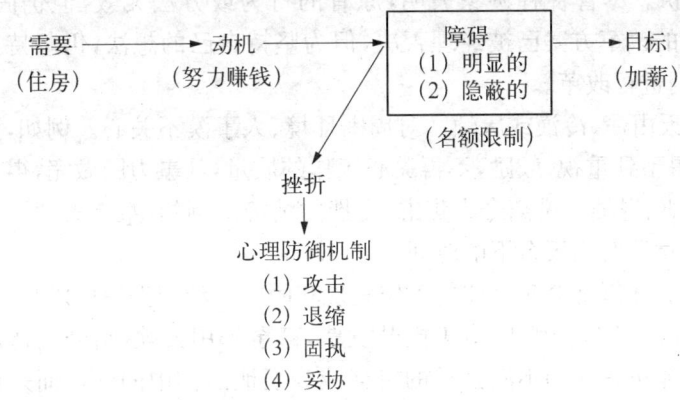

图 6 – 5 挫折的产生模式

（2）躯体化。情绪冲突转化为躯体症状、病痛等。例如，某经理与理想合作伙伴签约失败后，立刻发烧、流鼻涕，感冒症状严重。

（3）转移。由于受到挫折而把愤怒发泄到其他的人、事或物上面。例如，某主管因自己的建议被经理否决而大感不快，把怒气发到下属身上，因一点儿小事而大发脾气。

（4）幻想。做白日梦或通过想象来逃避现实或获得满足。例如，某员工想象自己在开会时当众纠正老板的错误，并对公司棘手的问题提出了事半功倍的解决方案，而被老板快速提拔为部门主管。

（5）自居。模仿优秀人物的行为，吸纳其价值观、信念，或在心理上分享其荣耀或痛苦。例如，总经理助理模仿总经理的言行甚至身体的姿势。

（6）对抗。潜意识地积极或消极对抗。例如，经理因对总经理的工作分工不满意，而在工作中对自己下属的建议横加指责。

（7）投射。把不为自己接受、承认的动机或情感说成是别人具有的。例如，工作能力平平的员工，由于自己失误在工作中犯了错误，却总说别人使绊子，故意在为难他跟他过不去。

（8）文饰。对自己的行为、观念、看法及动机等提供合理的解释。例如，某员工虚开发票、虚报账目，因为"大家都这样"。

（9）倒退。在遇到挫折时表现出与自己年龄、身份不相称的幼稚行为。例如，总经理在一次重大决策失误后，不是亡羊补牢减轻损失而是沉迷游戏、不问公司事务。

（10）压抑。把令人焦虑、内疚的需求、情感、冲动压抑于意识层面之下。例如，下属"忘记"搪塞老板，避免把某个尴尬场面告诉老板。

(11) 固执。尽管种种迹象表明,原有的行为或方法无效,但仍固执地采用。例如,某主管的改革方案已被经理否决,但为坚持自己的想法,仍坚持采用自己的想法对本部门进行改革。

(12) 听天由命、冷漠或厌烦。对周围环境、人事漠不关心。例如,多年努力工作的员工因得不到重视、鼓励,不再关心工作的质量,凡事力图做完,得过且过。

(13) 逃避、退缩。逃离令人焦虑、受挫的情境。例如,某天失掉了一笔大生意的推销员,任意消磨当天余下的时间,无所事事。

由此可见,挫折常会对个体的工作表现和团队活动产生消极影响,有时甚至会造成重大的经济损失。例如,员工虚开发票,甚至挪用公款,给公司造成了巨大的经济损失,可能正是他们不满公司的待遇或为发泄工作中的受挫而采取的一种形式。除了攻击和暴力,退缩反应很能解释为什么有的员工会存在"动机不足"的问题。前途渺茫,工作太过专业化,奖励的不公平,都可能使员工对工作变得漠不关心。固执反应可以帮助理解工作中那些明明行不通却好像视而不见的死板行为,员工把墨守成规当作遵守规章制度,委曲求全地去适应障碍。妥协反应可以解释为什么有的员工对本职工作心不在焉,既然他们在本职工作中得不到满足,就转而寻求工作之外的其他满足,不再浪费大量精力。

尽管挫折会带来种种不良后果,但有时挫折也能对个体的表现和组织的目标产生积极的影响。例如,喜欢竞争、成就动机高、自信心强的员工往往工作出色,这种人遇到挫折时,可能会更加努力地工作,以克服障碍或加以补偿,或寻求与组织的目标更为接近的新目标。另外,就心理防御机制本身而言,对个体来说并非一定是坏事,只是当个体过度运用心理防御机制时才会有损其心理健康。而且,那些过去曾经成功地战胜了挫折的人,知道克服障碍、寻找替代性目标是可以做到的,比起那些从未遭遇过挫折或遇到太多挫折的人,他们对挫折的承受力更强。现在有人提倡对个体从小开展"挫折教育"也是这个道理。

总之,情景不同,挫折导致的行为也不同,它既可能导致积极行为,又可能导致消极行为。但是,一般而言,管理的主要目标仍应尽可能地减少能够或将要造成员工挫折的种种障碍(想象的、现实的或潜在的)。例如,重新分工,使其更适应员工的需求;或领导有方,尽量减少易使员工受挫的障碍。

## 二、目 标 冲 突

目标的冲突是指个体面临的目标有利有弊,或同时具有两个或两个以上互不相容的目标时产生的冲突。挫折情境中的冲突,是因为单一目标的实现受阻而产生的,而在目标冲突中,有两个或两个以上的目标相互干扰。目标冲突一般分为四类,如图 6-6 所示。

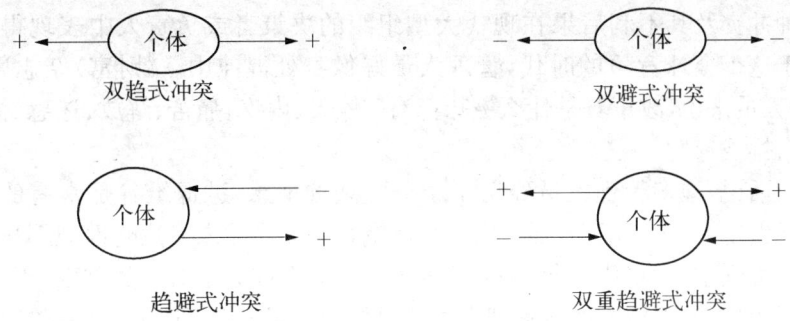

图6-6　目标冲突的四种模式

### (一) 双趋式冲突

有一个故事,讲的是一头驴站在两堆干草中间,两堆都想吃,不知吃哪一堆好,最终竟然饿死了。类似地,当个体面对两个或两个以上都具有吸引力的目标,且两者对个体的益处不相上下,但又不能同时获得时,就左右为难,正所谓"鱼和熊掌不可兼得"。尽管如此,研究仍表明,这种冲突对组织行为的影响较小,因为无论是"鱼"还是"熊掌",都相当不错,只是"舍鱼而取熊掌"还是"舍熊掌而取鱼"的问题,所以比起下面将要提到的那些要么都不好,要么有利也有弊的目标来,情况要好得多。例如,某大学毕业生王某既考上了知名学校的研究生又得到了一家大公司的就职邀请,在两个好的机会间犹豫不决,不知是继续上学好还是工作好。在这种情况下,个体虽然会感到焦虑,但一般都能解决,而不会在"两堆干草间饿死"。

根据费斯汀格的认知失调理论,当人们同时面临两个或两个以上互不兼容的抉择时,心理上会产生冲突,感到焦虑、紧张、不适应,于是就会想方设法减轻、消除这种不适应,而避免那种可能增强心理冲突的情境。例如,上面的那位大学毕业生考虑再三后决定,继续上学比较好,于是作出了选择,一旦作出选择后,就坚信自己的抉择,而避开那些相反的信息或理由。

### (二) 趋避式冲突

个体对含有吸引与排斥两种力量的同一目标予以选择时所发生的心理冲突,既想接近它以获得有利的一面,同时又想避免不利的一面,内心就会产生趋避式冲突。这是管理中最常见的一种目标冲突。通常,组织的目标对员工利弊兼有,令员工陷入心理冲突中,尤其是利弊相当时员工更容易犹豫不决、焦虑不安。组织目标往往在初始阶段时显得很有吸引力,但随着对目标的接近其消极方面也日益暴露出来。于是个体就可能停滞不前,举棋不定。例如,有很多人在进行自己的职业规划时往往面临着"跳槽还是不跳槽"的两难处境:现在工作的公司收入颇丰却随时担忧着朝不保夕,或者各种福利保障齐备,薪金却仅够糊口。"一无是处"和"十全十美"选择起来都很简单,唯独这样喜忧参半最折磨人。

这种冲突及其不利后果在现代大型组织的决策者或负责人中表现得相当普遍。处于这个全球竞争的时代,管理人员好像身处混沌中。《财富》杂志曾提到,"对管理人员来说,改革真是什么滋味都有:惊恐、内疚、痛苦、解放、迷惑、愉悦、有权、挫折、挑战等"。

换句话说,许多管理人员经历了十分复杂的情感,进退维谷是常有的事。例如,在 20 世纪 80 年代早期,要求组织耗巨资扩大规模的未来战略性规划显得很有吸引力。可到了 90 年代中期,许多美国公司遭受全球竞争对手的重创,于是,扩大规模、费用昂贵的消极方面在管理人员的思想中占了上风,他们对这一趋避式冲突的反应是放弃长远规划(回避),结构重组、缩小规模。而到了现在,长期规划的积极方面又显山露水,战略性规划重新在美国企业流行起来。

### (三) 双避式冲突

双避式冲突是一个人要在两项负价对象之间(即两个有害无益的目标之间)进行选择时所产生的心理冲突,即所谓的"左右为难"、"进退维谷"式冲突。假如某人移向一种选择,负价排斥力就会增强而使他被推向另一种选择。但当他趋近另一种选择时,后者的负价力又会增强,"前怕狼、后怕虎",这样他就摆来摆去而接近中间位置。像双趋式冲突一样,这种冲突对组织行为的影响不大,一般较易解决。面对哪个都不利、都有危害的目标,个体可能哪一个也不选,只是简单地避开这种冲突情境,从而很快地解决冲突。但是,现实情况是,个体有时想躲也躲不开,必须作出选择,尤其是在那种不以自己的意志为转移的情境中,如在监狱、医院、军队中,面对这种情况一般是"两害相权取其轻"。组织的员工稍好一点儿,但也常常身不由己。例如,员工虽然不满公司的管理制度,但由于就业竞争激烈,不敢轻易辞职,只能面对冲突,按部就班完成工作。

### (四) 双重\多重趋避式冲突

双重\多重趋避式冲突是指存在两个或两个以上的目标,每一个目标都各有利弊,个体不知如何抉择时产生的内心冲突,这在现实当中也是一种常见的情况。例如,有些人为了有较高的经济收入和良好的住房条件,尽管工作和生活环境不适应,但还是想换一个新单位工作;与此同时,又考虑到留在原单位工作,尽管收入、住房条件差些,但却有熟悉的工作和生活环境,以及已经适应的人际关系。此时,由于考虑到各种利弊和得失,就会产生多重趋避式冲突。如果几种目标的吸引力和排斥力相距较大,解决冲突还比较容易;如果几种目标的吸引力和排斥力比较接近,则解决冲突就相对困难,需要较长时间地考虑得失、权衡利弊。

从长远看,上述四种目标冲突有时可能也对组织有利。双趋式冲突会给个体带来压力,但毕竟都还不错;趋避式冲突可能促使人们更谨慎地制定计划,对计划的积极、消极后果更有预见;甚至双避式冲突也可以迫使人们反思、解决问题。但是，为平衡起见，除了双趋式冲突外，管理人员应尽可能地解决目标冲突，尽可能使员工和组织的目标趋于一致。

## 三、角色冲突

现代社会中，每个人都担负着一系列的社会角色，理应表现出与他人的预期相符的行为。例如，一个中年男子可能同时扮演着丈夫、父亲、儿子、经理、学生、俱乐部会员等角色，这些角色对他的工作都可能产生或多或少的影响。一些女性，要同时兼顾事业和家庭，也容易发生角色冲突。当然，对组织而言，最重要的是个体的工作角色，如工人、店员、组长、推销员、工程师、系统分析员、部门经理、副总经理以及董事长等，他们的内心常常发生角色冲突。在外资企业、合资企业中，东西方文化的差异也会引起角色冲突。

角色冲突主要有以下四种。

第一种是个体与角色之间的冲突，即个体的性格与角色预期不一致，如新上任的生产小组长，性格随和，对手下的工人强硬不起来，但上头的管理人员肯定是希望他精明强干的。

第二种是角色内部的冲突，它是由对某一特定角色不同预期之间的相互矛盾所引起的，如上述的生产小组长，他到底应该是专制的还是民主的呢？

第三种是多重角色引发的冲突，即同时担负的两种或以上的角色之间的冲突，每个人的时间和精力是有限的，基于此，个体很难同时扮演好多种角色，这就会出现冲突。

第四种是角色和能力不匹配时引发的冲突。当个体尽其所能达到职位要求时，或者其能力远远超过职位要求时，个体都会体验到内心冲突。只有当角色要求稍微超过个体能力时，个体才会感觉到工作的挑战性，才会更有积极性。

实际上，在不同程度上，现代组织的各个职位都存在角色冲突，只是因人、因事而异。例如，参谋人员并不知道自己到底有哪些权力。但问题的关键并不在于角色冲突是否存在，而在于如何去解决冲突、管理冲突。事实上，角色冲突的确存在且不可避免。人力资源管理人员可以通过明确的职责范围来减少角色冲突或角色不明现象的出现。

## 第三节  人际冲突

除了个体内部发生的冲突外，在组织中更为普遍的是由于个体之间的相互作用而导致的人际冲突、群体间冲突等。本节首先介绍个体与个体之间的人际冲突。

## 一、人际冲突的原因

管理人员与下属、上司或团队成员间发生冲突时,常常把原因归结为对方的性格问题或缺陷。例如,归因研究发现,最基本的归因错误就是把他人的行为归因为其个人因素,诸如智力、能力、动机、态度或性格等。维顿和卡梅隆认为这只是表面原因,他们提出了四种人际冲突的主要原因。

### 1. 个别差异

家庭背景、教养、文化传统和社会化过程的差异,以及每个人独特的经历、素养或价值观等都会引起人与人之间的冲突。因为个别差异常常会被赋予浓厚的感情色彩或道德暗示,争论谁对谁错本是事实之争,却常常演变为谁好谁坏的道德或品行之争。

### 2. 信息不足

由于组织中的沟通障碍,导致很可能发生冲突的双方使用不同的信息甚至是错误的信息。与个别差异不同的是,信息不足一般不会带上感情色彩,而且一旦得到纠正,怨气顿消。

### 3. 角色矛盾

这是由个体内部的角色冲突或群体之间的冲突(后面会介绍到)造成的。现代组织中,许多管理人员的工作或职责是相互依赖的,但未必相互协调。例如,生产经理和销售经理间需相互依赖,相互支持;生产经理希望通过减少库存来削减成本,销售经理却要通过增加销量来提高收入,要承诺顾客能尽快送货,这就与生产经理保持低库存的要求有一定的矛盾。这种冲突需要更高层的协调和管理。

### 4. 环境压力

环境的压力会增大发生上述三种冲突的可能性。在资源缺乏、规模缩小、竞争激烈或情况不明的情形下,各种冲突都可能一触即发。例如,某工厂宣布近1/3的管理人员要开始三班倒,结果许多管理人员因为担心打乱个人或家庭生活规律而考虑辞职,甚至因为不确定谁会被要求值夜班而勾心斗角,连日常的管理工作也不安心。

## 二、人际冲突的分析

一种常用的分析人际相互作用的方法是"朱哈里窗"。它是由卢夫特和英格姆提出的,有助于认识人际交往的模式及其特征和后果,并有助于解释人际冲突的原因,如图6-7所示。

|  | 了解他人 | 不了解他人 |
|---|---|---|
| 了解自己 | 1. 公开的自我 | 2. 隐藏的自我 |
| 不了解自己 | 3. 盲目的自我 | 4. 未曾发现的自我 |

**图6-7　朱哈里窗**

简单地讲,人与人的交往可视为"我"和"你"之间的交往。人们对"我"有了解的地方,也有不了解的地方;类似地,对"你"有了解的地方,也有不了解的地方。"朱哈里窗"包括四个小窗。

1. 公开的自我

在这种交往模式下,人们既了解自己,也了解他人,相互之间开诚布公、和谐共处,而不会相互戒备,因此很少产生人际冲突。

2. 隐藏的自我

在这种交往模式下,人们了解自己,但不了解他人。因为担心他人对自己的反应而把自己的真实情况隐蔽起来,掩饰自己的真情实感、不对他人开放。于是就可能导致人际冲突。

3. 盲目的自我

在这种交往模式下,人们了解他人,但不了解自己,于是无意之中就会冒犯别人,而别人担心如果直言相告也许会伤害他。这也可能导致人际冲突。

4. 未曾发现的自我

这大概是最紧张的一种情形,在这种交往模式下,人们既不了解自己,也不了解他人,于是误会重重,十有八九会发生人际冲突。

"朱哈里窗"不仅可用来分析人际冲突,也可帮助解决人际冲突。例如,通过更多的自我暴露可以减少自我的盲目性,并增加自我的公开性。自我暴露使人们变得更加信任他人,透露有关自己更多的信息,从而减少人际冲突的可能性。当然,更多的自我暴露对个体也意味着更大的风险,所以应注意"物有所值"。要减少自我的盲目性,并增加自我的公开性,需要他人及时地给予必要的反馈。

如今,对团队工作进行的研究日益增多。例如,一项研究发现,认知冲突(即团队成员有不同的观点、意见)对团体决策是有利的,让成员们更能认同团队的目标,也更有主人翁感。但成员的情感冲突(即对人而非对事)则会导致较差的团体决策,而且对团队没什么认同感或主人翁感。另一项研究发现,不仅冲突的来源,而且团队的任务也决定着冲突对团队表现的影响究竟是积极的还是消极的。团队成员相互间越有好感,越满意,冲突越小。但是,如果团队工作是常规性的,冲突有损于团队的表现;如果团队工作是非常规性的,冲突则无关紧要,甚至有时还可促进团队的表现。这些研究表明,人际冲突是相当复杂的,在总结冲突对团队表现的影响时必须把冲突的来源和情境的特殊性考虑进去。

## 三、处理人际冲突的原则

### (一) 换位原则

使用换位思考,想象自己处于他人的位置上,设身处地地为他人着想,相互理解和体谅,最好地完成工作。

**（二）尊重原则**

相互尊重是解决问题的前提,俗话说:己所不欲勿施于人,想要得到别人的尊重首先要尊重别人。尊重主要体现在尊重他人的人格、兴趣、爱好、风俗习惯;尊重他人的努力、劳动成果等。此外,尊重差异、包容差异是避免冲突产生的重要手段。

**（三）理解原则**

每个人的处理方式是不同的,这与个人的期望、经验和教育背景有关。在交往中,建立相互理解的原则,相互谅解,以宽容的态度对待差异,就会增进团结、减少冲突。

## 四、管理人际冲突的策略

人际冲突处理不当会影响到组织正常功能的发挥,管理人员可以用以下方法处理工作中的不良冲突:

（1）以身作则,率先垂范。这是对一个管理人员的基本要求,楷模的力量往往强于严厉的规章制度。

（2）找到冲突的根源,对症下药。找到对结构上的冲突并及时调整,人际冲突要及时化解。

（3）立足于问题本身,就事论事,不人为地夸大问题,也不要进行人身攻击。

（4）找准时机,力争事半功倍地解决问题。

（5）事后总结,善于吸取经验教训。

上司与下属间,员工与顾客间,同事间,甚至朋友、夫妻间的冲突常会引发争斗（人身攻击）或逃避（令人尴尬的沉默或离去）反应,争斗和逃避都不是有效的解决方法。要解决冲突,保持良好的关系,可以试一试以下方法:冷静,让时间来证明;客观分析当时当地的情境;寻求他人帮助;为自己和他人留有余地。

对团队工作的研究发现,要处理好人际冲突,团队的组长可以在团队合作之前（提前宣布详细议程;开会前在心里先预演一下开会的情况）、过程中（控制讨论的局面;让团队成员把注意力集中在公开讨论的积极方面）、之后（支持团队;主动而不被动）采取相应的措施。

要减少人际冲突,除了前面提到的一些方法外,还有三种基本策略:即输-输式、赢-输式和双赢式策略。

1. 输-输式

毫无疑问,运用这种策略,冲突的双方会是输家。具体形式有几种:要么是在争端中妥协、折中;要么贿赂对方;要么请第三方或仲裁人来决断;要么根据死板的规章制度来办。但不管怎样,结果双方都输掉。虽然这是唯一的解决方法,但相对于其他两种策略而言,输-输式是最不可取的一种解决人际冲突的策略。

2. 赢-输式

采取此种策略既有赢家也有输家。这种策略尤其常见于西方以个人主义为导向的社会,人们的终极目标是打败对手,获取自身利益。这种策略有如下的特点:① 冲突双方泾渭分明。② 冲突双方矛盾不可调和,力争高下。③ 冲突双方从各自立场出发,思维狭窄。④ 冲突双方对结果的关注远超过对过程、价值或目标的关注。⑤ 冲突个人化且带有价值判断。⑥ 冲突双方只看重近期利益而忽视远期目标。

这种策略常见于上司-下属关系、直线-参谋关系、工会-管理人员关系中,对组织有利有弊。利是指它会激发员工积极性,促进员工追求胜利,并在冲突中增强员工间的凝聚力和团队精神。弊是指它会使人际关系恶化,思维狭窄,忽略更优的解决方案,如相互合作的、共荣共益的方法,不利于创造性的发挥,其中最大的问题就是人际关系的恶化,这对以后的合作及其组织的长远发展不利。更为"健康"的策略应是让双方都赢。

3. 双赢式

从人性和组织的立场看,这是最理想的方法,人们尽可能创造性地解决问题,而非单纯为了打败对手。它既吸取了赢-输式策略的积极因素,又减少了它的消极后果。使用这种策略,双方的要求都能得到满足,双方各有收获,皆大欢喜。这种策略导致更好的判断、积极的组织经验,而且更合算。尽管要双赢并非轻而易举的事,但这应当是冲突管理的主要目标。

# 第四节　群体冲突

组织是由群体组成的,它包括许多个小群体,前面介绍的人际冲突可以说是发生在群体之间的冲突,群体之间的相互作用有时也可能引起冲突,即群体间冲突。

## 一、组织中的群体互动

群体之间的冲突和敌意一直受到社会心理学家长期以来的关注,他们认为,只要归属于不同群体的个体之间有交往,不管是集体方式,还是个体方式,都会引发群体之间的互动,有互动就难免会有冲突。

社会心理学家谢里夫提出了现实主义的群体冲突理论(RGCT)。他选用11～12岁的男孩为被试,在夏令营活动的形式下以实验研究的范式进行了一系列关于群际关系的研究,发现两个群体在竞争稀缺资源时,由于一个群体的成功目标会威胁到另一个群体的利益,两个群体间就会产生消极的群体态度。[1] 该理论从整体

---

[1] 张婍,冯江平,等. 群际威胁的分类及其对群体偏见的影响[J]. 心理科学展,2009(17):473-480.

上把握群体冲突,超越了人格心理学、群体心理学及人际关系学的范畴。它认为,群体间的敌意是由于冲突的目标(即竞争)引起的,要减少敌意就需要找到双方都满意的最高目标,该目标只有通过相互合作才能达成。根据这一理论,竞争可能导致不良冲突,而合作能减少冲突,并更好地实现组织的整体目标。

更宏观的一种理论是角色理论。按照这一理论,组织与其说是由众多相互作用的个体组成,不如说是由若干相互作用的群体组成。它们之间有着千丝万缕的联系,其角色分工、职责可能交叉、重叠,于是也可能发生冲突。坎恩认为,企业是一个系统组织,各部门担任着不同角色,具有不同的分工和职责。而且,有些服务是由企业外面的人提供的,这就超越了传统意义上对组织的界定。各种角色分工之间相互作用,交叉重叠,一环扣一环,于是难免产生冲突。例如(如图 6-8 所示),一个大的生产组织中有三种角色分工,分别由采购主管、副总经理和设计主管负责。尽管供应商和企业顾问的作用举足轻重,但传统上仍被企业看作是外人。采购主管和设计主管都担任了两种不同的角色。这些角色分工的重叠可能导致冲突或职责不明,如图 6-8 所示。

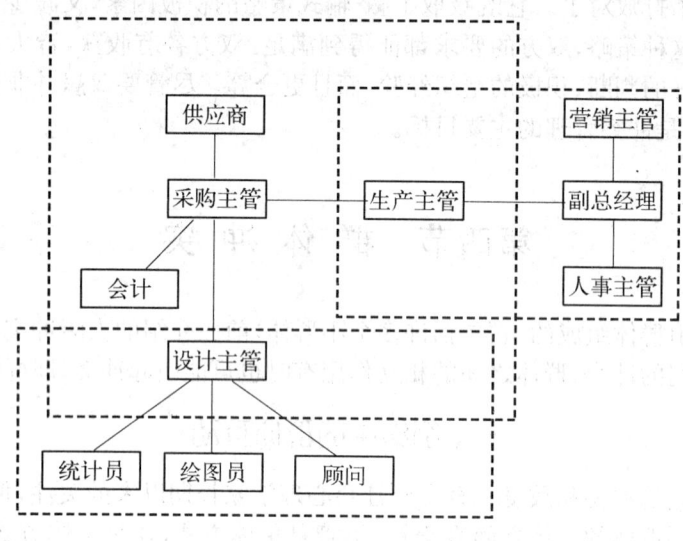

图 6-8　组织中角色分工重叠

## 二、群体间冲突的来源

群体间的冲突在所难免,容易导致群体间冲突的情境如下。

(1)竞争资源。现在大多数组织都资源有限。组织中的群体常常会相互竞争经费预算、空间、供给、人员、支持服务等。

(2)工作的相互依赖性。如果组织中的群体在工作中相互依赖,甚至处于单向式的工作流程中,就可能比相互独立的群体之间更容易发生冲突。相互依赖的群体在目标、优先权、人力上相差越远,相互之间就越可能发生冲突。

(3) 职责不清。职责的重叠会导致职责不清。例如,如果某一群体试图想独占有利可图的事且独吞功劳,或躲避无利可图的事且不愿负责,就可能与其他群体发生冲突。

(4) 地位斗争。如果某一群体企图提高地位,而被另一群体视为对己方地位的威胁时就可能发生冲突。某一群体也可能感到,与其他群体相比,在奖励、分工、工作条件、权利、地位象征等方面遭到不公平的待遇。例如,人力资源部门常常感到他们的地位比不上销售、财会或生产部门。

(5) 组织结构变动。组织结构进行调整时,原有的平衡被打破,新的平衡还尚未建立,这就容易导致冲突的出现。

(6) 利益纷争。各群体间进行利益划分时也容易引发冲突。

## 三、群体间冲突的后果

相互间有冲突的群体,其行为表现与合作顺利的群体有很大的差异,不仅内部有变化,而且相互间的关系也有变化。达夫特发现,群体间存在冲突时,有这样一些特征:

(1) “我们”(群体内部)和“他们”(群体之外)之间界限分明。

(2) 群体内部凝聚力增强,团结起来,一致对外。

(3) 群体外的成员被看作敌人,而非中立者。

(4) 受到威胁的群体自以为是,高估己方力量,低估外人的力量。

(5) 冲突群体之间的沟通、交流减少,即使有交流,也充满了敌意和批评。

(6) 群体一旦失利,成员间的凝聚力下降,关系变得紧张,而且寻找替罪羊。

(7) 冲突和敌意并非由个体的心理问题引起,而是群体相互作用的结果,个体本身可能是正常而适应良好的。

生产和销售部门之间、参谋和直线管理人员之间、办公室人员和工人之间、工会和管理层之间都可能发生冲突,甚至性别也可能影响群体间的相互关系。研究表明,尽管男性和女性都能帮助群体解决冲突,但女性倾向于寻求未来行为的变化,而男性倾向于争取更多当前的结果。

## 四、群体冲突的管理策略

### (一) 布朗的调节群体间冲突的策略

心理学家布朗(L. D. Brown)认为冲突应保持在适当水平上才会发挥积极作用。他认为,群体冲突过多或过少对目标实现都没有好处。过多时要设法减少,过少时要设法增加。此外,他就群体态度、群体行为和组织结构三个方面提出了处理、调节冲突的策略和方法(见表 6 - 2)。

表 6 - 2　群体间冲突的管理

|  | 要解决的问题 | 冲突过多时采取的策略 | 冲突过少时采取的策略 |
|---|---|---|---|
| 群体态度 | 明确群体间的异同点；<br>增进群体间的交流与了解；<br>改变成员的态度和情感。 | 强调群体间的相互依赖；<br>明确冲突升级的动态和将造成的损失；<br>培养共同的感受，消除偏见。 | 强调群体间的利害冲突；<br>明确群体成员勾结排他的危害；<br>增强群体界限意识。 |
| 群体行为 | 改变群体内部的行为；<br>培训群体代表的工作能力；<br>关注群体间的行为。 | 增强群体内部矛盾的表面化；<br>提高与人合作的能力；<br>第三方调节或仲裁。 | 加强群体内部意见的一致性，搞好团结；<br>提高坚定性和判断才能；<br>第三方协商。 |
| 组织结构 | 借助上级或更强大能力的干预；<br>建立冲突调节体制；<br>建立有效的信息沟通体制；<br>重新明确群体的职责范围和目标。 | 按通常的原则和方法处理；<br>建立规章制度，明确关系，限制冲突；<br>设置统一的领导人员，加强沟通，解决冲突；<br>重新设计组织结构，突出各自任务、职责范围。 | 上级施加压力，要求改善关系，改进工作；<br>减少冲突的规章；<br>设置听取意见的工作人员；<br>明确群体的职责和目标；<br>加大彼此的差异。 |

**（二）费尔德曼和阿诺德提出了四种减少冲突的策略**

（1）回避。即试图不让冲突暴露出来，如简单地忽略冲突的存在，或强行解决。这种策略适用于当冲突无足轻重或需要迅速采取行动预防冲突发生的时候。

（2）缓和。即试图缓和冲突，使敌意和情绪冷静下来，如通过贬低冲突的严重程度，或贬低需要冲突双方共同努力才能达到的最高目标的重要性，从而掩盖真实的情况。这种策略可作为权宜之计，也可用于当群体有重要的共同目标时。

（3）限制。即有些冲突可以允许被暴露出来，但应明确说明什么问题可以讨论及如何解决；在限定的框架内，可以允许冲突群体的代表进行谈判并有所妥协。这种策略适用于当公开的讨论无效或冲突群体间的力量相当的时候。

（4）对质。这正好与回避的策略相对，即冲突群体为了找到皆大欢喜的解决办法，把所有的问题放到桌面上来当面讨论，可能会重新分工。这种策略适用于缺乏信任，时间充裕而且只有合作才能完成任务的时候。

**（三）提高冲突的策略**

冲突水平过低也不利于效率的提高，此时冲突的管理应该侧重提高冲突水平，提高群体创造性。提高冲突水平要掌握好"度"的问题，将建设性冲突的积极作用充分发挥出来。常用的提高冲突的方法有如下几点。

（1）推陈出新。要让群体具有朝气，就要不断创新体系和规范，有舍旧迎新的胆识和勇气。

（2）鼓励竞争。竞争有益于群体积极性的提高，在企业内部制造竞争氛围，打造"鲶鱼效应"，打破长期以来形成的"一潭死水"的状态，激发企业的创新精神和前进动力。

（3）良好的沟通。良好的沟通是激发建设冲突的最好办法。通过真诚的沟通直接诱发建设性冲突，从而改进企业的管理。

（4）激励。要发挥建设性冲突的作用，就要首先营造鼓励冲突的氛围，管理者要大力提倡良性冲突，引入良性冲突机制。

**（四）过程控制**

除了减少破坏性冲突，激发建设性冲突外，还有人提出了过程控制的观点，进行过程管理的方法主要有以下几种。

（1）对管理者的控制。不同的管理者有不同的管理理念和管理策略，有些管理者注重稳定，讲求稳中求进；有些管理者喜欢突破陈规，讲究在创新中求发展。不同的企业应遵照自己的实际情况，选择合适的管理者。

（2）对员工的控制。为避免员工间的差异造成群体效率的下降，可以选择有相似经历、相似背景的员工，但这也有一定的负面影响，如整体思维相似缺乏创新精神。

（3）对潜在冲突的控制。对潜在危机要提前预防，严加防范。可通过对结果的预测，发现竞争的性质，若是良性，因势利导，发挥其积极作用；若是破坏性的则要消灭在萌芽状态。

（4）对沟通机制的控制。良好的沟通渠道是必不可少的，保障沟通渠道的有效运作，实时提供信息动态，可有效避免或减少冲突，对于建设性冲突积极作用的发挥也有有效的作用。

除此之外，其他还有许多可以解决群体冲突的策略。例如，可采用如下的技巧：设立一个皆大欢喜的最高目标；减少冲突群体之间的相互依赖性，扩展资源，以减少竞争；当面商议，以共同解决问题；建立正式的求助系统；合并冲突的群体。另外还要注意，双赢的原则仍很重要。

# 第五节　冲突理论在管理中的应用

## 一、调节冲突的强度增强效率

冲突的强度不同，结果就可能不同。如果团队、部门、组织的冲突太少，会导致情感淡漠、缺乏创造性、优柔寡断或工作拖拉。但另一方面，过多的冲突会导致勾心斗角、怨声载道、人事更迭或缺乏团队合作精神,从而损害组织。只有适度的、积极的冲突才会激发员工的创造性。冲突的性质不同,结果也可能不同。冲突有良性冲突与不良冲突之分,关键是看冲突是否有利于组织目标的实现。罗宾斯认为,那些有利于实现组织目标、提高业绩的冲突是良性的、建设性的冲突。而那些损害组织目标、降低业绩的冲突则是不良的、破坏性的冲突,需要根除。管理工作着眼于提高工作效率,当员工的内心期望与此相反时,促使员工服从企业利益的策略主要有:企业管理者首先应制定有吸引力的补偿政策,在报酬分配、休假、培训、职位升迁上要有所体现;其次,管理者要关心职工的生活,满足职工的合理生活需求;再次,加强对职工的教育,使职工普遍树立主人翁意识、大局意识、服务意识和奉献意识;最后,对职工进行正确的人生观、价值观和思维方法的教育。个体心理冲突的排解主要是靠个人的主观调节,以正确的态度面对生活中的各种挫折和矛盾,就能摆正位置,掌握心理平衡。管理者要善于利用良性冲突,对新的观点和创意保持开放态度,增强企业的创新能力,使企业保持昂扬向上的活力;相反,常与下属发生不良冲突的管理人员,很难留住人才,也不利于企业整体的发展和规划。冲突强度与后果的关系如图 6-9 所示。

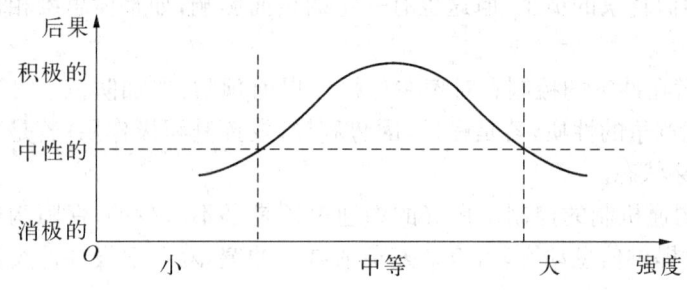

**图 6-9　冲突强度与后果的关系**

## 二、适当的冲突可以增强企业活力

相互作用的观点认为:融洽、和平、安宁、合作的组织容易变得静止、冷漠并对变革与革新的反应迟钝[1]。管理者应维持一种冲突的最佳水平,从而使群体不断创新、不断变革以保持旺盛的生命力。在一个群体中,若存在角色不清、任务分工不明确,就会导致冲突的功能失调。中低水平的冲突会对群体目标的实现产生积极的作用,一个群体的目标就是要整合不同成员的能力、观念和知识。整合这种多

---

① For a comprehensive review of the interactionist approach,see C. De Dreu and E. Van de Vliert(eds.),Using Conflict in Organizations(London:Sage Publications,1997).

样性就需要持续的冲突管理。这不是简单地把不同的观念搅和在一起,而是激发冲突双方围绕差异展开有益讨论,从而探索出新的想法和途径,以促进群体工作更好地开展。冲突水平过高,会阻碍工作效率的提高,造成群体分裂或使合作受阻。当冲突水平过高时可用以下策略来调整:

运用竞争策略:当提高群体的积极性或实施一项不受欢迎的重大措施时可采用此策略。

运用协作策略:当双方的意见都是十分重要且不能妥协时,或者将双方的观点进行融合才能收益时,就需要双方协作,以达到最好的效果。

运用回避策略:当问题解决的收益小于带来的破坏性时,或者还有更重要、更紧迫的任务需要完成,且与中心目的关系不大时可采用这种策略。

运用迁就策略:当需要改变思路,融合他人的观点时,或者稳定、融洽对目前的状况更重要时,希望从错误中获取新知时可以采用该策略。

运用折中策略:当冲突双方势均力敌,且时间紧迫不能快速作出取舍时可采用此种策略。

## 三、冲突能够提高决策质量

冲突可以调动群体成员的兴趣与爱好,为问题的解决提供公开、公平的环境,利于消除成员的紧张状态,促进成员形成正确的自我评价,这为激发革新和创造提供了有利的环境。同时在冲突的解决中,采用民主策略允许百家争鸣,可使一些独特的建议在重要决策中受到重视,并因此提高决策质量。

冲突利于打破企业的传统思维模式,破除墨守成规的思想,可对集体决策和决议中的不合理因素提出挑战和质疑,促使人们重新审视现状,对群体的目标和活动进行重新评估,提高了群体对变革的反应能力。著名的通用汽车公司就曾因缺乏正常的冲突而使企业遭受重大的损失。该公司在聘用和提升上一度倾向于提拔对公司"绝对忠诚"的员工,即无条件服从公司安排,对任何活动无异议的员工。这使得企业思维固化,缺乏创新和变革,因而企业该有的正常冲突也就不存在了。

此外,冲突给员工提供了发表个人意见的正常渠道,使员工个人对公司的意见、建议以一种合理的、可控的方式表达出来,便于管理者及时调整管理模式或策略,为人力资源优势的发挥提供了良好的平台,也为企业的发展创造了良好的内部环境。

# 本 章 小 结

冲突理论在各种版本的管理心理学教材中都会提及,但多数没有将其作为单独的一个章节来介绍。本章主要从冲突概述、个体内部的冲突、人际冲突、群体冲突和冲突理论在管理中的应用五个方面来研讨。

在管理学上,冲突更多的是指被人们知觉到的一种价值观或目标上的矛盾状态,并伴有故意阻碍对方取得成功的行为以及情感上的敌意。20世纪以来,人们对冲突的认识经历了一个不断发展、深入的过程,冲突理论先后经历了传统冲突理论、人际关系冲突理论和相互作用冲突理论三个阶段。传统冲突理论认为,冲突是功能失调的结果,与沟通渠道、人际信任及上下级之间的关系有关。认为只要冲突存在就会影响人际关系、工作效率,影响组织目标的实现,威胁管理人员的权威。人际关系冲突理论的观点认为,冲突只是人与人之间相互作用的一种表现形式。主张通过人际关系的协调来消除矛盾,除了重视"正式组织"的作用外,还要积极发挥"非正式组织"在管理中的积极作用。相互作用冲突理论认为,冲突既有消极作用,又有积极作用,适度冲突有利于提高效率。冲突的产生既有个体的原因也有规章制度、资源等客体的原因。对于冲突的发展过程,不同的学者有不同的观点,本章主要介绍了潘迪、托马斯和拉美尔的观点,对不良冲突的管理主要采用整合、助人、独占、回避和折中五种风格。

个体内部的冲突是由个体遭受挫折所引起的,也有目标上、角色上的冲突。据此将冲突分为挫折引起的冲突、目标冲突、角色不明或角色冲突等。挫折冲突主要是由单一目标的实现受阻产生的,对与由挫折引起的冲突个体常采用补偿、躯体化、转移、幻想、自居、对抗、投射、纹饰、倒退、压抑、固执、听天命、逃避、退缩等应对方式。由两个或两个以上目标相互干扰产生的冲突称作目标冲突,包括双趋式冲突、趋避冲突、双避式冲突和双重趋避式冲突。角色冲突则主要与个人所担负的社会角色有关系,主要有个体与角色之间的冲突、角色内部的冲突和多重角色引发的冲突。

人际冲突在组织中更为普遍,管理人员与下属、上司或团队成员间的个别差异、信息差异、角色矛盾和环境压力等都可引起人际冲突。卢夫特和英格姆提出的"朱哈里窗"是分析人际相互作用的最常用方法,换位原则、尊重原则和理解原则是处理人际冲突时必须遵守的,输-输式、赢-输式和双赢式是处理人际冲突的三种基本策略。

群体之间的冲突和敌意一直受到社会心理学家的关注,他们认为,只要归属于不同群体的个体之间有交往,都会发生群体之间的互动,竞争资源、工作的相互依赖性、职责不清、地位争斗等都可引起群体冲突。心理学家布朗、费尔德曼和阿诺德等提出了各自调节冲突的策略,也有人提出了过程控制观点来减少破坏性冲突,激发建设性冲突。

在管理中历来重视发挥人的因素,但是只要有人在、有差异在就难免存在冲突。冲突是把双刃剑,其强度不同、性质不同,结果就会不同,要用好这把剑,就要对冲突的相关知识和内容有很好的了解,提高利用冲突的效率。

## 思考题

1. 什么是挫折? 对挫折的反应有哪些? 如何运用挫折模式来分析组织中的行为?
2. 什么是趋避式冲突?
3. 处理冲突时应坚持什么样的原则?
4. "朱哈里窗"包括哪几种"自我"? 每种"自我"与人际冲突的关系如何?
5. 冲突群体有哪些特征? 布朗的管理群体间冲突的策略是什么?
6. 冲突是否都是不好的? 在管理中怎样利用冲突?

## 一、辩论:冲突益于组织

**正 论**

让我们简要总结一下冲突能为组织带来的有利影响。

冲突可以带来激进的变革。冲突是一种很有效的机制,管理层通过它能极大地改变现有的权力结构、当前的互动模式以及人们固有的态度。

冲突促进了群体的内聚力。尽管冲突增加了群体之间的敌对,但外界的威胁容易促使群体成员团结起来成为一个整体。群体间的冲突提高了个体对自己所属群体的认同感,增强了团结一致的感觉,消除了群体内部的差异和愤怒。

冲突提高了群体和组织的有效性。冲突的出现刺激了人们对新方法和新目标的寻求,并为变革开辟了道路。成功地解决冲突会带来更好的效果,它使成员之间更为信任、坦诚,相互之间吸引力更强,也会使未来的冲突不受个人情感的影响。事实上,人们发现,由于小分歧数目的增多,大摩擦的数目反而减少了。

冲突带来了稍高一些但更具建设性的紧张水平。如果冲突水平过低,则各方都缺乏足够的积极性来针对冲突做些工作。

当群体或组织回避冲突时,则可能受到冷漠、迟滞、群体思维及其他

"虚弱疾病"的困扰。事实上,组织失败的原因更多来自冲突太少,而不是太多。不少大型组织纷纷倒闭或经受着严重的财政挫折,这中间有Smith Corona、西部联合公司(Western Union)、凯马特公司、蒙哥马利·沃德公司、莫里森·纳德森公司、Greyhound 以及数据计算公司(Digital Computer)。这些公司有一个共同特点:对变化反应迟钝。他们的管理层安于现状,因而无法或不愿意实施变革。其实这些组织完全可以从功能正常的冲突中获益。

### 反 论

的确,冲突可能是任何群体或组织中的一个固定组成部分,要想彻底化解冲突可能是不现实的。但是,没有理由仅仅因为冲突的存在而去崇拜它。所有的冲突都是功能失调的,这就是为什么管理层的一项主要任务是通过人为力量尽可能使冲突减少到最低限度的原因,以下几个方面支持这种观点。

来自冲突的消极结果具有极大的破坏性。与冲突有关的一系列消极结果是十分可怕的。最明显的方面有:离职率提高、员工满意度下降、工作群体的效率低下、消极怠工、员工抱怨与罢工以及身体上的攻击。

有效的管理者建设团队精神,优秀的管理者建立合作的工作团队。冲突则正好与此目标背道而驰。成功的工作群体和成功的运动队一样,每个队员都知道自己的角色并支持其他队员的活动。对于一个运行良好的团队来说,它的整体效果应大于部分之和。管理者通过把内部冲突降到最低水平和促进内部合作两个办法来建设团队精神。

认可并激发冲突的管理者难以在组织中生存。在各种组织中,大多数首席执行官对冲突都持传统观点,所有认为冲突有价值的看法都值得商榷。传统观点认为,任何冲突都是不利的。因此,当管理者的上级主管对其进行绩效评估时,如果发现他们在化解冲突的工作上表现不力,则常常不会对他们评价太好。反过来,这又降低了他们的晋升机会。在这种环境下,任何希望晋升的管理者都会明智地遵循传统观点,化解任何冲突的外在迹象。不遵循这一建议的管理者最终会过早地离职。

(罗宾斯,贾奇.组织行为学[M].李原,孙健敏,译.12版.北京:中国人民大学出版社,2008:449-450.)

## 二、良性冲突激活人力资源管理

在企业讲求协同发展的今天,谁也不愿意遇到冲突,但正如月有阴晴圆缺一样,冲突是人力资源管理中无法回避的问题,甚至可以说冲突是一种常态。从这个意义上讲,人力资源管理者就应成为化解冲突的使者,而能否成功进行冲突管理是衡量包括人力资源管理者在内的企业管理者得失的重要标准。冲突并非全是坏事,相反,恰当激发良性冲突、尽量避免恶性冲突,还有助于激活企业人力资源管理。

**正视冲突**

企业内由于人与人之间存在着各种各样的差异性(包括知识、经验、岗位职务、信息来源、看问题的角度和方法、所处的环境等),对同一个问题会有不同的看法和处理方式,于是就产生了矛盾,这种矛盾的激化就是冲突。

提到冲突,人们往往认为是不好的,将冲突与无理取闹、破坏、暴力等联系起来,甚至将冲突看作是企业即将崩溃或管理失败的征兆,所以管理者应当尽量避免冲突。这种看法在过去的管理实践中较为流行,但随着知识经济时代管理对象素质的提高,这种落后于时代且不全面的看法显然需要重新审视。诚然,冲突在企业里更多地表现为员工与员工、员工与管理层的正面之争,但是人力资源管理者应该与时俱进,以全面正确理解冲突为妥。

冲突按其性质可以分为两大类:一类为建设性冲突或称良性冲突;一类为破坏性冲突或称恶性冲突。一般来说,凡双方目的一致而手段或途径不同的冲突,大多属于良性冲突,这类冲突对企业目标的实现是有利的。而恶性冲突往往是由于双方目的不一致而造成的。作为人力资源管理者在进行冲突管理时重要的是要正确区分良性冲突与恶性冲突。良性冲突的主要特点是:双方对实现企业的共同目标关心;乐于了解对方的观点、意见;大家以争论问题为中心;在冲突中注重互相交换情况。

**良性冲突助力管理**

几年前,美国哈佛大学商学院理奥娜德教授和管理咨询家施特劳斯女士在《哈佛商业评论》杂志上撰文指出,从生物学、心理学和认识论的角度大力主张公司应建立一种带有"建设性冲突"的企业文化。一家企业如果同时具有理智型和感性型、逻辑型和独特型、社会型和对立型多姿多彩不同性格的管理人员,这种多样性的企业文化在市场环境发生重大变化时将会释放出无限的智慧和生命力。

被奉为全球成功企业家典范的通用公司前任 CEO 杰克·韦尔奇就十分重视发挥建设性冲突的积极作用。他认为开放、坦诚、建设性冲突、不分彼此是唯一的管理规则,企业必须反对盲目的服从,每一位员工都应有表达反对意见的自由和自信,将事实摆在桌上进行讨论,尊重不同的意见。韦尔奇称此为建设性冲突的开放式辩论风格。正是这种建设性冲突培植了通用公司独特的企业文化,从而成就了韦尔奇的旷世伟业。

"日本的爱迪生"盛田昭夫则从自己的管理实践中体会到,通过一定的途径和方式激发良性冲突,让员工表达自己的不满、发表批评意见,这对于企业非但不是不幸,反而有利于培养上下级一体的工作关系,使组织少冒风险。盛田昭夫在公司里鼓励大家"公开提出意见",即使对自己的上司,不要怕因公开提出意见而发生冲突。他认为,"不同的意见越多越好,因为最后的结论必然更为高明","公司犯错的风险才会减少"。

在中国也有很多企业提倡良性冲突,并把它作为自己管理的理念。联想研究院作为联想集团强大的技术和智慧支持机构,为联想集团在 IT 领域的成功立下了汗马功劳,期间,成功的冲突管理的促进作用不可小视。联想研究院有三条议事规则:缺乏反对意见的重大决策慎重决议;"提倡建设性冲突";只有专家,没有权威。这种只对事不对人的倡导良性冲突的管理氛围,使得联想的新品层出不穷且在市场上表现不俗。

与以上事例恰好相反的是,雅虎公司在 2001 年的网络低潮中没能逃脱劫难,其每股股价从 2000 年年初的 200 多美元的最高点全面下滑了90%以上,跌倒每股 15 美元,市值也从 1 000 多亿美元降到 100 亿美元以下。分析人士认为,其中一个重要原因就是雅虎的人力资源管理缺乏容忍良性冲突的细胞。雅虎的人力资源管理具有一种天然的、自傲性的排他特征。据美国媒体报道,雅虎的管理者中缺乏不同的声音、不同的思路,以及就一事件公开发表不同意见的争论气氛。这种缺乏起码良性冲突管理的企业,其经营业绩能否持续可想而知。

### 激发良性冲突

既然已经认识到良性冲突的积极作用,那么,作为人力资源管理者,理应运用一定的技巧,诱导、引发良性冲突。

　　一是鼓励冲突。要激发冲突,在企业中首先就是要营造鼓励冲突的氛围,管理者要在企业大力倡导良性冲突,引入良性冲突机制,对那些敢于向现状挑战、倡议新观念、提出不同看法和进行独创思考的个体给予大力奖励,如晋升、加薪或采用其他正强化手段。对于冲突过程中出现的少数人的意见、观点不能轻易地批评、指责、嘲笑、讽刺、挖苦,要以冷静的态度加以分析,对引起冲突的原因进行深入的思考、论证。还要对某些冲突双方,提供必要的信息,让不同的观点交锋碰撞,迸发新的思想火花,引导良性冲突的深入开展。

　　二是运用沟通。良好的沟通是激发良性冲突的最好办法。作为管理者要带头参与沟通,直接引发良性冲突。比如,由于良性冲突在通用公司新建立的价值观中相当受重视,该公司经常安排员工与公司高层领导进行对话,韦尔奇本人经常参加这样的面对面沟通,与员工进行辩论。通过真诚的沟通直接诱发与员工的良性冲突,从而为改进企业的管理作出决策。在运用沟通激发冲突时要特别注意运用非正式沟通来激发良性冲突。盛田昭夫就是在与员工的非正式沟通中激发良性冲突的,如在一次与中下级主管共进晚餐时发现一位小伙子心神不宁,于是鼓励他说出心中的话来,几杯酒下肚后,小伙子诉说了公司人力资源管理中存在的诸多问题,盛田昭夫听后马上在企业内部进行了相应的改革,使企业的人力资源管理步入良性轨道。

　　三是引入竞争。就是要在企业中有意识地加大竞争力度,制造"鲶鱼效应"。冲突的重要诱因就是竞争,一个没有内部竞争的企业要想诱发冲突特别是良性冲突是不可能的。如果一个企业长期听不到不同的声音、反对的意见,就有必要去挖掘和提升内部"鲶鱼型"员工,或通过从外界招聘方式引进背景、价值观、态度或管理风格与当前群体成员不相同的个体,引导其直接与原有企业员工产生良性冲突。

　　四是变革组织。传统企业组织结构特别是直线职能制特别容易诱发的是破坏性冲突,于企业目标不利。因此必须进行组织变革,变传统的金字塔式的控制式组织为扁平化的网状组织。变革的总体趋势是减少管理层次,扩大管理幅度,广泛引入工作团队,实现组织结构扁平化、网络化、虚拟化。这种新型的组织结构讲求平等、重视沟通,有利于良性冲突的产生,从而提升企业管理水平。

　　(方家平.良性冲突激活人力资源管理[J].管理与财富.2002(7):45-46.)

# 第七章

# 态度理论与管理

**【本章导读】** 在生活中,我们常常发现这样的现象:对待同一项任务,有人认真严谨,有人敷衍了事;处在同样的岗位上,有人积极进取,有人消极抱怨。这些在一定程度上都是由个体的态度所决定的。态度是指个人对待某一对象较为稳定的心理倾向。它决定着个体选择目标对象、加工信息,以及对该信息作出适当反应的方式。态度影响着人们的行为,影响着学习、工作效率,影响着人们的人际关系和生活满意度。因此,态度问题一直是心理学中一个极为重要的课题。

在现实生活中,个体由于知识经验和生活环境的差异,其待人处事的态度往往不同。如何培养员工形成积极正确的态度,如何引导员工由消极态度向积极态度方向转变,这些都是管理者们所面临的重大课题。本章将探讨态度的概念、特征、形成、改变、测量;态度改变理论在管理中的应用以及给管理者们带来的启示。

## 第一节 态度概述

态度是影响个体认知、情感及行为的一个重要心理因素。相对于外显的行为而言,态度是一种内隐的行为,主要通过个人的言论、情绪、动作、表情等表现出来。人们的态度对象包括人、事、物、行为等多种类别,人们对这些态度对象表现出来的积极肯定的与消极否定的评价就是态度。在现实生活中,由于人们的社会生活背景不同,其待人接物的态度也不尽相同。因此,态度在很大程度上影响着个人的学习工作行为和生活习惯。

### 一、态度的概念

态度是个人对某一客观对象所持的较持久的稳定的评价及心理倾向。例如,个体在学习生活中,对不同的现象有不同的看法和评价,包括赞同与反对、喜欢与厌恶等,这种在心理上表现出来的评价倾向就是态度。

## 二、态度的心理成分

一般来说,态度的心理结构主要包括三种成分:认知成分、情感成分和意向成分。

### (一) 认知成分

认知成分是指人们对外界对象的心理印象,包括有关的事实、知识和信念。它是一种评价意义的态度叙述,其叙述的内容包括认识、理解、感知、赞同与反对等评价。例如,教师对学生具有善意的、支持的态度。

### (二) 情感成分

情感成分是指个人对态度对象的一种情绪情感体验,包括个人的喜怒哀乐等基本的情绪。例如,讨厌—喜欢,蔑视—尊敬,排斥—同情。

### (三) 意向(行为)成分

意向成分是指人们对态度对象所预备采取的反应,具有准备性质。它并不是使某种行为必然发生,而是使这种行为有发生的可能性。例如,我要出去逛街、我想要买一个盆景装饰卧室等,这种意向并不是行为的本身,而仅仅是行为的倾向。也就是说,我们可以根据个人的态度来预测他的行为。但只是预测,态度与行为毕竟不是对应的关系,两者并不代表一个概念。而且影响行为发生的因素并不只有态度,还包括事情发生的情境、个人的习惯、道德法律的规范以及对行为结果的预期等。

在态度的三种成分中,认知成分是基础,它决定着情感成分和意向(行为)成分的程度和方向。个人只有在理解和感知到自己的需要以及这种需要与客观对象之间的关系,并对其有一定的评价的基础上,才会产生相应的情绪情感体验和行为反应倾向。而我们对客观现象的认识和评价取决于我们认识到的它本身的价值。因此,态度的关键是价值观,对个人来说,最有价值的东西就是他态度行为最积极的东西。情感成分是态度的核心部分,在态度的三种成分发生矛盾时,情感成分在支配人的行动上往往起着重要的作用。意向(行为)成分是态度的最终表现形式,它导致的行为结果对态度的认知和情感成分有反作用力。

一般情况下,态度的认知、情感、意向三种成分是协调一致的。以某位学生非常喜欢学习为例,它的认知成分是该学生认识到学习的重要性,情感成分是他非常喜欢、热爱学习,意向成分是他积极肯学、主动学习。正是这三个成分的统一,才使一个人的态度协调一致。

但是,态度的三个成分也有不协调的情况,从认识上改变人的态度较容易,但真正从思想感情上改变就较困难。感情成分在态度中起着极为重要的作用。人的态度的构成有时是单一情感成分;有时是情感和认知两种成分;但是大多数情况下是认知、情感和意向三种成分协调一致、共同作用的。

# 三、态度的特性

心理学家认为态度具有五种特性,分别是社会性、对象性、稳定性、内隐性和协调性。

## (一)态度的社会性

态度不是与生俱来的,它是通过后天学习而获得的。态度应与本能作出本质的区别,本能虽然具有倾向性(如冷了想穿衣、累了想休息),但是,那些生来就有的、不学而能的行为倾向并不是态度。态度是个人在长期生活中,通过与他人和周围环境的相互作用而逐渐形成、不断完善的。态度形成之后,又对他人的行为反应及周围环境的影响起到反作用,在这种作用与反作用的过程中,个人的态度经过不断地吸收和改善,从而得到循环,形成一个日益完善的态度体系。

## (二)态度的对象性

态度必须具有一定的对象性,即态度要有特定对象,没有对象的态度是不存在的,我们可以问学生:"你对你们辅导员的态度是怎样的?"但我们不能简单地问:"你的态度是怎样的?"没有态度对象就无所谓态度了。态度对象既可能是具体的对象(人、事、物等),也可能是抽象的对象(观念、信仰、状态等)。态度是由主体发出的,反映了主体对客体的一种关系,因此,态度不是孤立存在的,而是指向一定的对象。

## (三)态度的稳定性

态度的形成需要一个过程,但一个人的态度一旦形成,就将持续一段时间而不轻易改变,因此,态度具有稳定性和持久性,并表现为行为反应的规律性,从而使人们能更好地适应社会。所以,对学生进行教育,最好的时机是他们的态度尚未形成和稳定,因为这时的态度成分的组织结构尚未固定化,容易接受新的观点和思想,容易促进态度的改变。但是态度的稳定性是相对的,随着客观条件的变化,原有态度消除,新的态度形成。

## (四)态度的内隐性

态度是一种内在的心理体验,它虽然具有行为的倾向性,但是并不代表行为本身。因此,一个人持有什么样的态度,并不能直接进行观察,而是要通过个人的表情、言论、动作进行间接的推理和判断,从而了解其态度。

## (五)态度的协调性

态度是由认知、情感、意向(行为)三种成分构成的。一般来讲,这三种成分是相互协调一致的。例如,一位学生认为他的班长不但任劳任怨、工作负责,而且关心同学、乐于助人,是个好的学生干部(认知成分),因而对他产生了喜爱、尊重、拥护的感情(情感成分),表现出愿意服从班长的安排、乐于和他接近并与他商量事情的行为倾向(意向行为成分)。这说明态度的三种成分是协调一致、互不矛盾的。

## 四、态度的功能

心理学家认为态度对于个人的行为习惯具有重要的影响作用,主要表现在,它影响个人的感知觉及判断,影响个人的学习工作效率,甚至影响着个人如何待人接物和生活信念。一般来讲,态度的功能主要包括以下几个方面。

### (一) 态度预定个人对事物的反应模式

个体对特定客观对象的情感体验和评价是行为的心理准备状态,也就是说它对行为有一定的指导和决定作用,而态度则使得个人在行为反应模式上表现出一定的规律性。因此,根据个人的态度可以预定他的反应状况,从而估计其对事物将按照何种方式采取行动。例如,可以根据个人的态度来预测和推断其人际关系。如果 A 对人持宽容友善的态度,那么他无论在家或者工作学习单位,都能与人和睦相处,关系融洽;相反,如果 B 为人斤斤计较,往往他的人际关系是紧张的。

### (二) 态度决定个人对外界事物影响的判断与选择

态度具有稳定性,个人的态度一旦形成,就会对态度对象产生一种较为固定的看法和情感体验,形成习惯性反应,长久以往成为个性的一部分。例如,对于总是考试作弊的同学会采取怀疑的态度,即使他改好了,人们也对他的成绩采取保留态度,影响正常的社会性判断。因此,态度就像是一个筛选器,在态度的影响下,个人对于来自外界的刺激信息进行筛选处理和重新组织,形成包括晕轮效应、刻板印象在内的知觉效应。这些效应影响着个人的判断和选择。所以,个人的态度不同,对客观事物的组织、选择、判断也有所不同。

### (三) 态度影响学习、工作效率

个人已形成的态度,包含着一定的观点、信念和价值观,因而,态度对个人的学习、工作都有极大的影响。

#### 1. 态度影响学习效率

社会心理学家琼斯通过实验发现,当学习材料与读者的态度一致时,就容易被吸收、被同化、被记忆;相反,若学习材料与个人态度相背离时,则容易被拒绝或歪曲,可见,态度具有过滤器的作用。另外,对学习持主动、积极的态度,容易激发个人强烈的求知欲、浓厚的学习兴趣和高涨的学习热情;对学习持消极的态度则刚好相反。态度不仅影响学习效率,还影响工作效率。

#### 2. 态度影响工作效率

在一般情况下,积极的工作态度容易调动个人工作的积极性和主动性,使得个人以最大的热情去工作,克服困难,提高工作效率。当然,若为了达到某种目标或让自己成功,也有可能提高工作效率;而不愿太出彩,愿意做到和大家一致,害怕遭到排斥,也有可能故意降低工作效率。因此,态度只是影响工作效率的因素之一,并不能决定工作效率。

### (四)态度影响对挫折的忍耐力

挫折指一种情绪状态,即个体在从事有目的的活动中,常常会遇到障碍和干扰,致使活动失败,个人的愿望不能实现。个人对挫折的忍耐力与其对该活动的态度有密切的联系。例如,对班级有认同感和归属感并抱有忠诚态度的学生,对班级所遭遇的挫折忍耐力较强,能够和班级成员同舟共济。又如,一个热爱舞蹈的人,对学习舞蹈过程中的失败和挫折有很强的忍耐力。

### (五)态度具有激励作用

态度的激励作用指的是态度可以调动积极性。这种积极性不仅可以通过管理者改善下属的工作态度来增强,还可以通过个人自我态度的改变来获得。个人的自我态度包括自尊、自强、自重、自爱等,既可起到自我保护的作用,也可以调动个人工作学习的积极性和自觉性。

由此可见,态度对人的行为具有重要的调节、控制、指导以及激励功能。不同的态度会使个人看到、听到、做到的事产生明显的差异。因此,管理者要有效地改变员工的不良态度,培养员工积极正确的工作态度,才能最大限度地调动员工的工作积极性和热情。

# 第二节　态度改变理论

## 一、态度的形成和改变

态度是个人在社会生活实践中,在和他人交往及与周围环境相互作用的过程中,通过学习而逐渐形成的。因此,要改变态度或者用新的态度取代原有态度并不是不可能的。但是,由于态度具有稳定性,态度一旦形成,会成为个性的一部分,反过来影响个人的行为方式,因而,态度的改变并不那么容易。在社会实践过程中,个人应根据实际变化,不断地修正和改变自己的原有态度。在这种不断形成或改变的循环往复中,个人的态度体系日益趋于完善。

态度的形成和改变是联系在一起的,原有态度的改变意味着新态度的形成,而新态度的形成又是以原有态度为基础的。因此,态度的形成和改变是紧密联系在一起的。社会心理学家凯尔曼(H. Kelmen)在1961年提出了态度形成和改变的过程,经历了顺从、同化和内化三个阶段。

### (一)顺从阶段

态度的形成和改变是从顺从开始的。顺从指的是个人为了获得精神或物质上的奖励或者避免惩处,按照社会准则、群体规范或他人意志,在表面上改变自己的观点的行为。个体在顺从时,既可能产生也可能不产生内心冲突,无论哪种情况,顺从都是态度形成和改变的重要途径。

这一阶段个人态度和行为的特点是：① 态度受到外部压力的影响、强制或诱惑。② 表面上顺从,但内心并非如此。③ 顺从行为通常是暂时性的,有人监督时"绝对"服从,没有人时就违反纪律。④ 从被迫服从逐渐转化为自觉服从。

当然,除了强制顺从外,态度的形成或改变也可能从无意识的模仿开始。实践表明,不自觉地模仿家长、老师或朋友的行为也是态度形成和改变的途径之一。

### (二) 同化阶段

同化又称认同,它不是对社会压力被迫的屈服,也不是不自觉的模仿,而是一个自觉自愿地主动在思想情感和态度上接受他人的观点、信念和行为,使自己的态度行为逐渐和他人或者团体的态度行为相接近的过程。他人或者团体的观点、信息、态度、行为方式等,是同化的重要条件;而同化又是内化的前提,是形成或改变个人态度的重要环节。但是,在这一阶段,新的态度还没和自己的态度相融合。

### (三) 内化阶段

内化阶段是真正的从内心相信并接受他人的观点、信念和行为,彻底地改变自己的态度的过程。也就是说在内化阶段,个人的内心发生了真正的变化,将外部新思想、新观点与自己原有的观点结合起来,构成新的统一的态度体系。这是态度形成和改变的最后阶段,是个人态度真正形成或彻底改变的阶段,也是个人态度最稳定、最持久、较系统的基础。

一般而言,态度的形成和改变经历了服从(顺从)、同化、内化阶段。人们对客观事物的态度可能经过了形成和改变的全过程而达到成熟稳定的程度,也可能只经历了顺从或者顺从和同化阶段。但是,停留在顺从或同化阶段的态度容易受到其他因素的影响而改变。因此,稳定态度的形成和改变是一个艰巨而复杂的过程。

## 二、影响态度改变的因素

影响个人态度改变的因素主要包括以下两个方面。

### (一) 客观因素

1. 态度本身的特性

(1) 自幼形成的态度是比较稳定的、不容易改变的,如喜好、兴趣等。

(2) 极端的、强度大的态度改变的可能性较小,即习惯性的态度不容易发生改变。

(3) 凡是与个人基本价值观有密切联系的态度不容易发生改变。

(4) 复杂的态度不易发生改变。也就是说以多种事实为依据或与多种需要相联系的态度是不容易发生改变的。

（5）协调一致的态度不易改变，即构成态度的三种成分（认知、情感和意向）协调一致，没有矛盾。

2. 情境的影响

态度改变者所处的情境因素。当一个人对其所属的团体具有认同感或忠诚心时，他就容易采取与团体规范相一致的态度，改变其与团体相一致的态度较困难。例如，东方人普遍都十分重视家庭的存在，其态度也就明显地带有家庭伦理的色彩，一般不会轻易作出违背家庭的事。

3. 团体的影响

由于态度是个人受社会环境的影响而形成的。所以团体对态度有较大的影响。属于同一团体的社会成员，在很多方面具有相同的态度。这是因为接受同样的教育，对所属团体的认同感相同，所以愿意遵循团体的规范，无形中受团体力量的影响，自然也就形成与团体一致的态度。

**（二）主观因素**

1. 个人气质和能力的差异

一般而言，抑郁质比胆汁质的人更容易形成对危险事物的惧怕态度，而多血质的人较独立，态度改变得较慢；分析判断能力强的个人，改变态度自觉主动，而缺乏判断力的个人容易被说服且容易接受群众压力，其改变态度则比较被动。

2. 性别和年龄

一般而言，女性比男性的独立性弱而受暗示性强，因而，女性相比男性而言，更容易接受别人的劝说而改变态度；年轻人容易接受新鲜事物，因而，年轻人比老年人更容易被说服而改变原有态度。

3. 性格的差异

由于人们的性格不同，有的人比较固执，而有的人比较容易接受劝告。一般而言，依赖性比较强的人容易改变态度。这类人往往对劝告表示接受，容易了解新观点，接受权威，在思想上开放，在行动上大胆创新。而自主型的人，由于判断能力强，依赖性弱，不容易信任权威，改变态度比较难。

4. 自我意识

自尊心、自信心等强的人态度比较难以改变，如政治上的极端保守者。

# 三、态度改变理论

态度是如何改变的？不少心理学家都在探讨这个问题，但是，在理论界尚未有明确统一的答案。不同心理学家的探讨互不排斥，或者他们探讨结果的综合才最接近事实。

### (一) 认知一致性理论

认知一致性理论的代表人物有海德、费斯廷格等,他们各自的理论并不完全相同,但是,基本思想是一致的。即,他们都认为,在人的认识之中,有一种寻求认知一致性的倾向,这种倾向是态度改变的决定因素。

#### 1. 平衡理论

所谓平衡指的是由认知所产生的态度构成的人际关系的和谐状态。心理学家海德于 1958 年提出了态度改变的"平衡理论"。海德认为,在人的认知系统中存在着某些情感和评价之间趋于一致的压力。他认为,人们的认知对象(包括世界上的各种人、事物和概念)有的相互联结,有的相互分离,组合成一个整体而被认识。海德把这种构成一体的两个对象的关系分为类似、接近和相属等不同的单元关系。人们对每一种认知对象都有爱憎、赞成或否定的情感与评价倾向,海德称其为情感关系。

海德认为个人对单元中的两个对象的态度一般是属于同一方向的。因此当个人对单元的知觉与单元内两个对象的感情相调和时,他的认知体系便呈现平衡的状态。相反,当单元形成与个人对单元内两个对象的感情关系相矛盾时,他的认知体系就会出现不平衡状态。这种不平衡的状态将会导致个人产生紧张不满的情绪。因此,消除紧张不满的内心感受就是改变态度的过程。

海德的平衡理论强调,个人对某一认知对象的态度,往往受他人对该对象态度的影响,也就是说,该理论重视人际关系对态度的影响。海德认为,人际关系不是孤立的,也不是没有冲突的,而是动态平衡的,他提出 P—O—X 模式,试图用科学术语来解释日常心理学的判断。其中 P 和 O 为两个认知主体,X 为 P 和 O 所认知的一个客体。P 和 O 对 X 的态度是否一致,将影响其关系是否和谐。

例如,P 为学生,X 为爵士音乐,O 为 P 所尊敬的师长。如果 P 喜欢爵士音乐,听到 O 赞美爵士音乐,P—O—X 模式中三者的关系皆为正号,P 的认知体系呈现平衡状态。如果 P 喜欢爵士音乐,又听到 O 批判爵士音乐,P—O—X 模式中,三者的关系二正一负,这时 P 的认知体系呈现不平衡状态。

这种不平衡状态会导致认知体系发生变化,平衡理论的用处在于它运用了"最小努力原则"来预计不平衡产生的效应,从而使个人尽可能少地改变感情关系以恢复平衡结构。平衡理论说明,在一定的情景中,有许多解决不一致的途径,它以简单的语言描述了认知平衡的概念,成为解释态度改变的重要理论之一。

#### 2. 认知失调理论

认知失调理论是由心理学家费斯廷格在 1957 年提出的。他认为人的认知指的是思维、想象、态度、理想、信念等认知元素,这些认知元素中,有的是相互独立的,有的是相互联系的,其中任意两种元素不一致,就会产生失调。失调主要有两个来源：一是个人的决策行为，另一个是与自己的态度相矛盾的行动。这种认知的失调对于态度的意义在于它能够产生某种力量，使人们逐渐改变自己的态度。费斯廷格认为，上述任意两种元素单位之间的关系有协调、不协调、不相关三种。

例如，认知元素 A——我掉到河里，认知元素 $B_1$——我的衣服湿了，认知元素 $B_2$——我的衣服没有湿。很明显，认知元素 A 与 $B_1$ 呈协调状态，而认知元素 A 与 $B_2$ 呈不协调的状态。费斯廷格指出，任何不协调的状态都会导致心理上的不适应。当个人发觉自己所持有的两种或两种以上的认知元素相矛盾时，便会出现认知上的失调，就会产生紧张不满的内心感受，从而产生一种驱使个人消除或减少这种失调状态的动机。消除或减少失调状态的方法有以下三种。

（1）改变某种认知元素。改变某种认知元素，使得对行为的认知符合态度的认知。例如，"我喜欢吸烟"和"吸烟可能致癌"是两个不协调的认知元素。个人可以将前者改变为"我不喜欢吸烟"或者将后者改变为"没有科学根据证明吸烟致癌"，从而达到认知的协调一致。

（2）强调某一认知元素的重要性。通过强调某一认知元素的重要性来达到协调。例如，如果强调"我喜欢吸烟，吸烟可以让我精神兴奋，不必为了将来可能生病而放弃目前的快乐"，或者强调"吸烟可能致癌，癌症是一种死亡率很高的疾病，为了家庭的幸福和自己的身体健康，我要戒烟"。

（3）增加新的认知元素。增加新的认知元素来缓和矛盾。例如，若"我喜欢吸烟"无法改变，那就增加新的认知元素"吸烟可以减轻精神紧张，有利于心理健康"或者"抽过滤嘴香烟或吸尼古丁较少的香烟"等，我们可以通过这些新的认知元素来改变原有态度，从而使不协调的强度降低。

费斯廷格的认知失调论和海德的平衡理论的基本假设是一致的。但是，费斯廷格强调个体通过自我调节达到认知平衡，而海德侧重于人际关系对认知平衡的影响。

## （二）参与改变理论

参与改变理论的代表人物是德国心理学家勒温。他认为，个体的态度不能离开群体的规范和价值。个体态度的改变依赖于他在群体中的活动方式。个体在群体中的活动方式，既能决定他的态度，也会改变他的态度。

个人在群体中的活动方式可分为两类：主动型和被动型。主动型的人主动参与群体活动，自觉地遵守群体的规范；被动型的人只是被动地参与群体活动，服从权威和已制定的政策，遵守群体的规范等。凡主动参与群体活动的人，其态度的改变更迅速、更显著。勒温的参与改变理论在管理中得到广泛的应用，也取得了一定的成效。

## （三）沟通改变理论

随着社会的进步，人们的沟通工具也越来越多，报纸、杂志、收音机、电视等直接或者间接地影响着人们的态度。心理学家墨菲证明了沟通对态度改变的影响，提出了沟通改变理论。他认为，信息沟通能改变人们的态度，并指出沟通对态度的影响依赖于以下几个因素。

1. 沟通者

沟通者是信息的来源。沟通者的影响主要包括他是否有良好的沟通能力、有社交风度、有吸引力，是否可信任等。

2. 沟通过程

沟通过程的影响主要表现为：信息要使用对方常用的语言来组织和表达；沟通时要注意对方的沟通目的，使自己的信息能为对方所接受。

3. 沟通对象

沟通对象即信息的接受者。接受者的知识水平、个性特征等决定着他是否可以接受沟通者的信息，从而影响着态度沟通。

4. 沟通内容

沟通内容主要包括信息的真假和说服力等。

### (四) 自我觉知理论

自我觉知理论提出的背景是这样的：传统的理论是"态度—行为"模式，试图说明态度对行为的影响。但正如前面所讨论的，除非考虑其他中介因素，否则态度对行为的决定作用并不明显。这激发了一些学者探究是否存在相反的关系，即行为是否决定了态度的问题。这种理论是"行为—态度"模式。

自我觉知理论考察了这样的事实：当人们被问及对某一事物的态度时，人们实际上是先回忆针对这一事物的行为，然后根据这一行为推导出自己的有关态度。比如，若问甲是否喜欢他的工作，他说："这工作我干了几十年，自然是喜欢了。"或者他也可能会说："我一直在干这工作。"回答是针对行为的，但显然是持肯定态度的。实际上，如果把态度与具体行为相剥离，通常人们会说不出持某种态度的原因。比如，若问乙为什么喜欢看电视，他可能说不清原因，只会回答："就是喜欢嘛，我天天都在看。"显然这是在用行为解释态度。因此，自我觉知理论认为，在有了事实之后，"态度"是用来使自己的过去行为合理化，而不是用来指引未来的行为。

自我觉知理论得到了许多证实。和传统模式相比，这种"行为—态度"模式揭示了另一个方向上的作用关系，行为反而是先于态度的决定者。这说明，人们擅长为过去的行为找理由，而不擅长从事已有良好理由的行为。

在心理学家的努力下，发现了以上的态度改变理论。除了上述的理论外，还有一些相关的理论。例如，凯尔曼提出的"改变态度的三程序论"，指出在三种社会条件的影响下人们会改变态度，这三种条件就是：① 礼让：泛指为了取得好感而服从他人，愿意改变原有态度。② 模拟：模仿与自己亲密的人的行为特征而逐渐改变原有态度。③ 改变：学习新的知识经验，使自己的行为符合新的价值体系。由于这些条件能满足人们的需要和期待，因而有利于态度的改变。纽科姆研究了态度与参照群体的关系，提出"参照群体改变态度的理论"，他认为态度形成的重要基础是个人对自己在群体中所处地位和角色的认知，态度受到参照群体的影响很大。

态度是人们在后天经过学习和环境的影响逐渐形成的。态度一旦形成，就具有相对的独立性，因而要想改变，尤其是用一种新的态度取代旧的态度更是不容易。但是，随着事物的不断发展，情况的不断变化，态度终会随着事物的发展而发生变化的。

# 第三节 态度的测量

态度是影响行为的重要因素，采用科学的方法来了解组织中个体的态度，对于组织管理有重要意义。而由于态度具有内在性，是个体内在的心理状态，因此往往不能直接观察到，但它最终会通过个体的言行表现出来。所以，想要了解组织中个体的态度，就需要我们进行科学有效的测量。主要方法如下所述。

## 一、态度量表法

在所有的态度测量的方法中，我们最常用的就是态度量表法。所谓态度量表法就是根据所要测量的态度，针对特定的调查目的，采用由专业人员设计出的含有若干题目的量表，对被调查者进行态度的测量，借以对受测者的态度进行分析的一种方法。常用的态度量表有：瑟斯顿量表、利克特量表和语义分析量表等。

### (一) 瑟斯顿量表法

该量表法是由路易斯·瑟斯顿发明的，又称"十一点法"，是一种等距量表法。这个方法要求参加态度测量的人在量表的陈述中标注他所同意的陈述以及程度，所标注的陈述的平均量表值就是他在这一问题上的态度分数。然后，让专门组织的评价人给予评价。

瑟斯顿量表的编制过程非常复杂。首先，研究者根据主题，收集大量与主题态度有关的语句，一般应在 100 条以上，并且保证其中对主题不利的、中立的和有利的语句都占有足够的比例。其次，选定 20 人以上的评定者，按照各条语句所表明的态度有利或不利的程度，将其分别归入十一类。第一类代表最不利的态度，依次递推，第六类代表中立的态度，第十一类代表最有利的态度。评定后进行复杂的计算，得出每个题目的量表值。最后，选出评分者信度较高，且在十一个等级之内都有相应量表值的题目，形成具有针对性的态度测量量表。

瑟斯顿量表最大的优点便是其适用性强,即本量表的每个题目都有态度强度上的明确定义,而不是平均考虑与态度对象有关的各个方面,这与组织生活实际有着密切的联系。另外,被试易于对量表进行反应;施测者也易进行计分,且计分程序符合统计学原理。但值得注意的是,由于量表的制作过程过于复杂,也使得瑟斯顿量表在实际组织管理中的应用存在一定的局限性。

### (二) 利克特量表法

利克特量表也有译作李克特量表,该量表属于评分加总式量表。它是由美国社会心理学家利克特于1932年编制而成的。此类量表的基本前提是:每一个态度项目都具有相等的价值,项目间没有差别量值存在,而被试的差别量值则表现在对同一项目反应程度的不同上。

利克特量表的编制过程比较简单,只需编制者确定所测主题后收集态度的语句,将其编制成问卷。该问卷由一组陈述组成,每一陈述有"非常同意"、"同意"、"不一定"、"不同意"、"非常不同意"五种回答,分别记为1,2,3,4,5,每个被调查者的态度总分就是他对各道题的回答所得分数的加总,这一总分可说明他的态度强弱或他在这一量表上的不同状态。

由于制作容易和使用方便,利克特量表成为使用最广的一种态度量表。它和瑟斯顿量表的相关系数达到0.80,说明它也是比较有效的态度测量工具。但相对于瑟斯顿量表,利克特量表的应用性更好,更适用于调查大量被测者的态度。

### (三) 语义差异量表法

该量表法又名语义分化量表法,是奥斯古德等人于1957年根据语义心理学的研究提出的一种较为全面的测量方法。该量表法最大的特点是很好地体现了态度的复杂性,克服了以往的态度测量基本上都是在赞同或不赞同这一个维度上的缺点。该量表法涉及评价、强度和活动三个维度,每一维度都由几组双极形容词组成,如"好-坏"、"强-弱"、"主动-被动"等。测试时要求被试按照自己对于某特定对象的看法作答,然后计算得分,分值越高,说明态度越肯定。

与瑟斯顿和利克特两种量表相比,语义差异量表的编制免去了确定题目的麻烦,因此能够十分简单地测量人们对管理组织内各种事物的态度。

# 二、自由反应法

所谓自由反应法,就是通过向受测者呈现非结构化或半结构化的刺激,要求其基于自己的理解与建构自由作出反应,而后据此剖析受测者在其反应中所反映出的深层心理动力或结构。这一类最主要的方法是投射测验法。

投射测验法具体来说就是向被试提供某些未经组织的刺激因素,并让他对此作出反应,通过分析被试对其所产生的联想或想象来推测被试所持有的态度。这是一种间接地了解人的态度的方法。态度测量中常用的投射法有：罗夏墨迹测验、语句完成法以及主题统觉测验等。而对于一般组织来说,语句完成法是最简便易行的一种投射法。语句完成法就是要创设一定的条件,提出开放性的问题,如"你对本单位的福利制度有何看法"、"如果我是部门主管,我会……"让被测者回答,从而使员工自觉或者不自觉地表明自己对某对象的态度,通过对员工的言语回答以及一些肢体语言的分析间接得到被测者的态度。需要注意的是,由于此类方法具有很高的反应上的真实性,且实施过程标准化,所以,仍将其归为标准化测量的方法范围。但不可否认的是,自由反应法存在结果难量化且不易解释的缺陷。

## 三、生理反应法

此方法就是通过个体的生理反应指标来测定个体态度的方法。具体来说,就是运用一定的仪器测量人们的血压、脉搏、呼吸、皮肤温度等身体指标,在已知的身体生理指标与个人情绪、认知、行为的关系的理论基础上,由生理指标的变化来测量一个人对某一问题的真实态度的方法。生理反应不易受意识控制,因而相对来说较为可靠。

## 四、问卷调查法

该方法由管理人员针对特定的调查目的,设计出一套具有针对性的问题项目,然后编列成表,再由被试填写。随后进行逐项的和综合的分析,从中了解员工的态度,并在一定程度上估计其变化趋势。

## 五、情 境 法

该方法是指通过设计特殊的情境,让被试在事先毫无准备的情况下处理此情境。此时即可充分观察到员工对待某特殊情境的态度,进而推测其对组织中将来可能发生的类似的情况的态度。

## 六、经 验 法

根据多年从事管理工作的人员的经验总结,要掌握人们的态度,可以采取多种方法,如观察法、相关资料统计法、面谈法等。这些方法虽然没有经过严密的科学论证,但是在组织管理工作的实际应用中,已被证明普遍有效,现介绍如下。

### (一) 观察法

组织中的主管人员与所属员工来往关系最为密切,通过彼此来往和接触,最容易观察到所属职工的态度变化和倾向。

### (二) 相关资料统计法

组织内的相关资料也能反映员工态度的好坏。员工的不良记录越多,则表明其态度越恶劣,如迟到、早退、请假的次数和时间多,离职率高;反之,则表示职工态度良好。这些资料可以由人事劳动管理部门和统计部门掌握。

### (三) 面谈法

由主管人员或由其指定专人与员工进行个别谈话,也是了解职工态度的方法之一。为了取得更好的效果,要特别注意使面谈者敞开心扉,无所顾忌,直言不讳。

# 第四节 态度理论在管理中的应用

人的态度对人的行为、认知、情感都有直接的影响,员工对待工作的态度与其生产、工作的积极性紧密相连。因而,掌握态度管理的科学方法对于管理者而言,是必不可少的。态度具有一定的稳定性,想要有效地改变态度,就应采取符合态度理论规律的途径和方法。在工作环境这个特殊的背景下,工作态度是态度的一种特殊的形式,积极地对员工的工作态度进行管理将为组织提供强大动力。

## 一、态度改变的途径和方法

### (一) 态度改变的途径

改变集体成员的态度有两条主要途径:一是从改变个人到改变集体,二是从改变集体到改变个人。

第一条途径是先从改变个人的认知情感入手,改变其态度,通过被改变的一部分人发挥作用,影响其他人,从而使集体的态度发生改变。这种做法的好处在于,当一种新的决策受到强大阻力时,这一途径比较适宜可行,而且形成的态度改变比较稳定持久。但采用这种方法比较耗费时间。另一条途径是首先采取集体动员、号召模范带头的方法,由集体态度的改变影响个人的态度。这条途径在改变难度不大或者时间要求紧迫的时候使用。例如,改变组织成员为灾区捐款捐物的态度等。这条途径在一定时间内迅速有效,但是形成的新态度稳定性、持久性较差,需要后期进一步深入的内化工作。

### (二) 态度改变的方法

改变集体成员的态度一般有两种情况:改变态度的程度,又称一致性改变;或者改变态度的方向,又称非一致性改变。态度由认知、情感、意向三种成分构成。因此,我们可以选择分别从这三种成分入手,以达到态度的改变。

1. 改变认知——团体规定

团体规定是管理者利用群体规范的强制力、约束力,或者采用一定的行政手段和立法手段,迫使目标对象去了解其发出的信息,促使其逐步改变态度的方法。勒温在第二次世界大战时期做的一系列关于态度改变的实验,证明团体规定比个别劝说作用大,更有助于人们态度的改变。这说明,团体规定是必须遵守的,否则会受到相应惩罚,因而这种方法得到了目标对象的重视。随着时间的推移,强迫性的规定逐渐变成习惯,最终导致了态度的改变。团体规定并不是否认个别劝说的作用,如果双管齐下或许效果更佳。

影响改变认知的因素还有信息传递者的威信、信息来源的可靠性、目标对象的个性特征等。

2. 改变情感——唤起恐惧心理

美国社会心理学家施肯认为,宣传应该使人的内心感受到压力和威胁,这样才能迫使人们改变态度,以消除心理上的负担。

研究者认为,恐惧的程度和态度改变呈现倒 U 型的关系。恐惧达到中等水平的时候,态度的改变量最大;态度从中等水平逐增或者逐减,都会引起态度改变量的下降。这可以解释为,当恐惧过于强烈的时候,人们已经失去了理智思考的能力,或者他们会回避问题、拒斥问题,这样态度的改变就减少了。

另外,管理者还需要考虑态度改变的时间与恐惧程度之间的关系,因为人的恐惧心理会随着时间推移而逐渐消失。如果允许目标对象延长一段时间来改变态度的话,态度改变的效果就会削弱。

3. 改变意向——积极参加活动

参与改变是指引导目标对象参与活动和实践,在实践活动中传递信息,以达到态度改变的方法。参与改变是一种十分有效的方法。但是通过参与活动的方法改变态度的程度,会因目标对象的活动参与程度和心理介入程度的不同而有所不同。我们将其分为:主动型和被动型。主动型的目标对象不仅参与整个活动而且处于活动中的主导地位,他们全身心地投入和积极参与。因此,其态度改变速度快,效果显著。相反,被动型的目标对象参与程度不深,而且活动过程中也并非全情投入,一直处于被动位置。因此,他们的态度改变速度慢,效果不明显。

## 二、工作态度管理的实践应用

### (一) 工作态度

工作态度是员工对工作所持有的评价、感受和心理倾向,它与态度的关系是特殊和一般的关系。员工对工作的态度与他们在工作生活中的经验息息相关,态度会随经验的不断发展而发生改变。这些引发工作态度改变的经验可能是工作环境的变化,如在工作中因为出色的业绩而受到表彰或者相反,在工作中没有收到预期的成绩,甚至出现了失误和错误而受到责罚;或者也可能是工作调动,使人们改变他们的工作态度以适应新的组织环境的变化。

在管理工作中,态度有着很重要的作用:积极、正确的工作态度可以促进工作,营造效益;反之,消极、错误的工作态度会阻碍工作的正常开展,制造麻烦,甚至造成利益损失。因此,员工对组织和工作的态度越来越受到研究人员和管理者的重视。

管理心理学对与人们工作生活相关的态度进行了大量研究,发现了很多不同的工作态度,其中最受关注的是工作满意度和组织承诺,这是两种关键性的工作态度。

### (二) 工作满意度

#### 1. 工作满意度的定义

工作满意度(job satisfaction)是指个人对他所从事的工作的一般态度。它主要源自于个体对其工作或工作经历的一种快乐或积极的情绪状态。如果一个人的工作满意度高,则这个人在工作中表现出的往往是快乐、积极的情绪;而如果一个人的工作满意度低,则这个人对其工作可能有着较低的评价和消极的情感。通常,当人们谈论工作态度时,更多地是指工作满意度。

工作满意度有三个特点:主观性,它是个体对工作情境的一种主观反映;受客观环境影响,客观的工作环境的变化可以影响和改变个体对工作满意的主观感受;可测量性,工作满意度是可测量的,既可以从整体的满意度来测量,也可以从不同的维度上来测量。工作满意度无论对于组织还是员工都非常重要。美国联邦速递公司在内部管理中就形成以"员工高于一切"的企业文化,认为"无法想象一个连内部顾客都不满意的企业,能够提供给外部顾客以满意的服务"。对于组织来说,工作满意度影响着员工的缺勤率、离职率和员工士气等,是判断组织是否实施了有效管理的重要标准;而对于员工自身来说,其生活的大部分时间要在工作中度过,工作是否称心如意与他们的身心健康和生活质量都有紧密的联系。

#### 2. 影响工作满意度的因素

员工对工作满意度的评估是许多独立的因素通过复杂的相互作用的结果,而并非由某个单一因素决定。影响工作满意度的六个因素分别是:工作本身、报酬、晋升机会、工作环境、上级主管及人际关系等。

(1) 工作本身。主要包括员工对工作本身是否有兴趣,工作是否具有一定的挑战性,工作是否有助于员工的学习和成长等。兴趣是决定员工的工作满意度的首要因素;具有一定程度的挑战性的工作既可以防止产生厌烦,又可以避免一味的挫折;而提供相应的学习机会和成长空间也是决定员工工作满意度的因素之一。

（2）报酬。主要指报酬的数量、公平性、合理性，以及在多大程度上达到或者超出了自己的期望等。这里的报酬不仅仅包括薪水，也包括其他形式的物质或者非物质奖励、认可，如口头赞许、带薪假期、年度评优等。公平、合理的报酬一方面满足了员工对基础物质生活的需要，另一方面它是对员工所作贡献的一种肯定和尊重。因此，如何公平、合理地处理员工的报酬分配，是管理者们所必须认真研究的课题。

（3）晋升机会。晋升机会是有别于报酬的另一种对员工所作贡献的认可方式。晋升可以让员工获得更高的物质回报和社会地位。晋升的可能性、公平性、合理性对员工的工作满意度有着重要的影响。

（4）工作环境。良好舒适的工作环境不仅为完成工作提供了必要的保障，而且是对员工身心健康负责，是工作满意度中不可或缺的环节。过热、过冷、噪音、烟尘、阴暗、不通风等环境对员工健康不利，而且多数员工还希望工作地点离家不要太远，交通方便，生产设备先进齐全。

（5）上级主管。这个因素主要包括主管的能力和领导风格两个方面。一个兼备技术能力和人际交往能力的主管往往会赢得员工的拥戴和追随，形成积极的团队士气。领导风格分为员工主导还是绩效主导、专制型还是民主型。一般来讲，以员工为中心、民主型的主管能够给员工更高的工作满意度。

（6）人际关系。这个因素主要包括与领导的关系、与同事的关系、与家人的关系等。其中，与领导的关系的地位更为突出。个体从事工作不仅是为了维持生计，更重要的是满足自己社会交往的需求。因此，和睦、胜任、支持的同事伙伴，以及乐于倾听、善意友好的领导在很大程度上影响着员工的工作满意度。

3. 工作满意度与绩效和行为的关系

工作满意度之所以受到管理者的重视，是因为它被认为与绩效息息相关。管理心理学家在这方面进行了大量研究，但是至今仍未形成统一意见。

（1）工作满意度与生产率。早在 20 世纪初就有"快乐即是生产力"的理论，强调工作生产率与员工的工作满意度之间呈现简单正相关关系，即高工作满意度导致高工作生产率，低工作满意度导致低工作生产率。该学派代表人物是梅奥，他在 1927—1932 年进行了著名的"霍桑试验"。

20 世纪 60 年代，随着认知心理学的兴起，人们对工作生产率和工作满意度之间的关系采取了与经典理论相反的研究视角。近来，人们倾向于相信高工作生产率导致高满意度，即工作生产率高的员工得到更多报酬，这些报酬如果令其感到公平合理、符合期望，则会产生高工作满意度;反之，则导致工作满意度降低。

我们还可以从两个角度去探讨工作满意度对工作生产率的影响：在个体层

面上,简单地用员工的态度去预测工作生产率是存在局限性的。员工的个体生产率不仅仅与态度相关,还取决于设备的质量、外界的环境、顾客的因素等。而在组织层面上,往往高工作满意度的组织,可以产生高的工作生产率。因为在组织层面上会考虑到各个因素的复杂性和相互作用,证明"满意导致生产率高"的假设。

(2)工作满意度与缺勤率。工作满意度与缺勤率之间存在着一种稳定的消极关系,但是这种关系并不强,该系数通常小于 0.40。

希尔斯和罗巴克在自然条件下进行了一项关于工作满意度与出勤率的实验。在一个选定的日子里,纽约天气良好,而芝加哥则是暴风雪。在这样的天气里,芝加哥的员工可以不上班而不受惩罚。对比这两个城市员工的出勤率发现,在纽约,满意群体和不满意群体的出勤率没有显著差异;而在芝加哥,高满意度的员工的出勤率却比低满意度的高得多。这个结果证明了员工的工作满意度与出勤率之间存在正相关关系。

(3)工作满意度与流动率。工作满意度和流动率之间也是负相关关系,即不满意的员工更容易离开组织。但在两者之间也有许多其他因素,如市场环境、任职的期望与机会、工龄的长短、员工的绩效等。例如,在一个总体经济形势相对较好、失业率低的环境下,员工更容易离职去寻求更好的发展;而公司对高绩效的员工往往会极力挽留,给其更高的报酬或者更好的晋升机会,以减少人才流失。在这些情况下,员工的满意度都不是决定流动率的唯一因素。

(4)工作满意度与其他行为。当员工对工作不满意时,他们还可能采取其他方式予以表达,如士气消沉、失误率上升、有意拖延工作、抱怨反抗等。在此我们从"积极—消极"和"建设性—破坏性"两个维度去区分这些不满行为。

建议:采取积极的、具有建设性的态度试图去改善环境和工作状况。

忠诚:消极但是乐观地等待客观环境的改善。

忽略:态度消极地任由形势向更恶劣的方向发展,甚至在其中推波助澜。

退出:离开岗位,寻求新职位。

4. 提升工作满意度的方法

(1)把员工的需要与组织的目标有机结合,努力满足员工的需求,保证报酬的公平合理化。

(2)让员工能够知晓并参与组织决策,增强其主人翁意识和对组织的归属感。

(3)鼓励员工提出建设性意见和合理化建议,保持上级主管与下属员工的沟通,增进交流和理解。

(4)为职工营造一个良好的工作环境。

(5)重视员工培训,建立、健全完善的晋升制度与体系。

### (三) 组织承诺

近半个世纪以来,组织承诺之所以引起管理心理学界的普遍关注与研究,最初在于它对缺勤、离职、工作投入等具有较好的预测能力。2011 年的一项调研结果表明,上一年全国各行业平均离职率为 20%,其中制造业的平均离职率最高为24.15%。能源化工行业平均离职率最低为 11%。较高的离职率增加了企业的招聘、选拔、培训等人力资源管理成本。同时,员工离职也会造成技术流失和商业秘密泄漏的问题。

组织承诺主要关注员工与组织的心理关系,是管理心理学、组织行为学、心理学、市场营销、人力资源、服务管理等众多学科领域所关注的研究重点和热点。

### 1. 组织承诺的概念

组织承诺(organizational commitment)是指组织成员对组织的承诺,学术界对于它的定义林林总总,不一而足。不过,它的内涵是明确的,组织承诺是三个维度的集合:保持一个特定组织的成员身份的一种强烈期望;为组织利益而付出巨大努力的期望;以及对于组织的价值观和目标的明确信任和接受。

### 2. 组织承诺的内容

与上述三个维度相对应,就产生了组织承诺的三个主要内容——情感承诺、持续承诺、规范承诺。

(1) 情感承诺(affective commitment),又称为价值承诺、心理承诺或者态度性承诺。反映了员工对组织的情绪依恋、认同感和卷入程度。它是个体对一个实体的情感,是一种肯定性的心理倾向。它包括对组织目标与价值观的强烈信念与接受,为组织利益而付出巨大努力的愿望,以及渴望保持在该组织中的成员身份的成分。

(2) 持续承诺(continuance commitment),又称为基于交换的承诺、功利承诺或者计算承诺等。持续承诺是由于员工对于组织大量的单边投入(Side-Bet),而不得不留在组织的一种心理现象。这里的单边投入包括福利、精力、技能等。换句话说,持续承诺即员工为了不失去已有的位置和多年投入所换来的福利待遇而不得不继续留在该组织内的一种承诺。持续承诺是一种典型的社会交换理论观点。

(3) 规范承诺(normative commitment)是指由于受长期社会规范压力形成的社会责任感而留在组织的承诺。规范承诺是一种对社会规范的内化,所以表现为其行为符合组织目标和组织利益。个体在社会化的过程中,不断地被灌输着"忠诚于组织是会得到赞赏和鼓励的一种恰当行为"这样一种观念,以至于在个体内心中产生顺从这种规范的倾向。同时从组织那里得到的收益也会使员工产生一种要回报组织的义务感。

3. 影响组织承诺的因素

影响组织承诺的因素有很多,本书将影响组织承诺的因素分成六个部分:个人因素、管理因素、工作因素、人际因素、组织因素和环境因素。

(1) 个人因素。个人因素包括个人特征,如年龄、性别、教育、工龄、能力、婚姻等;角色状态,如角色模糊、角色冲突、角色超负荷等;心理因素,如员工的工作满意度以及感受社会分配的公平性等。

(2) 管理因素。管理因素包括领导性因素,如领导者的能力、品德,以及对员工的关注度等;结构性因素,如员工的决策参与度,管理的民主化,结构的一体化和合理化等;职务性因素,如权责的明确、晋升体系的完备及福利待遇的优厚等。

(3) 工作因素。工作因素指工作任务本身的特性,包括工作任务的自治,技能的多样化和挑战性等因素。

(4) 人际因素。人际因素有群体关系和领导关系两个主要方面,包括群体的凝聚性、任务的相互依赖性、领导沟通以及与领导关系的融洽性等。

(5) 组织因素。组织因素包括组织规模、组织文化、组织的效益以及财务状况的健康性等。

(6) 环境因素。环境因素指组织所处的宏观环境条件。

4. 增强组织承诺的方法

(1) 严格遵守"员工第一"的企业价值观。

(2) 管理者有能力明确任务,并有效传达。

(3) 确保组织内的公平性,包括薪酬的公平性、培训的公平性、晋升的公平性等。

(4) 营造一种社区氛围的组织环境,鼓励和支持员工的自我提升与发展。

**(四) 给管理者的启示**

工作满意度和组织承诺是管理心理学研究的两种核心的工作态度,管理者要对员工的工作态度进行有效管理,应注意以下问题和策略。

1. 工作满意度和组织承诺的关系

关于工作满意度和组织承诺的关系,一直以来在学术界的争论从未停止,至今也没有得到统一的答案。但是人们普遍认同,员工的工作满意度和组织承诺之间有着相关关系,它们共同对工作绩效起作用,如生产率、缺勤率、流动率等。

由于一些会影响工作满意度的个别事件,并不会影响员工的组织承诺,所以说,相对于工作满意度,组织承诺是一种更加稳定的、整体性的工作态度。有研究表明,组织承诺对员工努力程度的直接影响比工作满意度更大,组织承诺是直接影响员工行为的主要因素。搞清楚两者的关系,对于科学有效地进行员工的工作态度管理有着重要意义。

### 2. 工作态度的管理方法

(1) 管理者要树立对待员工的积极态度。管理者对待员工要以亲切友好、耐心细致的态度为主,管理者应以其能力和品德在员工中树立起自己的威信,使员工心甘情愿地追随,积极地参与工作。不过,需要注意的是,拥有威信并不等同于简单粗暴或者生硬无礼,蛮横的"强权"手段是组织管理的大忌。

过于偏激的态度不仅无助于管理工作的开展,反而是管理者和员工处于对立的立场,容易使员工产生对立反抗的情绪和态度,产生并激化管理者和员工之间的矛盾。尤其是在做员工思想工作的时候,管理者更需要耐心与和蔼,这样才能缩短和员工之间的距离,取得理想的说服和教育结果。

(2) 管理者要重视员工的态度在决策中的参考价值。管理层应努力将员工的需求同组织的目标有机地结合在一起,如果随意地忽视了员工的态度,那么所作出的决策就可能是与员工的意愿相违背的,是不受员工欢迎和拥护的,这样的决策其执行力会大大下降,造成成本浪费和利益损失,甚至使管理者和员工之间产生间隙和抵触情绪。

作为管理者,在决策之前应对员工的态度作广泛的了解和密切的关注,针对决策内容,收集员工的建设性意见和建议,再通过科学的手段对员工的态度进行定性、定量分析,以合理地制定政策和措施。同时,管理者也应该通过及时的沟通,了解员工态度的变化以及其对新决策的态度,并随时作出相应的调整。

(3) 管理者要培养员工的正确态度。员工的工作态度影响员工的行为,对调动工作积极性、提高工作效率、减少人员流失都有很重要的作用。作为管理者,要引导员工形成端正积极的态度,认识和改变不正确的态度。员工工作态度的改变离不开环境,需要组织的各种管理政策和措施的长期实施,如改善工作环境、关注员工薪酬福利、提高技术水平、营造和谐的工作氛围等。管理者要想改变员工的工作态度,需要采取有效的方式、方法,尤其需要重视宣传和劝导的作用。

# 本 章 小 结

态度是个人对某一客观对象所持的较持久的稳定的评价及心理倾向。态度的心理结构主要包括三种成分:认知成分、情感成分和意向成分。认知成分指个人对态度对象的一种喜厌的看法和评价,情感成分指个人对态度对象的一种情绪情感体验,意向成分指个人对态度对象的一种行为准备状态和行为反应倾向。在态度的三种成分中,认知成分是基础,它决定着情感成分和意向(行为)成分的程度和方向;情感成分是态度的核心;意向(行为)成分是态度的最终表现形式。在一般情况下它们是协调一致的。态度具有五种特性,分别是社会性、对象性、稳定性、内隐性和协调性。心理学家认为态度对于个人的行为习惯具有重要的影响作用,主要表现在,它影响个人的感知觉及判断,影响个人的学习工作效率,甚至影响着个人如何待人接物和生活信念。

态度的形成和改变是联系在一起的,态度的形成和改变经历了服从(顺从)、同化和内化三个阶段。个人态度既受态度本身特性、情境、团体等客观因素的影响,同时也受个人气质、能力、性别、年龄、性格和自我意识等主观因素的影响。态度改变理论是至今仍饱受纷争的领域:认知一致性理论认为,在人的认识之中,有一种寻求认知一致性的倾向,这种倾向是态度改变的决定因素。认知一致性理论包括平衡理论和认知失调理论。参与改变理论认为,个体的态度不能离开群体的规范和价值。沟通改变理论认为,人们之间的信息沟通能改变人们的态度。自我觉知理论认为,在有了事实之后,"态度"是用来使自己的过去行为合理化,而不是用来指引未来的行为。

态度的测量方法有态度量表法,常用的量表有瑟斯顿量表、利克特量表和语义差异量表等;自由反应法;生理反应法;问卷调查法;情境法;经验法,包括观察法、相关资料统计法、面谈法等。

改变集体成员的态度有两条主要途径:一是从改变个人到改变集体,二是从改变集体到改变个人。改变集体成员的态度的主要方法有:从改变认知入手,采用团体规定法;从改变情感入手,采用唤起恐惧心理法;从改变意向入手,采用积极参加活动法。工作满意度主要源自于个体对其工作或工作经历的一种快乐或积极的情绪状态。工作本身,报酬,晋升机会,工作环境,上级主管,人际关系等影响工作满意度。工作满意度与工作绩效相关,如生产率、缺勤率、流动率等。组织承诺主要内容包括情感承诺、持续承诺、规范承诺。影响组织承诺的因素有个人因素、管理因素、工作因素、人际因素、组织因素和环境因素等。管理者必须明确工作满意度和组织承诺之间的关系,要树立对待员工的积极态度,要重视员工的态度在决策中的参考价值,要培养员工的正确态度。

## 思考题

1. 什么是态度?它主要包括的成分有哪些?
2. 态度的特性和功能分别是什么?
3. 了解态度形成和改变的各个阶段。
4. 简述态度改变的影响因素。
5. 试阐述:认知一致性理论,参与改变理论,沟通改变理论,自我觉知理论。

6. 态度有哪些测量方法？
7. 态度改变的途径和方法分别有哪些？
8. 工作满意度的影响因素是什么？如何提升工作满意度？
9. 组织承诺的内容和影响因素分别是什么？如何提升组织承诺？
10. 工作态度与工作绩效之间有什么关系？
11. 管理者应该如何管理员工的工作态度？

## 阅读材料

### 员工之于组织：德胜于才，态度是根本

2004 年 7 月，重庆理念科技产业有限公司招聘了 21 名大学生。在随后不到 4 个月的时间里，该公司陆续辞退了其中的 20 名本科生，仅仅留下了 1 名大专生。据该公司反映，这些大学生被辞退的主要原因是他们的自身素质和道德修养不能胜任公司的需求。

看到这则短短数言的消息，人们不禁要问：这些"孩子"到底怎么了？

据报道说，被辞退的 20 名大学生，尽管原因各异，但从根本上看，是他们自身素质和工作态度欠佳所致。第一批被公司除名的是来自某重点大学计算机系的 2 名高材生，他们在外出与客户谈完生意后，将价值 3 万多元的设备遗失在出租车上，面对经理的批评，他们却振振有词："对不起，我们是刚毕业的学生。学生犯错是常事，你就多包涵吧。"第二批被开除的是 1 名上班经常迟到、工作时间上网聊天的女生，经多次警告无效后，被公司开除。其余的十几名本科生也在接下来的 3 个多月里，陆续离开了公司。唯一没有被公司"炒掉"的是 1 名女大专生，因为只有这个女生懂得"自己的言行必须符合公司的正当利益。要对自己的前途负责，首先是对自己所在单位负责、对工作负责"。她的工作记录本封面上写着两个字：用心！

的确，用心的工作态度让这位勤奋和谦逊的女大专生"笑"到了最后。

20 名大学生被辞退，这样的事例比较极端。它给我们带来的思考是多层面的。笔者一直很认同米卢的一句话：态度决定一切。对待学习，需要有一个认真的学习态度；对待工作，也应该有一种积极的工作态度。让人费解的是，在对待自身素质、道德修养方面，却有一些人持无所谓的态度，显出与年龄不符的"晚熟"。殊不知，在德与才之间，德始终是第一

位的，良好的道德情操，是决定一个人成才的关键，任何时候都不可等闲视之。

记得有一段话是这样说的：

"这世上有三种人，一种是先知先觉的人，一种是后知后觉的人，一种是不知不觉的人。

不知不觉的人工作很辛苦，不知为何工作，他得过且过，做一天和尚撞一天钟，浑浑噩噩虚度年华。后知后觉的人仅仅把工作当成谋生的手段，落入工作的痛苦里面，每天汲汲营营奔波劳碌。但先知先觉的人不一样，他是在为自己工作，他是在享受，因为工作正是他生命成长的一个契机、机遇，他把工作当作一种享受，而非聊以糊口的工具。

他在别人都放弃时仍努力不懈；在所有人都认定是不可为时仍殚精竭虑；他不仅仅维持工作或恪尽职守；他深入内在，寻求更多东西；他对工作有一种非做不可的使命感，并为之孜孜不倦、乐此不疲。世界将给他们以殊荣，既有名望也有财富。"

很显然，那个留下的女孩儿是个先知先觉的人。

说到这里，我们应该已经明白，对待做人也好，对待工作也罢，我们都必须有一个认真、务实的态度。端正的态度与丰富的学识是缺一不可的。有了好的态度，才能有好的行动，才能真正有利于组织，最终成为真正的人才。

（徐国良，等.企业管理案例精选精析[M].北京：中国社会科学出版社，2009.）

## 组织之于员工：坚信"员工创建公司文化"

柯达公司创建于1880年，现有员工96 000余人，公司业务遍及世界各地，产品涉及影像、医疗、资料存储等领域。而正是这样规模庞大的柯达，却坚信着"员工创建公司文化"的理念。

早在1989年前，柯达的创始人乔治·伊斯曼收到一份普通1人的建议书。建议书呼吁生产部门将玻璃窗擦干净，这虽然是不能再小的一件事情，伊斯曼却看出了其中的意义所在，他认为这是员工积极性的表现，立即公开表彰，发给奖金，从此建立起一个"柯达建议制度"。

自此之后，在柯达公司的走廊里，每个员工随手都能取到建议表，且投入任何一个信箱，都能被送到专职的"建议秘书"手中，专职秘书负责及时将建议送到有关部门审议,作出评鉴,建议者随时可以直接打电话询问建议的下落;公司设有专门委员会,负责审核、批准、发奖。

对不采纳的建议,也要用口头或书面的方式提出理由,如果建议人要求试验,可由厂方协助进行试验,以鉴明该建议有无价值。迄今,该公司员工已提出建议 180 万个,其中被公司采纳的有 60 万个以上。目前,该公司员工因提出建议而得到的奖金,每年在 150 万美元以上。1983 年、1984 年 2 年间,该公司因采纳合理建议而节约资金 1 850 万美元,公司拿出 370 万美元奖励建议者。对公司来说,这种建议制度在降低产品成本核算,提高产品质量,改进制造方法和保障生产安全等方面起了很大的作用。柯达公司认为,这种制度起到了沟通上下级关系的作用,因为每个职工提出一个建议时,即使他的建议未被采纳,也会达到两个目的:① 管理人员了解到这个职工在想什么。② 建议人在得知他的建议得到重视时,会产生满足感。

柯达公司在实行职工建议制度时,注意了以下几方面。

(1)所有管理人员,特别是第一线的领班,必须重视这一制度。如果第一线的领班们对下属职工提出的建议表示冷淡,那么这种建议制度就不能得到职工们的支持。

(2)必须建立专门的机构来实行这一制度。柯达公司办公室和专职秘书必须及时地处理职工的建议,公平地解决奖金的数额,耐心地向建议人解释建议不能被采纳的原因和定期公布该制度的实施情况。

(3)简化建议制度的程序。每当该公司职工想出一个建议时,他们随手就可以拿到建议表,并提出自己的建议。职工们可以将建议表投到工厂的信箱中,也可以投到工厂特设的建议收集箱内,如果职工不愿披露姓名,他们也可以采取匿名方式提出建议,然后用建议表上的号码与厂方进行联系,可用电话查询该号码的建议是否已被采纳。建议办公室把所采纳的建议都一一列成表格,定期在公司出版的报纸上公布,或张贴在公司的布告栏上。

(4)对每项建议都要进行认真处理。负责建议的秘书及时把各项建议提交给各有关管理人员和科室,必要时,可把建议付诸实施。有关管理人员和科室对建议作出采纳或不采纳的决议后,必须将决议后的材料送进建议办公室,由负责建议工作的秘书提交本部门的建议委员会审批。

对未被采纳的建议,必须向建议人送一份详细的材料,说明该建议未被采纳的原因。如果建议人仍认为他的建议有采用的价值,他可向建议办公室提供更多的依据。在这种情况下,有些未被采纳的建议,最后可能会被采纳。

(5) 重视对职工建议制度的宣传和对建议人的奖励。在柯达公司,每一位新职工都会领到一本关于职工建议制度及其奖励办法的小册子,这本小册子能很快使职工熟悉建议制度的内容。每周的职工周报辟有专栏对建议被采纳的情况进行报道。

该公司根据长期的经验,制定了一套标准的方法,用以确定所采纳的建议的价值及建议人应得到的奖金数额。发奖金的办法是,由负责建议工作的秘书将奖金支票分发给各单位主管,单位主管要把奖金支票授给得奖人。

企业、组织究竟应该如何调动员工的工作积极性,应该如何改变员工的工作态度,柯达公司是一个很好的范例。管理者耐心细致的态度,管理者认真对待员工的诉求,这一切都在潜移默化地改变着员工对组织的认同感和归属感,并将最终内化进他们的工作态度之中。而这个看似不起眼的改变,注定会引导着柯达走向更加成功与辉煌。

(刘光明.中外企业文化案例[M].北京:经济管理出版社,2001.)

# 第八章
# 决策心理与管理

【**本章导读**】　决策研究是目前管理科学的核心内容之一,是管理学、心理学、经济学、统计学、认知神经科学等多学科关注的焦点。1978 年,诺贝尔经济学奖授予了研究决策心理的心理学家赫伯特·西蒙;2002 年,这一奖项再次授予了该领域的研究者丹尼尔·卡尼曼。瑞典皇家科学院认为:丹尼尔·卡尼曼"把心理学和经济学结合在一起,特别是与在不确定状况下的决策制定有关的研究"。1988 年,法国学者莫里斯·阿莱也因为对决策的研究而获得诺贝尔经济学奖。美国联邦储备局前任主席格林斯潘曾不止一次地说过:"所谓新经济就是心理学。"决策在管理学、经济学中的重要地位由此可见一斑。

　　西蒙曾强调,管理就是决策。决策贯穿于管理过程的始终,是管理活动的核心。从某种意义上说,管理的过程就是由许多个决策过程所组成的。决策研究对金融、会计、销售等领域都产生了重要影响。一个优秀的管理者,必定是一个出色的决策者。

　　决策可以分为个体决策和群体决策,本章主要从微观展开,介绍个体行为决策。通过对本章的学习,你将会了解到:决策到底是什么?一个正确的决策是通过什么样的心理过程而产生的?影响正确作出决策的因素都有哪些?决策风格是如何形成并影响决策过程的?特别是要知道,决策过程中的决策陷阱、启发式策略有哪些,并如何在实际管理过程中运用和避免?其中,决策理论的发展变化过程将是学习中的难点。

## 第一节　决策心理概述

　　决策无处、无时不在,人的所有行为都是在决策后产生的,有人生存的地方就会有决策。从某种意义上说,决策就是选择。买一双球鞋,需要从不同的品牌中选择;一个城市的基础建设方案需要选择;高校的招生方法需要选择。小到日常生活,大到国家的政治活动,都需要各种各样的决策。

　　组织中的每个个体每天都在作出与组织相关的决策。高层管理者需要准确对企业发展方向、财务运转进行规划;中层管理者要对人员招聘、营销策略等进行策划;基层员工要对自己的工作进度、时间,结合企业要求进行安排。组织中每个个体的决策和企业的健康、快速发展是紧密联系的。

# 一、决策与决策心理

一般理解认为,决策是在面临某种问题情况下,组织或个人为了实现某种目标,在两个以上的选择方案中,选择一个方案的分析判断过程,即多方案选择。黑斯蒂认为"决策是人类根据自己的愿望和信念选择行动的过程"。决策是一个系统,包括决策者、决策对象、决策信息、决策方法等。

决策心理,是指管理者在决策中的心理现象、个性特征及其心理活动过程。决策作为一个思维活动过程,自始至终贯穿着决策者的心理过程,因此,决策与决策心理是密不可分的。决策心理对决策过程有着直接的影响,研究决策中的心理特点与规律有利于提高管理者的决策水平,并对使决策得以顺利实施起到重要作用。决策是在一定的情景中产生的,并取决于个体看待和解释这个世界的方式。

# 二、决策的分类

由于社会活动的复杂性,人们的活动范围有大有小,所面临情况的复杂程度、要求达到的目标性质、实现目标的条件与后果等均不相同,因此,决策的方法多种多样,从不同的角度划分,决策可分为不同的类型。

## (一) 战略性决策与战术性决策

根据决策目标的远近、大小不同,决策可分为战略性决策与战术性决策。

### 1. 战略性决策

战略性决策是指与确定组织发展方向和远景目标有关的重大问题的决策,它具有全局性、长期性和战略性的特点。

### 2. 战术性决策

战术性决策是宏观战略性决策的手段,是一种局部对具体问题的决策,它需要解决的是组织的某个或某些具体部门在未来一段较短时间内的行动方案,因此,它是战略决策的落实,是在战略决策的指导下制定的,比战略性决策更为具体。

在工商管理活动中,企业的战略决策主要指经营决策,如技术革新、重要的人事变动、企业的经营目标、新产品开发、企业上市、兼并企业、开拓海外市场、合资经营等,它对企业而言是最重大的决策。

工商管理中的战术性决策主要指与管理决策相关的业务决策,管理决策是指对企业的人力、资金、物资等资源进行合理配置,以及对经营组织机构加以调整改变的一种决策,如生产过程的合理组织、人事调整、资金筹措、材料的合理选择与使用等,它具有局部性、中期性与战术性的特点。业务决策是指在一定的企业运行机制基础上,为提高日常工作效率和经济效益而进行的、处理日常业务的决策,如每日产量的安排、设备故障的排除、职工洗澡时间的排定等,它具有琐碎性、短期性与日常性的特点。管理决策和业务决策都必须为企业实现战略目标服务。

3. 战略性决策与战术性决策的关系

战略决策解决的是"干什么"的问题,战术决策解决的是"如何干"的问题,前者是根本性决策,后者是执行性决策。因此,不同层次管理者所承担的决策任务是不相同的,管理层次越高,战略性决策越多,越是基层的管理者,战术性的决策(执行性决策)越多。大多数战略性决策比较复杂,难度较大;大多数战术性决策是常规性的,难度相对较小。

**(二) 稳定型决策、风险型决策和不稳定型决策**

按决策后果的确定程度,可分为稳定型决策、风险型决策和不稳定型决策。

1. 稳定型决策

所谓稳定型决策,是指决策者确知环境条件,而且每一种备择方案只有一种确定的执行后果的决策。在这类决策过程中,决策者只要根据已确定的目标,直接比较各种备择方案的执行结果就可以作出选择,如活期存款与定期存款的选择、最佳一周购物预算等。

由于决策者的目标明确,信息齐全,不会受到其他人或自然事件的影响,因此执行结果是有把握的,所以,决策者应采用最优原则选择最佳方案,看准了,就全力去行动,不要贻误时机,这是稳定型决策的基本思考原则。

2. 风险型决策

所谓风险型决策,是指决策者不能领先确知环境条件,每个备择方案会有不同的执行后果,无法确切地预测决策结果的成败。因此,尽管每个备择方案都有风险,但能够确定或推算每一种可能结果的概率。例如,新产品的开发,通过预测,可以确定销售概率,但不完全是现实情况,还要冒较大的风险,这种决策用于风险型决策。又如,证券、有奖销售、保险、信贷投资等也均用于风险型决策。

风险决策过程是一个复杂的过程,它除了受到任务的复杂性、环境中的不确定性以及决策者的认知水平的影响外,还受到决策者的职业经验、风险倾向以及决策者对问题构架的认知等影响。风险型决策由于要冒一定的风险,因此,需要更周密地考虑,包括运用多种措施,如试点、实验等;应尽可能多地收集相关的信息,使风险型决策转变为确定型决策。另外,还需要准备好多种应急方案,以便在遇到不测时能够应付。

3. 不稳定型决策

所谓不稳定型决策,是指决策者不能预先确知环境条件,可能有哪几种状态和各种状态的概率均无从估计。由于环境条件的不稳定性,每个备择方案都有可能成功也可能失败,均无法衡量其可能性到底有多大。例如,销售一款新颖服装,首先是市场本身的竞争非常激烈;第二是服装的流行趋势在不断地变化;第三是人们的购买力也在变化。种种原因,使得这一款式服装的销量和价格难以预测,这一类决策属于不稳定型决策。实际上,大多数工商企业的决策属于不稳定型决策。

对于不稳定型决策,为增加成功的可能性,决策者应尽量多地掌握有关信息资料,还可以运用多种方法,如多方案的同时使用,避免急于求成,注重信息反馈,及时采取修正措施等,尽量做到知己知彼,灵活应变。

### (三) 经验决策与科学决策

根据决策程序和方式的科学性程度决策。

#### 1. 经验决策

经验决策是指主要依靠决策者的智慧、阅历、学识,依靠决策者的经验和对未来的直觉进行的决策。在经验决策过程中,决策者的主观判断与价值观起着重要的作用。经验决策往往是个人化的行为,其特点是感性成分较多,理性成分较少。由于个人的经验总是有限的,因此经验决策容易产生局限性和片面性。

#### 2. 科学决策

科学决策是建立在某种客观规律基础上,严格实行科学的决策程序,运用科学的决策技术和科学的思维方法进行决策的过程。科学决策有一套严密程序:先进行大量的调查、分析、预测工作,接着在目标的基础上确定各种备择方案,再从可行性、满意性和可能后果等多方面分析、权衡各种备择方案,最后进行方案择优和方案执行,并收集反馈信息。在整个决策过程中,大量准确而及时的情报信息是基础,另外需要充分利用现代化的决策技术,如运筹学、系统分析、系统工程学等,有时还需要借助现代化的决策工具,如电子数据处理系统(EDP)、管理信息系统(MIS)、决策支持系统(DSS)等。在科学决策中,决策者素质主要指决策群体的整体素质,如智囊团水平、决策法制化程度等,个人在其中的作用是有限的。

随着社会经济、科学技术的发展,人们所面临的问题越来越复杂,单纯依靠经验决策已难以适应现代社会的发展,因此,科学决策越来越受到人们重视,它的优越性也越来越明显。但经验决策是科学决策的基础和前提,科学决策离不开经验决策。在许多时候,如所面临的问题小而简单,无需系统化、程序化的科学决策过程,运用经验决策简单易行,可以提高工作效率;或者当所面临的问题无法获得充分的信息时,经验决策也将起到重要作用。

### (四) 程序化决策与非程序化决策

按决策问题出现的形式,可分为程序化决策和非程序化决策。

## 1. 程序化决策

程序化决策就是能够运用例行方法解决的重复性、定型化的决策,它往往采取一系列合乎逻辑的步骤和标准方法,具有固定的模式。例如,一个生产流水线上的员工,由于疏忽,使得他所在的这一道工序没有按照规定程序操作,而使产品质量出现了问题,生产管理人员应该怎么办? 因为这种情况并不少见,一般的企业对处理这一类问题已有一定的经验、程序和方法,如要求返工或扣奖金等。它有着标准的处理程序,这种决策就属于程序化决策。

程序化决策其实是一种依据先例的决策,因此决策者无需列出一系列可能的解决方案,而只需根据规范(规章制度、标准、法律、政策等)来解决就可以了。它是基础和低层次的管理,为了保证程序化决策的有效进行,要求在管理中建立规章制度和标准的操作程序,使得各项工作有章可循。另外,要求在程序化制度中的组织成员养成按照程序化工作的习惯。这一方法的缺点是限制了人们行为的自由和思维的创造性。

## 2. 非程序化决策

非程序化决策一般指那些涉及面广、偶然性大、不定因素多、无先例可循、无既定程序可依的决策,如 IBM 于 20 世纪 80 年代初引入了个人计算机,这与公司以往所作的任何营销决策不同。当然,IBM 有丰富的销售计算机的经验,它以前还通过其打字机分部向小企业和一般顾客销售过产品,但它没有大规模营销低成本的个人计算机的足够经验。面对着苹果公司、惠普公司及数据设备公司等强有力的竞争对手,个人计算机消费者的需要不同于那些为公司总部购买价值数百万元的大型计算机系统的买主,IBM 为个人计算机所制定的成百个营销战略决策是前所未有的,没有既定的程序可用来处理这类问题,因此它们均属于非程序化决策。

非程序化决策多见于高层管理,其成败取决于决策者的判断能力和创造力,同时受到决策者的主观性和随意性的影响。由于所面临的问题都是新的或不同寻常的,为了减少对未来事件中损益的无知,一方面,需要对未来环境可能发生的变化和影响进行估计,并通过一定的步骤和方法,尽量使非程序化决策本身规范化,减少随意性。另一方面,要求改善决策主体素质,包括改善决策者的判断能力等心理素质,并在制度上得到保证。

在现实的管理活动中,完全的非程序化决策或程序化决策是极少的,大多数决策介于两者之间。一般来说,程序化决策有利于提高组织的效率,但由于高层管理者所面临的问题大都是新的,为了减少非程序化决策的随意性,应尽量使非程序化决策转变为程序化决策,如制定标准作业程序(SOPs),以提高组织效益,减少失误。

除了以上不同的分类,决策还有其他的分类方法,如根据目标的多寡分为单目标决策和多目标决策;根据决策规模和影响范围的不同,可分为宏观决策、中观决策和微观决策;根据决策是否用数量来表现,分为定量分析决策和定性分析决策。

## 三、决 策 理 论

有关决策的研究,主要分为两个学术研究领域,一个是根据运筹学、信息论、统计学等,以数学为工具,进行定量研究;一个是根据心理学、社会学,对决策的心理过程、个性特征、环境影响因素等进行描述性研究。前者忽视了决策个体的主观感受,本章我们主要介绍后者。

在已有的研究中,决策心理理论先后发展出了最大期望效用理论、描述性决策理论、生态理性决策理论等。

### (一) 古典决策理论

古典决策理论的根本出发点认为:人是理性的经济人,追求决策收益最大化。该理论是一种标准化的行为规范理论,基于数理运算为理性决策提供一套明确的基本公理,以讨论个体在一定的理性决策条件下对效用的偏好问题。这种理论只是根据推论的结果,让决策者知道如何去做。最具代表性的是最大期望效用理论和主观期望效用理论。

#### 1. 最大期望效用理论

最大期望效用理论(Expected Utility Theory)——期望效用理论,是 1947 年约翰·冯·诺依曼(John Yon Neumann)和奥斯卡·摩根斯顿(Oskar Morgenstern)在《博弈论与经济行为》一书中提出的。该理论认为,个体的选择是不受场合限制的,无论决策环境发生何种变化,都不会影响决策者对某一选项的偏好。

最大期望效用理论提出了六个必须遵循的公理:

(1) 有序性公理。指决策者对于备选方案按照他的偏好程序排列,有顺序地排列出完整的、可供选择的方案组合。

(2) 传递性公理。如果决策者对方案 A 的偏好大于对方案 B 的偏好,而对方案 B 的偏好又大于对方案 C 的偏好,则决策者对于方案 A 的偏好必然大于对方案 C 的偏好。

(3) 选择性公理。决策者在选择备选方案时总是力图使其偏好达到最大和最佳状态。

(4) 占优性公理。决策者永远都不会采用被其他策略占优的策略。一项策略与其他策略相比较,至少在某一方面好于其他策略。

(5) 连续性公理。对于备选方案,如果出现最好的结果的概率非常大,决策者会在最好与最坏的结果之间作出选择,而不去选择中间值。

(6) 相消性公理。如果两个风险方案相比较时,只需要比较两种方案所产生结果中的不同概率的结果,而忽略某些相同概率的结果。

2. 主观期望效用理论

在最大期望效用理论的基础上,萨维奇的主观期望效用理论首次采用心理效用对决策者的决策行为作出解释,用主观概率取代了最大期望效用理论中的客观概率。主观期望效用理论假定,决策者在采取一项决策行动时,是基于选择决策结果的最大期望效用而行事的。比如说,在期望值相等的一对赌博中,根据主观期望效用理论的规定,决策者的偏好应当无差异,无论选择其中的任何一种赌博都无所谓。主观概率的推算方法有两种:概率论法和确定原则事件。

研究表明,人们的选择行为还受到概率偏好、状态概率和报酬等因素的影响,期望值并非支配人们选择行为的唯一因素,因而,主观期望效用理论不能完全解释人们的实际决策行为。

3. 理性决策的悖论

古典决策理论虽然提供了简单而强大的理论框架,但在实际中,决策者面临的问题是复杂多变的,而且有时间、空间、成本、组织文化上的限制,预测往往出现较大的偏差,因此,该理论在很多情况下是不成立的。由此,有研究者提出了许多悖论,其中最著名的是阿莱斯悖论和埃尔斯伯格悖论。

(1)阿莱斯悖论。法国经济学家阿莱斯(M. Allais)在 1953 年提出了一个决策例子,这个例子所反映的问题被称为"阿莱斯悖论"。实验中共有四组答案:A. 1.00 的概率得到 100 万元;B. 0.1 的概率得到 500 万元,0.89 的概率得到 100 万元,0.01 的概率得到 O;C. 0.1 的概率得到 100 万元,0.9 的概率得到 O;D. 0.11 的概率得到 500 万元,0.89 的概率得到 O。根据主观期望效用理论,风险厌恶者会选择 A、D;风险偏好者会选择 C、B。但是实验显示,大部分被试选择了 A 和 C。很明显,这里表现的是非理性的决策。也就是说,这种选择违背了期望效用理论的独立性原则,实际中的决策与古典理论不一致。

(2)埃尔斯伯格悖论。1961 年,埃尔斯伯格(Daniel Ellsberg)设计了一个选择测试实验,向主观期望效用理论提出了挑战和质疑。实验是这样的:2 个缸里装有 100 个红球和黑球,并告知被试缸Ⅱ里面红球的数目是 50 个,缸Ⅰ里面红球的数目是未知的。如果 1 个红球或者黑球分别从缸Ⅰ和缸Ⅱ中取出,那么它们分别被标为红Ⅰ、黑Ⅰ、红Ⅱ和黑Ⅱ。现在从这两个缸中随机取出 1 个球,要求被试猜测球的颜色,如果猜测正确,那么被试就获得 100 美元,如果猜测错误,则没有任何奖励。为了测定主观偏好次序,被试要回答下面的问题:① 你偏爱赌红Ⅰ的出现,还是黑Ⅰ的出现,还是对它们的出现没有偏见? ② 你偏爱赌红Ⅱ的出现,还是赌黑Ⅱ的出现? ③ 你偏爱赌红Ⅰ的出现,还是赌红Ⅱ的出现? ④ 你偏爱赌黑Ⅰ的出现,还是赌黑Ⅱ的出现?

埃尔斯伯格发现大多数人对问题①和问题②的回答是没有偏见。但是对问题③的回答是偏爱于打赌红Ⅱ的出现;对问题④的回答是偏爱于打赌黑Ⅱ的出现。

按照主观期望效用理论,被试赌哪个球出现,是基于它更有可能发生。但是,被试不可能从选择中推断出概率,也就是说被试的行为选择根本不是在概率的启迪性判断下作出的。因此,在不确定情形下,主观概率是不能赋值的。埃尔斯伯格悖论和阿莱斯悖论的不同在于,它暗示了在风险和不确定情形下的决策应该有所不同。

**(二) 描述性决策理论**

在古典决策理论不断被质疑的同时,美国学者西蒙在《理性选择的行为模型》中首次提出有限理性的概念。他认为人是不可能做到"完全理性"的,因为人的注意力、感知力、信息加工能力、记忆力等认知功能是有限的,人的理性只能在一定限度内起作用。在有限理性的条件下,决策者寻求的是令人满意的目标,而不是客观最佳目标。

1. 前景理论

在有限理性、埃尔斯伯格悖论、阿莱斯悖论的基础上,通过修正古典决策理论,由卡尼曼(Kahneman)和沃特斯基(Tversky)提出了"前景理论"。卡尼曼因此而获得 2002 年诺贝尔经济学奖。前景理论是最具有代表性的描述性决策理论,是当前一个时期内的行为经济学主导理论。

前景理论保留了古典理论的形式,对其内部因子进行改造,用"价值函数"替代"效用函数",决策权重替代概率,以期能够更加真实地描述决策行为。该理论假设人们的行动决策的依据是行动的前景给人们带来的心理感受,决策过程包括编辑与评价两个阶段。

框架效应。框架和参照点是前景理论中的两个重要概念。框架就是对问题的表征,如每小时 100 千米的时速,有人认为速度很快,也有人认为速度不快。个体的认知建构、价值观是不同的,所以对同一问题的解释不同。不同的框架,采集到的信息不同,就会产生不同的决策结果。而框架是依据参照点形成的。一般而言,决策者都会以自己的情况作为决策参照点,编辑信息来形成框架。人们对得与失的判断并不一定都是理性的。同样是挣得 10 000 元,对于穷人和富人来说参照点是不一样的。例如,卡尼曼曾经做过一个实验,选项一是在其他同事 1 年挣 6 万元的情况下,你的年收入是 7 万元。选项二是在其他同事年收入为 9 万元的情况下,你 1 年有 8 万元进账。在卡尼曼的这项调查结果中大部分人选择了前者。这一实验结果表明,我们对得与失的判断是来自比较,每个人的参照点也不尽相同。

前景理论假设,个体对决策的判断主要依靠价值函数和权重函数。价值函数呈"S"形,要点可以用图 8-1 来表示。从中我们可以分析出确定效应和反射

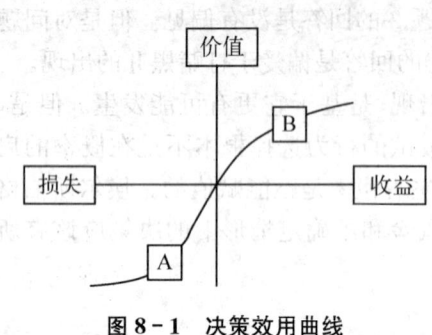

图 8 - 1　决策效用曲线

效应。

确定效应,即在确定的好处(收益)和"赌一把"之间,作一个抉择,多数人会选择确定的好处。收益的价值曲线向右延伸且倾斜程度逐渐降低,说明随着获利额的增加,人们从单位获得的满足感逐渐降低。也就是说,获得 100 元钱带来的满足感不会是获得 50 元钱带来的满足感的 2 倍。因此,如果要求被试从稳赚 100 元钱和从 50% 的概率赚 200 元钱中选择一项,人们将会选前者。卡尼曼和特韦斯基指出,在面临收益时,人们是规避风险的。

反射效应,即对应于损失的价值函数曲线,看出随着损失金额的增加,单位损失造成的损失感逐渐减少。也就是说,损失 200 元钱造成的损失感不是损失 100 元钱造成的损失感的 2 倍。因此,如果要求被试从稳赔 100 元钱和从 50% 的概率赔 200 元钱中选择一项,人们将会选后者。正如卡尼曼和特韦斯基所指出的,在面临损失时,人们是趋近风险的。例如,在股市上,人们就是喜欢将赔钱的股票继续持有下去,结果被"套牢"。

在价值函数中,损失曲线比收益曲线要陡峭,造成损失的感受比获得收益的感受要强烈。损失 100 元钱的负面感受比获得 100 元钱的正面感受要更强烈一些。

在前景理论指导下,研究者发现了决策启发式与决策偏差,最具代表性的三种启发式是:代表性启发式、易得性启发式、锚定与调整启发式。

2. 齐当别模型①

齐当别模型由中国科学院心理所的李纾提出。该理论同样认为,决策者不是无限理性的,最终的决策只能在有限维度上进行。旨在发展一个"适用于确定、不确定及风险状态下的行为决策模型"。该模型认为,左右风险决策的真正机制不是最大限度地追求某种形式的期望值,而是某种形式上辨察选项之间是否存在优势性关系。决策过程就是借助一个表征系统(最好和最坏可能结果维度)来描述涉及风险状态的选项,将人类抉择行为描述为一种搜寻某一选项在主观上优于另一选项的过程,即在甲选项在最好可能结果维度上优于乙选项,而乙选项在最坏可能结果维度上优于甲选项的情况下,为了利用"弱优势"原则达成决策,人们必须在某一维度上将差别较小的两个可能结果人为地"齐同"掉,而在另一维度上将"辨别"差别较大的两个结果作为最终选择的依据。

### (三) 生态理性决策理论

德国"马克斯·普朗克人类发展研究所"以吉仁泽(Gigerenzer)教授为代表的研究小组提出了生态理性决策理论。该理论采取了与以往研究不同的研究思路，更强调环境对决策的影响，认为人类并不用时时作出最优化的选择，能够作出与环境要求相匹配的决策即可，重视环境对人的塑造作用和人对环境的适应作用。生态理性将决策者定义为可犯错误的、有学习能力的行为者，是认知能力和理性能力有限的适应学习者。

生态理性的内涵包含两个方面：① 强调"决策是充分利用环境中的信息结构以得出具有适应价值的有用结果"的过程。② 强调个体适应环境过程中获得的识别环境信息结构的功能作用。人类决策的启发式是高度有效的，是个体适应环境的产物，是个体以有限资源应对复杂环境的高超技能的体现，认为人类在长期适应环境的过程中已经掌握某些判断线索，依据这些线索，借助启发式，就可以快速、简捷地作出正确的判断与决策。

生态理性决策理论的技术路线是寻找启发式，认为启发式是个体适应环境的结果，是人类决策的有效策略。已发现的快速节俭启发式有：再认启发式、采纳最佳启发式、最少化启发式、采纳最近启发式。吉仁泽等认为用启发式策略作出决策的过程是一种内隐的、自动化过程。由此，利用启发式作出的决策既快速简捷又准确节省资源。他们在这一点上与前景理论的主张截然相反。前景理论认为，启发式是人类风险决策过程中存在的偏差，对风险决策具有消极作用，而生态理性理论显然将启发式视为人类进步的阶梯。

## 四、决策的影响因素

决策心理结构非常复杂，在决策过程中，以下几个因素对决策有着较大的影响。

### (一) 环境因素

决策是由人作出的，所以任何决策过程都受到周围环境的影响，环境影响对决策的重要意义是不言而喻的。从宏观到微观，环境因素包括社会环境、组织文化和决策情景。

#### 1. 社会环境

已经有大量的研究证实，东方和西方存在不同的文化氛围，以中国为代表的东方人和以美国、英国为代表的西方人有着不同的行为方式和处世态度。中国强调集体主义取向，而美国人则强调个人奋斗，德国人则以严谨著称于世。中国人、日本人更倾向于群体决策，以长远目标进行决策，而美国人则更加注重短期目标，法国人更加注重独裁决策。

### 2. 组织文化

组织文化制约着包括决策制定者在内的所有组织成员的思想和行为。决策者属于组织中一员,其作出的每一个决策都受到组织内部的影响和压力。组织面临的环境是急剧变化的,决策的频率就往往较大;组织若是比较稳定的,决策频率就较小。充分了解组织文化,是决策者进行正确决策的前提。处于上升期、竞争激烈的进取型组织会采用更加有效率、有风险的决策,而处以守城期、稳定发展的保守型组织会更倾向于保守的决策。

### 3. 决策情景

在决策过程中,决策任务的重要程度、是否与决策者有关、决策情景的紧急程度都会影响决策。决策问题不重要、与决策者无关的,决策者不会投入太多的精力,一般采用启发式策略进行决策;当任务重大、与自己息息相关时,则相反。当决策情景事发突然时,会造成决策者思维僵化,决策缺乏灵活性和全面性,从而造成决策失误。

## (二) 个性因素

决策心理主要是以个体为出发点而开展的,所以个性因素是影响决策的主要因素。主要包括知、情、意三部分,即感知、思维、意志、情绪等。

### 1. 感知因素

决策方案的制定、选择及实施过程均受到决策者感知过程的影响。首先,对是否存在问题和是否有决策的需要是一个感知问题。例如,一名管理者可能认为他的工厂年生产能力提高了 8% 是一个严重的问题,需要采取行动解决可能存在的问题,而另一名管理者对同样的情况,可能觉得很满意;其次,决策者的感知过程,会影响他对信息的解释和评估,因此,不恰当的感知,可能使决策者错失与问题有关的信息而影响方案的制定。同时,由于对信息的不同过滤、加工和解释,感知还会影响决策者对方案的评价与选择。

### 2. 思维

思维贯穿于决策的整个过程,对决策有着最直接的影响,而且决策本身也是一个思维过程,良好的决策思维,是有效决策的前提和关键。

决策思维主要表现为:① 对问题认识的全面性、客观性。② 对信息掌握和判断的正确性与深刻性。③ 思维的系统性等。它们都直接关系到决策的正确性。首先,问题的提出与发现,需要决策者创造性思维的探寻;其次,面对问题,需要决策者进行深入的分析与综合,并在此基础上,善于运用直觉、想象、发散性思维等创造性的思维技术,从大量偶然性中探索寻找必然性,并制定与选择有效的决策方案;再次,在实施过程中,还需要决策者善于适应变化,运用灵活机动的思维方式方法,使问题得到最好的解决。

### 3. 意志

决策行为往往与克服困难相联系,决策目标的确定、决策方案的制定,以及最终使方案得以顺利实施,均离不开决策者的意志过程。首先,在决策目标的确定阶段,往往存在着多种不同目的,而目的的确定并不是件容易的事,由此可能产生决策者的内心冲突和动机斗争,需要进行权衡比较。意志坚强的人能在此基础上,果断地作出决策,而意志薄弱的人,往往优柔寡断,迟迟作不出决定,甚至在目标确定后,还可能轻易地改变;其次,在决策的实施阶段,由于往往会遇到一些意想不到的困难,更需要决策者自觉地调节、支配自己的行为,要有战胜困难的勇气和决心,克服懒惰、恐惧、动摇等消极心理,使决策目标得到实现。

### 4. 情绪

美国决策研究专家黑斯蒂认为,情绪问题是决策领域未来要解决的重要问题之一,应日益受到重视。情绪对认知过程具有影响作用,在以往的研究中得到了证实。关于情绪与决策的关系,在期望效用理论的基础上,先后出现了后悔理论、失望理论、主观预期愉悦理论。持有这些理论的专家们都认为,在情绪、认知、决策三者之间,情绪的作用是通过认知评估来实现的。

情绪和情感作为心理活动的组织者,影响着其他的心理过程,包括促成知觉选择、监视信息的变化、影响工作记忆和思维活动等。沉稳、愉快的情感,会使决策者思维敏捷;抑郁的情绪,会降低大脑的兴奋性,使思维迟钝,阻碍问题的顺利解决;而情绪过度兴奋也会妨碍合理的分析推理;暴躁的情绪、情感,往往会使决策者草率而冲动;忧郁苦闷、悲观失望,又可能使决策者消极怠惰。因此,对于决策者,应努力克服消极的情绪,培养、激发良好的情绪。

## 第二节 决策制定过程

决策是一个心理过程,是人类认识问题和解决问题的一个典型过程,决策的程序是由人类认识问题和解决问题的思维过程决定的。

从微观个体而言,决策心理过程是一个认知加工的过程。决策的过程包括信息输入、编码、识别、判断等认知过程。西蒙把决策过程分为搜集情报、再现问题、搜索备选方案、选择方案四个阶段。第一阶段,对问题进行输入、编码,搜集相关信息,确定决策情景;第二阶段,对搜集的信息进行识别、再现,通过决策者的认知结构进行解读;第三阶段,在第二阶段对问题进行建构的基础上,探索、搜集可能发生的决策行为的信息;第四阶段,进行判断,从可能的备选方案中进行选择。当决策者找到一个"足够好且令人满意"的方案时,决策过程即告结束。

从宏观组织看,在理性决策模型下,一般将决策制定过程分为 6～8 个程序。简化后,决策制定的基本程序由以下六个步骤组成:识别问题、确定决策目标、拟定决策方案、分析与选择方案、实施方案、评价决策效果。前四个阶段属于决策规划,对决策问题进行理解、识别;后两个阶段属于决策实施。

## 一、识 别 问 题

决策源于一定的问题,因此,识别问题是决策的第一步。寻求现实与期望状态之间的差异,就是问题的识别。问题识别在决策制定过程中具有重要位置,但也并非易事。正如有人说的:那些完美地解决了错误问题的管理者,与那些不能正确识别问题而没有采取行动的管理者一样糟糕。

要使管理者意识到某一事情是问题,首先,需要管理者能够意识到事情的差异,识别差异的重要途径是将事情的现状和标准进行比较,这一标准可以是过去的绩效、预先设置的所期望的目标、组织中其他一些部门的绩效、或是其他组织中类似单位的绩效;其次,必须要有解决这一问题的压力,这种压力可能是组织政策、截止期限、财政危机、上级的期望或即将来临的绩效评定等;第三,必须有采取行动所需要的资源,如管理者必要的职权、资金、信息等,否则,管理者不大可能将事情当作问题。

问题的识别,受到组织文化、决策者的经验和现有的信息等方面的影响,同时,管理者的感知、注意力、情感等个性特点,也在问题识别中起着重要作用。

问题一般可以分为两种类型:一类称为结构良好问题(welt-structured problems);另一类称为结构不良问题(ill-structured problems)。

结构良好问题,是指那些直观的、熟悉的和易确定的问题,其特点是问题直观、条件稳定、与问题相关的信息容易确定。例如,一个市场经理承诺在 30 天内将全部汇票寄出,45 天后,顾客打电话并气愤地质问:"汇票还没有到,我必须马上得到,你准备怎么办?"市场经理马上意识到这是一个问题,并即刻着手去解决。又如,学校处理一名休学学生、顾客反映饭菜不卫生要求负责人处理,等等,这一类问题均可称为结构良好问题。

结构不良问题,是指那些新的或不同寻常的、有关信息是含糊的或不完整的问题。例如,新房产的营销计划制订、是否兼并一个亏损企业、是否投资一种新的且未经证实的技术等,都属于结构不良问题。

## 二、确定决策目标

目标是决策的方向,管理者一旦确定了需要注意和解决的问题,就要针对所存在的问题,确定决策目标,包括所采取的措施应符合哪些要求,必须达到哪些效果等。决策目标不仅为方案的制定和选择提供了依据,而且为决策的实施和控制,以及为组织资源的分配和各种力量的协调提供了标准。

决策目标包括总目标和子目标、长期目标和短期目标、主要目标和次要目标。为了达到决策目标的准确性,首先,在制定目标时,必须考虑与目标相关的多种复杂因素,包括资源、信息、能力和权限等诸方面的有利条件和制约因素,以及可能存在的风险性;其次,所制定的目标必须明确具体,不能含糊不清,在时间、地点、质量、数量等方面要有清楚的界定;再次,在确定决策目标时,要考虑各方面的需要与可能,既不能过高,也不能过低。

## 三、拟定决策方案

方案的拟定必须以问题的性质与决策目标为依据。如果面临的是结构良好的问题,可以根据有关的程序、规则或政策,较容易地拟定决策方案。但在管理实践中,所面临的问题多数是结构不良问题,因此,必须通过对所面临问题的分析,包括问题解决所要求的时限、问题的复杂度,以及决策者所处的各种环境因素,进行方案的设计。为了使在方案拟定的基础上进行的选择有意义,需要设计至少两个以上的备择方案,而且这些不同的方案必须具有相互排斥性,不能相互包容,如果某个方案的活动包含在另一个方案中,那么该方案就失去了进行比较和选择的意义。可供选择的方案数量越多,被选方案的相对满意度就越高,决策就越有可能完善。因此,在方案拟定阶段,要广泛听取群众意见,充分利用组织内外的专家、通过他们的献计献策,产生尽可能多的设想,制定尽可能多的可行方案。

方案拟定通常有两个途径:一是经验,经验可以来自决策者自己,也可能来自别的管理者的做法;二是创造,由于客观条件的变化,人们很难完全搬用过去的成功经验或事例,因此,富有创造力是一个成功的管理者极其重要的素质,尤其是现在竞争越来越激烈,拥有一个独到、新颖、适应未来发展趋势的想法和做法,才能提高自己的竞争优势,因此,在决策方案的设计和拟定中,创造力具有十分重要的地位。

## 四、分析与选择方案

一旦方案拟定后,决策者必须对每一个方案进行分析、评估。

面临结构良好问题时,所拟定的方案中可能有一种方案比其他方案在任何一方面都要优越,或者可能只有一种方案才能解决问题,这样的选择活动比较简单。但在面临结构不良问题时,由于问题复杂,所掌握的信息有限,往往会遇到有些备择方案从某个角度来说是合理的,但从另一个角度来说又有不足,因此,需要对不同方案加以评价和比较,分析各个方案的优势和劣势,以选择对解决问题较为有利的方案。评价和比较的主要内容有:① 方案实施的可行性,包括实施所得的条件能否具备,筹集和利用这些条件需要付出何种成本。② 方案实施可能带来的后果,并把所预测的结果与目标进行比较,包括长期和短期的,有形的和无形的,确定的和概率性的,管理者应尽量把所有的可能性都估计到,同时还必须注意尽量避免过分执著于一个或两个较瞩目的目标,而把其他可能引起的后果置之不顾。③ 方案实施的风险性。

根据上述评价和比较,再经过综合论证,找出各方案的差异和优劣,决策者在此基础上进行方案的选择,这也是全局的关键步骤。方案选择的方法有三种:经验判断法、数学分析法和实验法。这三种方法均要求决策者具备良好的思维分析能力,敏锐的洞察力和判断能力。由于事物发展可能存在的不确定性,决策者不仅要确定能够产生综合优势的实施方案,而且要准备好环境发生出乎意料的变化时可以启用的备用方案,同时对备用方案的可靠性也必须进行评估,以避免临时应变时可能产生的混乱。

## 五、实 施 方 案

方案实施是指将决策传递给有关人员并得到他们行动承诺的过程。决策方案只有付诸实践,才能最后检验决策是否合理有效。

方案的实施,首先,要做好实施的组织工作,并制定切实的计划,包括各个阶段行动的方向、原则、要求以及期限等,制定具体的措施,包括实验观察、技术开发等,有时还需要在方案的全面实施前,进行局部试行,以考察在真实条件下方案的可行性;其次,要搞好思想动员,对实施方案的目的、意义、原则、方法、要求等,进行解释、说明、宣传和鼓励;再次,要对方案的实施过程进行有效的控制和监督,以便及时发现问题,防患于未然。

## 六、评价决策效果

决策制定的最后一步是评价决策效果,根据决策目标,检查所实施的方案是否解决了问题。这一步骤包括两个方面,一方面,通过不断检查、取得信息反馈,在实践中评价决策是否正确。另一方面,利用各种反馈信息,及时发现问题,并采取相应措施,调整决策,修正原方案中的不足。但在有些情况下,所作出的决策具有较大风险性,可能难以通过反馈信息,进行追踪决策而加以修正。

以上决策程序不是机械不变的,在具体决策过程中,可以根据实际情况,可能相互交叉,也可能省略有些阶段。总之,可以根据决策者的经验和决策对象的实际情况,灵活掌握。

以上步骤的实施,是在理性模型的基础上形成的,但必须要满足以下假设的条件才能成立:① 问题清晰。决策问题是清楚而明确的,假定决策者对于决策情境拥有完整全面的信息。② 所有选项已知。假定决策者可以确定所有的相关标准,并能列出所有的可行性方案和所有可能结果。③ 偏好明确。假定决策标准和备选方案的价值可以量化和排序,以反映出它们的重要性。④ 偏好稳定。假定具体的决策标准是恒定的,分配给它们的权重也是稳定的,不随时间的推移而改变。⑤ 没有时间和费用的限制。⑥ 最终选择效果最佳。理性的决策者将选择评估分数最高的方案。

从假定条件看出,在实际的工作中,大量的决策问题常常不能满足科学决策的条件,而且其本身往往具有多目标评判。因此,运用一般的程序难以较快地作出尽可能合理的决策。为此,在管理实践中,还可以利用快速决策分析法和直觉决策法。前者具有把握整体、抓住重点、避免繁琐、循序渐进、使决策分析快速见效的特点,后者具有整体性、直接性、跳跃性、随机性、突发性等特点。这些方法可以较好地解决上述问题。

# 第三节 决策风格研究

## 一、决策风格的含义

在管理实践中,面对同样的事实前提,不同的决策者所作出的决策有很大的差异,这种差异性就体现了不同的决策风格。决策风格虽然不涉及决策的内容和目的,却是影响决策效果的重要因素。

风格是指不同的人在做事方式上所表现出来的习惯偏好。决策风格是指决策者在决策过程中形成的比较持久、不易改变的决策习惯、特征。不同风格的决策者由于对决策制定的方式与步骤有不同的偏好,对待风险的态度与处理办法不同,因而会导致不同的决策效果与效率。作为一个决策者或决策的组织者,了解自己和其他决策者的决策风格,对提高决策的有效性将起到积极的作用。

## 二、决策风格的分类

由于决策者的性格、气质、意志品质等个性特点不同,在面对同样的问题时,所作出的决策有着很大的差异,而因此呈现出不同的决策风格。在已有的研究中,不同的学者从不同角度出发,对决策风格进行了分类,主要有以下四种分类。

### 1. 五分法

库柳特金通过决策过程中的两个主要阶段,即提出方案以及实施和修订方案,来研究决策的个体差异。他划分出了五种决策风格：均衡型、冲动型、怠惰型、风险型、谨慎型，不同风格的决策表现出了决策者不同的心理特征。

（1）均衡型决策风格。习惯于作出均衡型决策的人，其决策过程缜密而果断，对任务的条件和要求事先就进行充分的分析，并广泛地收集和处理各种信息。这种风格的人一般具有深思熟虑和稳健的特点，他们往往能迅速抓住问题的本质，并提出方案，善于深入地分析各种现象的因果联系。在出现难以解决的问题时，能灵活地改变探索决策的策略，情感稳定、意志坚强，在困难的情况下能泰然自若，能对自己的推测和行为作出批判性的评价，并能综观全局。

（2）冲动型决策风格。习惯于作出冲动型决策的人，在面对决策任务时，反应时间短，这种人比较容易发表各种想法，但很少对它们加以鉴别，方案提得多，而检验和修订方案的行动少。他们往往会使决策过程避开论证和检验阶段，跳跃式地进行。在实际工作中，这种冲动性可能导致管理者竭力去贯彻没有经过充分思考和论证的决策。冲动型的人往往只着眼于成绩，而很少看到挫折。这种风格的决策精确度较差，失误较多。

（3）怠惰型决策风格。习惯于作出怠惰型决策的人，面对问题往往是犹豫不决和小心谨慎，在作出初步的假设后，对假设的评价过于谨慎。这种人对他的一举一动都要反复进行检验，监督和修改的行动多而形成的想法少，因而往往会拖延决策的时间。这一类型决策风格的不足，是在出现情况紧急、要求迅速决策的情况下，由于优柔寡断，瞻前顾后而错失良机，延误决策。这种风格的决策效率较低。

（4）风险型决策风格。习惯于作出风险型决策的人，类似于冲动型决策者，在考虑问题时若遇到障碍，极端冲动的人会生硬地去排除障碍，并按照自己的臆测立即作出最后的决策，所产生的预测又会立刻被新的推测取而代之。冲动型决策会越过假设的论证阶段，而风险型决策并不回避这个阶段，但只是在发现有不当之处时，才会对假设进行评价。因此，相对于冲动型决策，它尽管会延误一些时间，但最终提出的方案会得到较好的修正。

（5）谨慎型决策风格。谨慎型决策的特点，是在决策过程中，力求"稳扎稳打"，习惯于"三思而后行"，富有分析性；在作出结论之前，要进行多种多样的准备活动，慎重地权衡各种决策方案以及其实施后果的利弊得失。其优点是精确度较高，失误较少。谨慎型决策风格的人对自己的行动的消极后果比对自己行动的积极后果更为敏感，避免错误是谨慎的人的策略方针。这种决策风格的不足是在时间有限并要求迅速作出决策的情况下，由于反应时间较长，可能显得稳健有余而果断不足，从而延误决策。

上述决策风格是从决策者的个性特点来进行分类的，另外还有两种不同的分类观点：一种是情势决定派；另一种是相互作用派。情势决定派认为不同的决策风格是由不同的决策任务和环境导致的,因为不同的决策任务与决策环境适合于不同决策风格的人,也只有适宜于特定决策岗位的决策风格者才更易于在该岗位上生存下来。相互作用派认为,决策风格既受个性影响,又受决策任务和环境的影响,因此,在研究决策风格的分类时,既要考虑决策者不同的个性特征,也要考虑特定的决策任务与环境。

2. 两分法

美国南加利福尼亚大学教授洛尔(Rowe)从个性和环境两个维度来区分决策风格。个性维度上分为善于思考和善于行动两级,环境维度上分为任务和技术导向、社会和人员导向两级。具体分类见图 8-2。

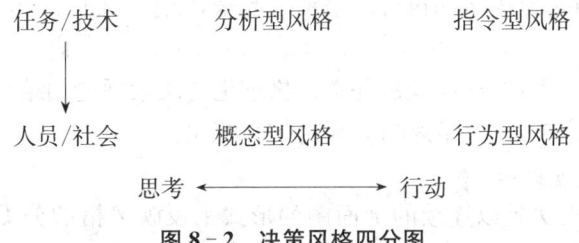

图 8-2　决策风格四分图

(1) 分析型决策风格。这种特征的决策者一般对模糊性、不明确性决策问题具有较好的接受程度,他们在处理事情时善于收集较多的信息,从更多的备选方案中进行推理、选择,乐于解决比较复杂的问题。分析型的决策者具有应付新情况的能力,这类人专注解决问题,为达到特定的目标会尽最大的努力。

(2) 概念型决策风格。这类决策者相比于分析型决策者,更倾向于社交导向,对不明确性也具有较高的接受性,对周围的人更加关心、信任,并能与周围的人分担目标,考虑不同意见,拥有较大的信息量,考虑较多的备选方案,有创造力,更加敢于冒风险,能够在复杂的组织结构中掌握信息。

(3) 指令型决策风格。这类决策者不能容忍决策问题的不确定性,倾向于技术导向,有较强的控制欲望,决策时短期快速,注重效率与结果,较少全面考虑信息和备选方案。这类决策者通常会专注在技术上的决策,形成独裁、专制、需要权力的特性。

(4) 行为型决策风格。这类决策者对不明确性具有较低容忍度,呈社交导向,有较强的直观反应能力,易于沟通,处理问题只需少量信息,重视中、短期目标。倾向于专注短期的绩效和喜欢采取会议讨论型的沟通方式,以避免冲突发生,寻求集体的共识与接受。

3. 纳特的四分法

美国俄亥俄州立大学管理学教授保罗·纳特(P. C. Nutt)以著名心理学家荣

格(C. G. Jung)的心理类型理论和迈尔斯·布里格斯(M. Briggs)的性格分类法为依据,提出决策风格的 16 种类型,这是一种较为经典的决策风格理论。

纳特将个体决策过程中所表现的不同特点作为依据,进行风格分类。纳特首先将决策分为选择和执行两个阶段。在选择阶段,又可以细化为收集和处理两个小阶段,收集阶段主要有 S 型(感觉)和 N 型(直觉)两种风格,处理阶段有 T 型(思维)和 F 型(情感)两种风格。这样,经过 2×2 的结合,选择阶段就形成了条理型(ST)、思索型(NT)、判定型(SF)和启发式型(NF)四种选择风格。同样,在执行阶段,纳特将内倾、外倾和判断、知觉结合起来,形成了四种执行风格,即感化者风格、说客型风格、经纪人风格、周旋者风格。

最后,纳特将选择风格和执行风格结合起来,经过 4×4 结合,就形成了决策过程中的 16 种风格。

纳特划分了决策过程的阶段,并将人格理论与决策理论相结合,把信息加工心理学引入决策研究中,使决策风格研究更加系统化。

4. 决策形象分类法

决策形象分类法是以连续的剖面图的形式来反映风格的分类方法,类似于人格测量中的人格剖面图。马文(Marvin)在大量实际调查的基础上,从 12 个方面发现了有效决策者的决策风格的共同特征。马文认为,决策风格中纯粹的两级划分是不存在的,并将每种风格划分为 ABCD 四个中间地带,个体的决策形象即从中可以勾勒出风格剖面图。马文所总结的决策特征主要包括:高瞻远瞩者、不满足现状者、高敏感性者、催化剂者、机会论者、技巧导向者、善于创新者、向前思维者、足智多谋者、评价型者、讲求实效者、无畏者。

(1)高瞻远瞩者。高瞻远瞩者,不拘泥于现存的问题,而更关心利用各种机会,不盲从,不刻板,能跳出目前的问题,开阔思路,从抓住有利机会入手,具有远见卓识。

(2)不满足现状者。有效的决策者不满足于现状,总是努力追求进步,追求卓越,相信任何事都可以做得比现在更好。

(3)高敏感性者。高敏感性者,善于与人交往,乐于听取他人的意见,努力去了解周围发生的一切和他人的想法,努力使自己的思想与时代同步;善于发现信息,能透过现象把握本质;善于辨别主流与支流,分清轻重缓急。

(4)催化剂者。催化剂者作为一个有效的决策者,应该既是一个积极的倡导者,又是对别人的想法的积极响应者,就像化学反应中的催化剂,能促成事情的实现,促进事物的发展。

(5)机会论者。机会论者把时间与精力集中在最好的机会上,希望转向更有效的活动。

(6) 技巧导向者。技巧导向者总是去做自己有能力做好的事,做尽量有把握的事,以便充分利用自己的才能。技巧导向者首先考虑的是实效,而不是个人的兴趣。

(7) 善于创新者。一个有效的决策者应该是一个富有创造力的人,有强烈的好奇心,丰富的想象力,敢于创造、善于创造。善于创新者很少用同样的老办法来办事,而总是在决策中投入新思想,使决策具有很高的创造性。

(8) 向前思维者。向前思维者总是向前看,今天的工作是重要,但明天的工作可能更重要,在今天的工作中要为明天的工作做准备。

(9) 足智多谋者。足智多谋者善于充分利用众人的智慧,寻求有用的咨询与建议,能识别何人对你的帮助最大,在充分听取对你有帮助的人的意见、建议的基础上来作出决策。

(10) 评价型者。评价型者能充分理解所干的事的价值,不断对自己所做的事进行评价、反思,不断地评估所干事情的价值。

(11) 讲求实效者。讲求实效者把实现目标放在第一位,首先考虑的是实效,怎么有实效就怎么干,不受任何既定规则、步骤等框框的束缚。

(12) 无畏者。无畏者充满着自信,敢于面对困难,敢于承受风险,而且善于在成果、报酬与风险之间作出权衡,在追求成果最佳的前提下,必要时敢于冒险,决不畏缩迟疑。

各种决策风格的划分是相对的,不同年龄、经历和性别的管理者可能有着不同的决策风格。同时,不同决策风格各有其优势,也各有其局限性,都只有在特定的条件下才最适宜。尤其是面临着竞争日益激烈的经济社会,客观环境不断变化,作为一个成功的管理者,既不能墨守成规,也不能不顾市场需要盲目蛮干。表现在决策风格上,也存在着相对较好的取向性。

为了建立一个良好的决策机构,决策者必须了解自己和别的决策者的决策风格,了解各种风格之间可能存在的冲突性和兼容性,并注意不同的决策风格的搭配,以达到多种心理类型的融合互补,这样,才能扬长避短,协调决策者间可能的冲突,使决策的效果最佳。

虽然决策风格受个人心理特征的影响,具有相对稳定性,改变较难,但决策风格还受到决策任务与环境的制约,而且决策者总是希望自己的风格在一定的程度上向着有效的方向转变。所以,决策风格也并非绝对不能改变,个人的年龄、教育程度、生活经验、压力的高低等都可能是决策风格改变的原因。

作为一个有效的决策者,除了在决策中需要有效的风格特点,还需要决断的勇气、组织群体决策的能力、直觉判断能力等心理品质,由于决策风格存在着相对较好或较不好的取向性,为了更好或更适宜于特定的决策任务与决策环境,有时需要决策者设法改变不适应于决策任务和环境的风格。了解自己的决策风格,充分地认识该决策风格的长处和短处,对于提高决策效果与效率将起到重要作用。

## 第四节　决策心理在管理实践中的应用

在实际的管理工作中,好决策对组织的发展至关重要。在管理中,必须要遵循决策理论,按照决策制定的程序和方法,营造良好的决策氛围,合理利用已经发现的决策模型和策略,并要尽量避免决策陷阱,以提高决策质量。

## 一、决策陷阱

决策陷阱,即生活中常见且容易导致决策失误的现象。管理者即使严格按照算法式决策策略进行决策时,也不可避免地要遇到决策陷阱问题,而且有时是无意识的。只有对决策陷阱加以了解,才能在管理实践中加以注意。

### (一) 框架效应

框架效应(Framing Effects)是指使用在逻辑意义上的相似的两种说法来描述一个问题,因为描述侧重的方面不同,导致决策者产生不同的决策判断。

"亚洲疾病问题"实验是框架效应的经典案例。实验要求决策者在生还(正面框架)或者死去(负面框架)的情景下,对一个确定选项和一个概率(风险)选项进行选择。想象一下美国正准备对付一种罕见的亚洲疾病,预计该疾病的发作将导致600人死亡。现有两种与疾病作斗争的方案可供选择。假定对各方案所产生后果的精确、科学的估算如下所示:

(1) 正面框架。对第一组被试($N=152$)叙述下面情景:

假设采纳 A 方案,200 人将生还。(72%)

假设采纳 B 方案,有 1/3 的机会 600 人将生还,而有 2/3 的机会无人将生还。(28%)

(2) 负面框架。对第二组被试($N=155$)叙述同样的情景,同时将解决方案改为 C 和 D。

假设采纳 C 方案,400 人将死去。(22%)

假设采纳 D 方案,有 1/3 的机会无人死去,而有 2/3 的机会 600 人将死去。(78%)

但实质上正面和负面框架的两种方案是一致的,只是一种用了积极的描述(生还),一种用了消极的描述(死去)。因为语言的改变,造成人们的参照点发生改变。人们在正面框架下表现出受益时是风险规避者;在负面框架下表现出受损时是风险偏好者。

亚洲疾病问题实验之后，出现了大量关于框架效应的实验研究。有研究表明，并非只有外行非专业人员会有框架效应，即使专业人员也很容易受框架效应的影响。框架效应有三种表现形式：风险选择框架效应、特性框架效应、目标框架效应。

框架效应告诉我们，在管理实践中，人不总是理智的决策者，应当从不同的角度考虑问题，不仅要考虑决策可能带来的损失，而且要从反面来审视，看到决策可能带来的收益。管理者多变换角度考虑问题，尽管会付出更多的时间、财力等方面的投入，但它可以选择更好的决策，从而避免失败。

框架效应也提示我们在管理沟通中，要注意表达方式。沟通同一件事情，采用不同的表达方式，可能会收到完全不同的结果。在沟通中，不但要注意说什么，还要注意怎么说。

### (二) 成本沉没效应[①]

成本沉没效应(Sunk Cost Effects)是指在人们在决策中，会受到以往在这项工作上投入成本的影响，以往投入愈多，就愈难放弃继续投入。阿克斯和布卢默(Arks 和 Blumer，1985)曾做过如下实验：假设你买了一张 100 美元的周末去密歇根滑雪的票和一张 50 美元的周末去威斯康星滑雪的票，由于你的疏忽，所买的 2 张票是在同一周。现在你必须选择一个，放弃另一个，你将怎样选择？结果表明，54％的被试选择放弃更加有趣的威斯康星之旅，理由是密歇根滑雪的票比较贵，放弃是一种浪费。沉没成本效应反映出的是一种"避免浪费的愿望"。Brockner 也认为由于个体不愿承认自己以往的决策失误，总是希望与先前的选择保持一致，所以个体会存在自我申辩(self-justification)的倾向。输了钱的赌徒总是想把输了的钱赢回来，不断地借钱赌博，结果债台高筑，就是这个道理。

在实践中，管理者必须认识到，工作的成败不仅仅受到决策的影响，再好的决策也可能得到失败的结果，因为人是有限理性，有些因素是不可预知的。即使有良好的策划、计划，但执行中仍有可能偏离轨道，胜败乃兵家常事。例如，英特尔公司(Intel)2000 年 12 月决定取消整个 Timna 芯片生产线就是这样一个例子。Timna 是英特尔公司专为低端 PC 设计的整合型芯片。当初在上这个项目的时候，公司认为今后计算机减少成本将通过高度集成(整合型)的设计来实现。可后来，PC 市场发生了很大变化，PC 制造商通过其他系统成本降低方法，已经达到了目标。英特尔公司看清了这点后，果断决定让项目下马，从而避免更大的支出。

在管理中要避免成本沉没效应要注意以下几点。

(1) 建立健全的决策体系，决策者从技术、财务、市场前景和产业发展方向等

---

① 庄锦英.决策心理学[M].上海：上海教育出版社，2006：130-131.

方面对项目做出准确判断。

（2）当决策事项进展不顺利的时候，多向与该事项无关的管理人员咨询，仔细考虑他们的意见和看法。

（3）要勇于承认自己的决策失误，再优秀的管理者也有失败的时候。

（4）事关"未来"的决策一定要"向前看"，而不是"向后看"，对错误的决策项目不予以过于严厉的惩罚，及时终结。

**（三）过度自信**

过度自信（overconfidence）指个体过于高估自己的成功机会或者过度相信自己的判断，对决策结果过于乐观。对人类的过度自信应当辩证看待。如果人脑不鼓励我们对自己的能力充满信心，这个世界将变得了无生气且贫乏不堪。但是在不确定型决策过程中，过度自信却成为一大误区。

在投资决策过程中，也出现过度自信的现象。巴伯（Brad Barber）和欧登（Terranee Odean）研究发现，男性在许多领域中总是过高估计自己，如领导能力、体育技能、与别人的相处能力等。他们认为：过度自信的投资者在市场中会频繁交易，总体表现为年成交量的放大，但由于过度自信而频繁进行的交易并不能让投资者获得更高的收益。欧登研究发现，过度自信和过度频繁的交易会降低投资者的回报，是因为过度交易会带来大量的佣金支出，并且会导致非理性的交易使得投资者卖出好股票买入差股票。

在实际工作中，作为管理者必须拥有良好的心理素质，自信是不可或缺的心理品质。但在不确定情景下作决策时，必须要修正过度自信带来的偏差。不断地从现实工作进行总结、自我审视是一种不错的办法。例如，在工作中，及时从阶段性的结果中获得反馈信息，及时向周围的人了解他们的看法和意见，收集信息，不因为暂时的成功而自我束缚。在失败后，从内外两个方面找原因，看看自己是否过于想当然而作出了错误的决定。此外，在决策中，要考虑到最好和最坏的结果，进行充分的预期，对问题了解得越细致越好，这也是非常重要的。因为，问题结果越模糊，过度自信的可能性就越大。

**（四）心理账户**

塞勒（Thaler，1985）提出了心理账户理论，认为在实际工作生活中，个体都存在心理账户系统。在这个系统中并不是完全遵循现实中的运算法则，而是采用一种非预期的方式来影响决策。现实中的账户和心理账户是不同的。同样一枚硬币，在不同的决策者的心理账户中，所代表的价值可能并不是一样的；来源不同的银币，对同一个人来讲，也可能代表着不同的价值。这种非理性的表现会直接影响到工作中的决策水平。

例如，人们在使用信用卡消费时，会比使用现金消费时支出更多、花费更多。

主要是因为,信用卡可以延期交费,并通常是把许多次消费合在了一起,这样,每一次消费放在整体中看就显得不是很多了,就能把商品与费用隔离开来。又如,通过外快得到的钱,更愿意冒险,消费起来也更大手大脚。对于工资,一般人都不舍得花,要精打细算。外快和工资分属于不同的心理账户,所以在使用的时候,会有不同的消费倾向和风险偏好。

在经济决策过程中,既要合理利用心理账户,又要避免心理账户带来的偏差。心理账户的重要特征是决策者将决策问题分开考虑,一次考虑一个决策问题,没有权衡全局,这就使得决策存在较大风险。在遇到类似问题时,要前后权衡,全面考虑。

### (五)禀赋效应

禀赋效应是指决策者会因为决策情景变化、决策者拥有资源状况发生变化而改变决策。许多研究证实,同一件商品,在买卖双方的心理价位上有很大差异:买者的心理价位总是比卖者的心理价位低得多。禀赋效应是与个人的自尊相联系的,人们总是倾向于对和自己有关的事物给予高评价。当个体决定出售的东西与自己有关,定价自然会高;当个体要购买东西时,物品与自己没有关联,定价自然会低。

禀赋效应造成了管理者在市场交易的过程中出现不理性行为,再加上成本沉没效应造成的偏差,在市场竞争中会直接影响决策。在股票的交易中,交易者倾向于高估自己所持有的股票,并低估其他股票,造成保持现有状态,而不进行交易。

### (六)承诺升级

承诺升级简单地说,就是长时间坚持某一无效行动。在组织中,错误、无效的行为应当及时停止,并得到纠正,但实际上,有些错误的决策不但得不到纠正,反而会在一个方向上继续错下去,逐渐升级承诺。主要原因是投入成本高,不忍放弃。成本越高,放弃越困难。

在组织中,迫于决策一致性压力,决策者放弃先前的行为就证明自己承认失败,这对于管理者来说是难以接受的。为了挽回败局,保持形象,决策者就继续将错就错,继续注入资源。

对于组织来说,可以采取以下措施避免承诺升级。① 当资金短缺或者失败的危险过大时,投资者会停止投资。② 当错误决策的责任趋于分散时,决策者对决策失误负有责任越小,承诺升级的情况就越容易停止。③ 当组织人事调整,错误决策者被调离后,新来的决策者和错误决策者没有什么联系和瓜葛,承诺升级的可能性也会很小。例如,银行更换负责贷款的领导后,会停止对一些呆账客户进行追加贷款。④ 当资金投入已经超出预期回报时,承诺升级也会受到抑制。

## 二、合理利用启发式决策策略

在描述性决策理论中,提出了启发式的概念。启发式,也称为快捷判断法,是简化判断过程的经验法则和快捷方式,常常依靠"直觉经验"。启发式减小了决策过程中的不确定性,可以节省精力和决策程序,具有迅速高效的认知优势,有助于决策者作出迅速而正确的决策,特别是在信息资源有限的条件下。但启发式并不严密,是把双刃剑,具有两面性,也可能导致偏差,影响决策质量。

### (一) 代表性启发式

代表性启发式是指人们依据已经掌握的某一群体的代表性特征来推断个体。这是一种便捷的判断工具,很可能会帮助决策者快速地作出判断。代表性启发式可能出现的偏差主要表现在:① 忽视基础概率。② 对样本大小不敏感。③ 忽视回归现象。

例如,管理者得知先前从某一地区招聘来的员工中流失率很高,他可能就会预测这一地区的员工都不认同组织文化。

### (二) 易得性启发式

易得性启发式是指决策者根据记忆中容易想起的事物来作判断的方法,这是根据认知难易程度来选择和加工信息的方法。生动、形象、能激发情绪的事件要比乏味、模糊的事件的信息更容易被获得。决策者在决策时不可能毫无目的地搜索备选方案进行评估,而高频率事件是很容易出现在头脑中的。如果易得性的事件与决策者要处理的事件有着紧密联系,易得性启发式将发挥重要作用。某一领域的专家比新手作出的决策更快、更正确的原因也在于此。

易得性启发式可以导致的偏差有:① 概率高估。越容易被提取的事件的信息,其概率越容易被高估。材料越生动,在判断中也越容易被高估。② 假定联系。决策者若同时知觉到的两个事件,会高估它们同时发生的概率。

### (三) 锚定与调整启发式

锚定与调整启发式是指决策者以最初得到的信息作为"锚"(参考点),并围绕"锚"不断进行调整。例如,在人事招聘过程中,招聘者总是询问应聘者的薪资水平是多少,这就是招聘者在寻找一个锚定值,在接洽中,不断根据锚定值进行调整。

如果锚是由正确、有效的信息产生的,那么就节省了心智成本,简化了认知过程。如果锚没有选择正确,调整又不恰当,就会引起决策失误。在实际中,人们往往会对最初的信息给予过高的权重,而忽视了后获得的信息。在各种商业谈判中,很多时候谈判者一开始就将自方的要价设得过高或者过低,以锚定对方的谈判方向。所在,在决策之前,应当审视锚定值是否过于极端,应当从反方向进行全面考虑。

### (四) 快速节俭启发式

快速节俭启发式与前几种启发式不同,它源于生态理性理论。生态理性理论不认为启发式是对理性决策的偏离,而认为快速节俭启发式是人适应环境的有效策略,一种快速、节俭而又准确的决策方式。已经发现的启发式有再认启发式、采纳最佳启发式、最少化启发式、采纳最近启发式、少即多启发式、排除启发式、满意性启发式等。

其中,再认启发式是指在两个对象中进行选择,决策者会选择能够再认(熟悉)的选项。再认启发式是一个充分利用了环境信息的决策策略。例如,有些电视广告经常表现出美丽的画面,但却提供了很少的广告信息,我们很容易记住了广告内容。当人们在购买不了解情况的商品时,会以对该商品的熟悉程度(再认)作为购买的依据。这样,在电视广告中留下的线索,就决定了人们的购买决策。

## 三、改进个人决策的建议

针对提高个人决策水平,著名组织行为学专家斯蒂芬·P·罗宾斯(Stephen P. Robbins)提出了五点建议。

(1) 分析决策情境。正如同我们在第一节所述,社会环境、组织文化等环境因素时刻影响着决策过程。决策者必须重视所在国家的文化。任何一个跨国公司,都应当考虑文化的差异,以采取不同的决策策略和方法。在不同的组织里,也要充分重视组织文化,融入组织文化,不能一味追求理性决策。

(2) 了解决策偏差和决策陷阱。要认识到启发式偏差、决策陷阱,在决策之前要好好考虑是否存在不理性的事物,并加以避免。

(3) 理性分析与启发式有机结合。在决策中,理性分析与直觉判断并不冲突。不能一味追求理性决策,无限制的理性决策是不存在的。启发式决策策略可以提高决策效率。当对某一领域不熟悉时,理性分析的内容可以占优;随着对管理领域决策经验的不断丰富,就可以多运用启发式策略。

(4) 不同的工作采用不同的决策风格。岗位与人员之间讲究人职匹配;同样,岗位与决策风格之间也要讲究匹配。不同的工作岗位需要不同的决策风格。

(5) 努力提高创造力。所有的决策都需要得到创造力的支撑。要鼓励组织中的个体敢于公开自己的观点,勇于采纳不同的观点,试图从新的角度看待问题,并善于使用类比。努力消除可能妨碍创造性的障碍。可以借鉴奥斯本的创造力模型,激发新思想和新观点。

# 本　章　小　结

决策问题是一个古老的问题,长久以来人们用数学、管理学、心理学等各种方法来研究决策问题,但是我们对决策问题的研究大都集中在决策者作出了什么决策以及这个决策产生了什么样的效果,热衷于建立决策模型。我们往往对于决策的结果倾注了过多的感情,但是对决策心理的过程研究甚少。在初始的研究中,研究者往往忽视了对决策心理的研究,忽视了对决策个体的研究。只有充分了解了决策、决策心理的发生过程,才能协助我们更有效地制定决策,也才能取得满意的结果。

本章正是从这个角度出发,分析了决策、决策心理的定义,并从不同角度对决策类型进行了详细划分,具体分为战略性决策、战术性决策;稳定型决策、风险型决策和不稳定型决策;经验决策与科学决策;程序化决策与非程序化决策。

对决策心理理论进行了介绍,梳理了决策心理的发展脉络,按照"完全理性—有限理性—生态理性"的脉络,将决策心理理论分为古典决策理论、描述性决策理论和生态理性决策理论。对影响较大的描述性决策理论中的前景理论进行了详细介绍。

为更好地分析决策心理,对决策心理的影响因素进行了分解。决策心理受到环境和个性两大方面的影响,环境因素包括社会文化、组织文化、决策情景,个性因素包括感知、意志、思维、情绪等。

要想制定决策,就必须了解决策过程。根据理性原则,很多研究将决策过程分为6~8个步骤,基本上大同小异。但这一决策过程必须在满足条件的情况下才能顺利实施。描述性范式的研究者,也提出了不同的决策过程。

决策风格是指决策者在决策过程中形成的比较持久、不易改变的决策习惯、特征。与人格研究类似,不同的理论提出了不同的分类标准。库柳特金划分出了五种决策风格类型:均衡型、冲动型、怠惰型、风险型、谨慎型;洛尔根据两个不同的维度,提出了四种决策风格类型:分析型、概念型、指令型、行为型。另外,纳特提出一种较为经典的决策风格理论,分为16种类型;马文根据决策形象分类法,提出了有效决策的12种风格。

决策理论是抽象的,难以理解,为加强应用,促进个人有效决策,结合实践经验,本章最后着重对决策陷阱、启发式决策策略进行了分析、介绍,并提供了有效决策的建议。

决策属于"软科学",它既是一门科学,又是一门艺术。本章将决策心理的科学性和艺术性有机地结合起来,融入统一的框架体系之中;用大量鲜活的实际案例诠释决策理论,用决策科学的理论和方法梳理决策艺术的理念和技巧,以期使其科学精髓能为广大决策者所用。

## 思考题

1. 什么是前景理论?

2. 简述决策制定过程。

3. 简述影响决策的心理因素。

4. 教师这一职业应当具有何种决策风格？

5. 教师在进行学生班级管理中,应当如何决策,并如何避免决策陷阱?

阅读材料

## 神经经济学：迈向脑科学的决策科学

### 一、神经经济学简介

神经经济学(Neuroeconomics)是一个新兴的跨学科领域,它运用神经科学技术来确定与经济决策相关的神经机制。这里的"经济"应该更广义地理解为(人类或其他动物)在评价选项(alternatives)所作出的任何决策过程。2002年诺贝尔经济学奖得主弗农·斯密斯在颁奖大会上作了题为"经济学中的建构主义和生态理性"报告,指出"新的大脑影像技术激发神经经济学研究去探索大脑的内在秩序及其与人类决策(包括固定赌博的选择,也包括由市场和其他制度规则作为中介的选择)之间的关系"。

神经经济学综合了经济学、心理学以及神经生物学等诸多学科。经济学试图用一个单一的、逻辑上统一的形式来整体描述所有的选择行为;心理学则考察价值在主观估计和客观估计之间所存在的差异方式,并提出种种心理模型来解释这些观察到的行为偏好。神经生物学着眼于最简单的、可能存在的神经回路来解释最简单的可测量的行为元素。由此看来,这些学科解释人类的选择行为的不同之处在于其操作的水平不同。此外,当前,脑成像技术成为神经科学最盛行的工具。许多脑成像技术比较人们在执行不同任务(包括实验任务和控制任务)时的脑区差异。借用脑成像技术,神经经济学可以直接测量思维和情感,从内部观察人的行为,探讨"黑箱子"问题,从而促进我们对大脑与行为之间关系的理解。正如Camerer等经济学家和神经生物学家所言,"新的工具定义了新的科学领域,并消除了旧有边界",神经经济学借助于脑成像等神经科学技术,打破了这三大学科的界线。

神经经济学研究主题分为两大类：

(1)确定决策过程中的神经过程,此时,标准经济学模型能很好地预测行为。

（2）研究"异象"（anomalies），此时，标准模型不能很好地预测行为。然而，这门新兴学科似乎并没有明确规定其研究内容，大凡在其定义框架之下的研究都可以归结为神经经济学的研究课题。

## 二、神经经济学的研究发现

神经经济学不仅从神经角度证实了经济学和心理学的一些发现，更有意义的是，其研究结果是从内在机制上解释传统研究中出现的一些异象。尽管这一学科在近二三年才得到发展，但是研究者当前已经在一些方面取得一定进展。下面回顾两大主题在神经经济学研究中的发现。

### （一）决策与奖惩系统

研究者认为，奖赏过程和惩罚过程是决策过程的重要成分。神经成像研究已经确定了一些与奖赏过程相关的脑区，包括前额叶皮层（含不同的子区，也就是背外侧前额叶皮层和前额脑区底部）、杏仁核、基底神经节（包括尾状核，较外侧的壳核和苍白球）以及腹侧被盖区。研究进一步将奖赏区分为预期奖赏和实际奖赏，并发现不同的脑区负责不同类型的奖赏。例如，Knutson 等让 9 名被试通过按钮对标有不同颜色的线索作出反应。

Trepel 等总结了决策效用、体验效用及结果概率在认知神经科学中的研究。大脑加工决策效用体现了与奖赏期望或对未来事件主观价值的评价相关的活动。研究发现，多巴胺系统、腹侧纹状体、前额叶皮层和杏仁核在表征决策效用中发挥一定作用。而大脑加工体验效用体现了在体验好坏结果时的活动，而且随结果的效价或数量发生调整。体验效用的神经机制与边缘系统、脑干以及皮质区所构成的网络相关。在体验奖赏时，纹状体、眼眶部前额叶皮层和额前正中皮层发挥作用；在体验损失时，杏仁核发挥作用。最近的研究也开始说明表征结果概率的脑区，如侧顶叶、多巴胺系统，然而，还没有研究提供直接证据支持结果概率的脑区机制。

对动物和人类进行的研究证实，当人们在不同时间得到的奖赏之间作出选择时，选项的相对价值会因为人期望兑现的延迟而大打折扣。

### （二）决策与情绪

神经科学的研究表明，情绪在人类生存方面发挥重要作用。例如，有研究者采用 fMRI 记录最后通牒游戏来研究参与经济决策的认知过程和情绪过程的神经机制。他们发现，当游戏者对公平提议与不公平提议作出反应时,不公平的分配方案引发了与情绪和认知相关的大脑活动(情绪活动的脑区在前脑岛,而认知活动的脑区在背外侧前额叶皮层),而且拒绝不公平的分配方案会引起前脑岛活动显著提高,从而证明情绪可能是直接来自决策本身的反应。

有研究者采用赌博游戏证实了,人们在对未来事件的期望过程中产生躯体状态(或情绪信号),从而引导作出决定。躯体标识假设与那些认为情绪、情感在决策过程中发挥主要作用的观点一致,但不同于那些认为躯体信号只对决策系统产生噪音的观点。

### 三、神经经济学的继续探索

神经经济学是新兴学科,经济学、心理学和神经科学三大学科的研究为神经经济学的研究奠定了基础,研究者对其理解也非常广泛。从这一角度来看,方兴未艾的神经经济学有着广阔的发展前景。然而,在其发展道路上,神经经济学也必须克服一些障碍,或者增进研究方式。此外,一些新的课题也需要神经经济学与其他学科携手前进。

已有的研究多采用动物为被试,进而推广到人类的决策行为。因为人类与动物决策的基本心理过程在长期进化发展过程中保留得基本相似,因此,用动物进行神经科学研究可以为人类的决策行为基本心理机制提供有意义的启示。但随着神经科学研究工具(如 fMRI 技术)的发展,对人类尤其是正常人类(非病患者)的研究也越来越多。尽管当前无论是以动物为研究对象还是以病人或正常人为研究对象都已得到一些有意义的结果,但是风险决策神经机制的精确作用还没有得到充分理解。例如,脑功能成像研究可以证实一定脑区与一定的决策行为存在相关,但这并不能排除某些其他脑区也执行相应的决策任务。

决策科学是理解人类如何行为,也就是如何作出选择的科学,而行为一方面产生自控制系统和自动系统的相互作用,另一方面产生自认知系统与情感系统的相互作用。研究者早已关注认知系统,而直到最近,情绪在决策过程中的作用才得到越来越多的关注,这一点在国内的决策研究中尤为突出。对于神经经济学而言,确定情绪的位置及发生的情境是一个挑战。在心理层面上,人类决策制定划分为理性决定和非理性决定两类。由此,一些经济学家猜测,理性决定是大脑皮层的产物,而非理性决定是其他大脑系统(古老情绪系统)的产物。然而也有研究者认为:没有证据表明在大脑内部隐藏着理性和非理性这两个完全独立的系统。

Knutson 等探讨预期奖赏的量和概率引起脑区活动,结果表明,尽管皮层下脑区表征一种情感成分,但皮层脑区表征一种概率成分,而且,可能整合了情感成分和概率成分。那么以前研究所证实的认知和情绪会引起大脑不同区域的活动是否还有更深层的意义呢?

当前神经经济学的研究多数还处于一种假设状态,因此这门新兴学科有着广阔的发展空间。国内外的心理学、经济学以及神经科学分别从不同的角度促进决策科学的发展。但是,也许正如 Glimcher 等所言,真正理解人类如何和为何作出选择,毫无疑问需要神经经济学。当然,现在来评判神经经济学能最终对预测人类行为有多大贡献还为时过早,神经经济学为解决决策科学问题也必然需要迎接严峻的挑战和考验。

(刘长江,李纾.神经经济学:迈向脑科学的决策科学[M].心理科学,2007,30(2):482-484.)

# 第九章

# 领导心理与管理

【本章导读】 在新世纪的征途上,机遇与挑战并存。当今社会知识更新速度较快,领导者需要不断更新自己的知识储备,才能跟上时代的步伐。领导者的成功不仅有赖于其优于常人的心理素质,更需要建立在谙熟人性奥妙和洞悉下属心理的基础之上。领导心理学是把心理学的知识应用于分析、说明、指导领导活动中的个体和群体行为的心理学分支。领导心理学有助于调动人们的积极性,改善组织结构和领导绩效,提高工作生活质量,建立健康文明的人际关系,达到提高领导水平和发展生产的目的。

领导心理学并没有一种适用于解决一切问题的通用的方法。它主要以心理学及社会学的研究方法为基础,结合领导实际,根据不同的情况、不同的问题,采用适宜的方法,以使问题的解决有客观、科学的根据。

领导理论是领导者工作的科学依据,理论在实践中的运用是领导者必须掌握的技能。融洽的人际关系是领导者工作顺利开展的基础。与下属、同级和上级的人际关系处理的方法,是领导者必须掌握的领导艺术。在这个以人为本的新领导时代,领导的艺术日趋注重领导者和被领导者的心理。在脱离了以往条条框框的限制式领导模式之后,心理领导已经成为成功领导的必经之路。领导者的创新是工作进步的源泉,只有推陈出新、打破常规,才能取得成绩。一名领导者,只有做到善于沟通、爱护员工、胸怀宽广、正直真诚和博彩众识,领导之途才能永无止境。

## 第一节 领 导 概 述

领导是人类社会普遍存在的现象,是管理心理学研究的主要内容之一。本章将结合领导心理研究的最新成果,对领导心理作全面深入的分析。

## 一、领 导 的 定 义

领导现象是人类群居生活的结果。广义地说,凡是有人类群居生活的地方,都有某种形式的领导存在。马克思曾精辟地指出:"一切规模较大的直接社会劳动或共同劳动都或多或少需要指挥,以协调个人的活动,并执行生产总体的运动——不同于这一总体的独立器官的运动——所产生的各种一股职能。一个单独的提琴手是自己指挥自己,一个乐队就需要一个乐队指挥。"

美国管理学家哈罗德·孔茨认为,领导是一门促使其部属充满信心、满怀热情来完成他们任务的艺术。

泰瑞认为,领导是影响人们自动为达成群体目标而努力的一种行为。

坦宁鲍姆认为,领导是在某种情况下,经过意见交流的过程所实行的一种为了达成某个目标的影响力。

斯科特认为,领导是在某种情况下,影响个人或群体达成目标行动的过程。

约翰·科特认为,领导是指主要通过一些非强制性的不易觉察的方法,鼓动一个群体的人们或多个群体的人们朝着某个既定方向、目标努力的过程。

管理心理学家杨淑贞认为,领导乃是组织赋予某一个人的权力,以统御其部属完成组织的目标。

俞文钊教授认为,领导是引导与影响组织、群体、个体,使之在一定条件下实现固定目标的行动过程。

我们认为领导包含两层意思:领导的行为过程和领导者。领导的行为过程产生于一定的组织,与实现组织的目标直接相关,在组织中存在着领导者与被领导者不均等的权力和影响力的分配关系。因此,我们将领导定义为在一定的组织中,通过统领和影响来实现组织目标的行为过程。领导者是实现领导过程的关键人物,正如彼得·德鲁克所指出的,领导者是任何企业最基本而又最难得的资源。领导者是计划、组织、监督、控制、沟通信息、委派任务和承担责任,并努力实现组织目标的人。国外研究表明,员工积极性的 40% 是由领导者诱发出来的。

## 二、领导者的类型和职能

领导的类型按成员数量划分,可以分成个人领导和集体领导;按层次级别划分,可以分成高层领导、中层领导和基层领导;按专业性质划分,可以分成经济、政治、科技、文化、教育、军事和政党等专业领导;按工作性质划分,可以分成行政领导、业务领导和学术领导;按职权身份划分,可以分成正式领导、非正式领导和代理领导。

美国管理学家孔茨认为,领导者主要在人际关系、信息和决策三方面起作用。著名管理学家切斯特·巴纳锡则认为,领导者的职能类似于大脑和神经系统对身体其他部分的作用,他提出三项职能:① 提供一个信息交流系统。② 提供必要的个人努力。③ 制定目标。我们认为,领导者应该是一个多功能的角色,他应该具有如下职能：

（1）沟通职能。使组织内部上情下达，下情上达，保持信息沟通通畅，并与外界保持良好的信息沟通，使组织成为一个开放式的信息系统。此外，还要注意与员工的情感沟通。

（2）决策职能。要善于发现问题，集思广益，拟定方案，分析评估，捕捉时机，当机立断。做到"运筹帷幄，决胜千里"。

（3）规划职能。规划组织的长、中、短期目标，细分目标，确立重点，制定方针，设置步骤，引导组织努力实现目标。

（4）组织职能。筹划设立组织机构，制定岗位规范，知人善任，分工授权。

（5）表率职能。遵守规章，身体力行；遇到困难，身先士卒；用榜样的力量来带动下层。

（6）指挥职能。行使权力，统帅组织，指引和影响组织向目标努力。

（7）监督职能。评估组织目标的实施进程，提供反馈信息，督促和建议改进。

（8）开创职能。在动态基础上，不断谋划变革，适应外界环境变化，提高组织的竞争力和生存力。

（9）激励职能。激发下层的内在心理需求，调动下层的积极性，使人们充满热情，满怀信心，通过科学有效的奖惩制度，提高工作绩效。

（10）协调职能。协调部门之间的资金、人力、设备等资源，使其优化组合，发挥最大效能。

## 三、领导者的作用

领导意味着带领团队成员朝着共同的目标和工作价值观去努力。领导者从全局考虑，实施领导行为，组织团队成员朝着目标去工作。在这一过程中，领导者需要运用领导艺术、人际交往、激励等方法，组织团队成员融入共同目标中去。具体而言，领导者的作用是非常重要的，主要有以下三个方面。

### （一）指导工作，实现组织目标

领导者在工作中须制定和实施计划，设立和运行组织机构，配备人力资源等，这就要求领导需要有清晰的头脑，高瞻远瞩、运筹帷幄地认清工作环境和形势。领导者须协调部门之间和人员之间的工作，用自己的行动带领人们实现组织目标。

### （二）协同工作，确保组织有效运行

领导者在协同工作中，因个人的才能、理解能力、工作态度、进取精神、性格、作风、地位等不同，以及外部各种因素的干扰，故应明确分工，各司其职，协调员工之间的工作关系；充分运用指挥、协调、激励的艺术与方法，创造良好的工作环境，

把大家团结起来,促进整个组织正常、有效运行,确保组织目标得以实现。

### (三) 激励员工,发挥员工积极性

领导者通过各种有效的沟通手段,尽量满足员工在学习、工作和生活中的需求,以员工为本,站在员工的角度考虑问题,为员工排忧解难,激发和鼓舞他们的斗志,发掘、充实和加强他们积极进取的动力。让他们始终保持高昂的工作热情和竞争士气,自觉地为实现组织目标而努力工作,在竞争中立于不败之地。

## 四、领导者的权力

领导者的权力是保证领导者领导有效的条件。领导者作为权力的拥有者,要凭借手中权力所产生的影响力和控制力,对所属成员加以约束。

德国社会学家韦伯设想了三种权力:① 合法的权力,以法律或上级行政组织直接授予的权力。② 传统的权力,以古老的传统神圣不可侵犯的信念为基础的权力。③ 神授的权力,以对某一超凡人物的崇拜或虔诚的信仰和迷信为基础的权力。

这三种权力被认为是"纯粹"的权力,属于外部力量赋予的权力。但权力还有内在产生的,属于威望形成的权力。

美国管理心理学家费兰奇和芮温在 1959 年合著的《社会权力的基础》一文中指出,权力按来源分析,由强制、奖赏、法定、专家和参照五种权力构成:① 强制性权力,指利用强迫制裁或暴力威胁产生的影响。② 奖赏性权力,指利用物质和精神刺激来产生的影响。③ 法定性权力,指利用法律、契约等社会规范来确定义务而产生的影响。④ 专家性权力,利用专门知识、特殊技能、精湛艺术来形成的影响。⑤ 参照性权力,利用品德、作风、修养而形成的影响。

我们把人们运用权力,并将其转化为具体的行动,称为权术。一项涉及 165 名经理人员和 750 名员工的调查表明,领导者运用权力时可分为七种权术维度或策略:

(1) 合理化。用事实或数据来证明自己的想法符合逻辑,合情。

(2) 友情。在提出请求之前,先称赞、吹捧、恭维对方以获得认可。

(3) 结盟。争取组织中其他人的拥护和支持。

(4) 谈判。通过讨价还价使双方的利益取得一致。

(5) 硬性指示。强调规章、命令、重复提醒、要求服从等强制的方式。

(6) 高层权威。从上级那儿获取支持来强化要求。

(7) 规范的约束力。运用组织制度,如奖惩规定、绩效评估等形式。

不同的领导者会根据不同的情况分别使用上述七种权术,如表 9-1 所示。

表 9 - 1　按使用频率高低排列的权术

| 使用频率 | 领导者影响上级 | 领导者影响下级 |
|---|---|---|
| 高使用频率<br><br><br><br><br>低使用频率 | 合理化<br>结盟<br>友情<br>谈判<br>硬性指示<br>高层权威 | 合理化<br>硬性指示<br>友情<br>结盟<br>谈判<br>高层权威<br>规范的约束力 |

　　研究发现,那些权力较大,处于支配地位的领导者相对于权力较小的领导者会更多地使用权术,而且前者比后者更频繁地使用硬性指标。

## 五、领导者的影响力

　　影响力是一个人在与他人交往中影响和改变他人心理和行为的能力。由于领导者在组织中起关键作用,因此领导者的影响力具有不同寻常的意义。领导者的影响力可以分为权力性的影响力和非权力性的影响力两大类。

　　权力性的影响力是一种强制性的影响力,它带有强迫性和不可抗拒性。被影响者在这种影响力的作用下,往往表现为被动和服从。其构成主要有传统因素、职位因素和资历因素,这种影响力使人们产生服从感、敬畏感、敬重感,其核心仍然是外界赋予的权力。

　　非权力性的影响力是一种自然的影响力,它虽然没有合法权利的支持,但是却有着更广泛的产生基础。在这种影响力的作用下,被影响者表现为顺从和依赖。其构成主要有品格因素、才能因素、知识因素和感情因素,这种影响力使人产生敬爱感、敬佩感、信赖感和亲切感。

## 六、领导者的威信

　　领导者的威信是指领导者在被领导者心理上所受到的赞扬、尊敬和信任感。

　　领导者的威信越高,在被领导者心目中的影响力就越大,就会产生强大的吸引力和向心力;反之,领导者的威信越低,其影响力也越小。只会产生排斥力和离心力。正如古语所云:"得人心者昌,失人心者亡。"领导者的威信是领导行为有效性的关键。

### (一)领导者威信的组成

领导者的威信主要由政治威信、道德威信、职业威信组成

(1)政治威信。表现为群众对领导者在政治上的信任感。领导者的政治威信

是通过领导者在依据国家的政策、法规行使权力时,在群众的心目中逐渐培育起来的,因此从某种角度来看,领导者在维护自己的政治威信的同时,也是在维护和提高政府在人民群众心中的威信。

(2) 道德威信。表现为群众对领导者的道德水平和道德修养的信任感。领导者是否遵循高尚、正直、廉洁、公正等社会公认的道德规范,是否符合群众心目中对领导者这一社会角色的期望,将关系到群众对领导者的信赖程度。

(3) 职业威信。表现为群众对领导者职业资格的信任感。每种职业都有各自的职业或行业规范,群众将以领导者是否熟悉这些包括知识、技能、运作流程和操作诀窍在内的种种行规,通俗地说就是懂不懂行,来评价领导者的称职程度。

**(二) 领导者威信的树立**

在领导者威信的树立问题上,有人认为有权有威,无权无威,重在以权树威。因此有必要探讨一下权力与威信的相关性。

(1) 有权有威型。一个领导者既有权力,又有威信,应该说是一种最佳配置,领导者获得了群众的完全认可,权力可以完全发挥效能。

(2) 有权无威型。群众对这种领导者的认可程度与领导者本身的地位不相符合,这会导致领导者的权力无法充分运用,或者在行使权力时,无法起到应有的作用。

(3) 无权有威型。这说明威信并不始终围绕着权力,非权力的影响力可以产生由尊重、信任而产生的凝聚力,威信有时表现为无形的权力。

因此,一个人的威信不取决于其社会地位,树立威信不仅靠权力的影响力,在很大程度上依靠非权力的影响力,如品德、知识、才能、感情、作风和信息等,邓小平同志曾经指出:"领导就是服务。"强调了领导者的公仆意识,只有依靠自身的努力,用实际行动赢得群众认可、支持和拥护,才能树立真正的威信,才能发挥权力的全部效能,而且由于威信具有脆弱和敏感的特点,经常是丧失容易、树立难,作为领导者更要注意对威信的维护和提高。

# 第二节 领 导 理 论

20世纪40年代末,研究者主要从事的是领导特质理论的研究,特质理论研究的是领导者共同的特性或者品质,并认为这种特质是与生俱来的;20世纪40年代末至60年代末,主要进行的是领导行为理论的研究,领导行为理论研究的是领导行为、领导风格与领导效能之间的关系;20世纪60年代末至80年代初,出现领导权变理论,权变理论研究的是情景因素对有效领导的影响;20世纪80年代初至今,领导风格理论的研究开始大量出现。

领导理论大致有四种理论学派:领导特质理论、领导行为理论、领导权变理论和领导风格理论。

# 一、领导特质理论

早在 20 世纪 30 年代,心理学家就进行了大量研究,希望发现领导者与非领导者在个性、社会、生理或智力因素方面的差异。

## (一) 传统的特质理论研究着重分析领导者的个人特质

具体列示如下:

(1) 身体要素:年龄、身高、体重、体格、外貌。

(2) 能力要素:一般智力、判断力、创造力、表达能力、机敏性。

(3) 业绩要素:学历、知识、运动技能。

(4) 责任要素:可靠性、主动性、持久性、果敢性、自信心、顽强精神。

(5) 参与要素:能动性、社交性、协调性、适应性、幽默感。

(6) 性格要素:自信、适应、支配性、指向性、保守性。

## (二) 有关领导者特质的研究

(1) 著名管理学家、社会系统学派的代表人物切斯特·巴纳德于 1938 年在《经理人员的职能》一书中,认为领导者应该具备的基本特质是:① 活力和忍耐力。② 当机立断。③ 循循善诱。④ 责任心。⑤ 智力。

(2) 心理学家吉伯在 1969 年的研究报告中,指出天才的领导者的七项特质:① 善言辞。② 外表英俊、潇洒。③ 智力过人。④ 具有自信心。⑤ 心理健康。⑥ 有支配他人的倾向。⑦ 外向而敏感。

(3) 心理学家斯托格迪尔于 1948 年在论文《与领导有关的个人因素:文献调查》中,在总结这方面文献的基础上归纳出以下领导者的特质:① 智力,包括判断力和运用语言的能力。② 在学术和体育运动上曾经取得过成就。③ 通过可靠性、持久性反映出来的情感成熟度和稳定性,以及不断争取成功的冲劲。④ 参与社会的能力和适应各种群体的能力。⑤ 对于个人身份和社会经济地位的欲望。

(4) 1974 年斯托格迪尔在《领导手册》一书中,进一步提出了领导者应该具备的十项特质:① 才智。② 强烈的责任心和完成任务的内驱力。③ 坚持追求目标的性格。④ 大胆主动的独创精神。⑤ 自信心。⑥ 合作性。⑦ 乐于承担决策和行动的后果。⑧ 能忍受挫折。⑨ 社交能力和影响别人行为的能力。⑩ 处理事务的能力。

(5) 1971 年,心理学家爱德温·吉色利在《管理才能探索》一书中,采用语义差别量表法,选择分布于交通、制造、通讯、财政金融、保险、公用事业等 90 个不同组织,年龄跨度从 26～42 岁,学历层次 90％是大学程度的 306 名管理人员进行研究,得出领导者的特质可以分成三大类、13 个因子。

第一类:能力,包括管理能力、智力、创造力。

第二类:个性品质,包括自我督导、决策、成熟性、工作班子的亲和力、男性的刚强或女性的温柔。

第三类:激励,包括职业成就需要、自我实现需要、行使权力需要、高度金钱奖励需要、工作安全需要。

吉色利进一步用因素分析法研究,发现 13 个因子的重要性不同。13 个因子的重要性从高到低依次是:管理能力、职业成就、智力、自我实现、自我督导、决策、安全需要、工作班子亲和力、创造性、高度金钱奖励、行使权力需要、成熟性和男女性别差异。从上述领导者特质研究的情况来看,作为成功的领导者,一般须具备如表 9－2 所示的特质和能力。

表 9－2  成功的领导者的特质和能力

| 特　　　质 | 能　　　力 |
| --- | --- |
| 对环境的适应<br>对社会环境的应变力<br>雄心和成就动机<br>决断力<br>合作精神<br>深思熟虑<br>依赖性<br>对他人的影响力<br>活力<br>忍耐力<br>自信<br>对压力的承受力<br>勇于承担责任 | 智力<br>构思力<br>创造力<br>机智老练<br>语言表达能力<br>关于人物的知识<br>组织能力<br>说服力<br>社会活动能力 |

遗憾的是,人们没有找到对有效领导者与无效领导者进行区分的完全一致的模型。不过,研究者还是取得了一些成果,如发现领导者有六项特质不同于非领导者:进取心、领导意愿、正直与诚实、自信、智慧和与工作相关的知识。此外,还发现高自我监控者(在调节自己行为以适应不同环境方面具有很高的灵活性)比低自我监控者更易于成为群体的领导者。

有人认为,领导特质理论在解释有效的领导行为方面未能取得成功,主要可以归结为以下原因：① 忽视了领导过程的另一方——下属的需要。② 没有对因果进行区分，如到底是领导者的自信导致了成功，还是成功导致了自信。③ 忽视了环境因素的深入研究。

## 二、领导行为理论

### （一）俄亥俄州立大学的领导行为研究

1941年，俄亥俄州立大学的 Hemphill 对多种领导行为进行因素分析，发现了领导行为的"抓组织"和"关心人"两个独立维度，并采用了量表作为测量工具来评定这两个维度的领导行为。高关心人和高关心组织的领导，领导效能最好。Hemphill 认为：领导是"个人引导群体活动达到共同目标的行为"。如表 9-3 所示。

表 9-3　领导行为四分图

| 1. 高关心人低关心组织 | 2. 低关心人高关心组织 |
| --- | --- |
| 3. 高关心人高关心组织 | 4. 低关心人低关心组织 |

### （二）密执安大学领导行为研究

1945年，美国密执安大学的研究指出，把领导者的领导行为分为员工导向（employee orientation）与生产导向（production orientation）两个维度。员工导向的领导者表现为特别重视工作中的人际关系，注意考虑下属的需要，承认人与人之间的不同，表现出对下属的关心。生产导向的领导者则特别重视工作技术与任务，主要关心任务的完成情况，把群体成员看成是实现目标的手段。

### （三）管理方格论

从领导者态度偏向和行为倾向的角度，布莱克和莫顿在前人的研究基础上创建了"管理方格论"。管理方格论从"关心人"和"关心生产"两个维度，分别划分9格等级，形成81种不同的领导类型，主要形式有1.9型乡村俱乐部式的管理，9.9型团队式管理，5.5型中庸式管理，1.1型贫乏式管理，9.1型团队式管理。如管理方格图表9-4所示。他们认为，9.9型团队式管理能取得最理想的管理绩效，但是这只是一种管理的概念，尚缺乏实质性的证据支持。

## 三、领导权变理论

领导权变理论在研究领导与绩效的关系时把情境因素考虑在内。权变理论方面比较有代表性的是菲德勒权变模型（Fred Fiedler）、领导-成员交换理论、途径-目标理论、领导-参与模型、领导生命周期理论和认知资源理论等。

**表9-4 管理方格图**

| | 1 | 2 | 3 | 4 | 5 | 6 | 7 | 8 | 9 | |
|---|---|---|---|---|---|---|---|---|---|---|
| 高9 | 1.9 | | | | | | | | 9.9 | |
| 8 | | | | | | | | | | |
| 7 | | | | | | | | | | |
| 6 | | | | | | | | | | |
| 5 | | | | | 5.5 | | | | | |
| 4 | | | | | | | | | | |
| 3 | | | | | | | | | | |
| 2 | | | | | | | | | | |
| 低1 | 1.1 | | | | | | | | 9.1 | |
| | 1<br>低 | 2 | 3 | 4 | 5 | 6 | 7 | 8 | 9<br>高 | |

### (一)菲德勒权变模型

弗雷德·菲德勒继1965年在《让工作适合管理者》的论文中首次系统阐述领导的权变理论后,又于1967年在《一种有效的领导原理》一书中提出"有效领导的权变模型"。他认为,有效的群体绩效取决于两个因素的合理匹配:领导者的风格和情境对领导者的控制和影响程度。

菲德勒开发了测定领导者领导风格的一份调查问卷——LPC(Least Preferred Co-worker,即最不喜欢的合作者):要求领导者思考,在周围的熟人同事中,无论是同级、上级或部下,谁在工作中最难对付?不限于目前的同事,以往的同事也可以;不一定是感到讨厌的人,只要是作为合作者最难对付的人就行。在头脑中想象这个对象,并对其印象进行描述。

调查表分为16个项目,每项分成8级,按1~8评分,总分累加除以16即为得分。平均分在4.1~5.7之间为高分,在1.2~2.2之间为低分。得高分者,即用表示赞许的印象评价他最不喜欢的同事,有强烈的维持人际关系的倾向,属于关系动机型;得分低者,即用表示嫌弃的印象评价他最不喜欢的同事,有强烈的工作责任倾向,属于工作责任型。研究发现:有大约16%的回答者分数处于中间水平。

在区分情境因素时,菲德勒运用了三项指标:

(1)领导者—成员之间的情感关系:代表团体对领导者的支持程度。

(2)任务的构造化程度:任务的目标、执行程序、具体策略等明确程度,非常明确称为构造化;反之,则称为未构造化或非构造化。

(3)领导的职位权力:领导的位级和能给予部下的奖惩权限。

菲德勒认为,上述三种情境因素中,最重要的是领导者与职工的情感关系,最不重要的是职位权力。依据上述三项指标,区分出八种状况,如表9-5所示。

表9-5 情境变量状况表

| 状 况 | 情 感 关 系 | 任 务 构 造 化 | 职 位 权 势 |
|---|---|---|---|
| 1 | 良好 | 构造化 | 强 |
| 2 | 良好 | 构造化 | 弱 |
| 3 | 良好 | 未构造化 | 强 |
| 4 | 良好 | 未构造化 | 弱 |
| 5 | 不良 | 构造化 | 强 |
| 6 | 不良 | 构造化 | 弱 |
| 7 | 不良 | 未构造化 | 强 |
| 8 | 不良 | 未构造化 | 弱 |

菲德勒经过长达15年的现场研究和实验研究,积累了1 200多个团体的数据资料,提出了以下结论:工作动机型领导(LPC低分者),在团体和团体成员控制良好和控制困难两种情况下,能导致好的团体绩效;关系动机型领导(LPC高分者),在团体和团体成员只能有一定程度控制时,能导致好的团体绩效。这个模型为上级领导在根据任务选拔任用干部时提供了参考依据。

### (二) 领导-成员交换理论

领导-成员交换理论(Leader-Member Exchange,简称 LMX 理论),是基于社会交换的思路提出的描述型模型。1986年,Dienesch 和 Liden 提出了他们的观点,他们总结了双向交换关系的三个主要维度:① 对交换的贡献的认识。② 忠诚。③ 情感。Graen 和 Uhi-Bien 等则用尊重、信任和共同的责任来描述领导成员交换理论。Gerstner 和 Day 在 1997 年的综述性文献中总结道,LMX 理论影响员工的工作绩效、工作满意感、组织承诺、组织公民行为、跳槽意图等变量[①]。领导-成员交换理论认为,为了让交换关系能够持续进行,领导—成员交换关系中的任何一方都必须向另一方提供另一方认为有价值的东西,并且任何一方都必须视该交换为合理的、等价的、公正的(Graen 和 Scandura,1987)[②]。

研究结果证明,高质量 LMX 理论的特点在于领导者更多地对员工的关注和支持程度。满足被领导者的要求是获得影响力的有效途径。高质量 LMX 员工比

---

① GERSTNER C R, DAY D V. Meta — analytic review of leader-member exchange theory: Correlates and construct issues[J]. Journal of Applied Psychology. 1997,82(6):827 - 844.

② 任文硕.公共部门领导影响力[M].北京:中国人事出版社,2009.68 - 69.

低质量 LMX 员工的工作态度更好。领导—成员交换理论表明了领导者必须通过对方认为有价值的东西进行交换，才能对被领导者拥有权力和影响力。

### （三）豪斯的途径—目标模型

罗伯特·豪斯在激励的期望理论的基础上发展了领导效能的途径—目标模型，它并不提供有效领导的最佳途径，而是认为领导必须选择适合于某一特定环境的领导方式。该理论强调，领导者的工作是帮助下属达到他们的目标，并提供必要的指导和支持，以确保他们各自的目标与群体或组织的总体目标保持一致。"途径—目标"的概念来自这种信念，即有效的领导者通过明确指明以实现工作目标的途径来帮助下属，并为下属清理途径中的各种路障和危险，从而使下属在"旅行"途中更为顺利。

领导行为的激励作用在于：① 使下属的需要和提高工作绩效联系起来。② 提供必要的辅导、指导、支持和奖励来提高工作绩效。

豪斯的途径—目标的基本模型如图 9-1 所示。

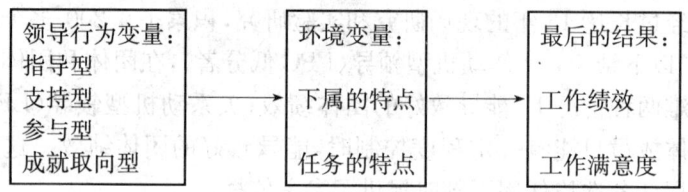

**图 9-1 领导的途径—目标模型理论中的关系**

（1）指导型领导。让下属知道期望他们的是什么，以及完成工作的时间安排，并对如何完成任务给予具体的指导。

（2）支持型领导。十分友善，并表现出对下属需要的关怀。

（3）参与型领导。与下属共同磋商，并在决策前充分考虑下属的建议。

（4）成就取向型领导。设置有挑战性的目标，并期望下属实现自己的最佳水平。

豪斯认为，领导者是弹性灵活的，同一领导者可以根据不同的情境表现出不同的领导风格。下属的特点和任务的特点将决定他们对领导者行为的反应。例如：

（1）相对于高度结构化的任务，当任务不明或压力过大时，指导型领导带来更高满意度。

（2）当执行结构化任务时，支持型领导会带来高绩效和高满意度。

（3）对于能力强或经验丰富的下属，指导型的领导可能被视为累赘。

（4）组织中正式权力关系越明确，领导者越应多表现支持型行为，少表现指导型行为。

（5）当群体内部冲突激烈时，指导型领导带来高满意度。

(6) 内控型下属(相信自己可以掌握命运者)更喜欢参与型领导。

(7) 外控型下属更喜欢指导型领导。

(8) 当任务结构不清时,成就取向型领导会提高下属的期望,带来高的工作绩效。

### (四) 领导者-参与模型

1973 年,维克多·弗罗姆和菲利普·耶顿提出了领导者-参与模型,该模型将领导行为和决策联系起来,认为应该根据下属参与决策过程的变化程度来确定领导方式。这一复杂的决策模型包括七项权变因素和五种可供选择的领导风格。

弗罗姆和亚瑟·加哥最近又对该模型进行改进,将权变因素扩展为 12 项,用一个五点量表进行评定。该模型提出的五种在不同情境下可供选择的领导行为是:独裁 I(AI)、独裁 II(AII)、磋商 I(CI)、磋商 II(CII)和群体决策 II(GII)。具体描述如下:

AI:领导者使用自己手头现有的资料独立解决问题或作出决策。

AII:领导者从下属那里获得必要的信息,然后独立作出决策。在获取信息的过程中,领导者可以选择告知或不告知下属自己遇到的问题,下属的任务是提供信息,而并非提出或评估方案的可行性。

CI:领导者与有关下属个别讨论遇到的问题,收集他们的意见和建议,在作出决策时可能受到或不受到他们的影响。

CII:领导者与下属们集体讨论遇到的问题,收集他们的意见和建议,在作出决策时可能受到或不受到他们的影响。

GII:比领导者与下属集体讨论遇到的问题,一起提出或评估可行性方案,试图获得一致的解决办法。

### (五) 领导生命周期理论

由赫西和布兰查德提出的领导生命周期理论认为,领导者的行为要与被领导者的成熟度相匹配,有效的领导行为应该是随着部下成熟度的不断提高,发生相应变化的动态过程。

这里,部下的成熟度是指被领导者对于特定目标把握自己行为的能力(工作方面的成熟度)和意识(心理方面的成熟度)。一个职工的心理和行为相对于工作任务和工作环境有一个逐步发展成熟的过程:不成熟→初步成熟→比较成熟→成熟。

领导者的行为体现在两个维度上,即任务行为和关系行为。前者侧重指导任务本身,后者关注人际沟通。由此,根据部下的成熟阶段不同,产生四类各具特色的领导行为,如表 9-6 所示。

表9-6　成熟度与领导行为

| 部下的成熟度 | 领导行为 | 领导方式 |
| --- | --- | --- |
| 不成熟 | 高任务低关系 | 命令式 |
| 初步成熟 | 高任务高关系 | 说服式 |
| 比较成熟 | 低任务高关系 | 参与式 |
| 成熟 | 低任务低关系 | 授权式 |

### （六）认知资源理论

1987年，菲德勒和乔·葛西亚试图解释领导者通过什么获得有效的群体绩效这一过程。这个理论基于两个基本假设：其一，睿智有才干的领导者比德才平庸的领导者能制定更有效的计划、决策和活动策略；其二，领导者通过指导行为传达了他们的计划、决策和策略。据此，作出三项预测：① 在支持性、无压力的领导环境下，指导型行为只有与高智力结合起来，才会导致高绩效水平。② 在高压力环境下，工作经验与工作绩效之间成正相关。③ 在领导者感到无压力的情境中，领导者的智力水平与群体绩效成正相关。

## 四、领导风格理论

### （一）勒温的领导风格理论

20世纪30年代，勒温（Kurt Lewin）等人研究提出不同的领导风格对团体成员的工作绩效和工作满意度有着不同的影响，他们提出三种极端领导风格，专制型、民主型和放任型领导风格。

1. 专制型领导风格

专制型领导只注重工作目标，重视工作任务的完成情况和工作效率。与下属的心理距离较远，对被领导者关心不够，缺少感情交流，容易使下属有成见和敌意。

2. 民主型领导风格

民主型领导注重与下属的交流，善于采用鼓励和协作的方式，与下属的心理距离较近，下属对领导比较信任，并且下属的工作效率高，责任心强。

3. 放任型领导风格

放任型领导的特点是办事不讲究规章和原则，对工作没有评估，对下属的需要不关注，工作效率低。

在实际生活中，很少有这三种极端型的领导，大多数领导都是介于专制型、民主型和放任型之间。研究表明，民主型领导风格下的成员工作满意度要高于专制型领导风格。

#### （二）利克特的四种管理系统理论

美国密执安大学的利克特在对企业领导行为的长期研究的基础上，于1961年在《管理的新模式》一书中提出四种基本的领导形态，称为四种管理系统，包括专权独裁型、温和命令型、民主协商型和民主参与型。管理系统包括两种特征，激励和上下关系。激励包括参与程度和奖惩方式；上下关系包括信任、交往和沟通。这四种领导形态是从专权到民主过渡变化的。专权独裁型的领导的激励特征是下属基本不参与决策，权利集中，奖惩方式采用恐吓、威胁和偶尔的报酬；专权独裁型的领导的上下关系是对下属无信任，极少交往并且不沟通；而民主参与型的激励特征是下属参与决策，权力下放和优厚的报酬，上下关系完全相互信任，友谊式地交往和完全沟通。

这个理论对西方企业推行的"参与管理"具有重大影响：利克特认为，一个企业的领导方式越专权，即越倾向于第一种管理系统，企业的成就越低；反之，领导方式越民主，即越倾向于第四种管理系统，企业的成就越高。他主张采用第一、第二种管理系统的领导应向第三、第四种管理系统转化。

### 五、领导理论的新发展

#### （一）领导归因理论（Attribution Theory of Leadership）

领导归因理论是建立在归因理论的基础上。归因有两种方式，即内部归因和外部归因，用于了解原因和结果之间的关系。领导和下属都会对彼此的行为和工作进行归因。研究表明，人们认为领导者具有智慧、随和、表述能力强和进取勤奋等特点。当下属对自己工作满意度较高时，对领导行为也是认可的；当下属对自己工作满意度较低时，对领导行为是不认可的。此外，当组织中的绩效极端高或低时，人们倾向归因于领导。同样，领导对员工绩效也有内部和外部归因两种方式。如果员工绩效高是由于内部归因，则领导会更加鼓励和支持该员工；如果员工绩效高是由于外部归因，则领导会更加贯彻执行引起工作绩效高的工作环境和制度等外部条件。

#### （二）领袖魅力理论（Charismatic Leadership Theory）

这是罗伯特·豪斯在社会科学的各种研究结果的基础上提出的一种理论。该理论认为，一位具有领袖能力的领导者比没有魅力的领导者更能影响下属的行为。领袖魅力的关键特点在于自信、有远见、清楚的表达能力、对目标的坚定信念、行为不循规蹈矩、变革的代言人和具有环境敏感性。

领袖魅力的领导者对自己的判断和能力充满信心，有理想的目标，认为未来比现状更好；了解下属的需要，具有高度的奉献精神，行为新颖，反传统，是激进变革的代言人；能够对需要变革的环境进行量化，并进行切实评估。

## （三）交易型领导和变革型领导（Transactional and Transformational Leadership）

交易型领导通过明确角色和任务要求来指导和激励下属接近既定的目标。变革型的领导者关怀下属的日常生活和发展需要，帮助下属以新观念看待问题，从而改变下属的思维习惯，同时激励下属为达成群体目标付出最大努力。这两种领导的主要区别如表9－7所示。

**表9－7 交易型领导和变革型领导的特点**

| 类 型 | 特 点 |
| --- | --- |
| 交易型 | 权变奖励：努力和鼓励相互交换，良好的绩效是奖励的前提，承认成就。<br>通过例外管理（主动）：监督、发现不符合规范和标准的行为，将其改正。<br>通过例外管理（被动）：在没有达到标准时进行干预。<br>自由放任：放弃责任、回避决策。 |
| 变革型 | 领导魅力：具有远见和使命感，逐步灌输荣誉感、赢得尊重和信任。<br>感召力：传达高期望，通过各种方式加强努力，深入浅出地表达重要意图。<br>智力激励：鼓励智力活动、理性活动以及周到细致地解决问题活动。<br>个别关怀：关注每个个体，针对个人的不同情况进行培训、指导和建议。 |

### （四）领导替代理论（Leadership Substitutes Theory）

这个理论是斯蒂芬·科尔和约翰·杰米尔提出的，该理论认为，在许多情境下，领导者的行为表现是无关紧要的，个人、任务、组织等各方面的特点都可以取代领导的存在，从而否定了领导能力始终对下属情绪、行为和满意度存在影响。

领导的替代变量（Leadership Substitutes）是指在某些情况下领导者的影响力可以被取代。领导的取消变量（Leadership Neutralizers）是指领导者的影响力会受到阻碍或者削弱。替代或抵消的因素包括下属的特点、任务的特点和组织的特点。下属的特点包括：下属的经验能力及接收的培训、专业性倾向、独立性需要、对组织的报酬不关心四个特点。任务的特点包括：条例清晰及程序性强、自身提供反馈信息、使人产生满足感三个特点。组织的特点包括：凝聚的工作群体、无弹性规则、专业化咨询、组织标准化程度、领导控制外奖励、领导和下属之间的空间距离等六个特点。

### （五）愿景领导（Visionary Leadership）

Nanus（1992）在其《愿景领导》一书中正式提出"愿景领导"一词并强调在所有领导功能中，领导者对愿景的影响最深远。愿景领导是指组织中的领导者通过为组织或其追随者建立组织共同的愿望、目标和信念，来凝聚追随者的团队意识，引导追随者朝着愿景共同努力①。愿景领导的基本原理是通过高远的抱负目标来极大地激励企业的强大的追求拉动力。好的愿景领导能够激发员工的信念和希望，反映组织的远大目标，激励员工朝更高的目标前进。斯蒂芬·罗宾斯认为，愿景领导应该具备三种能力：一是向他人解释愿景的能力；二是通过言语和行动表达愿景的能力；三是在不同领导情境中体现愿景的能力。

## 第三节 领导行为与管理

### 一、领导者的人际关系

#### （一）领导与下属的人际关系

1. 尊重原则

尊重他人，才能赢得合作。约翰·高而斯华馁说过：人受到震动有种种不同：有的是在脊椎骨上；有的是在神经上；有的是在道德感受上；而最强烈的、最持久的则是在个人尊严上。美国人本主义心理学家马斯洛的需要层次理论，把需求分成生理需求、安全需求、归属与爱的需求、尊重需求和自我实现需求五类，依次由较低层次到较高层次排列。其中尊重的需求是人类高层次的心理需求。人人都希望自己有稳定的社会地位，要求个人的能力和成就得到社会的承认。尊重的需求又可分为内部尊重和外部尊重。内部尊重是指一个人希望在各种不同情境中有实力、能胜任、充满信心、能独立自主。总之，内部尊重就是人的自尊。外部尊重是指一个人希望有地位、有威信，受到别人的尊重、信赖和高度评价。马斯洛认为，尊重的需求得到满足，能使人对自己充满信心，对社会满腔热情，体验到自己活着的用处和价值。

领导者尊重下属，应遵循以下几个原则：

（1）平等待人。领导者在与下属相处时，应做到以理服人，以德做人，以责做事。领导者要把自己摆在与下属同等的位置。在遇到问题与下属商讨时，应避免自以为是，避免骄傲自大。要用谦虚、和蔼的态度对待下属的意见和建议。当下属的意见不正确的时候，不能急于否定和批评，而应洗耳恭听，然后用平等和蔼的态度去解释和说服。

（2）尊重下属的人格。在日常工作中，领导者要维护下属的尊严，以礼相待，主要应该做到以下几个方面：

首先，尊重下属的优点。爱迪生曾经说过："我遇到的每一个人都在某方面超

---

① 朱立信,高鹏怀.领导科学与艺术[M].武汉：华中科技大学出版社,2009：229.

过了我,我努力在这方面向他学习。"下属都希望得到领导者的尊重和认可,这是下属工作的动力和引以为豪的资本。领导者要试着去发现下属身上的优点,尊重他们的工作成绩,这是领导者自立于人群的基础。

其次,尊重下属的建议。领导应珍惜和尊重员工的建议。无论员工提出多么微小的建议,领导者都应予以重视。许多企业内部都制定了鼓励员工提出建议的制度,一方面,可以提高员工参与企业工作的积极性。另一方面,汇集众人智慧,可以提高企业生产力。领导者在工作中,对下属正确的意见要尽量采纳;对待下属的错误建议,要充分肯定其积极的态度,心平气和地向下属说明道理,这样做既肯定了其工作态度,下属的不足也得到了指点。

再次,尊重下属的劳动成果和创造精神。领导者对下属付出的努力,应该给予充分的表扬和肯定,尤其当下属完成某一项工作和任务时,要及时肯定其工作成绩。对于勤恳工作和勇于创新的下属要格外关注,对他们的劳动成绩要公开表彰,对于偶然的失误要一起分析原因,共同承担责任。

最后,尊重下属的动机。如果领导者能为下属寻找到努力工作的充分动机,便可以使下属全力以赴地投入工作。动机愈强,工作效率愈高。一是增强下属的主人翁意识。在工作中,赋予下属主人翁的角色,可以使下属的潜力得到充分发挥。领导者在一旁协助和支持。二是增强下属参与的意识。疏远是下属工作效率下降的主要原因。要让下属感觉到自己是组织中的一员,让下属参与到工作的每一个步骤,激发下属强烈的工作动机。

### 2. 善于倾听,加强沟通

倾听主要用于领导者鼓励下属坦诚、自由地说出他们的看法,同时让下属知道领导者非常关注他们的问题。倾听策略是建立在人本主义理论和现代精神分析理论观点的基础上。倾听时领导者需要掌握一些技术和方法,具体如下:第一,注意自己的身体姿势和眼神。例如,领导者身体微向前倾,身体放松,良好的眼神接触等都是倾听时需注意的非言语行为。第二,敏感性和统一性。敏感性指领导者需敏感地掌握下属所提供的信息,培养自己的观察和分析能力,并适时地进行反馈。统一性指领导的非语言内容应与下属的叙述保持一致。例如,当下属叙述伤心哭泣时,领导者如果漠不关心、冷淡以对是不合时宜的,而应该主动递上纸巾,表示同情和安慰。第三,适当反馈。对下属的叙述,领导者应重新组织语言进行适时反馈,与下属建立互动、信任的关系。反馈的类型包括情感反馈、解述反馈、概括性总结。

### 3. 积极激励

激励是领导者通过改善工作环境、外部奖酬和鼓励表扬等方式,以一定的行为规范和惩罚性措施,来有效实现组织和成员个人目标的系统活动。领导者激励具有始动功能、导向和选择功能,以及维持和强化功能。始动功能指动机唤起和驱动人们采取某种行动。导向和选择功能指选择行动目标和行动方法的作用。维持和强化功能指使某种行为持续作用的功能。研究表明,一个人平常表现的工作能力水平与经过激励达到的工作能力水平存在着 50% 左右的差异。激励可以开发下属的潜力,帮助领导者留住优秀人才,并且形成良好的竞争环境。领导者在工作中可以采用以下方法来激励员工:

(1)情感激励。领导者与下属的情感联系和思想沟通要真挚。罗勃·康克林在《如何让人们为你效命》一书中这样写道:"如果你希望某人为你做某些事情,你就必须用感情而不是智慧,谈智慧可以刺激他的思想,而谈感情却能刺激他的行为。如果你想增强说服力,就必须好好处理一个人的感情问题。"领导者要真心体谅下属的难处,切实解决员工的问题。在工作中要动之以情,在与下属的沟通中,要温和、耐心和谦逊,要设身处地为下属着想,体谅下属的感受。

(2)目标激励。目标在心理学上通常被称为"诱因",设置适当的目标可以激发人的工作激情,达到调动人的积极性的目的。领导者在设置目标时,应该注意以下几点,即目标要切实可行;目标要具体明确,有近期和远期目标;下属的目标要统一,与组织目标一致;目标要公平,对每一位下属保证目标的难度和可行性是一致的。

(3)奖罚激励。奖罚激励应在良好的、浓厚的心理气氛下进行,奖励先进,实际上是树立了示范榜样的作用。奖罚激励可以分为精神和物质激励。物质激励指能够满足人的生理需要的奖励,包括奖金、奖品等。精神奖励,则能够满足人们的心理需要,包括奖章、奖状、嘉奖等。同样的奖励,形式不同,激励的心理效应不同。或者同样的奖励内容和形式,对不同的人,或者一个人的不同时期,其激励效果也不尽相同。根据需要层次论,对不同的个体采用不同的奖励内容和形式,将会收到较好的效果。

4. 研究个性,学会与不同类型的下属相处

对待主动型的下属,应以授权方式为主,领导者应尽量放权给他。主动型的下属,主动意识强,具有较强的开拓精神和创新精神,领导者可以尝试交给这种类型的下属更加复杂、有难度,以及更具风险和开拓性的工作。

对待被动型的下属,应明确责任,赋予确定的激励措施。被动型的下属成就动机较低,进取性差,分配给他们单一、具体的工作比较合适。

对待支配型的下属,应给予具体方法指导,进行宏观调控。支配型的下属,具有争强好胜,积极自信的特点,有着强烈的企图心,不畏反抗,誓达目标。这种类型的下属,给予更多的任务和责任,但避免给予其挑战性较大的任务。对这种类型的下属要用机制约束,适时提醒。

对待耐心型的下属,领导者应充分激发其工作激情,把握工作节奏,加强时间管理。耐心型下属以耐力见长,遇事冷静,喜欢工作井然有序。领导者在工作中可以充分授权,为其创造和谐的工作氛围,使其充分展示自己的才能。

对待分析型的下属,领导者应注重原则,增强其团队意识。分析型的下属,事事以规则为准,刻板,是个完美主义者。这类下属优点在于找出事实的真相,有耐心解决问题,缺点在于分析过度,较真。领导在工作中,与分析型下属交流的时候要把握公正、公平的原则。

### 5. 民主参与原则

每个工作人员都是企业或者单位的组成部分。要使企业或单位正常运转,每一个工作人员都需要积极努力地工作。只有领导的积极性,而无下属的积极性,是不能做好工作的。每个工作人员都是单位的主人,都有管理工作的权利,只有发挥每个下属的主人翁意识,大家都想方设法做好工作,才能最大限度地提高工作效率。

### (二) 领导者之间的人际关系

处理好领导者之间的人际关系,有利于发挥企业或单位的工作效率。领导成员之间相互协调和支持,能够获取更好的人际环境,有利于企业、领导和员工的共同发展。领导者之间的人际关系需要注意以下几点。

### 1. 彼此信任,相互支持

良好的人际关系应该是一种平等、信任、和谐的相互合作关系。信任就是力量,可以激发每个人的积极性和主动性。首先领导者自身要取信于人和诚实待人,给别人一种信任感。其次,领导者要相信别人,不猜忌,给人一种心理上的安全感。领导者之间信任是基础,相互支持是原则。领导者之间经常会遇到工作上的交叉,处理一些共同事务。领导者之间的相互支持,可以促进其相互配合,有效解决共同事务。同级之间应相互协商,尊重彼此的意见,这样有利于事情的合理解决。否则,擅作主张,不但影响同级之间的和睦相处,也会使下属为难,造成开展工作的困难。

### 2. 分工明确,各司其职

领导者之间应保证职责明确,各司其职。属于其他领导者权限范围内的事情,决不干预;属于自己权限范围的事情,勇于承担。领导者要确保自己的权限范围明确,当不明情况的下属找到自己,必须说明情况,避免与其他领导者出现职权冲突。在处理自己权限范围的事情时,也不能推卸责任,必须及时处理,不允许其他领导者加以干涉。

### 3. 把握原则,巧妙处事

首先领导者要正确对待自己的角色位置。在工作中,要发扬民主,在充分征求大家意见的基础上,果断决策,敢于承担。做到大事不含糊,小事不计较,灵活运用原则。其次,领导者要尊重他人,虚心学习。对其他领导者要虚心学习,尊重别人的优点,勇于承认差距,激励自己不断进取。最后,领导者应严于律己,宽以待人。领导者应该妥善处理各种矛盾,同级领导相处,交往甚多,因此工作上的矛盾和分歧在所难免。领导者要严于律己,责任在自己的,要敢于承担;责任在同级其他领导的,要宽容理解;如果发生原则性矛盾冲突,则应维护自己的权益。

4. 相互交流,加强沟通

在领导活动中,需要经常交流思想和沟通意见。首先,领导者之间应经常交流彼此的思想观点,向对方提供有用的信息、资料和建议,真诚给对方以帮助,从而打破领导者之间的心理防线。其次,领导者之间应加强情感交流,相互交流彼此的工作心得,相互倾诉内心的喜悦和苦衷,这种感情上的交流,可以使领导者之间保持和睦融洽的关系。再次,领导者之间应该相互激励。领导者的工作压力和竞争时刻存在,因而领导者之间的相互激励,可以有效促进领导者工作能力的提高。尤其是领导者之间的相互协作、智能互补和能力结合等方面的激励,使领导活动呈现取长补短,能力互补的格局,可以有效形成合力,形成和谐、互助的心理氛围,有效激发工作的积极性。

(三) 领导者与上级的人际关系

领导者处理上级关系,要灵活掌握方法,既讲究原则,又要灵活运用技巧方法。要灵活掌握与上级接触和交往的方法,原则性与灵活性相结合。具体要注意以下几点。

1. 适应上级的管理风格

领导者只有了解上级的管理风格,才能更好地预测上级的行为,从而更好地配合上级的工作。我们把上级领导分为和蔼型、分析型、支配性和表达型。

分析型领导的特征是严肃认真、动作慢、有条不紊、语调单一、语言准确,注意细节、有计划有步骤,善于使用挂图等辅助手段,面部表情少和喜欢有较大的个人空间等。领导者在与分析型领导接触时应注重细节,遵守时间,尽快切入主题;边说边记录,像他一样认真,一丝不苟;不要有太多的眼神交流,更要避免有太多的身体接触;要多列举一些具体的数据,多做计划,多使用图表。

和蔼型领导的特征是喜欢合作;面部表情和蔼可亲、友好,频繁的目光接触;有耐心,说话慢条斯理,声音轻柔,抑扬顿挫,使用鼓励性的语言较多;办公室里有家人的照片。在与和蔼型领导接触时,首先要建立友好的关系;要对其办公室照片及时加以赞赏;沟通的过程中,要时刻充满微笑;说话要慢,要抑扬顿挫,不要给他压力,要鼓励他,去征求他的意见;要时常注意同他进行频繁的目光接触。

表达型领导的特征是外向和直率友好;快速的动作和手势,不注重细节;善于运用幽默,容易令人信服;喜欢使用生动活泼、抑扬顿挫的语调,以及有说服力的语言;并且在办公室里陈列有说服力的物品。与表达型领导接触时,声音一定要洪亮,和他一样充满热情,活泼有力;要有一些动作和手势,要说开放式问题,说话要非常直接;达成协议以后,最好与之进行书面的确认,这样可以提醒他。

支配型领导的特征是果断,喜欢指挥人,与人交流时有目光接触;说话快且有说服力,语言直接,有目的性;面部表情比较少,较少使用日历;情感不外露。与支配型领导沟通时,应注意你给他的回答一定要非常准确;可以问一些封闭式的问题,他会觉得效率非常高;要重视实际情况,最好有具体的依据和大量创新的思想;要在最短的时间里给他一个非常准确的答案;直接说出你的来历,或者直接告诉他你的目的,要节约时间;说话的时候声音要洪亮,充满信心,语速一定要比较快;要有计划,并且该计划最终要落到一个明确的结果上,不要流露太多的感情,要直奔结果;要有强烈的目光接触,目光的接触是一种信心的表现;沟通的时候,身体一定要略微前倾。

2. 保持适度关系,等距接触

领导者与上级领导之间具有共同的领导目标,作为下级领导者应灵活掌握与上级的亲密程度,亲疏有度。首先,对待同样的上级领导,在工作上要给予一样的支持,做到一视同仁,防止因人而异。其次,按照工作正常程序汇报工作,遵循制度,不能越级上报。最后,对上级领导者之间的矛盾,不参与、不依附;要尽可能多做解释工作,消除误会,促进领导团结,做上级领导者之间的黏合剂。

3. 忠诚为本,恰当地提出自己的建议

一个出色的部署,不仅认真听取上级领导的指示,执行上级领导的任务,更要在上级领导者的决策出现错误时,合理地提出自己的建议,帮助上级领导作出正确的决策。在提出建议时,要让上级领导感受到自己的真诚。

在提出建议时,应注意以下几点:首先,避免公开场合,维护领导尊严。美国的罗宾森教授在《下决心的过程》中说:"人,有时会很自然地改变自己的看法,但是,如果有人说他错了,他会恼火,更加固执己见。人有时会毫无根据地形成自己的想法,但是如果有人不同意他的想法,那反而会使他全心全意地去维护自己的想法。不是那种想法本身多么珍贵,而是他的自尊心受到威胁……"在正式场合提出建议,一旦出现失误和错误,回旋余地较小。而在私人场合,领导者与上级比较容易沟通,即使出现失误和错误,也可避免造成不好的影响。其次,先肯定后否定,提出合理建议。我们在给上级领导提出建议时,要审时度势,语言要诚恳,简练得当,含蓄婉转。

## 二、时 间 管 理

时间是一种不可再生的稀有资源,在管理中对时间的有效管理,就像对人、财、物、信息一样,是体现有效领导行为的重要特征。

**（一）时间的特点**

（1）时间的恒常性。虽然爱因斯坦发现了相对论,但是在现实生活中,时间作为物质存在的一种形式,依然是一个常数。为了增强企业的实力,管理者可以筹集资金,网罗人才,但是无法用任何方式来增多时间。

（2）时间的不可逆性。孔子曰:"逝者如斯夫。"时间可以说是一种最短缺的资源,无论你如何惜时如金,你都无法存储时间,时间的流逝就像覆水难收,一去永远不复返。

（3）时间的无替代性。当某种资源缺乏时,人类常常运用自己的智慧来寻求替代品,时间在世界上迄今尚无东西替代,正如古诗所云:"一寸光阴一寸金,寸金难买寸光阴。"

**（二）时间管理者的类型**

（1）备忘录型。其特征在于逢山开路,遇水架桥,遇到的问题,事无巨细,统统记录在备忘录上,根据处理情况不断增列和划消。这类人终日忙忙碌碌,事情总是追着他,用他们自己的话说,即"整天忙得四脚朝天"。

（2）日程表型。其特征在于规划和准备,预见问题,设立目标,事先规划,注明时限,讲求效率。这类人事先准备,运筹帷幄,给人有责任感的印象,每天追着时间跑。

（3）价值判断型。其特色在于体现人的价值,设置长、中、短期目标,将活动按照优先顺序排列,根据自己和他人的优势发挥各人特长,通过授权和协调实现管理。这种类型的领导者的观念是"事情可以管理,人却需要领导。"

**（三）企业领导者的时间分配**

在同一组织中,不同居次的领导者在工作时间的分配比例上体现出差异性。一般将工作时间合理分配的内容分为四类:一是规划工作,涉及组织的发展计划、人才培养、产品开发、组织建构;二是管理工作,涉及组织、计划、实施、沟通、协调等;三是监督工作,涉及考核、评价、指导、帮助等;四是具体操作,涉及普通职工的具体事务性的操作。

**（四）时间管理的原则**

（1）善于集中时间。要运用巴特莱的二八原则,集中20％的效率最高的时间来完成80％的重要工作,切忌搞时间分配上的平均主义。

（2）善于把握时机。时机是决定命运走向的关键,机不可失,时不再来。

（3）善于处理两类时间。"自由时间"和"应对时间"。其实,在工作中有80％的时间用于与人接触、交往和沟通。

（4）善于利用零散时间。

（5）善于运用会议时间。借脑袋，群策群力。

**（五）时间管理的方法**

（1）四象限法。按照重要性和紧迫性把事情分成两个维度，先根据重要性将事情排序，以是否符合组织的长、中、短期目标作为价值判断的依据；然后进一步作紧迫性排序，以时间的急迫程度作为衡量的标准；然后把所有事情纳入四个象限，按照第Ⅰ、第Ⅱ、第Ⅲ、第Ⅳ象限的顺序来有序地安排工作，特别要注意不要让第Ⅲ象限不重要但紧迫的事来挤占第Ⅱ象限的时间。

曾经有一项针对获得日本戴明品质奖的企业的调查，发现高产能的企业的领导用于四个象限的时间分配为 $20\%\sim25\%$，$65\%\sim80\%$，$15\%$，少于 $1\%$；低产能的企业领导的时间分配为 $25\%\sim30\%$，$15\%$，$50\%\sim60\%$，$2\%\sim3\%$。其中，最大的差别在于第Ⅱ和第Ⅲ象限的时间分配上。

（2）整批时间法。利用一个整段的时间来专心致志地处理重要的工作，就像在罐子里先放置大石头，再装入小石头，最后倒入沙粒，分轻重缓急，尽可能排除一切干扰，以免被突然出现的紧迫事件打乱节奏。

（3）统筹法。领导者运用网络计划技术，把工作按照各个相关环节与顺序排列一下，然后进行科学的协调，使相互不冲突的过程齐头并进，提高时间效能比。

（4）时间调查法。掌握第一手的运筹时间的材料和成功经验，通过调查发现和区分时间的"空耗区"、"高能区"、"低能区"和"潜能区"，采取切实措施，提高时间利用率。

# 三、会议管理

会议是人们为了达到一定的目的，聚会交流或规划行动的一种活动，是组织中领导者实施管理的一种重要手段。据统计，一个领导者每周大约有 3/7 的时间是在会议桌旁渡过的。成功的会议应该能起到规划目标、协调矛盾、增进团结、解决问题等作用。

**（一）开会的注意事项**

（1）不开没有准备的会。

（2）限制会议次数，不开可开可不开的会。

（3）不开议题不明确或过多议题的会。

（4）限制会议人数，不请无关人员参加。

（5）准时开会，不迁就迟到者。

（6）限定发言时间，提高效率。

（7）控制会议进程，不延长会议时间。

（8）切忌议而不决，决而不行。

(9) 应由集体决策的事,不作个人决定。

**(二) 计算会议成本**

会议是一种提高领导效率的手段,计算会议成本有助于提高经济效益。会议成本的计算公式是:

$$\frac{会议}{成本}=(平均工资/小时)\times3\times2\times开会人数\times开会时间+会议实际费用$$

公式中,平均工资乘 3 是因为劳动生产率高于平均工资;乘 2 是因为开会要中断经常性工作,损失应该加倍计算。

显然,会议的成本很高,因此领导者在会议管理时,要充分提高会议的效率。

**(三) 有效的会议管理**

(1) 做好会前准备。在开会之前要做充分的准备,包括会议的硬件准备,如会议地点、投影仪、扩音器等设备,会议的规模,会议的议程,需要时间的估计,需要提供的资料,参加者的通知以及预期的成果等。

(2) 引导与会者积极参与。领导者要善于调动会议的气氛,创造一个宽松的环境使大家充分交流信息,集思广益,消除误会,协调冲突,通过沟通来解决问题,取得效果。

(3) 控制会议进程。通过限定发言时间、变换会议形式、发言与讨论结合,积极推进会议的进程,解决主要矛盾,不纠缠于细节,努力达到预期目标。

(4) 归纳和贯彻会议的成果。总结会议的成果,加深与会者的印象,分派执行决议的责任,并确定评估执行情况的方案,使会议的成果落在实处。

# 四、授 权

**(一) 授权概述**

授权是指上级向下级转交任务范围和必要的权限。领导者在授权过程中,要注意"授权不授责",因为现代领导体制的特点是权力要向下分散,责任要向上集中,这样才能充分发挥授权的优势。

按照领导对权力的控制和运用程度可以将领导方式分成三种:集权式领导方式的领导者,其一切权力集中于领导集体或个人,不注意授权;分权式领导方式的领导者只决定目标、政策、方针,对下属在完成任务的具体活动上不加干预,这种领导方式要求部下素质好,独立工作能力强;均权式领导方式的领导者掌握一些重大权力,同时适当分权给下属,使下属在职责范围内有一定的自主权,这种领导方式既可调动部下的积极性,又对重大问题能有效控制,被认为是一种理想的领导方式。因此,领导者在授权时,需要保持有指挥权和监督权。

**(二) 不能授权的事项**

(1) 组织目标和政策。

(2) 组织的计划。

(3) 审核业绩。

(4) 骨干的培养和激励。

(5) 员工的考核与奖惩。

(6) 与部属的接触与交流。

这些都是领导者职责范围内的重大事件,如果将这些授权给下属,领导者会失去指挥和监督的作用,而且有大权旁落之嫌。

**(三) 授权的方法**

(1) 充分授权。这种授权方式只给予目标和时限,提供必要的资源支持、允许下级有充分的自主权来完成任务。这有利于部属发挥创造力和聪明才智,适合独立工作能力强、经验丰富的下属。

(2) 部分授权。这种授权方式在给予目标和时限后,提供一定的策略指导。在完成任务的过程中适度监督和控制进程,随时协助处理棘手问题。这在任务比较困难和下属经验不足的情况下采用。

(3) 制约授权。这种授权方式在某项任务既重要,又时间紧迫时,授予多个子系统来协作完成,在任务进程中,各子系统在时限和任务相关上相互制约,形成一定程度的竞争氛围。

(4) 弹性授权。这种授权方式在完成一系列任务时,在不同时期采用不同的授权方式,因任务设权限。

授权是一种有效的领导行为,成功的授权可以使领导者分身有术,授权过程的关键在于把住设定目标和监督考评两个关口。授权可以使领导者有时间关注组织的长远规划和战略决策,同时也能加强下属的责任心和工作自觉性,提高工作绩效。

# 第四节 领导理论在管理中的应用

## 一、领导理论在提高领导创造力中的应用

**(一) 领导创造力的影响因素**

探讨影响创造力的发展因素,找到有效促进和开发领导者创造力的途径,对于领导者创造力的研究来说具有重大意义。

创造力的影响因素有很多,从宏观角度来讲,社会教育因素、社会心理因素、社会环境因素等都是重要的影响因素,其中社会教育因素包括家庭教育、学校教育和

社会教育等方面;社会心理因素包括文化因素、社会舆论、学术心理因素、人际关系、爱情和婚姻等方面;社会环境因素包括科技环境、学术环境、群体环境、自然环境和工作环境等方面。

从微观角度来讲,动机、情绪、个性、问题背景、年龄等都是重要的影响因素。首先,对于动机与创造性,心理学家艾曼贝尔用实验研究证明内部动机定向组的创造性得分远远高于外部动机定向组的得分,说明在没有外部限制的情况下,如果被试具有内部动机,其创造性将得到加强,反之则受到削弱(俞国良,1996)。其次,对于个性与创造性,很多研究者探讨了高创造者所具有的个性特征(郭有遹,2002),如艺术家的个性特征(Barron,1967),科学家与发明家的个性特征(Roe,1949a,b,c;Bell,1937;Gough,1958);社会科学家的个性特征(Maslow,1950;Roe,1952);建筑家的个性特征(Mackinnon,1962)等。

### (二) 以领导理论为基础,提高领导创造力

#### 1. 利用变革型领导理论,突破常规,消除刻板思维

变革型领导具有远见和使命感,并且关注每个下属。所有提升领导者创造力的教育与训练的总体策略是:创造性地解决问题需要有超越传统思维模式的能力。变革型领导在处理问题时应避免出现刻板效应,即以固定印象作为判断和评价下属依据的心理现象。刻板印象常常是一种偏见,人们不仅对接触过的人会产生刻板印象,还会根据一些不是十分真实的间接资料对未接触过的人产生刻板印象。变革型领导应避免出现刻板思维,打破常规,立足现实,作出创新的举措。

#### 2. 利用领导权变理论,提高领导者的情商

领导权变理论在研究领导与绩效的关系时把情境因素考虑在内。菲得勒的权变理论认为,最重要的情境因素是领导者与职工的情感关系,最不重要的是职位权力。领导成员交换理论指出,情感是双向交换关系的三个主要维度之一。因此,提高领导者的情商对于领导创造力有积极的促进作用。

美国哈佛大学心理学教授戈尔曼认为,在人的成功要素中,智商决定人生的20%,情商则主宰人生的80%。在美国也流行着一句话:智商决定录用,情商决定提升。戈尔曼的一个核心观点是,长久以来商业社会太过强调"思维"智力的重要性,忽略了情商,而要真正、全面地理解领导效力,既要衡量情商,又要衡量传统的智商。情商包括自我意识、自我管理、自我激励、同理心和社会交往能力五个要素。高情商领导者具有与时俱进的特质,诸如通用的杰克·韦尔奇、微软的比尔·盖茨、IBM的郭士纳,等等。作为领导人不但要有良好的智商水平,更重要的是要有高水平的情商,从而能够与下属良好沟通,认真反思别人的批评,具有敏锐的观察能力和判断能力,不先人为主,善于观察,长于倾听思考。高情商领导者在进行重大决策和公司面临危机的时候能够临危不乱,保持清醒的头脑、敏捷的反应和决断

能力,把握机遇,带领企业走向成功。

## 二、领导权变理论在学生干部管理中的应用

领导权变理论在研究领导与绩效的关系时把情境因素考虑在内。在学生干部管理中,在不同情境下,辅导员应采取不同的管理和领导风格。

新选拔的学生干部,包括班委、学生会和学生社团成员等,对所在岗位的工作经验并不熟悉。因此新选拔的学生干部有一个成长的过程,即从不成熟到成熟的过程。保罗·赫西和肯尼斯·布兰查德提出的生命周期理论认为,辅导员的行为要与学生干部的成熟度相匹配,有效的领导行为应该是随着学生干部成熟度的不断提高,发生相应变化的动态过程。辅导员的行为体现在两个维度上,任务行为和关系行为,前者侧重指导任务本身,后者关注人际沟通。

在初期,学生干部的成熟度较低,根据生命周期理论,辅导员的领导行为应该是命令式领导,这时辅导员的领导行为属于高任务低关系,即更多地干预和指导平时布置的任务,人际关系属于沟通的初步阶段。

当学生干部达到初步成熟阶段后,对于学生班委来说一般是处于大二阶段,这时经过一段时间的沟通和锻炼,学生干部初步掌握了工作思路。辅导员的领导方式变为说服式领导,领导行为是高任务高关系,即辅导员会干预和指导学生干部的行为,但是同时会加强与学生干部的沟通。

当学生干部达到比较成熟的阶段,对于学生班委来说一般是处于大三阶段。这时学生工作干部已经具有丰富的工作经验,并且与辅导员的配合相对比较默契。这时辅导员的领导方式变为参与式领导,领导行为是低任务高关系,即辅导员对安排的任务不再干预和指导,并且与学生干部建立了良好的人际沟通关系。

当学生干部达到成熟阶段,对于学生班委来说一般是处于大四阶段。这时学生工作干部已经具有完备的工作经验,并且与辅导员的配合自然默契。这时辅导员的领导方式变为授权式领导,领导行为是低任务低关系。辅导员这时安排任务基本已经完全授权给班干部,基本不加指点,由学生干部独立完成。

## 三、变革型领导理论在高校教育管理中的应用

变革型领导的本质在于"变革",目的在于创新。变革型领导在高校管理中可以有效促进教育观念、教育体制和科研的变革与创新。变革型领导是推动高校教育管理工作创新发展的原动力。

### (一) 变革型领导通过影响和把握学校外部环境,营造良好的工作氛围

首先,变革型领导在高校中可以把握教育创新的机会,依据工作实际环境和社

会宏观环境进行抉择,并能及时调整高校教育的发展战略①。其次,变革型领导是愿望实现的促进者。变革型领导可以树立学校的共享愿景,共享愿景是全校职工共有的理想,可以增进集体凝聚力,使教职工对学校有一种尊重和归属意识,提高自我责任感。

**(二) 变革型领导通过影响和改变内部动力因素,提高学校团队绩效**

首先,通过变革型领导的魅力,赢得学校团队的尊重和信任。变革型领导具有远见和使命感,并且发挥变革型领导自身的魅力,逐步向教职工灌输荣辱感和责任感,从而获得教职工的尊重和信任。

其次,通过变革型领导的感召力和个别关怀,关注每位教职工,提高团队凝聚力。同时,理想感召还有助于提升领导者的个人魅力和威信。一位"不断提升下属的成就动机,提高下属的目标执行力,乐观面对未来,构想激情蓝图"的领导,通常会赢得众人的认同和尊重,这是构建领导承诺感的有效基础②。变革型领导的个别关怀有助于塑造与教职工良好的人际信任关系,形成良好的工作氛围。变革型领导充分考虑不同教职工的各种需求,有利于激发教职工的潜能,形成工作创新进步的巨大能动力。

再次,通过智力激励机制,鼓励团队理性活动,提高团队工作绩效。崇尚非传统思维的领导行为,必须持续地导入外部知识,竭力激发团队成员的新智慧,这对于推动有价值的、任务导向的功能性冲突十分有益③。变革型领导在激励过程中,避免直接的干预与监督,而是通过授权,激发教职工的创新潜能和自我管理能力。

# 四、领 导 艺 术

**(一) 运用领导权力的艺术**

1. 学会自我领导

(1) 领导者的自我领导。领导者首先要为个体设置目标和战略要求,为自己建立自我监督、自我批评、自我奖励的自我领导系统。领导者须待人真诚、谦虚谨慎、增强自身业务能力,并且公开明确地表示自己的工作热情。在工作中更要不断突破和创新,用工作成绩来征服员工。领导者的一举一动都在接受着下属的监督,因此,领导者的自我领导系统能够树立自身的信心和责任心,使领导善于思考,不

---

① 陈丽静,等.基于变革型领导理论的高校教育创新机制研究[J]. 教育理论与实践. 2011: 6-8.

② Kark R R, Shamir B, Chen G. The Two Faces of Transformational Leadership: Empowerment and Dependency[J]. Journal of Applied Psychology,2003,88(2): 246-254.

③ 褚超孚. 基于变革型领导理论的科研团队绩效影响机制模型[J]. 浙江大学学报(人文社会科学版),2010(3): 9-10.

断进步,在人群中立威树信,成为员工的示范榜样。

(2)员工的自我领导。员工的自我领导是企业或单位创造、革新、进步的能动力和源泉。员工的自我领导可以有效激发员工自身的积极性和主人翁意识,使整个企业充满活力。在员工力求创新和进步的时候,领导者对员工的"失误"要给予最大的宽容。

2. 协调团队力量

领导者只有协调好团队内部的力量,使团队成员之间和谐互助,才能最大化地使用自身的权利来有效促进企业或单位的进步。

领导者协调团队力量,应该遵循以下几点原则。一是领导者要在团队成员中建立认同与信任。在团队形成初期,要鼓励成员之间良好的沟通和交流,也可开展专业的团体辅导课程,加强团队成员的相互理解和信任。团体成员之间的认同和信任是团队合作的基础。二是明确团队的目标和价值观。团队的根本含义就是团队成员的目标和价值观是一致的。因此,领导者必须明确团队的目标,让每位成员树立正确的工作理念和价值观。三是为团队创造良好的工作环境。工欲善其事,必先利其器。领导者要为团队成员创造良好的工作条件,才能发挥出团队的工作效率。四是团队成员之间明确分工。领导者要利用每个人的特长,明确分工,最大化地发挥每个成员的能力水平。五是对每位成员作出的贡献及时肯定和鼓励。肯定和鼓励是前进的动力源泉。领导要及时给予团队的成绩以肯定,从而激发团队成员的能动性和积极性。

"一个篱笆三个桩,一个好汉三个帮"。团队的力量是强大的,一个有效的领导者鼓励员工不是把自己看作是一个独立的个体,而把自己看成是一个组织的重要成员和基本组成部分。只要集合起每个个体的创造性力量,相互融合,相互帮助,才能创造出更多有效的成绩。

3. 用权处事,用情处人

领导者在工作中,行使权力是必需的,而且带有一定强制性。这种强制性是工作中基本原则的需要,是要求每一名下属步调一致、有效开展工作的基础。强制性必须以自身权限范围内权力为依据,以工作根本需要为出发点。在行使权力时,必须严格按照规章制度来执行,遵循工作的基本原则,避免出现逾越权限的情况。领导者在用权处事过程中,应把握分寸、掌握原则和奖惩分明,以保证权利强制性的有效贯彻执行。

领导者在与下属相处时,要做到用情处人。领导者应真正做到想下属之所想,帮下属之所需。在工作中,真正为下属的个人发展考虑,为下属提供学习和锻炼的机会,使下属在付出工作努力时,自身能力也获得成长。这样才能有效发挥每位员工的主观能动性,使整个组织充满活力,形成合力,从而取得有效的工作成果。

### (二) 提高领导者影响力的艺术

美国学者托尼·亚历山大博士在《影响力的 7 把钥匙》中讲道,成功不单单来自幸运。事实上,不管是一位高超的交际专家,还是哪位业绩不凡的经理人员,他们都有一个共同特征,那就是他们都有迷人的影响力。正是这种魅力,为他们叩开了成功的大门。领导者想要提高自身的影响力,需要做到以下三点。

1. 开发领导者自身的闪光点

成功的人并不因为超常的能力、较好的机遇才获得成功的,而是因为他们的影响力。一些成功的领导,是因他们的乐观和见识,热情和自信,深深地吸引了自己的下属。每个人都有自己的闪光点,问题在于领导者要发现自己的闪光点,并且开发这个闪光点,利用这个闪光点去吸引人、激励别人,从而更好地领导自己的员工。作为领导者应该以自己乐观、热情、自信、宽容和真诚等内在品质,来逐步提高自己的影响力。

2. 公平正直,勇于承担责任

公平正直是领导者必备的素质。美国管理学会研究表明:员工最重视的领导者的三种品质是正直、有领导能力和有才干。每个领导者都有自己的下属,要让自己的下属尊敬自己,信服自己,首先要具备正直公正的品格。领导者要做到言行一致、言传身教,在要求下属去做的时候,自己首先应该做到。其次,当工作出现失误和纰漏时,领导者要勇于承担责任。当自己的下属出现失误时,领导者要勇于检讨自己,分析自己的领导失误,而不是把责任全盘推给自己的下属。这样,每一位下属才能更加信任自己的领导,工作中更加有积极性和主动性。

3. 推陈出新,不同凡响

领导者只有不断取得新的成绩和成果,才能不断提高自身的影响力。领导者应打破常规思路,敢于尝试,不断提出新方法。在工作中,应加强自我学习,不断提高自身能力,才有可能在工作中提出新的想法和思路。

# 本 章 小 结

随着社会科学向生活和工作领域研究的不断深入和拓展,人们越来越认识到领导心理学的重要性,并且领导心理学的研究渗透到我们社会生活的每个角落。凡是有人类群居生活的地方,都有某种形式的领导存在。无论你在哪个行业,哪个岗位,都能够感觉到领导的存在和作用。在现实社会中,人每天处于各种社会关系之中,也要接受来自更大的权威的指导和影响,这种权威就来自领导。

领导是指在一定的组织中,通过统领和影响来实现组织目标的行为过程。领导者是实现领导过程的关键人物。正如德鲁克所指出的,领导者是任何企业最基本而又最难得的资源。

通过本章的学习,使学员了解领导心理与行为的基本规律。从领导的概述、领导理论、领导行为与管理和领导理论在管理中的应用四个方面介绍了领导心理。

领导的概述包括领导的含义,领导的功能与任务,领导者的影响力及其构成等内容。

关于领导理论大致有四种理论学派:领导特质理论、领导行为理论、领导权变理论和领导风格理论。领导特质理论研究领导者共同的特性或者品质,并认为这种特质是与生俱来的,领导行为理论研究领导行为、领导风格与领导效能之间的关系;领导权变理论研究情景因素对有效领导的影响;领导风格理论研究不同的领导风格。近年来,领导理论有了新的发展,提出了领导归因理论、领导魅力理论、交易型领导和变革型领导、领导替代理论和愿景领导等。

领导者人际关系是领导行为与管理的重要内容。如何处理与下属、同级和上级之间的人际关系,对于一个成功的领导来说非常重要。领导者的时间管理能力、会议管理能力和授权的把握度是出色的领导所必备的管理素质。

作为领导人不但要有良好的智商水平,更重要的是要有敏锐的观察能力和判断能力,能够与下属良好沟通,认真反思别人的建议。因此,将领导理论应用于实践之中对领导者来说更为重要。领导理论在领导创造力中的应用,在学生干部管理中的应用,在高校教育管理中的实践应用,运用领导权力的艺术、提高领导者影响力的艺术对于领导理论是充分的拓展和阐释。

## 思考题

1. 如何发挥领导的非权力影响力?
2. 领导者应如何树立威信以充分发挥权力的效能?
3. 勒温领导方式的基本观点是什么?
4. 高校辅导员在学生工作中作为学生的领导者,应该采用哪种领导模式?
5. 分析两位领导者(李开复与潘石屹)的领导模式的相同点与不同点。

**李开复观点摘要**

李开复表示,真正把人才当一回事的领导需要三顾茅庐找最好的人,要评估每一个人的能力;人才是属于公司的资产。最好的1%一定要大幅奖励提升,最差的百分之几,做不好必须得走人。要善于试图雇佣比自己在某些方面更优秀的人,这样团队整体就会不断提升水平。

不要认为"我已经是 CEO,我是总裁,而他只是一个工程师"。只要是一个重要的岗位,或者你的团队告诉你某人很棒,你就应该花更多的时间去说服这些人加入。我在创新工场前 3 个月的时间都是说服人加入,现在虽不用 100% 的时间,我相信用 20%~25% 的时间肯定还是有的。

**潘石屹语录**

一位成功的企业家必须具备两种基本素质,第一是定力,不容易被周围的环境所干扰;第二是化解危机的能力,能够在危机和矛盾中抓住机遇反败为胜。

孔子曰:"治大国如烹小鲜。"就是说治理一个国家就跟烹饪一条小鱼一样简单。北京的许多房地产发展商动不动就谈公司管理,但他们一个个都忙得焦头烂额,见人就抱怨他们一天工作多少个小时,我看他们实际上都是烹小鲜如治大国。

我们家的小孩喜欢看唐老鸭米老鼠,我就给他买光盘,然后又是唐老鸭的卡片、玩具、书包等。我就想,一个虚构的卡通人物,光挣我们家的钱就挣了多少! 看来,人物的影响力是巨大的。于是我就想,我应该不比卡通人物差,干脆我就做唐老鸭吧。

## 阅读材料

### 华西集团:权威=懂行+廉洁

江苏华西集团是华西村人在吴仁宝带领下组建的企业集团,名震中外。华西村被国人誉为"中国第一村"。那么一个小小的江南小村是如何取得如此大的成就的呢? 以吴仁宝为核心的领导班子是其中一个关键的因素。

企业领导人要有权威,这是现代企业的客观要求。企业领导人的权威不仅来自职位权力。更根本的是来自领导人的经历、业绩、品行、才能等形成的威信。它不是靠别人树立起来的,而是靠自己一步一个脚印走出来的。

华西村人十分重视领导者的权威建树问题,提出了"领导权威=懂行+廉洁"的概念。吴仁宝曾经这样说明这一等式的深刻含义:啥叫有权,廉洁才有权;啥叫有威,懂行、内行才有威。

华西村的领导是有权威的,村里发一个通知,就可以把所有的农民职工集中起来,工前、工后、晚上都可以开会。现在,社会上有些企业为什么办不好? 主要是干部不廉洁。群众反映这些企业的问题是"技术科里卖图样,供销科里进暗账,保卫科里打麻将,人事科里看对象,班组长骂骂娘,上级没有办法想,只好经常换厂长"。所以,华西村人认识到,要做事业,领导一定要廉洁、懂行。

华西村人为了解决领导懂行的问题,除了组织领导理论学习外,还组织领导到外地学习。吴仁宝曾经带领华西村主要领导北上南下,到天津大邱庄、广州联星村以及深圳、中山、南海等地学习取经,从中受到很大启发。他们回到华西村后就着手与上海四家国有企业搞横向联合,办起了钢材厂、冷轧带钢厂、铝制品厂、线材厂,年产值达 10 亿元人民币。以吴仁宝为首的村领导主要成员成了华西集团懂经济、会管理的内行。

一个有权威的领导,不仅懂行,还要廉洁,即要具备良好的品德,它是领导者素质最基础的方面,是威信的内涵,也是权力的基础。一个优秀的企业领导者,不仅是业务、知识上的领导者,还是品德上的高尚者。"得道多助,失道寡助",群众的眼睛是雪亮的,如果廉洁方面不能够严于律己,就没有权威,也很难领导好一个企业。可喜的是,华西村的领导人上至支书吴仁宝,下至领导班子其他成员,在廉洁方面都做得非常好,能严于律己,出了问题能严肃处理。这也正是华西村领导有权威的秘密所在,也是给我们最重要的启示。

领导者的目的,就是让被领导者服从、接受并努力去落实领导者的意图。但在实际生活中,领导者的意图在执行时会出现这样的情况,即对一项任务、一项目标,有的领导人布置时可能会群情激昂、一呼百应,而有的领导人布置时却是反应冷淡、追随者稀少,甚至受到下属的拒绝、反对。出现这样的情况,除了领导者的决策是否正确外,在很大程度上取决于领导者是否有威信,是否有权威运载一个企业。有威信、有权威的领导者可以使领导者的意图得到很好的贯彻,使下属员工形成强大的凝聚力和向心力,最终使企业兴旺发达,产品驰骋国内外市场。这一点,华西村的领导做得很好。正如吴仁宝所说"村里发一个通知,可以把所有农民职工集中起来,工前、工后、晚上都可以开会"。

总之,这则案例告诉我们,一个优秀的企业领导者要具备知识、业务、品德等多方面的能力素质。领导者的权威不是单单取决于职位权力,更重要的是取决于领导者自身的素质,即领导者的业务、廉洁等方面的综合素质。

(摘自《百度文库》,案例:领导权力与用人艺术,2012.)

# 第十章

# 群体心理与管理

**【本章导读】** 任何一个管理过程，都是人们通过彼此相互作用而实现的。群体作为人与人之间联合体的一种主要形式，在管理系统中占有举足轻重的地位。以群体为基础的生产方式，在 20 世纪 60 年代晚期就已异军突起。对于今天的企业领导者来说，管理群体远比个人英雄来得重要。因为群体虽然是由个体构成，但它并不等于个体的简单相加。领导者如果对一个群体组织管理得当，群体成员就能够协调一致，密切合作，使企业的生产与活动开展得卓有成效；反之，则群情涣散，矛盾与冲突时有发生，从而影响群体力量的发挥，企业的生产与活动便难以达到预期的目的。所以，管理心理学的群体研究，成为不可缺少的重要内容。

本章主要介绍了群体的概念、群体的类型、群体的功能和特征以及群体行为等概念，也介绍了群体规范、群体压力、群体凝聚力以及群体士气等群体动力学理论，还介绍了竞争、合作及谈判等内容。通过本章的学习，可以使我们对群体心理学理论有系统和全面的了解。

## 第一节　群体心理概述

群体是一个介于个人与组织之间的人群集合。具体而言，是指由两个或两个以上相互作用、相互依赖的个体组成的具有相对稳定关系模式的集合体，这些个体具有的利益或目标，他们自认为自己属于这个群体并与群体之外的其他个体相区别。

群体具有以下特征：① 各成员相互依赖，在心理上彼此意识到对方的存在，意识到其他成员的存在。② 各成员在行为上有互动关系，即彼此之间相互作用、相互影响。③ 各成员具有群体意识和归属感，意识到自己是集体中的一员，有我们"同属于一群"的信念，也就是具有共同的心理需要和共同的目的。

### 一、群体的类型

在现实中，群体的存在形式多种多样。不同的群体，它的活动过程和体现功能也不尽相同。因此,在企业管理中,区分不同的群体类型是十分必要的。依不同的标准,群体可划分为如下几种类型。

### (一)内群体和外群体

这是依照人们的归属感对社会群体所作的一种划分。内群体是指一个人经常参与的或在其间生活、或在其间工作、或在其间进行其他活动的群体。内群体又称我们群体,简称我群,对它怀有特殊的忠诚感;外群体是相对于内群体而言的,泛指内群体以外的所有群体,并认为它没有自己的群体那样有价值。在企事业单位里,人们一般会将自己所在的班组、科室、车间、部门视为内群体,而把别的班组、科室、车间、部门看成外群体。

### (二)隶属群体和参照群体

隶属群体是指个体所实际参加或隶属的群体,如家庭、个体所参加的团队、员工的工作单位等。参照群体是指个体自觉接受其规范标准并以此来进行比较和指导自己行为的群体,它对个人的态度和行为取向有着重要的影响。参照群体不一定是个体所在的隶属群体,因为隶属群体的规范标准并不就一定和个体心目中的理想标准相符,参照群体甚至可能是想象中的群体。选择有利的参照群体,如学校的先进班级、工厂的先进班组等,会对个体的行为产生促进作用和积极影响。反之,若把落后的群体甚至犯罪团伙当作参照群体,个体的行为就会出现极大的偏差。因此,在企业管理中,领导有必要进行有针对性的工作,使先进群体成为个体心目中的参照群体。

### (三)假设群体和实际群体

按群体是否实际存在的标准,群体可分为假设群体和实际群体。假设群体是一种实际上并不存在,但为了研究和分析的需要而人为地划分出来的群体。它可以根据性别、年龄、职业、民族等不同特征来划分,是研究时可选择采用的一种有效手段。例如,为研究需要而划分的 60 年代人口群、先进工作者所组成的群体等。实际群体是客观存在的群体,如在一个车间里的工人,他们为了完成共同的任务而工作、劳动在一起,个体间的行为彼此相关,这样的群体就是实实在在的实际群体。

### (四)正式群体和非正式群体

这是由美国心理学家梅奥在霍桑实验中提出的,它的划分依据是群体构成的原则和方式。那些为了达成有组织任务、有明确关联的特定目的,以及执行组织的特定工作而产生的正式的组织机构,称为正式群体。通常,它由正式文件明文规定,成员的地位和角色、权利和义务都很明确,并有固定的编制。例如,学校的班级、教研室;工厂车间的班组、科室等。非正式群体则是人们在交往中,由于有共同的兴趣、共同的观点、共同的目标、共同的感情、共同的利益等而自愿结合在一起,自发地组织起来的群体。例如,由于上下班同路或工种相近而结成的群体、由于喜爱锻炼而结合在一起的群体等。非正式群体没有定员编制,其成员的权利和义务也没有条文规定。非正式群体既可在正式群体之内,也可在正式群体之外,或是跨几个群体。有时一个正式群体之内有好几个非正式群体。非正式群体总是处于一种不断调整、不断重组的状态下,因此被看作是一种不安定的力量。它具有明显的两重性,当它与正式群体目标相一致时,就会成为辅助力量,促成群体目标的实现;反之,则会成为异己力量,阻碍群体目标的达到。作为一个管理者,应重视非正式群体的存在和发展,正确引导它们到为组织目标服务的轨道上来。

此外,还有初级群体和次级群体,松散群体和联合群体等不同标准的分类。

# 二、群体的功能

群体是介于组织与个人间的人群结合体,它起的作用必然是组织与个人间的中介与桥梁。其功能具体表现如下。

## (一) 完成组织交付的任务

一个较大的组织为了有效地达到目标,必须把任务分解,通过分工合作的方式交由较小的单位、部门去完成。群体的作用就是承担、执行和完成这些任务。民谚"三个臭皮匠,抵过一个诸葛亮"说的便是在完成某一目标任务的过程中,群体活动比个人活动具有更大程度的优越性。尤其是在现代高技术密集型的生产中,更需要个人与个人间的精巧配合、密切协作。这种配合、协作中所产生的互动作用,能使个体力量有机地组合成新的力量,使群体力量发挥出更大的效能,从而较好地完成组织交给的任务。

## (二) 满足群体成员的心理需要

人天生有一种合群的倾向,很大程度上是因为群体这种组合方式可以满足人的多种需要。

### 1. 获得安全感和归属感

群体让内部成员有一种安全感。在群体中,成员间互相帮助、互相依赖,消除了孤独、恐惧,减少了不安、焦虑,获得心理上的安全感,这种安全感也带来了对群体的喜爱、认同和依恋的心里感觉,满足了归属的需要。例如,职业的保障性给人带来的安全感,工作群体让人产生的归属感等。

### 2. 自我确认的需要

由于不确定性的存在,人有一种评价自己、估计自身的驱动力。在群体中,成员可以通过与他人的社会对比来估价自己,体会自己是群体的一分子,并确认自己在群体中的地位。例如,在与他人相比后,知道自己是一个好技术员;或者在一次劳动竞赛中成绩优秀,就晓得自己干得不错。

### 3. 满足社交的需要

群体为人与人之间的交往提供了广阔的空间,人们在交往中互相关怀、支持,获得关爱与友谊。作为企业的管理者,应注意建立和健全企业的分配制度、教育制度、团队活动制度、娱乐制度,使成员间形成良好的人际关系。

### 4. 满足自我实现的需要

个体在群体中占有一定的地位,可以赢得别人的尊重,满足自己的自尊心。尤其当在其他成员的帮助下,完成了对自身极有挑战性的工作时,更会有一种成就感和自我实现的满足感。

# 三、群体行为

在社会影响的作用下,群体内的个人行为将有异于处于孤立状态下的个体行为,于是,由群体内的个人行为而表现出来的整体的群体行为有着自己鲜明的特点,并且与组织管理活动密切关联。下面介绍几种典型的群体行为。

## (一)从众

从众是指个人受群体压力的影响,在知觉、判断、信仰及行为上表现出来的与群体大多数成员相一致的现象,称之为从众倾向或从众行为。

社会心理学家阿希在 1951 年做了一个关于从众问题的经典实验。他让大学生来参加一项知觉方面的研究:在一个实验组里有 6 名假被试(实验助手)和一名真被试(不知道只有自己是不知情的),他们围桌而坐,被要求判断线的长度。实验者拿出两张卡片,一张上面画有三条不同长度的直线 A,B,C,另一张上面画了一条直线,称为"标准线段",实验者要他们在第一张卡片上找出与第二张卡片上长度相同的线段。任务其实很简单,在第一张卡片上确实有一条线段长度与标准线段一样,而另外两条线却与标准线段相差很大。当卡片出示以后,被试依坐的顺序依次大声回答自己的判断。因为判断十分容易,所以被试意见一致。在所有的被试都作出回答后,又显示第二组线段让他们判断,然后呈现第三组线段,在第三次测验时,第一位被试在认真地观察之后作出了错误的选择,接下来的几位被试也给出了同样错误的答案,当轮到最后一位真正的被试时,他会作出怎样的回答呢?结果发现,有 35% 的被试遵从群体的压力,随之作出了同样错误的答案。

产生从众行为的心理因素有很多,它们被施以不同的压力,影响着个体与群体相似的程度。

(1)对群体的信任度。个体对群体越信任,越觉得群体是一个可靠的信息来源,就越会遵从群体的意见。

(2)对偏离的恐惧。几乎在任何群体中都有强大的压力要求一致性,不遵从的人就会有相当大的危险性。个体害怕若与群体意见不一致,群体会讨厌他、虐待他或驱逐他,他要群体喜欢他、接受他、优待他,就会选择遵从。

(3) 群体的规模。遵从性的强弱随多数人一致性的规模的增长而增长,因为根据他人意见的诚实和可信度,多个人比一个人更值得信赖,不相信一个群体比不相信一个人更困难。

(4) 群体的专长。对于个人来说,一个群体越有专长,他对群体就越信任,也就越把群体的意见当作有价值的信息,从而越易遵从。

(5) 个体的自信心。个人的自信心越缺乏,他遵从他人判断的可能性就越大,问题越困难,个人对自己的自信心会减弱,对群体遵从的可能性就越大。

(6) 责任感。责任感会降低遵从性,一个人如果对某个问题产生了责任感,他就更不愿意屈服于群体的压力,遵从性也随之减小。

### (二) 顺从

顺从又称依从,是个体为了符合群体或他人的期望和赞许而表现出的符合外部要求的行为。它与从众行为十分相似,即两者都是由于外在的群体有压力而产生的,但是也有区别,区别就在于行为者的内心是否出于自愿。在群体压力的作用下,放弃自己原先的想法去附和大家的意见,这是从众;而在群体压力的作用下,依然保留自己的看法,但是为了符合群体的期望而改变了自己的行为,这是顺从。当看到很多人穿着牛仔裤,觉着他们穿起来很漂亮时,自己也去买了一条穿在身上,这是从众;自己并不怎么喜欢牛仔裤,可别人都认为自己穿起来很不错,为了获得别人的称赞,就经常穿着它,这是顺从。顺从行为与从众行为相比,是外在的,而非内在的,因为虽然个体的外部行为发生了改变,可内心的态度和看法并没有改变。顺从行为产生的原因主要有以下几个方面。

(1) 为了满足别人的期许。个人总是希望自己能够被别人所肯定、所接受,若站在群体的对立面,便难免招致嘲讽、排斥甚至被驱逐。只有满足群体的期许,逐渐被群体同化,才能得到群体的认同,这就是群体认同感。在群体认同感的作用下,即使内心有所保留,也会赞成群体的意见,采取与群体一致的相符行为。

(2) 为了实现群体的目标。群体目标的实现有赖于群体成员齐心协力的努力,特别是在当今的新经济时代,更讲究群体力量的协作与配合。在自己意见与群体意见相左的时候,发扬谦让的风格,选择与群体统一的行为,会更有助于群体目标的实现。

(3) 为了保持良好原有的人际关系。由于连续相互作用的期许,人们往往不愿意破坏原有的人际关系,想避免使他人感到难堪或者希望维护原来的人际关系,即便有不同的想法,但还是尽量表现出符合他人期望的行为。

### (三) 暗示

暗示是指在无对抗条件下,人们对接受的某种信息迅速无批判地加以接受,并依此而作出行为反应的过程。它的特点如下。

（1）暗示是一种刺激，那些能够引起暗示者反应的刺激才是暗示，不能引起暗示者反应的刺激便不能称之为暗示。经过路边的广告牌时好似熟视无睹，那么广告就没有产生暗示作用，广告牌便不是暗示。可如果自觉不自觉地接受了广告的建议，特别注意或者购买了它所宣传的产品，广告就很好地起到了暗示的作用。

（2）暗示可分为直接暗示与间接暗示，自动暗示与反暗示。直接暗示是由暗示者把某一事物的意义直接提供给受暗示者，如领导者想推行一种新的企业制度，就大力宣传此种制度的优越性；间接暗示是暗示者以其他事物或行为为其中介，受暗示者并未意识到自己的观念是由暗示形成的，所以间接暗示一般不会使受暗示者产生心理抗拒或逆反心理。自动暗示分为来自群体和他人的"自他暗示"和起于自我的"自我暗示"，像"草木皆兵"、"杯弓蛇影"就属于自我暗示；当外界刺激物的结果引起了相反的反应，这时的暗示就是反暗示，"此地无银三百两"是一个绝好的例子，原本怕人偷而作的暗示却起了指路的作用。

**（四）模仿**

模仿是没有外在压力条件下，个体受他人的影响仿照他人，使自己的行为与他人相同的现象。例如，模仿人的行为举止、思维方式、情感取向、个人性格等，可分为自发的模仿和自觉的模仿两种类型。自发的模仿，就是无意识地模仿他人，有儿童模仿大人言行的先天本能的模仿，也有后天习得的模仿。自觉的模仿，则是有意识地模仿他人，如"邯郸学步"、"东施效颦"等，其中又可分为适应新的生活而模仿他人行为的适应性模仿和经过思考而有选择地模仿的选择性模仿。

法国著名哲学家、心理学家加布里埃尔·塔尔德在其经典作品《模仿律》中认为：模仿是先天的，是我们生物特征的一部分，人们通过模仿而使行为一致。模仿是基本的社会现象，是社会进步的根源，对人类的社会生活具有非常重大的意义。在《模仿律》中，他总结出三种基本的模仿律：① 下降律——社会下层人士具有模仿社会上层人士的倾向。② 几何级数率——在没有干扰的情况下，模仿一旦开始，便以几何级数的速度增长，迅速蔓延。时尚、谣言的传播像滚雪球一样。③ 先内后外律——个体对本土文化及其行为方式的模仿与选择，总是优于外域文化及其行为方式。与由被控制的社会刺激引起的暗示不同，引起模仿的对象是一种非控制性刺激，模仿对象本身有一种榜样的作用。管理者可充分利用影视、小说和实际生活中的典型人物，把他们树立为榜样，对员工们进行教育，选择模仿先进行为，不模仿落后行为。

**（五）感染**

感染是指通过某种方式引起他人在心理上无意识的、不自主的屈服，从而产生相同的情绪和行动。感染的实质是情绪的传递交流，相似性是其基本条件。

感染通常可分为三种类型：① 个体间的感染，即发生在两个人或能直接接触的小群体成员之间的感染。② 文艺作品的感染，这是一种间接感染。③ 大型开放人群中的感染，这种感染常在运动会会场和集会游行中见到。它的显著特点是"循环反应"，一个人的情绪会引起他人相对应的情绪的发生，而他人的情绪又反过来加剧了此人原有的情绪，反复振荡，激起强烈的情绪爆发。

感染在社会互动中起着很大的作用。首先，感染可以改变人的情绪。面对危险，与勇敢者为伍，会凭空生出许多的勇气和力量，若是与胆小者为伍，则可能心虚胆颤。其次，感染可以使人自然地生发出与环境一致的情绪，采取与环境一致的反应。例如，受喜庆氛围的感染，会暂时忘掉心中的烦忧；而悲伤的环境则难免让人心生伤悲。第三，感染可以整合一群人，使之成为一个临时群体，获得紧急规范，采取一致的行动。第四，感染还可以提高团队的亲和力、凝聚力。

# 第二节　群体动力学理论

"群体动力"这一概念最早由德国心理学家勒温提出，他认为人们所结成的群体像河流一样，表面上平静，实际却在不断流动，处于一种连续相互作用、相互适应的互动过程，这种现象被称为"准停滞平衡"现象。此后，对群体动力的研究成为管理心理学的组成部分，用于解释群体行为形成的原因，认为群体行为的动力来自群体一致性，这种一致性表现在群体成员有着共同的理想、目标、兴趣爱好和思想感情等。群体动力主要包括群体规范、群体压力、群体凝聚力和群体士气等。

## 一、群 体 规 范

### （一）群体规范的概念

群体规范是指群体所确定的行为标准。这些标准为群体每个成员所公认，而且是每个成员必须遵守的。群体规范有的是正式规定的，如法律、法规、一些规章制度等；但大部分是在群体中自发形成的，如文化、风俗、时尚、舆论，它们能潜移默化地影响个人的行为及人格的发展。群体规范的形成受从众、顺从等心理因素的影响，群体成员彼此通过暗示、模仿、感染等的相互作用，会发生一种彼此接近、趋同的类化过程，正是在此基础上形成了群体规范。

### （二）群体规范的形成

美国心理学家谢里夫用"暗室光点"实验证明了群体规范的形成过程。实验在一个暗室内进行，先让每一个被试单独坐在里面，在他面前的一段距离内出现一个光点，几分钟后就消失了。然后，让被试判断刚才的光点移动了没有，向哪个方向移动,移动了多远,但实际上光点根本没有移动。由于人在暗室里的视错觉现象,所以都感到光点似乎移动了。这样的实验反复进行了多次,结果被试都很快建立了自己的反应模式,即建立了个人的反应标准。有的认为光点向上移动,有的认为向下移动,还有的认为向左或向右移动等。谢里夫根据这些各不相同的反应标准,然后又多次让所有被试同时在暗室里观看光点,其结果是,所有被试的反应标准逐次趋于一致,最后形成了共同的反应标准,这就是群体规范的形成。这一实验说明,群体的规范取代了个人的反应标准或模式,而这种规范的形成显然是受了模仿、暗示等心理机能的影响。后来,谢里夫又把这些人分开单独实验,结果所有被试都没有回到自己原来的反应模式上,仍然一致地保持着群体的反应标准。这说明已经形成的群体规范具有一种无形的压力,约束着人们的行为表现,甚至这种约束力并没有被人们所意识到。因而,群体的规范一旦形成,就会成为群体成员的行为准则,自觉地或被迫地来遵守它。

**(三)群体规范的作用**

群体规范对群体的作用是非常广泛的,从每位成员的一言一行到许多人的一致行动。而且这种作用深入、持久,它促使群体成员在生活、生产中遵守共同的行为模式,以沟通思想、交流感情。一个群体的规范越标准化,成员的活动就越协调,关系就越密切,群体也就越整合、越集中。反之,群体规范标准化若很低,那么群体就会很松散。可见,如果没有群体规范,共同活动就不可能进行。群体规范的作用主要表现在以下方面。

**1. 维系群体的作用**

群体是以整体性的形式存在着的,而整体性就体现在群体成员的行为、感情和认知的一致性上。群体规范是这种一致性的标准,它统一着群体成员的意见和看法,调节着他们的行为。没有群体规范,群体也就失去了其整体性,因而群体便不复存在。从另一角度看,群体是由许多个体结合而成的,要维护其整体性,使其存在下去,必须要有一定的准则来约束其成员,而群体成员也正是依据这种对准则的认同,相互彼此一致起来、形成一个整体的。

**2. 认知的标准化作用**

这是指群体规范统一成意见看法的功能。日常生活中每个人的看法是不同的,可当他们结合成为群体,就会在判断和评价上产生一致的意见,在交往过程中人们相互制约着对事物的知觉、判断、态度和行为。群体规范像一把尺子,约束着每个成员,使他们的认识、评价有一个统一的标准,从而形成了共同的看法和意见。

**3. 行为的矫正作用**

这是指群体规范为成员划定了活动的范围,规定了日常的行为方式,也就是告诉人们应该做什么,不应该做什么,怎样去做等。由于人具有社会性,人的行为要受社会的制约,而群体是个人与社会之间的中介,社会准则正是通过群体来影响个人的,群体规范自然要约束人们的行为,使人们表现出一定的群体行为特点。

4. 惰性作用

这是群体规范消极的一面。规范作为一种多数人的意见,要求成员行为趋于中等水平,它把人们的水平限制在一个中等的水平上,既不能太先进,也不能落后。规范便由此限制了人们的积极性和创造性。在这种限制性下,一些创造性行为会被看成是越轨的行为、不符合群体要求的行为,这就极易使人们习惯于在规定的范围内思考、活动,影响人们积极性和创造性的发挥。

# 二、群体压力

## (一) 群体压力的概念

群体规范对群体中的每个成员都有一定的约束力量,群体要求其成员共同遵守一定的行为准则。而对于群体行为准则的共同遵守,往往也是群体内大多数成员的意向或愿望。有经验的管理者早就知道,当90%的人已经说出"是"之后,让另外的人说"不"决非一件容易做到的事。群体大多数成员的意见会产生一种无形的力量,它使群体内每一个成员自觉或不自觉地保持着与大多数人的一致性,这个力量就是群体压力。

群体压力与权威命令不同,它既不是由上而下明文规定的,也不是强制个体改变自己的行为,而是通过多数人的意见,形成压力去影响个人的行为。群体压力尽管不具有强制的性质,但它对个体来说,却是一种难以违抗的力量。有时,当这种群体压力非常大的时候,甚至会迫使其成员违背自己的想法而产生完全相反的行为。因为当一个人的意见与群体内大多数人的意见和行为不一致时,就会感到紧张,这种紧张来自对偏离群体的恐惧。每个人都有归属一定群体的需要,而偏离大多数人的意见,则意味着对这种归属感的威胁。所以,如果一个人不愿意处于孤立的境地,他就会在群体压力面前,顺应大多数人的意见。

群体压力过程有四个阶段,它们分别是:理性的讨论阶段、情感的引导阶段、直接的攻击阶段和心理上的隔离阶段。

## (二) 群体压力的作用

群体规范对其成员的影响,其实就是通过群体规范所形成的群体压力来实现的。群体压力致使其成员采取共同的行动,这种一致性的做法至少体现了以下两方面的意义。

(1) 群体一致的行为,有助于组织目标的达成和群体的存在与发展。世界上有许多事情只有靠群体的协同一致才能完成,群体对成员施加压力并不能说群体在推行专制强权,应该说是用努力来确保群体内部的凝聚,终而完成群体任务。因为成员间没有分歧意见的行为可促使相互间的交互作用更为顺利,彼此间更能够相互理解、努力协作,保证群体活动的良好秩序和工作效率。倘若群体内部意见不一,便无法得出结论、达成一致协议,不利于维护群体的存在与发展。

（2）群体一致的行为,可以增加个人的安全感。个人安全感是通过验证自身对情境的判断正确无误来获得的。可是,许多时候并没有可供核对的事实来验证,这时,只能参照别人的意见和行为来确定自己的意见和行为,当看到别人赞成自己的意见和想法,内心才会有安全感。而且,大多数人只有在属于某个团体,有明确的地位与安全感的情况下,才能自由地表现自己的个性。

对于管理者而言,要充分利用群体压力对个体所产生的影响致力于发展群体的亲善性,当群体采取某种特定的行动时,个别成员就会受群体所迫,努力满足群体的需要。这样,便可去除不一致的声音,贯彻决策,达成群体目标。

## 三、群体凝聚力

### （一）群体凝聚力的概念

群体凝聚力又称群体凝聚性或内聚力,它是使群体成员保持在群体内的合力,是一种使其成员对某些人比对另一些人感到更亲近的情感,它可以被认为是群体的确定性特征。群体成员间相互吸引力越强,群体成员对其群体就越忠诚,坚守群体规范的可能性就越大。因此,群体成员们会为群体目标作出更大的努力,个体目标与群体目标更易趋于一致,群体凝聚性自然就越大。

群体的凝聚力是群体之中人与人之间,个体与群体之间的一种相互关系的反映。它既包括群体对其成员的吸引力,又包括成员对群体的向心力,同时还包括成员与成员之间的相互交感。因此,它对群体任务的完成起着重要的作用。一个存在许多内在斗争、不愉快、工作缺乏合作等现象的群体是不可能很好完成任务的;而大家意见较一致、关系融洽并且能够相互合作的群体,任务就会完成得很好;如果群体成员都能互相团结并热爱群体,工作一定会更出色。

### （二）群体凝聚力与生产效率的关系

一般而言,由于群体凝聚力的高低影响了群体成员的士气、满意度和群体的一致性,这会对生产效率的提高产生重要影响。但必须指出的是,凝聚力的高低不是影响生产效率的唯一条件,在实际生产中,两者的关系极为复杂。经过大量的研究发现,群体凝聚力与生产效率的关系,既取决于管理者的诱导方向,又取决于群体的态度及其与组织目标的一致性程度。从群体与组织目标的一致程度而言,凝聚力与生产效率的关系存在着四种不同的情况:① 低凝聚力、低一致性,即群体的态度与组织目标不一致,同时群体的凝聚力也低,凝聚力与生产效率没有什么关系。② 低凝聚力、高一致性,即群体的态度支持组织目标,此时就算是凝聚力很低,生产效率依然能提高。③ 高凝聚力、低一致性,即群体的态度不支持组织目标,生产效率的高低与凝聚力成反比,凝聚力越高,生产效率越低。④ 高凝聚力、高一致性,即群体的态度与组织目标保持高度一致性,生产效率与凝聚力成正比,凝聚力越高,生产效率也越高。

可见,一个高凝聚力的群体,个体服从群体的倾向较强,内部成员较遵循群体的规范和标准,群体行为因之而总是表现出高度的一致性。在这样的群体内,管理者如果善于因势利导,将组织目标与群体目标很好地结合,让成员能够看到或感到自己努力的结果可以给个人及群体带来的利益,使群体倾向于努力工作,则生产效率就能大大提高。反之,倘若管理者没有把组织目标与群体目标结合起来,两者处于一种相背离的状态,那么,这时的凝聚力是与生产效率成反比的,凝聚力越强,反而越易滋生群体的本位主义和小团体思想,会限制生产,导致生产效率的降低。所以,处理好其中关系的最好办法,便是使成员看到个人利益、群体利益与企业利益之间存在着一致性。

### (三) 增强群体凝聚力的方法

群体凝聚力的大小受许多因素的制约,有效地控制和利用这些因素,就是增强群体凝聚力的有效方法,具体如下所述。

1. 控制群体的规模

一般而言,群体规模的大小与凝聚力成反比,即群体规模大,凝聚力小;群体规模小,凝聚力大。因为群体人数多,相互接触的机会就少,但产生意见分歧的几率却增大,凝聚力自然降低。不过,如果群体规模太小,又会影响任务的完成。所以,既要保证群体的工作机能,又要增强群体的凝聚力,群体规模在 7 人左右为佳。

2. 提高群体内部的一致性

群体内部的一致性是指群体成员的共同性和相似性,主要指成员间要有共同的利益和目标。承包的企业群体内部,成员间的一致性较之未承包的群体要高,而且彼此间利害关系更为明显,因此凝聚力也更高。

3. 调节外部的压力

外部的压力会使群体间成员更加紧密地黏附在一起以抵抗外来的威胁。可见,外在的压力增加了群体成员相互合作的需要。在企业活动中,引进竞争机制,让竞争对手给群体制造外部压力,使群体内部成员更加团结,提高凝聚力。

4. 改善群体的领导方式

有研究表明,民主型的领导方式比专制、放任型的领导方式能使成员更友爱、思想更活跃、情感更积极、群体凝聚力更强。

除此以外,促进信息的沟通、提高群体的地位、努力达到目标、采取群体激励策略等,也都能够增强群体的凝聚力。

# 四、群体士气

## (一) 群体士气的概念

士气原指军队作战时的集体精神,现在也应用于企业中,表示群体的工作精神或服务精神。心理学家史密斯把士气定义为对某一群体或组织感到满足,乐意成为此群体的一员,并协助达成群体的目标的态度。所以,士气不仅表示个人需要的满足状态,还包含了确认此满足得之于群体,因而愿意为实现群体目标而努力的含义。

克瑞奇等认为,一个士气高涨的群体具有七个特征:① 群体的团结,不是起源于外部的压力,而是来自内部的凝聚力。② 群体内的成员,没有分裂为互相敌对的小群体的倾向。③ 群体本身具有适应外部变化及处理内部冲突的能力。④ 群体成员之间具有强烈的认同感与归属感。⑤ 群体内的每个成员都明确地掌握群体目标。⑥ 群体成员对群体的目标及领导者持肯定积极的态度。⑦ 群体成员承认群体的存在价值,并具有维护此群体继续存在的意向。

## (二) 士气与生产效率的关系

企业一般都期望群体不仅有高昂的士气,而且保持较高的工作效率或生产效率。但事实上这种情况很难达到。因为高士气只是提高生产效率的必要条件,而非充分条件。要提高生产效率,还需要具备其他许多条件,如机械设备、原材料的供给等物质条件,职工素质、工作能力等人力条件。管理心理学研究已证明,用动作分析、时间分析等科学方法指导作业程序,并以严格控制的方式管理员工时,就是强调工作的物质条件而忽视员工的心理需要,可能会出现低士气但高效率的情况。不过这种状况不会维持太久,由于无视员工的心理需要,势必会增加员工的反感,最终仍将导致劳动生产率的降低。但是,如果只顾及员工的心理需要,却忽略其与组织目标的关联,则易产生高士气但低生产效率的状况。此时,由于高士气群体抵触组织的生产目标,生产将受到限制。倘若想达到高士气高生产效率的理想状态,必须使员工的需要与组织目标趋于一致,让高士气群体赞同、接受组织的生产目标。这就需要有得力的管理者来做好正式组织与非正式组织之间的利益协调工作。

由此充分可见,高昂的士气并不能保证群体的高生产效率,但它却是高生产效率的必不可少的条件。所以,管理者应该了解群体的士气状况并潜心研究如何去提高群体的士气,从而获得较高的劳动生产率。

## (三) 影响士气的因素

群体士气受多方面因素的影响,一般而言,主要有以下几点。

1. 对群体目标的赞同

士气是群体中成员的群体意识,它代表一种个人成败与群体成就休戚相关的心理。它只有在个人赞同群体的目标,即个人目标与群体目标相协调一致时,才能够产生。因为在这个时候,个人对群体有着强烈的归属感、认同感,心甘情愿地为达成群体的目标而努力。

2. 合理的经济报酬

合理的薪金制度可以提高群体的士气,因为金钱虽不是人们追求的终极目的,但它可以满足人们包括生理等方面的许多需要,在某种程度上它还代表了个人自身的价值,以及在群体中的成就与贡献。因此,薪金付给的标准,要考虑两方面因素:一是应达到足以维持个人起码的物质生活条件;二是要同工同酬,以工计酬,公平合理。这样才能够提高群体成员的士气,否则,不合理的薪金制度只能引起人们的不满而降低士气。

3. 对工作的满足感

一份工作如果恰好与个人的兴趣、能力相合,那么,这份工作就会给个人带来满足感,在满足感的驱使下,极尽所能地施展其才华与抱负,士气也由此提高。所以,安排工作时,要尽可能地考虑员工的兴趣爱好、能力、受教育程度等,让员工在工作中获得满足感,从而人尽其才,提高士气。

4. 群体成员间的和谐

群体成员关系和睦,少有冲突、争斗,凝聚力强,那么,这个群体必然士气较高。

5. 优秀的管理者

群体领导者的管理作风影响着群体的士气。领导者作风民主,乐于倾听、接受不同的意见,通情达理,善于体谅员工辛劳,积极为员工争取利益,这样的领导者必然会赢得群体成员的认同,而使群体士气高涨。

6. 通畅的信息沟通渠道

管理心理学的研究表明,领导者与属下、属下与领导者以及群体成员之间,如果沟通受阻,会使人心生不满而导致士气低落。还有,倘若这中间只是单向沟通,则易让人不安,或产生抗拒心理,降低士气。因此,管理者一定要注意保持信息渠道的畅通,且沟通是双向的,如多让成员参与决策和群体讨论,改善上下之间的沟通。

7. 良好的身心工作环境

健康的身心条件,能使人精神振奋、工作愉悦;不良的工作环境,则易让人产生疲劳,甚至引起慢性疾病而减缓工作效率。所以,一方面,管理者要注意创设良好的工作物理环境,使照明、通风、温度、湿度、休息等都处于较佳条件;另一方面,要致力于建立良好的工作心理环境,使人们减少焦虑与不安,在友爱、自尊与自信的关系中工作,保持高昂的士气。

# 第三节 竞争、合作与谈判心理

竞争与合作是一个事物的两个方面,合作中有竞争,竞争中有合作,它们已成为当代社会生活的特征。正确认识竞争与合作,处理好两者的关系,是当代社会人必须具备的能力。谈判是在竞争中促进合作的有效手段。

## 一、竞争与合作

### (一) 竞争

竞争(competing)指在冲突中寻求自我利益的满足,在人与人、群体与群体之间对于一个共同目标的争夺。人类社会中的市场买卖、军备竞赛、政府选举、学术争鸣、体育竞技、求职考试无不具有竞争性。例如,体育竞赛中运动员之间或运动队之间对于冠军的争夺;同种商品的生产商之间为了争夺同一消费市场的市场份额而进行的争夺。竞争就是争优劣、比高下、赛胜负的较量过程,其本质就是优胜劣汰。"物竞天择,适者生存",这既是竞争的普遍规律,又是推动社会进步的动力。

竞争的要素包括竞争者、竞争目标、竞争规则、竞争策略以及竞争场等要素。竞争者即竞争的参与者,是竞争主体。任何一种竞争都是在竞争的参与者之间进行的,必须要两方或两方以上才能构成竞争;竞争目标是人的行为所要达到的预期结果,是满足人的需要的对象,是诱发动机的外部条件。人们的竞争行为就是人自觉地确定目标并以此来调节和指导自己的行为。目标在竞争中具有导向和激励作用;竞争规则是指在竞争中形成的基本的道德伦理、传统习惯和必须遵守的法律、法规,如公平原则、诚信原则等;竞争策略是指针对竞争中可能出现的各种情况所制定的相应对策,竞争策略是竞争者实现需要满足的总的原则,竞争者想要取得竞争的胜利,一定要有正确的竞争策略,如"田忌赛马"就是一个针对不同情况,合理部署兵力,最终取得胜利的例子;竞争场是指竞争者展开较量的舞台,也就是竞争活动的空间和范围,如体育比赛的运动场、战争的战场、商品竞争的市场以及政治竞争的官场等。

### (二) 合作

合作(collaborating)指两个或两个以上的人或群体为了满足双方的利益需要,并寻求相互受益的结果,自觉或不自觉地在行动上相互配合的一种行为方式。合作和竞争其实是一个事物的两个方面,合作中有竞争,竞争中有合作,与竞争一样,合作中也需要具备合作者、合作规则、合作策略以及合作的范围等要素。

合作还存在一个路径依赖的问题。尽管在理论上,科学家发现无论经过多少次博弈,人类行为合作的概率与不合作的概率总是近似相等的。但在实际中,一旦有一次或数次进行合作的良好回忆,在后来的博弈过程中,参与合作的双方总会依靠记忆来主动寻找善于合作的伙伴,这即是合作中的路径依赖。

社会生活中,个体都不能离开集体而单独存在,个人的力量毕竟有限,只有与他人合作,才能有面对困难的勇气和战胜困难的力量。在组织中的团队成员合作有赖于以下几个方面的因素。

第一,组织中规定的群体目标的一致性是群体成员合作的前提。群体必须履行的工作目标、群体成员的共同目标以及群体成员的个人目标三者能否达成一致,直接关系到群体的工作效率及其对群体成员的吸引力和向心力,也决定了成员合作的可能性。

第二,群体成员在心理上是否相容是影响群体内成员合作的核心因素。相容的一个重要标志是群体成员的同质性或共同性。同属于一个群体的成员,其共同性越多,就越容易达成行为上的一致性。相同的需要、动机、兴趣和爱好,共同的奋斗目标、理想和信念,相同的民族、文化背景等,都是同质性的表现形式。心理上的相容,不仅指成员在社会、心理上的同质性或共同性,个性上的互补以及心理上的开放性也是十分重要的。

第三,群体成员的成就感、荣誉感和归属感与群体凝聚力密切相关,也是成员合作的重要因素。个体是生活在群体中的个体,个体的成就和荣誉有赖于群体。每一个成员如果都拥有较强的成就感、荣誉感和归属感,群体成员就会互相接纳、齐心协力、共同奋斗,使群体行为保持较高的一致性和成效,从而增加团队凝聚力,也促进了合作的形成。

第四,群体所面临的外部环境的特点也会影响群体成员的合作。一般说来,如果群体在短期内受到来自环境的压力或威胁,会促使群体向提高凝聚力的方向转化,群体成员会出现一致对外的行为倾向,从而促进合作;但如果群体长期面对压力环境,群体间的凝聚力有可能会被根本改变,也许会影响成员间良好的合作关系。

此外,群体士气、群体间冲突的解决、群体间良好的人际关系等也会直接或间接地影响到群体成员的合作。

### (三) 从竞争到合作

由于竞争和合作的双方在行动过程中相互依赖,相互制约,形成对称和制衡,社会心理学中称之为对称性的社会互动。竞争与合作在形式上呈现对立性,但在社会生活中却是相伴相随,互为依托的。

竞争很可能与极为明显的目标冲突联系在一起,当参加全国足球联赛的各支球队每年相遇在绿茵场上时,每个球队都希望击败对手来全取 3 分,它们之间的关系必然是相互竞争,不可能是合作。而从竞赛的规则来看,由于比赛鼓励竞争,因此不鼓励双赢的结果,胜者得 3 分,负者得 0 分,平局各得 1 分,各得 1 分往往是无奈的结果。

竞争的团体内部会增强团结,团体成员之间会更加亲和,更加合作,他们甚至会搁置个人意见,以团体的总目标为个人的至上目标,团体内的人际关系将趋于紧密,情感联系趋于牢固,从而形成众志成城的团体意志。

竞争的团体之间会逐渐敌视对方,这种情绪会逐步滋生和增强,他们在积极看待团体内关系的同时,更为消极地看待团体之间的关系。在极端竞争的关系中,各个群体之间倾向于相互猜疑、保密、不信任,只强调自身的利益,互相不往来,不沟通信息;在高度合作的群体之间,容易彼此信任、资源共享、互惠互利。具体情形如表 10-1 所示。

表 10-1 群体间的态度与行为

| 合 作 | 尺 度 | 竞 争 |
|---|---|---|
| 信任 | 1 2 3 4 5 6 7 | 不信任 |
| 灵活 | 1 2 3 4 5 6 7 | 僵化 |
| 坦诚 | 1 2 3 4 5 6 7 | 欺诈 |
| 容易作出反应 | 1 2 3 4 5 6 7 | 毫无反应 |
| 共同利益和目标 | 1 2 3 4 5 6 7 | 各自的利益和目标 |
| 友好或中立 | 1 2 3 4 5 6 7 | 敌对状态 |
| 讲求实际 | 1 2 3 4 5 6 7 | 缺乏现实精神 |
| 交往频繁 | 1 2 3 4 5 6 7 | 交往稀少 |
| 相互倾听 | 1 2 3 4 5 6 7 | 拒绝倾听 |
| 愉快 | 1 2 3 4 5 6 7 | 痛苦 |
| 乐观 | 1 2 3 4 5 6 7 | 悲观 |
| 有成就感或归属感 | 1 2 3 4 5 6 7 | 权力和压制 |
| 相互接受控制 | 1 2 3 4 5 6 7 | 拒绝相互控制 |
| 合作或妥协 | 1 2 3 4 5 6 7 | 强制和逃避 |
| 满意 | 1 2 3 4 5 6 7 | 不满 |

我们要学会在合作中竞争,在竞争中合作。充分的合作和合理的竞争,使我们的集体更强大,使我们个体更进步。在合作中竞争,要尊重竞争对手,将竞争的过程视为互帮互学的过程,将竞争过程视为一种有效的合作方式,将竞争的目的视为超越自我、开发潜能、激发学习热情、提高工作效率、取长补短、共同进步。而在竞争中合作,需要我们形成团队精神,而团队精神的核心是集体主义,是合作共享、乐

于奉献,是个人利益服从团队利益。

当然,无论是竞争还是合作,都要处理好自己与他人的关系。学会欣赏他人,发现别人的长处,虚心向别人学习;学会理解和谅解别人,以诚相待,帮助他人,求得共同发展。合作离不开竞争,没有竞争的合作是肤浅的,是死水一潭;竞争也离不开合作,没有合作的竞争,是孤单的、狭隘的。在与他人的竞争中学会欣赏、学会合作、学会共享,才能营造和谐的学习、生活和工作环境,形成和谐的人际关系,建设和谐的社会。

## 二、竞争与合作的理论研究

### (一)"囚犯困境"实验

这个著名的实验研究由卢斯和莱法于 1957 年完成。他们让被试设想这样一种情境:两名罪犯被分别带到法官面前受审,他们承认或不承认自己有罪,会给他们带来几种不同的结果:若两人均不认罪,则都会受较轻的惩罚;若两人都认罪,则都受中等程度的惩罚;若两人中一人认罪,另一人不认罪,则认罪者受轻罚,不认罪者受重罚。具体情况如表 10-2 所示。

**表 10-2 囚犯困境实验**

| 囚犯及其行为选择 | | 囚 犯 A | |
|---|---|---|---|
| | | 不承认有罪 | 承认有罪 |
| 囚犯 B | 不承认有罪 | 各被监禁 1 年 | A 被监禁 1 个月,B 被监禁 10 年 |
| | 承认有罪 | A 被监禁 10 年,B 被监禁 1 个月 | 各被监禁 5 年 |

由于两人不能互相交谈,每人只能根据自己的判断选择回答。对于这两个人来说,选择不认罪意味着合作,选择认罪意味着竞争。让被试设想自己扮演囚犯之一,通过安排不同的条件考察被试作为囚犯的行为选择,便可以较好地再现两人的竞争与合作行为。

一系列的实验结果表明,个人的选择总是从为自己获得最大利益出发。同时,实验还发现有几个因素影响人的选择。

(1)活动后果所产生的利益的质量影响人的合作程度。如果竞争的结果与合作的结果相差不大,如合作使每人监禁 3 年,竞争使一人监禁 4 年,另一人监禁 2 年 6 个月,则选择合作的可能性大;反之,则选择竞争的可能性大。

(2)参加者的性格会影响人的选择。一个人希望获得高利益的动机和期待感越强,就越有可能选择竞争。对方特点也会影响选择,人们不愿与以自我为中心的人合作,而宁愿与其竞争。

(3) 对方的反应策略也会影响人的选择。在实验中每一次选择都会得到一个反馈结果(囚犯将被监禁的年数),被试可以从中推测对方的每次选择是什么。如果对方的反应是按照某种规则进行的,被试会调整自己的反应,表现出很高的合作倾向。研究者认为,对方的反应规律一旦被识别出来,则可成为一种代替双方语言的交流手段。

**(二)"卡车竞赛"实验**

为了弥补"囚犯困境"实验中,被试没有交流机会和活动中双方对对方的影响力完全相同等缺陷,多伊奇和克劳斯于 1960 年设计了"卡车竞赛"实验,如图 10-1 所示。

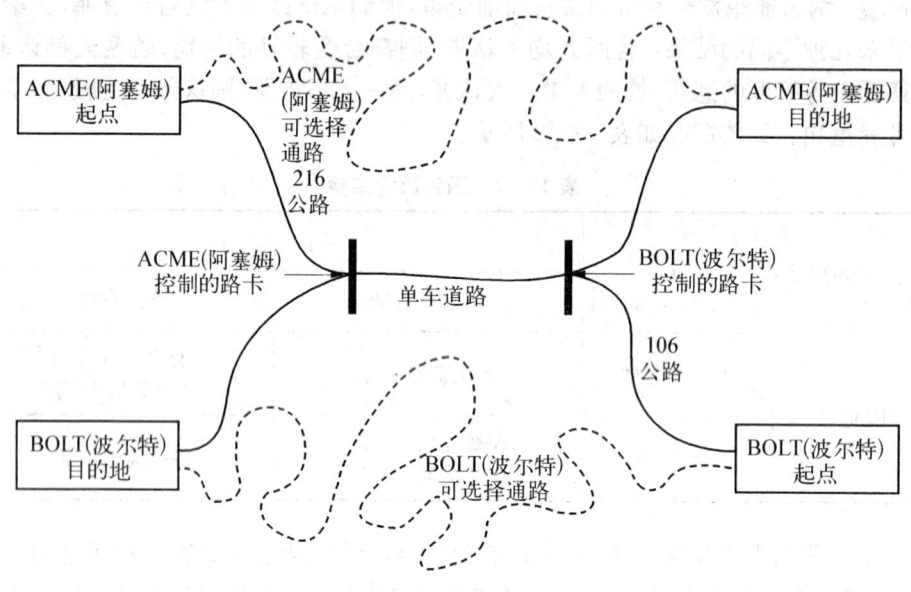

图 10-1 "卡车竞赛"实验

参加实验的两名被试面对一光电游戏板,分别作为 ACME(阿塞姆)公司和 BOLT(波尔特)公司的"司机",各自驾驶卡车模型在板上反复运输货物。他们各自从始发点到目的地的运输线(实线)中间的一段完全重合,并且只能通过一辆卡车,若两车对开,必有一辆须退让。他们每人另外有一条备用线(虚线)。每个被试的行为会有以下可能:① 顺利地通过主线,得奖赏 15 美分。② 退让,等对方过去之后再使用主线,没有奖赏。③ 采用备用线,付出 10 美分。很显然,最优的选择是合作,两人轮流使用主线,在 20 次运输中每人可获利 1.5 美元。在实验的过程中允许被试相互交谈。结果发现,在 20 次运输后,每个被试平均获奖赏 1 美元,远低于 1.5 美元理想值。这意味着被试没有为获取高额奖励而理智地合作,而是选择竞争,有人认为这是由于被试在内心中对奖赏数额并不在意,更愿意在每次行动时以积极主动的方式战胜对方。

这个实验的另一个结果是发现潜在的威胁会增强竞争行为。当运输主线上的控制门由 ACME 方的被试控制时,他可以在自己通过后将门关上,使 BOLT 方不能通过,而后者没有这种权力,这就使 BOLT 方的奖赏额受到对方的潜在威胁。这时,双方都比原来表现更多的竞争行为,ACME 的司机损失 1.19 美元,BOLT 的司机损失 2.87 美元。当双方各自拥有一个控制门时,他们的竞争行为更激烈,平均损失 4.38 美元,这比采用备用线的损失还多,整个过程中双方几乎不进行交流。

这个研究表明,人的竞争与合作不仅受交流与否的影响,而且受其他因素的影响,如人的竞争天性,潜在的威胁等。

### (三) 诱因与贡献

切斯特·巴纳德认为,合作的意愿是所有组织不可缺少的第一项基本要素。其意义为自我克制,交付出个人行为的控制权,个人行为的非个人化。对于任何一个组织来说,都是由许多具有社会和心理需求的个人组成的合作系统。这些人在加入合作系统之前是自由的,他们的行为可以不受合作系统行为规范的约束。但是,一旦他们加入合作系统而成为合作系统的一员后,他们就必须交出个人行为的控制权,使个人的行为非个人化。但是,个人并不可能自发地产生合作的意愿,即不可能无缘无故地愿意为合作系统目标的实现作出个人的努力和个人的牺牲。因此,巴纳德提出了一个著名的关系式:"诱因≥贡献"。所谓诱因是指组织给成员个人的报酬,这种报酬可以是物质的,也可以是精神的。所谓贡献是指个人为组织目标的实现而作出的牺牲。巴纳德认为,只有当组织给个人的报酬大于或等于个人为组织所作出的贡献时,个人才有可能为组织目标的实现作出个人的努力和贡献。

例如,当耐利(Donnelly)公司被称为"最民主的公司",它控制着美国的车后视镜 90% 以上的市场,是汽车制造厂玻璃制品的主要供应商。它是美国"最民主的公司",因为一般员工能够对公司政策产生直接影响。公司具有完善的三个层次系统来解决存在的差异及制定所有的员工政策和指导方针。第一个层次是工作团队;第二个层次是选举产生的公平委员会,这些委员会每月召开一次会议解决争议和解释人事政策;第三个层次是当耐利委员会,它包括 15 名委员,由公司高级管理团队的 1 名代表和选举产生的其他 14 名代表组成。这个委员会对公司政策作最后决策,并就年薪和福利待遇向公司董事会提出建议。

当耐利公司实行真正的工作场所的民主,虽然这样做非常费时,但公司致力于这种民主,并且坚信收益远远超过成本。当耐利的员工还参与公司的奖金系统,一旦公司的回报率超过 5.2%,所有员工都能得到季度奖金。在过去 7 年中,这些奖金最低为 1%,最高为 7%。当耐利的合作系统相当有效,尽管它的主要客户——汽车制造厂最近几年解雇了数以千计的员工,但当时耐利公司却在不断壮大,3 年来,销售量增长了 2 倍,员工增加了 1 倍。

## 三、影响竞争与合作的因素

### (一)刺激

人们是采取竞争行为还是采取合作行为,受外界刺激的影响很大。这里的刺激包括有害和有益的刺激,有益的刺激如奖励,有害的刺激如惩罚。如果对于干活好的人增加刺激,那么人们选择竞争和合作的趋势就会发生变化。

奥斯卡普和克林克对这个问题进行了两项实验。在第一项实验中,每次测验都给予 0.3~3 美元范围之内的一份报酬,但总酬金控制在 1.5~3.0 美元之间。在第二项研究中,测验要么根本不给钱,只给分数,要么给几美分,要么给几角银币,总酬金范围在 0~9 美元。结果表明,酬金越低,合作的倾向性越大;反之,强调刺激,实际上减少了选择合作的次数。

另一项研究提示,酬金的绝对数量不是特别重要,人们敏感的是酬金的变化。增加报酬对合作的影响甚小,但是减少报酬则使合作减少。可以推测,人们存在两种动机:赢得金钱和战胜别人,当酬金减少时,金钱的动机就变得不太重要,被试的注意力专注于寻求胜利。

值得注意的是,当酬金相当高时,人们作出很多竞争性反应,甚至冒着减少自己总收入的危险去进行竞争,似乎别人在场能唤起竞争的情感。由此可以推断,竞争在人际关系中是强有力的组成部分,即使情境的结构形式更适合于合作。

随着研究的深入,人们又提出问题的另一个方面,如果被试面对的是惩罚,而不是奖励,他们的选择又是如何呢?在面对有害刺激时,个人的力量显得微不足道,人们必须团结起来克服困难,因此人们倾向于选择合作。

### (二)动机

动机是人们行为的直接动因。根据杜什的研究,在活动中分别给予被试三种指导:合作的指导,强调必须关心另一个竞赛者的利益;竞争的指导,要求每个竞赛者尽量赢得更多的钱,尤其是要比对手挣得更多;个人主义的指导,置其他竞争者于不顾,唯一的目的是竭力获得利益。不同的指导对于合作的数量产生了重大的影响。其结果如表 10-3 所示。被指导合作的被试 90% 以上选择了合作;被指导竞争的被试只有 20% 选择了合作,被指导个人主义的被试有 50% 选择合作。

表 10-3　动机对合作的影响

| 动机的指导 | 选择合作的比例 | | |
|---|---|---|---|
| | 无交流信息 | 交流信息 | 平　均 |
| 合作的指导 | 89.1 | 96.9 | 93.0 |
| 个人主义的指导 | 35.0 | 70.6 | 52.8 |
| 竞争的指导 | 12.5 | 29.2 | 20.9 |

在一些研究中,对正在解决问题的小组,有的要求他们个人尽量起作用,有的要求他们作为一个整体增加个体的活动。当驱使他们去竞争时,群体成员之间交流信息较少,彼此影响也较少,效率也低。当他们相互合作时,彼此相互信赖,整体效率提高了。

（三）威胁

人们常常会评估对方是否具有优势条件来选择竞争与合作,如果对方力量强大,人们会选择合作;反之,则考虑竞争。当面临外来威胁时,如自然灾害、社会灾祸,人们会摒弃种族、宗教、意识形态等种种差异来选择合作,摆脱困境。

约翰·兰日塔 1955 年以海军士官生为对象进行了一项研究,他让士官生们四人一组完成解决难题的任务,故意向其中一组大声宣布他们的答案是错误的,他们的效率难以置信地低,他们的思想十分愚钝;而其他各组没有受到这种威胁。结果他发现,这组成员之间彼此表现得更友好、更团结,较少发生争执和竞争,他们共处困境中,产生了团队精神。

斯韦英格 1970 年指出,被试持有威胁而不去使用它,会比不持有威胁的人受到更多的侮辱,因为权力只有在别人认为它将被使用时,才是有用的,否则会降低一个人的实力,使其陷入软弱和无能。

布莱克 1973 年的发现将这一认识导向深入,即男性与女性对威胁的反应有所不同,女性看到对方具有权力而不使用时,更愿意选择合作;男性则发生不同的反应。显然,威胁在选择合作和竞争时起着重要作用,在一般情况下,有权力的一方容易得到人们的合作与支持。

（四）信息交流

双方相互之间交流信息可以大大地增强合作行为。杜什的研究证明了这一点,无论它唤起的动机如何,在个人主义导向的情况下,信息交流最富有戏剧性。信息交流时,选择合作的百分比从 35% 上升到 70% 以上。杜什在实验中,分三种不同情境进行观察:① 双方不允许信息交流。② 双方可以信息交流。③ 双方必须信息交流。结果表明,准许双方信息交流比不准信息交流的合作率高,必须交流时双方的合作率更高。

威克曼 1970 年的研究更加明确地证明了信息交流的作用。他在难题竞赛实验中考察四种情境：① 双方之间隔离起来。② 双方能够互相看见，但不能对话。③ 双方可以对话，但不能看见。④ 双方既能看见对方，也能相互对话。结果发现，合作的数量依照上述顺序上升。当双方处于①和②两种情境时，约有 40% 的人选择合作，当人们处于③和④两种情境时，有超过 70% 的人选择合作。

为什么信息交流有利于合作行为呢？斯坦赫尔斯基 1970 年指出，如果人们不进行信息交流，一般会认为对方要选择竞争行为，那么自己就被迫选择竞争行为来对抗；如果可以信息交流，那么通过沟通，就可以避免不必要的对抗，促进合作。安德森 1975 年的研究提示，信息交流有时有消极作用。当双方没有威胁手段，互相平等时，信息交流有助于合作；但当双方利用信息交流的机会来传递威胁的信息时，对抗和竞争会增强。

### (五) 目标

罗伯特·布莱克和詹妮·莫顿于 1979 年用两周时间进行了一系列实验研究，研究涉及 150 个不同小组的 1 000 名成员，他俩变换这些小组的处境，使他们处于威胁和被威胁状态，每个小组起初专注于自己的任务，接着他们与其他小组竞争，当出现高一级目标时，他们转为合作。

约翰·多维帝奥及其同事在 1998 年的研究发现，如果解散先前的小组，把不同小组的人们定义成一个新的大组，先前对其他组的误解和偏见会消除，当他们围成一桌，而不是面对面而坐时，人们倾向于合作。

德曲曾经指出：人们相信彼此的目标相关时，人们的期望、行为和由此产生的相互作用取决于目标的性质是竞争性的还是合作性的。当人们相信目标是合作性的——表示其中一人向目标迈进，意味着其他人更接近目标，人们会处于合作关系中，期望彼此均能有效地向目标迈进。因为在合作性目标下，个人利益与群体利益一致，团体的成功代表团队中每个人的成功。

当人们相信目标是竞争性的——表示其中一个人达到目标时，将排除或最低限度会减低其他人达到目标的可能性，人们会处于竞争的关系中，在竞争中人们希望自己最有能耐，在竞争性目标下，个人利益和群体利益会出现分歧，人们选择一切机会来争胜。

### (六) 凝聚力

团体的凝聚力是团体成员之间发生作用的所有力量的汇合，它往往作为团体发展水平的指标。凝聚力表现在成员的心理感受方面，包括认同感、归属感和力量感。

现代社会是一个高度分工与合作的社会，有分工就必须有合作，否则就不能达成组织目标，合作是分工的必然结果。合作的过程能使团体成员在认同感、归属感和自信心方面得到提升，从而提高团体的凝聚力；反过来，凝聚力强的团体为了达成组织目标,在团体内部会表现出较强的合作性,而在团体之间则表现为较强的竞争性。

# 四、谈判心理与技术

不管你喜欢不喜欢,我们的生活中充满了竞争与合作。协调竞争和合作的方式,已经渗透到组织和群体中每个人的相互作用之中。谈判的对象可能是你的上级、你的同事、你的下属、你的客户,你的谈判目的可以是为了争取更多的预算资金、更大的工作空间、更精良的办公设备、更精干的员工、更高的决策权、更多的休息时间,总之,你可以为任何符合你需要的事进行谈判。

## (一) 谈判过程

### 1. 准备和计划

在谈判开始前的准备工作是非常必要的,包括信息的收集、双方情况的评估、谈判人员的组成、谈判期限的确定、谈判计划的制作、谈判地点的选择,必要时还应该进行模拟谈判。

### 2. 界定基本规则

双方进行接触后的第一步是界定谈判的基本规则,包括谈判的目标、谈判双方参加者的级别和人数、谈判的日程、谈判的地点和谈判的议程等。

### 3. 阐述和辩论

进入实质性谈判过程中,双方围绕自己的利益,征询信息、提供信息、讨价还价、磋商和妥协,充分进行沟通,寻找双方利益的吻合点,以期取得谈判成果。

### 4. 达成协议

最终谈判双方根据谈判过程中达成的共识,将成果通过协议方式确定下来,制定有关执行协议的具体时间表、实施者以及相关责任。

### 5. 实施协议

一个成功的谈判应该达成双赢的结果,在达成的协议中能够找到令双方都满意的内容,一份好的谈判协议应该是双方利益的共同体现,这样在实施协议时才能畅通无阻。否则,协议只能停留在纸上,谈判的成果也只能是空谈。因此,实施的好坏是衡量谈判成功与否的真正标志,双赢的结果才是谈判的真正目的。

## (二) 谈判的要素

### 1. 双方的需要

谈判应该是谈判双方共同的需要,双方能够选择谈判来作为解决问题的方式,说明双方的需要在某些方面具有一致性。坦白地说,双方具有共同的利益,这是谈判的基础;同时存在分歧,这将通过谈判来解决。

### 2. 权限

谈判的权限决定了参加谈判者可能作出承诺的范围以及兑现承诺的可能性。

一般谈判双方应该根据谈判的目标,授予谈判者相应的权限,过大的权限和过小的权限都不利于理想谈判结果的达成。

### 3. 信息

谈判中的信息是一个制胜要素,占有大量有价值的信息的一方一般会处于谈判的有利位置,因此在谈判前和谈判中获取信息历来被双方高度重视,谈判过程从某种意义上讲也是一个信息沟通过程,信息往往作为谈判的重要依据。

### 4. 弹性

谈判的目标应该是一个范围而不是一个点,这样,双方谈判的范围才能有更大的重合可能,这样的谈判才是富有弹性和充满灵活性的,双方才有可能取得建设性的成果和双赢结局。否则,谈判对双方都将是一场艰难而成功机会渺茫的精神折磨。

## (三) 谈判的技巧

### 1. 提议

提议,指在谈判初期或在谈判进行过程中,对谈判的程序和谈判的内容提出讨论的一种技巧,有时也在谈判陷入僵局时,转换谈判内容,从而改变谈判项目的顺序以推进谈判进程。

### 2. 建构

建构,是指在其他人提出方案的基础上,通过修改或改进,从而使之成为一个新的想法来加以探讨的一种方式。这是一种具有建设性的谈判技巧,也是将谈判导向成功的一种姿态和有益的努力。因为在他人方案的基础上修改,首先是一种前进的标志,尤其是当在对方的方案上建构时,给对方的感觉是一种肯定的信息传递,在感情上易于为对方所接受,同时这个方案由于在谈判过程中已经有一定的熟悉度,可以大大提高谈判的进程,使谈判在时间利用上更有效率。

### 3. 支持

支持,是指当对方表示的看法有利于谈判进程时,积极地表示肯定的一种方式。表达支持应当积极及时,尤其是在谈判初期,对于一些无关利益的程序性问题以及中性的问题,及时表达支持有利于创造和谐的气氛。

### 4. 反对

反对,是指当对方的建议或意见与我方利益相左时,表达不同意或不赞成的技巧。既可以直截了当地提出,也可以委婉地表达,但主旨是不能认同对方的看法,无论采取哪种方式,都应该明确无误地表明立场。

### 5. 防御与攻击

防御与攻击,是一种消极的谈判技巧,即不主动提供信息,采取不合作的谈判姿态或者攻击谈判对手。这种沟通只能提供威胁或极端竞争的消极信息,往往导致两败俱伤的结局。

6. 确认

确认,即在对方发言之后,通过重复对方的谈话内容或提问的方式来进一步确定对方的话题的意思,从而避免己方的主观理解偏差导致误解。这个技巧往往在对方有重大提议、作出重大让步或提供重要信息时采用。

7. 总结

总结,是指当谈判进行一段时间或有所收获时,回顾双方的共识,通过归纳来确认已经获得的成果的一种方式。这样做既能有效地推进谈判,确定下一步谈判的基础,又能使双方从回顾中得到鼓舞,积极将谈判导向成功。

8. 询问信息

询问信息,是指在谈判的过程中通过了解对方的立场和谈判依据,可以客观、全面地作出判断,从而达成双赢的结果。询问信息既是一种友好谦逊的表现,又是直接获取资料的有效手段。

9. 提供信息

提供信息,是指在谈判过程中推进双方相互了解和谈判进程的有效手段,面对理性的谈判对手,提供信息能导致进一步的沟通,避免信息短缺和误会阻滞谈判顺利进行。

10. 导入

导入,是在团体谈判中的一种积极推进谈判进程的技巧,它往往给谈判带来新的视角。例如,当谈判双方为了强调各自的理由,情绪处于较高的激动状态时,这时双方都无法耐心地倾听对方的陈述,谈判有过于情绪化或陷入僵局的危险。在这种情况下,我们可以邀请保持沉默或较少发言的成员来发表意见,因为他此时是一位冷静的观察者,思想较为理性,且可能带来第三种视角。

11. 争辩

争辩,是指在谈判进入白热化的阶段,对方固执己见,强词夺理时采用的一种震慑效果的技巧。这一技巧一般宜谨慎使用,使用不当会导致对方的敌对情绪,使用合理能使谈判回到理性的轨道中。

12. 第三方

由于种种原因导致谈判双方陷入僵局时,需要借助第三方来使谈判继续或促进协议的达成。第三方主要担当调停人、仲裁人、和解人和谈判顾问的角色。无论是哪种角色,他都必须取得谈判双方的信任。调停人是中立的第三方,他将在谈判中利用自己的影响,采用劝说、分析、举例、建议替代的方案等方式来促进谈判进程直至协议达成。仲裁人是具有权威的第三者,他将利用强制性的手段来促使双方达成协议。仲裁最大的优势在于双方可以在最短的时间内快捷地解决问题。但如果仲裁的强制性导致一方极不满意,也可能在实施中产生麻烦。和解人是侧重于沟通信息的第三方,他在谈判双方之间传递正式渠道难以传递的信息,有时一些关键信息的沟通,会在协议的达成中起到"四两拨千斤"的作用。谈判顾问是谈判的行家里手,他们利用自己娴熟的谈判技巧,通过帮助双方关注对方的需要,理性地分析问题,以及增进双方人际合作度,从而提供给双方积极的认知态度,淡化当前的利益争夺,以期达成着眼于长远的建设性的谈判协议。谈判顾问一般不直接提供具体的解决方案,但能有效地促进谈判成功。

# 本 章 小 结

　　群体是指由两个或两个以上相互作用、相互依赖的个体组成的具有相对稳定关系模式的集合体,群体具有的特征包括:各成员相互依赖,在心理上彼此意识到对方的存在,意识到其他成员的存在;各成员在行为上有互动关系,即彼此之间相互作用、相互影响;各成员具有群体意识和归属感,意识到自己是集体中的一员,有我们"同属于一群"的信念,也就是具有共同的心理需要和共同的目的。群体的功能具体表现为:完成组织交付的任务;满足群体成员的心理需要,如获得安全感和归属感,满足自我确认的需要、社交的需要和自我实现的需要等。

　　在社会影响的作用下,群体内的个人行为将有异于处于孤立状态下的个体行为,由群体内的个人行为而表现出来的整体的群体行为有着自己鲜明的特点,并且与组织管理活动密切关联。典型的群体行为主要有:从众、顺从、暗示、模仿和感染。

　　群体规范是指群体所确定的行为标准。这些标准为群体每个成员所公认,而且是每个成员必须遵守的。群体规范有的是正式规定的,如法律、法规、一些规章制度等。但大部分是在群体中自发形成的,群体成员彼此通过暗示、模仿、感染等的相互作用,会发生一种彼此接近、趋同的类化过程,正是在此基础上形成了群体规范。其作用主要表现在维系群体的整体性、认知的标准化、行为的矫正作用以及惰性作用等。

　　群体大多数成员的意见会产生一种无形的力量,它使群体内每一个成员自觉或不自觉地保持着与大多数人的一致性,这个力量就是群体压力。群体压力一方面有助于组织目标的达成和群体的存在与发展,另一方面可以增加个人的安全感。大多数人只有在属于某个团体,有明确的地位与安全感的情况下,才能自由地表现自己的个性。

　　群体凝聚力是指使群体成员保持在群体内的合力,是一种使其成员对某些人比对另一些人感到更亲近的情感,它可以被认为是群体的确定性特征。群体成员间相互吸引力越强,群体成员对其群体就越忠诚,坚守群体规范的可能性就越大,因此,成员们会为群体目标作出更大的努力,个体目标与群体目标更易趋于一致,这样群体凝聚性自然就越大。增强群体凝聚力的有效方法包括:控制群体的规模、提高群体内部的一致性、调节外部的压力和改善群体的领导方式等。除此以外,促进信息的沟通、提高群体的地位、努力达到目标、采取群体激励策略等,也都能够增强群体的凝聚力。

群体士气是指群体成员对某一群体或组织感到满足,乐意成为此群体的一员,并协助达成群体目标的态度。影响群体士气的因素主要有:对群体目标的认同、合理的经济报酬、对工作的满足感、群体成员间的和谐、优秀的管理者、通畅的信息沟通渠道以及良好的身心工作环境等。

竞争是指在冲突中寻求自我利益的满足,在人与人、群体与群体之间对一个共同目标的争夺。竞争的要素包括竞争者、竞争目标、竞争规则、竞争策略以及竞争场等要素。合作是指两个或两个以上的人或群体为了满足双方的利益需要,并寻求相互受益的结果,自觉或不自觉地在行动上相互配合的一种行为方式。影响竞争与合作的因素包括:外界刺激、动机、威胁、信息交流、目标以及凝聚力等。

## 思考题

1. 群体的功能有哪些?
2. 从众行为的积极作用与消极作用有哪些?
3. 群体的凝聚力与生产效率的相互关系有几种类型?
4. 增强群体凝聚力的途径有哪些?
5. 如何提高士气?
6. 影响竞争与合作的因素有哪些?

阅读材料

### 勒温的团体动力学

勒温的团体动力学是当代西方社会心理学发展史上的一个里程碑,它发端于20世纪40年代,成为整个社会科学界所关注的中心,虽然它作为一种自觉的运动至20世纪70年代已趋于低潮,但它的内在活力,它的理论、方法和心理观,仍在很大程度上影响着当代西方社会心理学的研究和发展。

### 一、团体动力学的产生

库尔特·勒温在 1939 年发表的"社会空间实验"一文中首次使用了"团体动力学"这个概念,借以表明他要对团体中各种潜在动力的交互作用,团体对个体行为的影响,团体成员间的相互依存关系等去进行一种本质性的探索。1945 年,勒温在美国麻省理工学院创办了"团体动力学研究中心",团体动力学作为一种专业和学科得以建立。在其后的 20 年间,团体动力学得到了迅速发展,其影响几乎涉及社会生活的各个领域。

#### (一)关于团体动力学的定义

从历史的角度来反观团体动力学,它本身具有三个层次的意义。① 属于一种意识形态,即关于团体应如何组织和管理的方法和态度。在这种意义上,团体动力学十分强调民主领导的重要性,强调成员参与决策以及团体内合作气氛的意义。② 关于一套管理技术,如角色表现,团体过程中的观察和反馈等。在这种意义上,团体动力学被广泛应用于人际交往培训,领导干部培训,以及工厂、企业、学校和政府部门的管理。③ 一种对团体本质的心理学研究,旨在探索团体发展的规律,团体的内在动力,团体与个体、与其他团体以及与整个社会的关系等。这第三种意义是团体动力学的真正的心理学的意义,也是勒温及大部分团体动力学家一致赞同的对团体动力学的定义。它并不依赖于前两种意义,事实上,为意识形态和管理实践提供一个更好的科学基础,正是团体动力学的基本目标之一,但科学地理解团体生活的本质,却是团体动力学的根本目的。

#### (二)团体动力学产生的历史背景

如欲理解或改进人类的行为,改进人类的生活,那么必然要对团体及团体的本质有一个充分的了解。因为人生活在家庭、学校、工厂、机关以及各种正式与非正式的社会组织之内,也就是无时不处于一种团体生活之中。事实上,人类关于团体的思想由来已久。柏拉图的《理想国》可为一例证。亚里士多德把人定义为"政治的动物",也足见他已知其中的某种道理。近代的哲人、学者更是对团体各抒己见,这里面有"乌托邦",也有"美丽的新世界"。但是把团体作为一种科学的研究,还只是 20 世纪的产物。

团体动力学产生于 20 世纪 40 年代的美国,当时那里已具备了一个促使这一新学科出现的社会环境。20 世纪 30 年代前后,美国的工业生产得到迅速发展,这是以富尔敦、爱迪生等人创造发明的具体应用为标志的。它使人们看到了科学、文化和教育的巨大力量,知识与技术从而被赋予了极高的价值。同时,由于世界大战和与西方工业发展结伴而行的经济萧条,使得美国的一些社会问题,如移民问题、黑人问题、青少年犯罪和儿童教育等问题变得日益尖锐,通过社会学家和心理学家们的努力,人们对心理测验、科学管理和儿童福利等已产生普遍信任,科学研究可以促进"社会问题"的解决这一观念已逐渐被人们所接受。团体曾一度被看作是调节工厂和集体冲突的关键,家庭和一些目的性社团则被认为是战争动乱之后复兴社会生活的必要手段。同一时期兴起的其他一些专业,如集体心理治疗、社团福利工作、由杜威倡导的新教育以及范围更为广泛的社会管理工作等,都要求对团体和团体生活有一种科学的根本性的认识和理解。这种时代精神召唤出了一个代表性的人物——来自德国避难的犹太人库尔特·勒温,让他从一个侧面来体现时代的要求,这就形成了团体动力学研究的大潮流。

（三）团体动力学的基本特征

团体动力学家们有着两个基本信念:① 社会的健全有赖于团体的作用。② 科学方法可用以改善团体的生活。从某种程度上说,这也是团体动力学之所以产生的两个必要前提。唯有当人们理解并接受了这两个信念,认识到经验的研究可应用于团体和社会,重要而复杂的社会现象和社会事件可以进行测量,团体和社会的诸种变量可以为实验所操纵,支配团体和社会生活的规律可以被发现和揭示时,团体动力学作为一种新兴学科才能得以产生和发展。在这种意义上,我们可以把团体动力学的基本特征归纳为以下几个方面。

1. 强调理论意义上的经验研究

从学术传统上进行分析,团体动力学应属于经验主义范畴。以观察、定量、测量和实验为基础来研究团体,正是团体动力学家有别于涂尔干、弗洛伊德和黎朋等侧重以思辨来研究团体的显著标志。但是团体动力学又不同于社会科学中极端的经验主义,它从一开始就十分重视理论的意义和价值,在实践中把理论建构和经验研究完整地结合起来。

2. 注重研究对象的动力关系和相互依存关系

动力性研究是团体动力学的最基本的特征,它不满足于对团体性质的一般描述,或对团体类型与团体行为的一般归类,而是要研究所观察的对象是如何相互依存的。团体中各种力的交互作用以及影响团体行为的潜在动力、变化、对变化的抵制、社会压力、影响、压制、权力、内聚力、吸引、排斥、平衡和不稳定性等,都是团体动力学中动力性研究的基本术语。它们可以表示心理力以及社会力的操作,其在团体动力学的理论中起着重要的作用。

### 3. 多学科的交叉研究

严格地说,团体动力学不属于传统社会科学中的任何一门学科,它与心理学、社会学、文化人类学和经济学等都保持着较为密切的关系。各学科的发展都有助于团体动力学的研究。实际上,团体动力学既是一种多学科的交叉性研究,也是社会科学中的一次新的综合。

### 4. 把研究成果应用于社会实践的潜能

应用性是团体动力学的突出特征,大部分团体动力学家的研究都是为了促进团体的功能以及团体对个体和社会的作用。尤其是随着"行动研究"和"敏感性训练"的推广,团体动力学的研究成果已被企业管理、教育、心理治疗、政府与军事等许多领域广泛采用。

## 二、团体动力学的理论基础

如上所述,团体动力学是20世纪30年代末与20世纪40年代初西方社会科学中的一次综合,其本身又是一种跨学科的交叉性研究,所以团体动力学中的理论取向较为广泛,至少有以下几种理论倾向存在于团体动力学的研究中,如交互作用论、系统论、精神分析理论等,但是大部分团体动力学家在选择这些不同的理论和进行具体的研究时,都有着一个共同的内在的理论基础,那就是场论。

### (一)勒温与场论

库尔特·勒温(1890—1947)出生于波兰莫吉尔诺的一个犹太人的家庭。由于犹太人一向重视子女的教育,勒温小学毕业便被送往德国。他在波森读了高中,在柏林修大学课程。《人论》的作者卡西尔是他的哲学老师,著名心理学家斯顿夫指导过他学习心理学。1914年,24岁的勒温从斯顿夫手中获取了心理学的哲学博士学位,不无巧合的是,格式塔心理学的三位创始人:惠特海默、考夫卡和苛勒也都做过斯顿夫的学生。

就在勒温获取博士学位的那一年,第一次世界大战爆发了,勒温作为一个德国公民应征入伍。战场似乎是特为青年人所准备的,不久以前他们可能还手握吉他唱着自己的初恋,争论着前途和生活的意义,可转眼却放下吉他拿起了步枪,一种激情、新奇和冒险的精神鼓动着大家。然而,战场却远非人们的想象,那血与火的气氛,那惨不忍睹的事实,都会深深震撼每一个人的心灵。许多事物的性质在战场上都全然改观了,一切价值在战争中都具有了完全不同的意义。有感于此,勒温于1917年写就了一篇论文——《战场景象》,勒温的心理学由此诞生了。在这篇论文中,他分析了人的心理承受力和人的行为动机,这是他的"心理紧张系统论"的最早表露。他描述了一个人从后方安全处所来到前方,在生死关头,环境及其意义的改变在这里产生了"生活空间"这一概念,为他以后的拓扑心理学学说打下了基础;他阐述了情景或人与环境的交互作用决定人的心理事件和行为意义的观点,这就是他的场论的雏形。在战场上,人性和良心要重新定义,人的个性和个人的善恶都不起作用了,每个人都随着他所属的集团而被定性:是敌方的,便是坏的;是己方的,便是好的。个人的性格和品行都被这简单的好与坏所取代。这种体验和对这种体验的思考,深深地影响了他以后对社会心理学的研究和他的团体动力学。

1947年2月12日,勒温逝世于美国,也就是他创建起团体动力学研究中心的第二年。他的一生在心理学史上写下了光辉的一页,场论是他对心理学理论的杰出贡献。

(二) 场论与团体动力学

场论是勒温一手创建的。由于他早期深受斯顿夫的影响,又长期与惠特海默、苛勒和考夫卡三人一起工作,所以基本上秉承了格式塔心理学的传统。但他从一开始就特别注意动机与意志方面的问题,对精神分析理论有独到的研究。他把心理学中的整体观和动力观在新物理学世界观的基础上进行了有机的结合,形成了其素有"心理学中相对论"之称的场学说。

虽然勒温的早期研究主要是针对个体的,但由于他重视在生活环境中研究个体的行为,所以他的理论从一开始就隐含着对社会心理学的影响。1939年,他提出"团体动力学"这一概念后,又先后提出了"社会空间"、"团体目标"和"团体气氛"等重要概念,以及"社会渠道说"和"准稳态平衡说"等理论观点,这表明他的整个研究已逐步转入了社会心理学和团体动力学。对此,舍伦伯格评论说:"勒温的场论为其转向团体行动研究提供了一个自然的理论基础。把环境包容于生活空间之中,就为统一团体概念铺平了道路,于是,团体的一些特殊功能就可被看作是大部分个体之生活空间中的主要部分。因此,从研究个体的生活空间过渡到研究团体对行为的影响是较为容易的。"

在团体动力学中,研究者一般都倾向于把小团体作为研究对象,把它看作是一个基本的实体。从场论的观点出发,可以把所研究的团体区分为结构和功能两个层次。结构方面适用于拓扑学的描述,把团体作为研究对象时直观获得的一些印象,如团体内个体的位置,个体间的邻接或依存情况,外界的影响以及团体的核心人物等。区域、疆界、阻碍和引拒值等概念都可以应用在团体的结构性描述上。动力方面则主要涉及团体的潜在生活,常用移动、向量、紧张、目标和力场等概念。这些概念都可以用来解释团体的变化,而变化则被认为是团体生活的根本特征。勒温曾提出一种"解冻-流动-重冻"的社会变化模式,认为所有的团体生活都只能是一种准稳态平衡,如同一条河流,即使其速度与方向未变,河流中的所有元素却无时不发生变化。

依据场论的观点,团体的行为像个体的行为那样,也是以所有发生影响的相互依存的事实为基础的,这些事实的相互依存,构成了团体的本质。因而从根本上来说,团体并非个体的集合,而是一个包容诸个体的"格式塔"。作为团体,它不是由各个个体的特征所决定的,而取决于团体成员相互依存的那种内在关系。于是勒温认为,虽然团体的行动要由构成团体的成员来执行,但是,团体具有较强的整体性,对个体具有很大的支配力。因而,一般来说,要改变个体应先使其所属团体发生变化,这要比直接改变个体来得容易。勒温在1943年所做的关于"食物习惯"的研究,完全证实了这种观点。勒温指出,只要团体的价值观没有改变,就很难使个体放弃团体的标准来改变自己的意见,而一旦团体标准发生了变化,那么由于个体依附于该团体而产生的那种对变化的抵抗也就会消失。

通过从20世纪30年代中期到20世纪40年代中期前后10余年的努力,勒温的研究成果被汇集成了两本专著:《解决社会冲突》和《社会科学中的场论》。它们以场论的基调,为团体动力学奠定了理论基础。

### 三、团体的意义与团体决策

从整体动力观出发,勒温把团体看作是一个动力整体,其中任何一个部分的变化都必将引起另一部分的变化。这种部分与部分或团体成员人与人之间的相互依存关系,是勒温团体动力论的要点。虽然勒温早期对个体行为的动力研究仍然是他进行社会心理学研究的基础,但是团体的动力必然不等于个体的动力,它将具有团体自身的特点和意义。

(一)团体的意义

在勒温开始他的团体动力学研究的时候,"团体"的一些基本属性还属于心理学领域中的忌讳,心理学家对团体的理解也莫衷一是。当时似乎存在着一种普遍的偏见,即认为团体的心理学意义是虚幻的,只有个体的心理学意义才是真实的。即使是早期注重对团体性进行研究的心理学家如麦独孤和荣格等,也都倾向于在个体集合的水平上来理解团体,为团体属性寻找生理学的注解。因而"团体心灵"与"集体无意识"等术语引起了激烈的争论,以 F·H·奥尔波特为代表的一方,坚持只有个体是真实的,竭力反对麦独孤等关于"团体心灵"的主张。双方的争论从20世纪20年代持续到20世纪30年代,直到勒温开始了团体动力学研究,才对这一问题有了较为科学的解决。

勒温认为,关于团体之真实性的争论不但是一种涉及哲学的问题,而且具有十分重要的科学研究的意义。因为否定团体的真实性就意味着把它排除在心理学的研究之外。在这种意义上,勒温同情麦独孤的意见,反对奥尔波特的主张,即认为不能把对团体的研究视为忌讳。但是勒温并不同意"团体心灵"这一概念,他认为麦独孤的"团体心灵"与厄梭费尔的"格式塔质"如出一辙,都把团体或整体的性质看作是某种超越的东西,带有严重的神秘主义色彩。勒温则主张整体仅仅是具有自身的特性,它并非多于部分之和,而是不同于部分之和。或者说,并不存在一种超越或神秘的整体价值(如"团体心灵"),整体与个体都是真实的。

在这种意义上,勒温把团体理解为一种具有心理学意义的动力整体。团体的本质在于其所属成员的相互依存,而不在于他们的相似或差异。也就是说,团体的结构特性是由成员之间的相互关系决定的,而不是由单个成员本身的性质决定的。这是卡西尔哲学的一个基本观点,也是勒温整体动力观的基本主张。它补充与发展了格式塔的理论,开创了格式塔社会心理学的传统。

另外,奥尔波特虽然极力反对麦独孤的主张,否认团体的心理学意义,但是他同时指出:"这些问题的真实性我们目前还不能以实验研究的手段来解决,因而也就不应该坚持它们的真实性。"以实验来解决争端正是勒温所做的工作,在这一点上他与奥尔波特是一致的。勒温明确提出:"通过实验来处理某种社会实在,就可以最有效地突破阻碍人们信仰这一社会实在的忌讳。"1937—1938年,勒温与利皮特和怀特一起做了著名的关于"领导方式"的实验,验证了团体气氛、团体目标和团体内聚力等团体性质的心理学意义,肯定了民主领导方式的优越性。勒温在总结这次实验时说,这次实验的目的是为了"创立一种结构,借以深入了解基本的团体动力学"。这是勒温首次使用"团体动力学"(Group Dynamics)这一术语,它的基本含义就是要把团体作为一种心理学的有机整体,并在这种整体水平上探求团体行为或人的社会的潜在动力。

团体动力学与一般的社会心理学有所不同,它既不完全是从心理学的社会心理学出发单纯以个体为基础来进行人际关系的研究,也不是从社会学的社会心理学出发以团体机制研究来代替个体心理研究,而是把两者有机地结合起来。团体行为被认为是团体成员与社会环境相互作用的产物,而团体成员的情感思维和行为又依赖于其所属的团体本身,就连团体成员的人格也被这种他所属的团体塑造起来,团体被赋予了充分的心理学的意义。

(二)团体决策的动力作用

勒温在"团体动力学研究中心"成立时的演讲中曾对"团体动力"一词作了一番解释。他提到,对团体生活的研究应该超越描述的水平,去研究团体生活的潜在因素,去研究促使团体行为变化和阻碍团体行为变化的各种力。这些力便是团体"动力"的蕴含,因而,勒温团体动力学的研究重点是团体行为的变化或社会变化。

一般来说,变化总是从"非变化"开始的,并归结于一种"非变化",从稳态动力论的基本观点出发,勒温把社会变化的这种开始和结束称之为"准稳定平衡",也即一种心理学意义上的"稳态"。有两种方式可以引起这种准稳定平衡的变化:一种是增加团体行为的促动力,另一种是减少团体行为的对抗力。除此之外,团体本身还具有一种"内在的对变化的抵制",勒温称之为"社会习惯",它隐藏于个体与团体标准的关系中,维系着团体生活的固有水平。因而,单有团体成员的变化动机尚不能引起团体行为的变化,还必须要有一种足以打破社会习惯和解冻团体原有标准的力,勒温认为团体决策可以起到这种力的作用。他把团体决策看作是联系机与行为的中介,是团体促使个体变化(或维护原来标准)的一种动力。用勒温的话来说,"决策把动机与行动联系了起来,同时具有解冻的效力"。勒温认为:团体决策在社会变化的所有方面(即解冻-流动-重冻的整个过程)都具有团体意义上的普遍优势。

在我们看来,勒温的团体决策理论具有三个方面的意义。

(1) 把"决策"作为动机与行动之间的中介是动机理论的一种新的发展。传统的观点是把行为看作是动机的直接结果,忽视了行为者的主体意识性,而团体决策理论则提出了心理认知的动力意义。这可看作是社会认知理论的先声,费斯汀格的认知失调论便受了团体决策理论的直接影响。

(2) 把团体生活与个体心理学紧密地联系了起来。团体成员的动机须经过团体决策才能更有效地促成团体行为的变化,这也是社会学的社会心理学与心理学的社会心理学的有机结合。

(3) 表明了一种规律,即在整体(团体)的水平上改变个体的态度或行为比单独、逐个改变个体更有功效。克里斯利奇(D. Klisurich)曾对此做过一个实验,分别用团体决策和个别说服两种不同的方式来劝使一些母亲给孩子服用鱼肝油和橘汁,其结果表明,被试平均使用鱼肝油的情况用团体决策所达到的效果几乎为个别说服所达到的效果的 1 倍。

团体决策最早起源于勒温与 M·米德等人一起进行的"食物习惯研究",是一种整合性研究的产物,同时也起到了整合社会科学的作用。勒温自己认为:"关于团体决策的研究还表明,这一类型的概念可以导向把文化人类学、心理学和社会学整合为一种社会科学的努力。"诚然,团体动力学便是勒温心目中的这种整合的社会科学,团体决策理论在其中起到了极其重要的作用。

### 四、团体动力学的确立

团体决策固然可以解决团体行为和社会变化中的一些动力问题,但是团体或团体生活本身还有其他一些动力因素,诸如团体目标、团体内聚力和团体中求同的压力等。1945 年,勒温在马洛等人的协助下,在麻省理工学院经济与社会科学系创立了团体动力学研究中心,团体动力学的研究得以全面展开。虽然勒温在建立该中心的 2 年后便不幸病逝,但是团体动力学的研究却由勒温的学生继续进行。卡特莱特、费斯汀格、利皮特和赞德等都属于第一代的团体动力学家,道伊奇、凯利(H. H. Kelley)和蒂勃特(J. Thibaut)等都是这个研究中心最早的一批博士研究生。勒温的思想在他的学生们的研究中继续发展,正如卡特莱特和赞德在总结团体动力学的工作时所说:"勒温的理论对我们思想的深刻影响是显而易见的,根本无须具体指明。"据不完全统计,从 1945 年至 1950 年间,这个研究中心共推出 113 项研究成果。1953 年,卡特莱特和赞德共同主编了《团体动力学:理论与研究》一书,团体动力学的体系框架大致构成。它主要包括五个方面的内容:团体内聚力,团体成员之间的相互影响力,领导方式与团体生产力,团体目标与团体成员动机以及团体的结构性。团体动力学被重新定义为:"一种对团体本质的研究,旨在探索团体发展的规律,团体的内在动力,团体与个体、与其他团体以及整个社会的关系等。"另外,团体动力学开始被作为一门大学课程,它的科学性得到普遍承认。勒温与他的学生们一起,共同促成了团体动力学的形成和发展。对此托尔曼曾有一段评论,他说:"只有勒温所具有的天才和勇气,才能把关于用精确的控制性实验来研究团体的设想付诸实践。他与他的学生为心理学的研究开辟了这一全新的领域,永远值得人们称赞。"

我们把团体动力学基本体系的确立看作是勒温动力心理学思想的完整表现,它从心理紧张系统开始,以团体动力学的形式为结束。道伊奇说:"紧张系统概念以及与此有关的系统实验与许多社会心理学的问题都有着直接的关系(虽然这种关系尚未被充分发现和认识),紧张系统概念可用于由社会因素产生的需求和意向,由归属团体和参与团体活动产生的动机,以及人际交往中的相互影响等。"对此,我们可以团体目标理论为例来作一分析。团体目标被赞德定义为"成员对团体作为一个整体所期望的结果"(《团体目标的起源与发展》)。它决定着团体行动的水平,成员对其组织的信任程度,成员的自尊和成员自身的行为标准等。从某种程度上说,团体中求同的压力就是为了确立并实现团体的目标,而一个团体的成员是否能为了一个共同目标而工作,并且是否愿意为这一工作而承担责任,即是衡量一个团体内聚力的重要指标。从这种意义上来说,赞德把团体目标看作是团体行为动力的一个主要来源。按照赞德自己的解释,他的团体目标理论是对勒温"欲求水准"思想的发展。"欲求水准"是在心理紧张系统的系列实验中产生的,它主要探讨了个人行为的目标以及目标对人的心理和行为的影响,故也可看作是心理紧张系统的一部分。费斯汀格和巴克等便在这种意义上把团体目标直接看作是心理紧张系统论的发展。费斯汀格认为,赞德的研究把团体目标与早期的紧张系统和欲求水准结合了起来,巴克在谈到团体的动力时说:"团体内在的紧张如同个体内在的紧张一样,可与动机相等同。我们时常可在一些团体中发现关于设立目标和努力去达到目标的正式记录。对处于行动中的团体的观察,可以测量团体内在紧张的产生及其分化,这种研究可以用类似于个体紧张系统的研究方法来进行。"此外,霍里茨(M. Horwitz)从另一个角度肯定了团体目标与心理紧张系统的内在联系。他的实验表明,尽心接受团体目标的成员表现出最为强烈的要实现团体目标的紧张;仅仅是默许团体目标的只表现出少量的需求和紧张;而那些反对团体决定、不接受团体目标的则倾向于各行其是,不关心团体的活动。关于这一点,我们曾做了初步的实验验证,其结果基本上与霍里茨的观点相同。赞德本人在来信中与我们讨论这一问题时指出,虽然他的思想可以用勒温的术语来表示,但他还是发展了自己观点的概念,他认为在理解团体目标时用团体性的动机概念比用个体性的紧张系统更为有益。在赞德看来,勒温的思想被广泛地接受,人们常在不知不觉中受他的影响(根据赞德 1988 年 10 月 26 日的来信)。虽然团体目标的理论是由赞德完成的,但是勒温的思想已在其中得到了充分的体现。

## 五、团体动力学的意义

虽然团体动力学是由勒温的后继者最终完成的,但是它在勒温的心理学发展中占有非常重要的地位。它凝聚着勒温最后 10 余年的努力,贯穿着勒温一生的思想精华。我们所谈的"团体动力学的意义"也就是团体动力学在勒温心理学研究中的意义。在勒温看来,团体动力学也就是一种实验的社会心理学、一种整合性的心理生态学、一种实践性的行动研究。这三者既是团体动力学所具有的三种基本意义,也是团体动力学的三种早期表现形式。借此我们可以进一步探讨勒温心理学思想的发展,进一步理解他的动力与整合的主题。

### (一) 实验的社会心理学

勒温在总结他与利皮特和怀特三人所做的关于领导方式和团体气氛的实验时,首次提出了团体动力学这一概念。那时他正从个体心理学研究全面转入社会心理学或团体动力学的研究,而团体动力学最初的意义,便是一种实验的社会心理学。

勒温早期的动力心理学研究侧重于人与环境的关系,这为他后来的社会心理学研究打下了坚实的基础。他自己曾说过:"关于成功与失败、欲求水准、智力、挫折等实验,愈来愈使人信服地证明一个人为他自己所设立的目标,深受他所属或希望所属的团体的社会标准的影响。"而他认为在社会学或社会心理学中进行实验也是可能的,心理学家可以用实验来创造一种团体,创造一种社会风气或生活风格,"以实验和经验的理论为基础,科学的心理学和社会心理学就能像自然科学一样造福于人类社会"。

建立一种可以解决有关的社会问题,造福于人类社会的科学心理学便是勒温最后 10 余年的努力,这也就是他的表现为实验社会心理学的团体动力学。关于领导方式和团体气氛的实验是一种系列性的实验,其中不但验证了团体气氛对个体的影响,领导方式的不同意义,而且验证了团体目标的作用,欲求水准的社会意义,以及团体的真实性等许多在当时尚属于有争议的问题。这种以实验和经验理论相结合为基础的研究,为当时的社会心理学的发展提供了一条新的途径。费斯汀格说:正因为这一点,许多人都把勒温看作是当代实验社会心理学的创造人。

实验社会心理学的产生可说是社会心理学发展史上的一次革命,它是在 20 世纪 30 年代由勒温和 F·H·奥尔波特、莫雷诺(J. Moreno)等人一起创建的。在这之前,社会心理学还主要是塔德(G. Tarde)、麦独孤和罗斯等人的思辨的社会心理学,还带着"团体心灵"的神秘色彩,还未摆脱"象牙之塔"的治学方式。而勒温等人则面向社会现实,以实验和经验理论的结合为基础来解决具体的现实问题,因而这对整个心理学的发展都有着深刻的意义。它大大突破了冯特对心理学实验的限制,促进了实验心理学的发展;它扩大了动力心理学的范围,使动力心理学成为社会心理学的一种基础;它使心理学更加接近于现实,能够更好地服务于人类生活。此外,用心理学实验来解决具体的社会问题既是团体动力学的一种意义,也是团体动力学发展的基本条件。团体的真实性正是由这种意义上的实验来证实的,由此才被广为承认和接受;也由此,一种关于团体生活本质的科学才能够得以真正的发展。

(二) 心理生态学

当勒温从个体心理学转向社会心理学研究的时候,他的理论参照点也就从个体的生活空间转向了社会空间,从心理场转向了社会场,个体生活空间的"外壳"受到了充分注意。勒温认为:"心理的因素与非心理的因素之间的关系,是所有心理学分支(从感觉心理学到团体心理学)中的一个最基本的概念与方法论问题。"而对这种关系的研究则就是他所称的"心理生态学",它是整合社会科学的一种方式,也是勒温团体动力学所表现出的一种基本意义。

勒温认为心理生态学的研究有三种基本的理论取向,即社会学的、文化人类学的和心理学的。勒温与 M·米德一起进行的"食物习惯研究",既是勒温心理生态学的起源,也是说明心理生态学基本特征的最好例证。第二次世界大战期间,由于各种肉类紧缺,勒温与 M·米德接受一项任务,研究如何能够改变人们的食物习惯,以内脏来代替牛肉、牛排。勒温以"人们为什么吃他们所吃的食物"这一问题来开始了这项研究。其中主要的发现之一是他的"社会渠道说":餐桌上所摆着的食物是通过种种渠道得来的,如购买、购存、烹调等。每一渠道都呈现一个渠道口,都会有一个"守门人",都会有关于这一"守门人"的心理学。比如,如果"守门人"是作为家庭主妇的食物购买者,那么往往就会有食物的吸引力和花钱太多的抗拒力影响着她的购买行为。也就是说,决定她的购买行为的有两种主要因素,即她的认知结构(关于食物的)和她的行为动机(包括价值观等),因而对食物的研究和对商品价值的研究也就成了"守门人心理学"的一部分。社会渠道中的这种特殊意义的心理学必然要涉及社会学、文化学和经济学等,涉及具体的社会生活。从宏观上把影响人行为的所有因素都作一种类似于场论的分析,去探索客观的社会问题是如何与主观的心理问题发生相互作用的,这便是勒温心理生态学的基本含义。

可以看出,心理生态学不但是一种基本的动力性研究(团体决策理论便由此产生),而且是一种广泛的整合性研究。因为理解社会空间或生活空间的外壳需要广泛的社会科学的知识,研究团体的本质或社会的变化需要了解整个社会生态。这体现了场论在社会心理学中的意义,体现了动力与整合的主题。勒温的这些思想在巴克(R. Barker)的《生态心理学》(1968)中得到了发扬。巴克是勒温在依阿华的学生,他把生态心理学发展成为心理学的一个分支,这也就是勒温心理生态学思想的最终表现形式。

巴克指出:"生态心理学既考虑小件行为也考虑大件行为,既注重心理环境(也即勒温的生活空间,个体所感知的并受其影响的世界),也注重生态环境(行为的客观环境或人们的真正生活环境)。"在这种意义上我们可以再来分析一下勒温的心理生态学思想。把生活空间的外壳视为行为环境的一部分,或像巴克所说的把心理环境与生态环境联系起来,这样就修正与发展了勒温早期的生活空间或心理环境概念。"生活空间"在包容了"外壳"而扩展为社会空间之后,就把对人的行为的研究放在了一个更现实和更真实的生活背景中,为心理学的研究提供了更广阔的途径。生态心理学和环境心理学的发展及其丰富的研究成果,都可以表明勒温这一思想发展的积极意义。

此外,心理生态学的研究为勒温的团体动力学引进了社会学和文化人类学的观点和方法,有助于人们了解实验室或实验条件之外的人的现实行为。勒温对"食物习惯"的研究便是一种对现实生活中的心理学研究,在这种研究中,心理学真正从实验室走进了生活,理论、研究和实践被融为一体,这也就是具有广泛影响的勒温的"行动研究"。

(三)行动研究

勒温说:"团体动力学研究中心是应两种需要产生的,一是科学研究,一是具体实践。"团体动力学集两者于一身,这种研究与实践的结合与统一,也就是影响甚广的勒温的行动研究。

行动研究体现了贯通勒温整个学术生涯的一种指导思想:学以致用,理论与实践相结合,研究与行动相统一。勒温认为,心理学不能单单只求对行动的解释,而且还要去发现如何改变人们的行为,如何使人们生活得更好。这就是行动研究的意义,也是勒温团体动力学的基本信条。在这种意义上,勒温与利皮特和怀特关于领导方式的实验研究便属于"行动研究",因为它的目的是要用实验的社会心理学来促进民主过程。勒温与 M·米德的"食物习惯研究"也是一种"行动研究",它把理论、研究和实践结合起来,解决了现实的社会问题。勒温说:"社会实践所需要的研究是一种行动研究,一种关于社会行动(各种形式)的条件和效果的比较研究,一种可以导致社会行动的研究。"也就是说,行动研究是以真正的现实生活为背景,以解决实际问题为方向的心理学研究。勒温对此有一句名言:"没有离开研究的行动,也没有离开行动的研究。"

在这种意义上,行动研究也就成了勒温团体动力学研究的一种基本观点和指导思想。然而,除此之外,在具体的应用实践中,行动研究也不失为一种有效的研究技术。正如利皮特所指出的,行动研究"本身就是一种研究手段",其具体的含义可以概括为如下程序:从社会实践以及社会实践的参与者中获取信息,经理论分析和实验研究后再将结果反馈到实践中去,以达到对实践过程或团体行为过程的影响。在这一程序中,反馈是一个关键环节,或者我们可以把它看作是研究与行动的中介,它保证了发现事实和利用事实之间的有效联系。勒温的学生库克(S. Cook)和塞尔梯兹(C. Selltiz)等人所作的关于如何改变公众态度的著名研究,就非常典型地运用了这种行动研究技术。他们把研究结果及时反馈给被试,并与他们讨论这些结果的意义和改进行为的方法,以信息反馈来影响被试的态度改变。

行动研究除了作为一种观点和方法,一种研究技术,还有另外一种意义,即勒温所说的一种社会工程。它导致了 T-group(Basic Skill Training Group,或称为"敏感性训练")的产生,以训练人们的社会敏感性和适应团体生活的基本能力。勒温把这种敏感性训练看作是改进人们行为方式的一种手段,并且把研究、训练和行动看作是一个相互依存的整体。这样,行动研究就对整个社会生活产生了相当深刻的影响。卡尔·罗杰斯曾对此评论说:敏感性训练或许是本世纪最有意义的社会发明。人们对它的需求越来越广,它是在美国发展最为迅速的社会现象之一。它已经渗透进工业、教育、家庭和职业训练等许多领域。我国心理学家陈立先生指出,应该把行动研究"作为一种群众性活动来看待"。在此意义上,行动研究不但可以给广大心理学工作者以理论上的借鉴和启发,而且可以在组织改革和企业管理等方面发挥积极的作用。陈立先生就曾结合组织改革和我国现实探讨了行动研究所包含的积极因素,他强调了开放系统的正反馈作用在行动研究中的意义,指出"目标管理和民主参与的结合,应该是行动研究的理想"。这样,即使在今天,行动研究(尽管它本身已有了补充与发展)仍然具有积极的影响力。

我们认为,行动研究不管是作为一种观点,一种方法,还是一种技术和一项社会工程,都在心理学的发展尤其是勒温心理学的发展中起到了积极的作用。在行动研究出现之前,大部分心理学家和社会学家往往只是对某一社会问题的某一方面进行观察和研究,然后把研究结果以及他们的见解或建议写成文章,研究到此为止。研究者们并没有特别注意研究结果的作用和反馈的意义,没有把这种反馈作为一种影响社会生活和团体过程的手段。而行动研究则改变了这种传统的治学方式的弊端,它把理论与实际联系起来,把科学家与实干家结合起来;它既注重科学研究,又注重具体行动。这样,就能使心理学起到促进社会变革和改进人们生活的积极作用。

## 六、团体动力学的发展

不管是作为实验社会心理学,还是作为心理生态学和行动研究,团体动力学都体现了勒温心理学中动力与整合的思想。勒温自己认为,团体动力学是由实验心理学对动机的研究直接发展起来的,并由文化人类学、社会学和社会心理学的结合促成了它的独特形式。有迹象表明,勒温有意于把他的整个心理学思想和研究都统一于团体动力学的体系之中,只是由于他过早病逝而未能完成这一夙愿。虽然团体动力学的体系形式是由勒温的学生最后完成的,但是它甚能代表勒温的思想,对它的发展作一种历史的分析和评价,有助于我们理解勒温的心理学及其影响。

从 1945 年至 1955 年的 10 年间,是团体动力学的繁荣时期。各种形式的团体动力学研究机构纷纷建立,行动研究和敏感性训练被普遍应用,勒温的心理学思想得到了广泛传播。赞德在回顾这一时期团体动力学的发展时指出:"当时对团体的研究是社会心理学中最生动和最富有创造性的工作,并成了整个社会科学所关注的中心。"如果作进一步的分析,团体动力学的这种繁荣和发展是有其历史原因的。我们把团体动力学主要看作是一种心理学的发展,并认为实验心理学与社会心理学的结合是团体动力学发展的一种促进力量。社会心理学中的实验由特里普利特(N. Tripllet, 1897)首开先河,莫德(W. Moede)、穆尔(W. Moore)和 F・H・奥尔波特都曾为此作出了贡献;而谢利夫(1936)对社会规范的实验研究、纽卡姆(1935)对社会依从性的研究以及怀特(W. Whyte, 1937)对街头小团体的研究等则基本上被认为是团体动力学的组成部分。勒温之前的这种社会心理学内部的历史积累是团体动力学发展与繁荣的一个重要因素。此外,当时美国的社会环境尤其适用于团体动力学的生长,第二次世界大战和经济萧条所造成的美国的社会心态,体现了这一时期社会环境的基本氛围。人们普遍渴望一种团体归属以获得内在的安全感,家庭和社团被看作是战乱之后复兴社会生活的主要手段。人们普遍接受了这样一种信念:社会的健全有赖于团体的作用,科学方法可用于改善团体的生活。这种社会的需要以及社会的支持是团体动力学发展与繁荣的主要原因,对此,卡特莱特曾评论说:"社会对团体动力学的反应是勒温的理论与方法的最具特色的发展。团体动力学的强大影响力已充分体现在教育、工业、政府以及团体生活的所有方面。"团体动力学的这种繁荣,标志着勒温在社会科学界和心理学界杰出地位的确立。玛格丽特・米德说:

"勒温和他的学派代表了整个美国和整个社会科学的生机。"科恩(R. Coan)所做的一项广泛调查也表明,从1939—1949年这10年间,勒温在心理学界的影响日益显赫,他与弗洛伊德、赫尔、托尔曼和斯金纳被认为是这一时期最著名的五位心理学家。

从20世纪60年代开始,团体动力学的发展进入了一种"高原期"。团体心理学的研究在某种程度上被人类潜能运动所取代,社会的注意力转到了个体行为和个体生长上;社会对团体动力学的关注大大减少,团体动力学内部也发生了很大的变化,许多早期团体动力学家都先后改行或退休,勒温的理论和思想也不像原来那样富有吸引力和影响力。正如赫尔姆莱希(R. Helmreich)所说:"此时许多团体动力学家似乎都在追随'坏研究可以得出好结果'的格雷沙姆法则(Gresham Law),而忘却了勒温的'好理论最实际'的教诲。"从1960—1980年的这20年间,团体动力学基本上处于一种停滞状态,而勒温的心理学也几乎被人淡忘,或至少是受到了很大的忽视。

但是,从20世纪80年代开始,已有许多迹象表明团体动力学开始摆脱它的"高原"状态,而进入一个新的发展时期。1980年,脱离团体动力学研究已近20年之久的费斯汀格又领衔主编了一部颇有影响的专著《社会心理学的回顾》。该书共有10位作者,他们是费斯汀格、阿隆森、巴克、道伊奇、凯利、尼斯比特(R. Nisbett)、沙赫特、辛格、扎乔克(R. Zajong)和赞德。除尼斯比特和扎乔克之外,其余八人都是20世纪50年代著名的团体动力学家,都是《团体动力学:理论与研究》一书1960年版的作者。而扎乔克则是现任团体动力学研究中心主任。该书的基调是重新发现勒温的潜力,振兴团体动力学的研究。费斯汀格代表团体动力学研究中心为本书写了前言,他说:"在过去的35年中,团体动力学深刻地影响了社会心理学的发展,这是勒温的一块最好的丰碑。"他们把此书献给这一研究中心,希望团体动力学继续向前发展。

从我们搜集的资料与了解的情况看,团体动力学从1980年起在美国确实有了引人注目的复兴趋势。1984年,美国东部心理学会在巴尔的摩召开了一次"团体行为的社会心理学理论"研讨会,会议的宗旨是"为了鼓励和促进当代的社会心理学在团体行为中的应用"。同年,依阿华大学的劳勒(E. Lawler)主编了《团体过程的进展》丛书,至1988年已出了五本;1982年和1985年赞德的两本新著《发挥团体的作用》和《团体与组织的目的》问世;1987年亨德里克(C. Hendrick)主编了《团体过程》和《团体过程与团体关系》。亨德里克在前一本书的简介中说:继20世纪60和20世纪70年代对个体过程的过分强调之后,对团体过程的研究正经历着一种旺盛的复兴。

如果作进一步的分析可以看到,团体动力学在美国的这种复兴趋势是有一定条件的。首先,美国的社会条件已发生了某种变化。20世纪80年代一开始,以重视团体性为基础的日本式管理方式和东方的哲学思想愈来愈强烈地冲击着美国的传统文化,影响着美国人的思想,团体的心理学意义又重新引起他们的重视。另外,社会也表现出对团体动力学的新的需要,在教育和管理等领域,团体动力学又开始发挥新的作用,如"教育社会心理学"的发展便表现了团体动力学的新的意义和价值。其次,新的一代团体动力学家阵容已逐渐形成。在亨德里克主编的那两本书中,共有39位作者,其中35位都是在20世纪70年代以后崭露头角的新的团体动力学家。这一批新生力量将是促使团体动力学复兴和发展的重要条件。

我们对团体动力学的复兴抱乐观态度。在我们看来,团体动力学的复兴或进一步发展应该注意和解决以下两个问题。

1. 必须有一种理论的整合

我们赞同勒温的名言:"好理论最实际。"它可以有效地指导研究,产生更多的实际结果。团体动力学长期停滞于"高原"期在很大程度上是由于迷失了一种统一的理论。勒温的价值应该被重新发现和利用,但是对这种理论的整合也应该考虑到勒温之后的发展和当今团体动力学的现状。它应该是一种新的理论,一种更加成熟的理论。

2. 团体动力学的研究应该以现实问题为中心

虽然不应抛弃以往的研究成果,但却不能拘泥于传统的研究范畴。每个时代都会有它所特有的问题和要求,适应这种需求和解决时代所提出的问题才能真正促进一门社会科学的发展。

(高觉敷. 西方社会心理学发展史[M]. 北京:人民教育出版社,1991. )

# 第十一章

# 组织心理与管理

**【本章导读】** 古往今来,凡有人群的地方,都必然存在着一定的社会组织。从宏观上看,整个人类社会就是一个大组织;从微观上看,这个大组织又是由许多小组织和更小组织组成的。它们分属于政治组织、军事组织、经济组织、文化组织等不同类型。依其发展顺序,又可分为初级组织、中级组织和高级组织等。我们每个人的一生,都是在这样的社会组织中度过的,都是作为这些组织中的一员而生活的,都是在这些组织中获得独立和发展的,而且,我们任何水平上的心理,也都是在这些组织中产生的。同时,无论这些组织的结构、功能如何,都必须通过人们的行为来表现。因此,人离不开组织,组织也离不开人,不研究组织及其规律,就无法认识组织的本质,而且也无法了解人本身。

组织心理就是从心理学的角度来研究组织中的人及其活动规律的。前面各章探讨了个性、情绪、沟通、冲突、态度、决策、领导等组织环境中个体及群体心理的一般规律。然而,作为组织,与各种群体有着一定的差异,这种差异既表现在形式上,又表现在内容上。可以说,组织心理是个体理论、群体理论的综合应用,也是管理工作者进行管理实践必须了解和掌握的内容。

本章将着重探讨组织的概念、组织的结构、组织文化以及组织设计与变革的特殊性及其规律,并分析组织背景下的各种心理活动,为调动组织成员的积极性,发挥和提高组织的效能服务。

## 第一节 组 织 概 述

心理学对组织的认识,有一个逐渐深化的过程。从历史发展来看,组织的概念经历了从传统组织观念、行为组织观念向现代组织观念不断演变的过程。早在19世纪90年代,被称为科学管理之父的泰勒就已经意识到人的重要,提出要重视研究人的动机。到了20世纪50年代,人们对组织的研究进入了一个新的阶段,加深了对个体、群体和领导行为的分析和研究,深化了人们对组织行为的理解,进一步搞清了组织中的个人、团体与组织结构对行为的影响。目前,从系统、权变的观点来看待组织,并应用组织的相关理论知识与技术来增进组织的效率,已成为 21 世纪组织管理的重要内容。

# 一、组织概念的演变

## (一) 传统的组织概念

传统的组织理论认为,组织是为了达到特定目标,经由各部门分工合作,根据不同层次权力和责任制度,合理地协调一群人的活动。传统的组织理论把组织看作是一个层峰结构。认为组织有明确规定的职权等级制度;分工明确,专业化强;规章制度严明,不受个人情感因素的影响;选择和提升组织成员的主要根据是才能。这种传统的组织理论的特点是主张集权,明确职责,严格管理,不大考虑人的心理因素。其结果是组织成员难以参加管理,组织内部沟通渠道不畅,组织的各部门冲突不断,人情淡薄,成员的工作积极性不高,创造性无法充分发挥,组织的变通性小,不大适应环境变化。因此,传统组织的概念至少包括以下几方面的含义,即:

第一,组织作为一个有机整体,具有确定的目标。

第二,组织有明确的分工,组织成员有确定的社会责任,扮演不同的角色。

第三,组织成员有一定的权力与权威。组织赋予成员不同的权利与义务,组织通过合理运用权力实现组织的职能,同时借助于其他影响形成权威。

第四,组织通过必要的规章制度调节组织成员的行为。

## (二) 行为主义的组织概念

行为主义的组织理论在吸取心理学、社会心理学、行为科学等关于组织、群体的研究成果的基础上,形成了自己的见解。组织行为理论重视组织中人的因素,特别是重视组织内个体和群体的心理对组织的影响,以及组织成员与组织之间的需求平衡;重视组织成员间的相互作用,把组织看作一个沟通网络,认为组织成员间的沟通,不仅要通过权力、责任系统进行,而且要通过人际关系途径进行。组织作为一个协调系统,一方面协调人与人之间的关系,另一方面协调人与财、物、时空等的关系。但是,行为主义的组织理论忽视组织中权力、责任以及规章制度的作用,不重视组织与社会的相互关系。

## (三) 系统权变的组织概念

系统权变组织理论源自一般系统论,用系统的观点来考察组织。系统权变组织理论认为组织是社会系统的一部分。组织与环境(主要指社会环境)有相互依赖、相互影响的关系。组织接受环境中输入的信息、物质、能量,并进行加工,形成产品后再输送给环境。也就是说,组织要根据环境的变化作出适当调整,以保持与环境的平衡。此外,组织本身也是一个系统,它的各个组成部分是它的子系统,组织不仅要与环境保持一致,而且要协调各个子系统,使之保持动态平衡。

系统权变组织理论主要研究了作为整体的组织与环境、与自己的各组成部分的关系,以及怎样灵活地、动态地处理这种关系并使之保持和谐等问题。它看到了组织与社会的密切关系,但由于过多地强调组织内部的,以及组织与环境的协调一致,却没有足够地注意这种协调一致与矛盾冲突的对立统一性。

系统权变组织概念是一种现代组织观念,认为组织是一个开放的社会—技术系统。组织是一个小型的社会心理体系,是个体、群体、社会交互影响的复杂机体。组织行为是指在这种社会心理系统中所发生的、在一定的心理支配下的各种活动,包括组织对人的认识、感情和行为的影响,以及人对组织的影响。具体而言,有组织环境中人与人之间相互作用的活动;组织内部各子系统的相互作用以及组织与外部环境之间的相互依赖和相互作用的活动等。

系统权变组织理论认为,组织不是一堆僵死的任务和程序,而是由一群有血有肉、有思想、有感情的人所组成的集合体。组织的一切活动都是由人进行的,人的心理状态对组织的各个方面发挥着微妙而巨大的作用。同时,一定的组织环境和组织行为对人的心理状态和行为方式也发生着巨大的影响,不同组织中的人具有不同的心理和行为。

## 二、现代组织的一般特征

组织总是和组织行为联系在一起的。组织的目标和组织功能必须通过组织行为,才能变为现实。单个人的心理活动与组织中人的心理活动不同。以学校组织为例,学校组织中的各种人员——教师、学生、领导、后勤人员等,当他们作为一般个体的人时,其心理与行为是极其多样而且个性化的,符合普通心理学、社会心理学等学科所揭示的一般规律。但在学校的组织活动中,他们的心理与行为,即作为教师的心理与行为,作为学生的心理与行为等,由于其特定的人际关系和交往活动而发生着变化,表现出不同于个体心理规律的社会心理规律。不仅如此,在组织中,个体的心理还要受到组织的任务、性质等因素的制约和影响。组织特殊的心理环境控制并影响着组织中个体心理的特殊性。

从横向看,组织还是一个开放的社会心理系统。组织中个体的心理还受到社会政治、经济和文化等因素的影响和制约。因为个体不仅仅只生活于特定的组织之中,更生活在社会这个大系统之中。社会政治、经济、文化对组织中群体心理的作用,往往是通过改变个体心理而实现的,具体表现在:其一,社会生活方式所造成的群体的态度、目标和价值的结构;其二,新的科学技术传播手段所造成的群体的态度、目标和价值结构;其三,社会文化所造成的群体态度、目标和价值的结构;其四,政治环境所造成的群体的理想观点的变化;其五,一定时期的社会思潮、舆论、流行的时尚以及社会上发生的重大事件的影响等,这些都是组织与其他社会组织的横向联系和相互作用下的表现,它表明组织不是封闭的,而是开放的、动态发展的。

从纵向看,国家或地方政府与特定组织之间表现为一定的隶属关系。即国家或地方政府对特定组织有着一定的领导权和管理权,而具体的组织要服从于国家或地方政府的领导和管理。在我国,各级各类组织必须接受国家和当地政府的管理、指导和监督。从组织发展战略的制定,组织内外结构及布局的调整,组织经费预算的分配和决算的审核到对组织的各项工作进行评价和监督,都要受到上级部门的管理、监督和指导。

## 三、组织的心理功能

建立组织是为了完成组织任务,有效发挥组织的各种功能。由于工作任务是通过人去完成的,因此,组织还必须具有影响人的功能,使人能够积极发挥自己的能力,有成效地工作。我们把组织的这种影响人的心理的作用称为组织的心理功能。组织对人的影响作用是复杂而多方面的。概括起来,组织的心理功能主要有以下几个方面。

**(一) 凝聚作用**

良好的组织往往注意统一成员的认识,协调成员的步调,使之关系密切,感到安全、和谐,主动认同组织的目标与行为,并为之努力。

**(二) 激励作用**

良好的组织往往注意诱发成员的需要,激发成员的动机,使之有成就感和自信心。科学的管理制度和良好的组织文化本身就是组织员工的靠山,往往给人以战胜困难的力量。

**(三) 启迪作用**

良好的组织能充分发挥启发心智、弘扬美德的作用,是员工净化心灵的最佳场所。

**(四) 除弊作用**

良好的组织往往能注意合理分配角色,加强人际沟通,能有效地消除人际隔阂,降低内耗。

由此可见,组织心理与前面章节所讲的群体心理是既有联系又有区别的。

首先,组织心理与群体心理是互相联系的。从相同方面看,组织与群体都是由特定成员组成的,成员间存在一定的人际关系,特别是由组织职能的某种需要决定的正式群体,在许多场合下,具有组织的特点。这种正式群体的任务、目标以及在组织层级中的地位,成员的角色都是由组织所规定的。此外,在现实活动中,为了引导非正式群体更好地协助组织完成任务,非正式群体的活动往往被纳入组织的正式计划中。例如,在一个班组里,因某种共同兴趣和个性品质联合在一起的一些好朋友往往组成不同的非正式群体,这些非正式群体成员之间除了正式的工作联系,还存在非正式的交往活动。

其次,组织心理与群体心理又是互相区别的。这种区别主要体现在以下几个方面:一是性质不同。组织是社会的部门或机构,通常有法人代表;而群体只是特定人群,没有法人代表。二是结构不同。组织是以职、责、权、利维系的系统,因此,上级组织可以支配下级组织,组织的领导可以指挥自己的部属;而群体则不然,群体尤其是非正式群体没有确定的目的,人际关系带有明显的情绪色彩,且成员间的关系由不成文的规则和成员的个性品质所决定,他们没有隶属关系,更没有指挥与服从的关系。三是功能不同。组织负有协调自己内部各种群体成员的关系,调节其行为的责任;而群体一般不能左右组织的行为。四是调节方式不同。组织是通过规章制度、奖惩措施等调节成员的言行,保证组织行为的一致性;而群体则靠群体规范、舆论、群体气氛等调节成员行为。

# 第二节 组织结构

组织结构是组织划分的各种职务和部门,以及由各种职务和部门构成的关系模式。组织结构的主要功能是影响和协调组织成员的工作行为,以完成组织的目标。组织各部门之间的联系方式不同,形成不同的结构。

同组织的外部行为一样,组织的联系方式也有纵向、横向、斜向等不同的方向,其中,组织的层次结构、职能结构和角色结构是组织最主要的几种结构。

## 一、组织的层次结构

组织中的层次结构,是指由组织中各种正式权力在纵横各层级和各职位上的分配而构成的关系,它表明各层级领导集体在决策、执行、监督等方面权力影响的方向和范围。管理层次结构决定了各层级、职位之间的联系和作用方式。

一般组织的管理层次结构由部、处、科(室)等几个层级构成,它具有层次不多、权力等级链的距离不长、地位差距不大等特点。相对于高层级来说,低层级均是高一层级的执行部门。高层级部门所作的决策或制定的计划、布置的任务,必须通过低层级部门的工作才能实现;同一层级各部门的权力范围必须制定和相互协调,权力的重叠或脱节会破坏组织行为的整体性和连续性,从而造成权力冲突。

以学校组织结构为例,决策层由学校领导人组成,主要决定学校大政方针。处于这一层次的人员一般是精明能干、有较强决策能力和管理水平的人。决策层是一个组织的领导中心,具有全局性特点,是整个领导过程的灵魂。一个组织只能有一个中心,不能政出多门,必须做到各在其位、各谋其政、各行其权、各尽其责。此外,决策层的领导者必须把主要精力放在与全局密切相关的总体决策上,从整体需要出发对低层次行使权力,发出指令和提出要求,并进行监督和考核对指令执行的结果,同时解决下一层次各部门之间的不协调问题而不要越级处理问题,以免限制低层次管理者的主动性。

协调层由学校各职能部门(教务处、总务处等)负责人组成。属于决策层各项指令的执行机构。处于这一层级的人员一方面要给决策层提供各种信息和资料,以便他们顺利而有效地决策;另一方面要认真贯彻学校决策层的意图,协调学校部门之间、师生员工之间、人员与财力、物力之间的关系,以保证决策准确、迅速、有效的落实。这一层次的人员要有较强的业务工作能力和实干精神,同时注意不要将自己职权范围内的问题无原则地推给上级决策机构,而应当根据统一的行动规范,发挥自己的主动性和创造性。

操作层由教师、员工等组成。处于这一层次的人员主要是把决策层的意图变为教书育人的具体行动,完成各项具体的工作任务,并通过协调层向决策层反馈决策正确与否的信息。这一层次的人员负有信息的搜集、整理和反馈的责任,因此必须具有兼容并蓄、耐心细致、深入扎实、善于分析、能坚持真理的素质,从而使决策层及时得到高质量的信息,保证决策的准确性、严密性和权威性。

可见,从决策层到操作层,是学校领导意图逐步具体化,最终变为现实的过程,不同层次间具有领导与被领导的关系。反过来,从操作层到决策层,是信息逐步反馈的过程,体现其基层对高层的反馈作用。

## 二、组织的职能结构

组织的职能结构是指把组织中的各种活动在纵横各层级上进行专业化的划分而形成的关系。把具有专业化和相类同的活动集中于一个系统中,有利于集中力量、有效地发挥具有各种专长的人的才能。

仍然以学校组织结构为例,学校组织的职能结构主要有教学管理结构、思想教育结构、总务管理结构三个方面。

(1)教学管理结构。教学管理结构由主管教学的校长、教导主任、教研组长、任课教师、班级的学习委员等组成。主管教学的校长应熟悉教育理论,懂得教育学和心理学的知识,了解学生身心发展的特点,具有能够胜任教学工作的一般文化科学知识并精通一两门专业课程,只有这样的校长,才能在教学业务上进行具体的领导。教导主任要协助校长制定并实施学校的教育、教学工作计划,检查并总结学校的教育、教学工作,审查教研组和班主任工作计划;通过听课、检查学生作业、分析学生的作业、召开学生家长会和师生座谈会等方式组织管理教学工作。教研组长除了搞好自己的教学工作以外,还要协助其他教师进行教学、科研活动。由于教师的备课、上课、答题批改作业、辅导学生等是一项繁重的具有个性化的创造性劳动,因此,对教师教课,不能限制过多、过死,应该鼓励教师在执行统一的教学大纲的基础上,大胆研究创造,在教学工作中形成教师自己的特点与风格。学习委员是联系教师和学生的纽带,教学的重点、难点是否为学生所接受,学生对教学有何要求都需要通过学习委员来反映。

（2）思想教育结构。思想教育结构由党支部书记、团委书记、少先队辅导员、班主任等组成。负责思想教育工作的领导要有强烈的和较高的政治修养,克己奉公,按原则办事,抵制一切不正之风。同时做好全体师生员工的思想工作,及时提出学校思想教育工作的重点和要求,组织政治课教师深入了解学生的思想情况,上好政治课,有计划地参加党团和少先队组织的活动,指导他们的工作。通过组织校会、班会、英雄模范人物报告会、节日教育活动、参观访问、社会调查,观看有教育意义的电影、戏剧、展览会等内容充实、形式多样、生动活泼、丰富多彩的教育活动,来扩大学生的知识领域,锻炼学生的工作能力,提高学生的思想境界。

（3）总务管理结构。总务管理结构由主管总务的校长、总务主任、会计、出纳、总务干事、财产保管员、伙食管理员、校医、校办工厂负责人等组成。学校的财务、财产管理、校舍和教学设备、师生员工生活的改善都是由这一结构运作和完成的。主管总务的校长对财务工作负全面管理的责任,除审查批准学校的年度、季度预算,处理有关财务方面的重大问题外,还要常了解和掌握经费预算执行情况,进行检查和监督,建立和健全财产设备管理制度。总务主任协助校长管理学校的预算资金,检查、监督、审查学校的一切经费开支,具体组织预算的执行。会计出纳人员在总务主任领导下,负责预算和决算的编制,办理日常经费的复核、支付、报销和编造报表等工作。学校各种用房的建筑及其配备,房屋内部设计,应尽可能满足教学和生活的需要,符合一定的科学要求。例如,校舍基地应有体育活动场地、生活区域、绿化区域、杂务场所。教室使用面积要保证学生的座位不会拥挤,每列课桌之间有适当的通道,教室里有充分和正常的照明,保持空气新鲜。实验室、图书馆、阅览室、办公室、宿舍等使用房屋要根据需要,进行修建。各种教学设备,如课桌椅、黑板、仪器、标本、模型、图表、体育器材等,不论在形式、大小、质地等方面,都要照顾学生的年龄特征,满足教学工作的需要,保证学生身体健康和促进学生正常发育。学校食堂饭菜要讲究营养和烹调技术,符合卫生标准。

可见,教学管理结构、思想教育结构和总务管理结构内部以及相互之间是互相依赖的,没有教育、教学功能,组织也就失去了其存在的意义;同样,没有总务管理功能的发挥,组织的教育、教学工作也就缺乏应有的效率。

## 三、组织的角色结构

### (一) 角色的概念

角色一词,原为戏剧用语。社会心理学用作表示人的社会身份的概念,称"社会角色",并赋予它深刻的理论内涵,包括人在社会组织中的地位、作用以及社会为它规定的行为规范。管理心理学研究人在组织中的行为,主要是从扮演的角色来考察的。

### (二) 组织角色的构成

组织角色表示人在组织中的身份,能得到组织的承认。组织角色通常由决策者、管理者、执行者等所组成。这些决策者、管理者、执行者都必须遵守由组织规定的特定的权利、义务和行为规范,并按照这些权利、义务和行为规范行事。

就组织中的每个成员而言,他们总扮演着由多种角色形成的复合角色。分析起来,其复合角色的成分有如下几种。

(1) 指定角色。指社会或组织对某种角色的要求和行为标准作了基本规定。一般来说,组织指定某人扮演某种角色,就规定了他应做什么事,不应做什么事。组织安排的角色,由工作岗位、职责、权利等表征,它体现的往往只是组织角色的基本要求,而且在一定程度上含有不可违背的性质。

(2) 理想角色。即人们向往和期待的指定角色,比起现实的指定角色来,理想角色更加丰满。在一个充满活力的组织中,人们通常不满足于扮演指定的角色,而是以理想角色的要求鞭策自己。

(3) 客观角色,即组织成员客观上对自己扮演角色的规定。

指定角色反映组织的要求,理想角色体现社会的期望,而个人能否正确理解并接受这些要求与期望,直接影响主观角色的形象。由于受人的思想觉悟、知识经验以及价值观念等的影响,主观角色会与指定角色、理想角色等发生冲突,从而不可避免地对角色规范作出筛选和取舍,形成符合自己价值观的角色形象。

(4) 实际角色,即行为上表现出来的角色。前三种角色都是观念形态的角色,只有实际角色是组织成员角色的现实形态。这种角色或者与三种观念角色一致,或者与部分观念角色一致,或者完全不一致。如果背离了观念角色,那么实际角色要作出必要的调整和矫正。

从上述各种角色的意义可以看到,组织角色是社会关系、人际关系的反映。当一个人扮演某种角色时,一方面,他获得了相应的权利和义务,另一方面,他要受到他人的期望、角色规范的约束。人们对角色的期望是人们之间存在各种关系的必然结果。也就是说,当人们获得某种权利或扮演某种角色时,他人会期待他尽某种义务。同样,扮演某种角色,就有相应的责任,他人应会期望角色扮演者有相应的实实在在的行动。没有相应的行动,就是没尽责任,人们就会失望。

从以上讨论可以发现,只有把各种角色的积极性都充分调动起来,只有让一切角色都感到自己在组织中是不可缺少的、是重要的,政治上没有高低贵贱的差别,让一切角色都感到个人的努力是得到承认的,才能是能够发挥的,有发展前途的,让组织中的成员能够和谐相处,并建立起良好的人际关系,组织才能正常运转,组织的职能才能得到有效发挥。

总之,无论是组织理论的演变,还是组织结构功能的发挥,都不难发现,"组织"既有名词意义的概念,又有动词意义的概念。作为名词的"组织"是指,以权、责、利维系的社会成员实体。作为动词的"组织"是指协调组织成员之间,组织成员与财、物、时空等之间关系的过程。事实上,组织的这两种意义有着内在的联系。没有作为实体的组织的存在,就没有协调工作过程的组织。相反,没有协调工作过程的组织,任何实体性组织都会名存实亡。因此,在没有特殊要求的情况下,人们往往将两种意义的组织混用。

# 第三节　组织文化

近20年来,越来越多的管理者开始重视组织文化的作用。其原因有二:一是日本经济在20世纪80年代的迅速崛起,使得西方研究者开始思考,为什么美国企业会落后于日本企业的发展,并发现企业文化是造成差距的主要原因;二是大量存在于现代组织中的现象难以用传统的理性观点去思考和应对。例如,研究者发现,在近20年中最成功的美国企业并不具备波特(Porter)提出的六种竞争优势。因此,20世纪80年代以来,组织心理学把人在组织和管理中的作用,提高到一个前所未有的重要地位,组织文化概念悄然而生。

## 一、组织文化的概念

### (一) 文化和组织文化

在人类文明演变的两千多年时间里,文化概念在不断进化,文化内涵发生了多次深刻的改变和转折,出现了哲学、艺术学、教育学、人类学、历史学、社会学、管理学、生物学、生态学、心理学等不同学科的文化概念。比如,有人强调文化是一个"复杂的整体",把人造物品、货物、技术过程、思想、习惯以及整个民族的社会遗产都纳入文化的范畴(Burnett Tylor,1871);有人则将文化看作是一个社会的所有成员共享的价值观念、传统和信仰(Matthew Arnold,1869);还有人把文化概念从人类扩展到所有物种,并指出文化是"任一物种同自然环境相互作用的手段"(Ortegey Gasset)。

像文化概念一样,尽管国内外学者对什么是组织文化还众说纷纭,没有统一界定,但大多数人都承认,组织文化是在一定历史条件下,组织在其发展过程中形成的共同价值观、精神、行为准则等,及其在规章制度、行为方式和物质设施中的外在表现,认为组织文化在组织管理实践中发挥着越来越重要的作用。

### (二) 组织文化的构成要素

构成组织文化的要素有很多,其中,既有外显的部分,如厂房、设施、机器、装备、产品、厂容、厂貌等,也有组织的规章制度、公约、纪律等制度形态的东西。这里主要从组织结构要素、信息要素、价值观要素等方面来阐述组织文化要素。

#### 1. 组织结构要素

结构上的差异,往往是组织文化差异产生的根源。由于行业和产品的交叉性,依行业和产品设置主管部门,必然导致部门的重叠、功能的交叉与利益的冲突。以交通为例,有主管水路交通和陆路交通的交通部,也有只管空中交通的民航总局,还有只管水利而无权管理水上交通的水利部。再以水污染为例,国家环保总局和水利部都在管理,都在争夺管理权。这些部门的行政级别相同,而功能和利益存在交叉,利益冲突是常见现象。因此,以理顺政府职能、废除行业主管部门为导向的大部门制,必然会减少部门之间的"扯皮",提高行政效率。

#### 2. 信息要素

组织的信息沟通受阻,有时也会带来冲突。如果部门与部门之间,其行为联系比较紧密则沟通渠道比较正常。例如,管理部门与生产部门,由于工作联系紧密,行为交叉面广,信息渠道就畅通。反之,如果部门与部门之间行为联系缺乏或不紧密,则会因信息沟通渠道不畅带来冲突。再比如,教务部门与后勤部门,由于行为交叉与信息往来比较少,常常表现出沟通不良而影响学校管理的效能。

#### 3. 价值观要素

价值观是指人对是非、善恶、好坏的一般观念。价值观要素是组织文化的核心层面,它包括组织的价值观、信念、理想等精神形态要素。由于每个人的知识、经验、阅历、态度、观点、作风等不同,对于同一事物有不同的认识,因而在采用新设备,处理新问题,或对组织发展的方式方法,用人的出发点,评价人的角度等各方面都会有不同的认识。

其中,本位主义思想是价值观的重要构成要素。例如,组织中的领导、个人或群体在处理问题时,总是出于某种特定的考虑,往往只关心本单位、本部门的利益,因此,来自不同部门的人一起工作,常常会由于本位主义观念而发生冲突。有些组织的领导人，认为提高经济效益是头等大事，而把保障员工生产安全、改善员工的工作环境放在可有可无的地位，这样就会导致管理目标、管理手段上发生根本变化。特别是专家和领导人、内行和外行、有责任心和无责任心的人，对工作中各方面的认识差异会更大。这种基于认识要素的不同会在组织中引起冲突。

上述因组织结构要素、信息要素、价值观要素导致一定的矛盾与摩擦，且缺乏有效的缓解手段和行为时，就会演变成组织冲突。当然，潜在的矛盾与摩擦不一定成为现实的冲突。潜在冲突转变成现实冲突往往有一个爆发机制，即常说的导火索。研究表明，潜在冲突取决于各种人员间的目标对立程度，需要对象相同程度和行为的相互依赖程度。如果为毫不相关的目标工作，各自获得需要的满足，又不需要相互支持配合，人际间冲突的可能性自然很小。

## 二、竞争文化与组织心理变异

竞争是一种普遍存在的社会现象，竞争是通过力量的较量而获取需要对象的手段。竞争产生的基础是需要对象的稀少或者获取的不确定性。满足需要的手段是力量的较量。竞争的结果，一方所得即另一方所失。

竞争的积极作用是：通过优胜劣汰，能够涌现出大批有作为的人才，可以调动人的工作积极性。在竞争的环境中，每个人要想实现自己的目的，必须付出加倍的努力，创造出比他人更优异的成绩。因此，竞争可以促使人们更加勤奋地学习、工作，发掘最大的潜力。从心理学的观点来看，竞争则是政治、经济、文化前进的杠杆，没有竞争就没有进步，没有竞争就没有发展。特别是团体之间的竞争可以增强团体内部的凝聚力。因为团体内所有的成员在面对一个共同目标时，只有携起手来，通力合作，共同奋斗，才能有效实现团体的和个人的目标，个人需要满足才能实现，团体凝聚力也相应增强。

竞争也会带来消极影响。表现在：竞争会影响人际关系。个人之间的竞争，往往会造成人际关系的紧张，影响组织的凝聚力，不利于良好的组织心理氛围的建立和组织行为的开展。同时，竞争会导致冲突。团体之间的竞争容易产生本位主义、排外倾向，而变成组织冲突，减弱团体间应有的合作协调关系。此外，人为避免正当竞争往往会使不正当竞争抬头。例如，当涉及投资、设备、评奖、晋级、荣誉、地位等问题时，由于需要对象是有限的，有些部门或单位为了避免发生竞争，只好将需要变成分配的、确定的，于是就出现了奖金平分，职称按工龄评定，官位按资历递进的现象，其结果是拉关系、走后门、弄虚作假等不正当手段的竞争风行，人际矛盾更加尖锐，情形比公平竞争显然更糟糕。由此可见，竞争与冲突是既有联系又有区别的。它们的区别如表11－1。

表 11-1  竞争与冲突的比较

| 竞　　争 | 冲　　突 |
|---|---|
| 1. 目标一致争夺同一对象 | 1. 目标不一致争夺目标对象 |
| 2. 在一致目标导引下极力实现各自的目标 | 2. 各自极欲实现不一致的目标 |
| 3. 以对方为较量对手去争先 | 3. 认为对方阻碍自己争先 |
| 4. 各自平衡地进行努力 | 4. 干扰、阻碍对方行动 |

从竞争与冲突的联系看,竞争可能会导致冲突的产生,而处理得好,冲突有可能转化为竞争。对组织来说,重要的不是要不要竞争的问题,而是在提倡竞争的同时,要注意强调团体与合作,消除竞争可能给人们心理带来的负效应。

组织中的冲突,以及违背道德原则的竞争,常常会引起人们心理的变异,导致组织心理网络的破坏。具体表现如下。

**(一) 任务结构冲突中的变异心理**

组织的结构,基本上是按照不同的任务而设计的,所以结构在一定意义上可以说就是任务结构。组织内各部门和个人之间的正式关系,就是工作任务的关系。学校组织的主要任务是教书育人。如果各部门、各层级的工作的任务缺乏联系性和整体职责不清,必然出现推诿扯皮,或者大家负责实际无人负责的现象。

伴随着任务结构冲突而产生的变异心理有以下两种。

1. 个人主义心理

片面强调岗位责任制将会导致个人主义心理的滋生。心理学研究表明,在合作式的小组内,当个人和小组目标一致时,个体由关心自己转向关心别人,成员间团结友爱,对小组的成绩有责任感和荣誉感;而在以个人为中心评价成绩的小组内,因成绩的好坏完全取决于个人的表现,个体很自然地把中心集中在自己身上,压制别人,互相封锁,独占鳌头的行为表现特别明显。这些研究说明,组织在考虑任务结构时,既要强调个人负责的一面,又要强调合作和协调,忽视任何一方都将带来消极的心理后果。

2. 依赖心理

片面强调集体负责,甚至把个人的成绩也归功于集体,往往会导致成员依赖心理的产生。在一个职责不明、不鼓励竞争的集体里,成员间对工作常常相互推诿、相互依赖、得过且过的思想特别严重,其结果可能会造成组织工作无人做的局面。

**(二) 权力关系冲突中的变异心理**

人们在权力网中的心理是比较复杂的。对于权力的拥有者来说,权力不仅仅是组织所赋予的一种职责,更重要的是它体现拥有者的能力和地位。对大多数人来说,权力富有极大的吸引力,这种吸引力不仅促使权力的拥有者不断地设法巩固自己的权力地位,而且也促使未拥有权力的人,和拥有较小权力的人努力争取权力和争取更大的权力。因此,自我实现的满足和对权力影响力的忧虑是权力拥有者常有的心理。对于被领导者来说,对权力的仰慕和服从是其常有的心理;但那些对权力满不在乎的人都往往表现出对权力的冷淡和漠视,甚至厌恶。

在权力范围内,权力行为正确与否,权力行使方式的妥当与否,都深刻地影响到成员的心理。而错误的权力行为和不恰当的权力行使方式,常常会扼杀组织成员的工作积极性,导致冲突的产生。

伴随着权力冲突而产生的变异心理,主要有以下五种。

1. 不信任心理

除了领导者的素质修养不好会导致下级的不信任之外,还可能因为不能公正合理地处理自己与下属之间的矛盾冲突,而导致下属成员产生不信任心理;同样,被领导者如果不能够处理好与顶头上司的矛盾冲突,也容易失去上级的信任,甚至使矛盾加深。

2. 报复心理

报复心理的产生,常常是由于对冲突处理的不公正而导致的。冲突过后,双方很可能都把不满和仇恨深埋于心,一有适当机会,则进行报复。顶头上司很可能会给得罪过自己的下属穿点"小鞋",下属成员也很可能找种种机会对顶头上司施行意想不到的报复。

3. 谄媚心理

由于对冲突处理的不公正而被领导袒护的一方,很可能增强谄媚心理,作出种种阿谀奉承的行为,以求得领导的进一步庇护;而受屈的一方,有可能错误地"吸取教训",暂时抑制住对领导者的不满而开始巴结领导,以求重新赢得领导的信任和重用。凡是奉承谄媚之风盛行的地方,领导作风必定不正,冲突必定有增无减。

4. 妒忌心理

妒忌作为组织成员中个别人的个性特征存在,并不奇怪。职务的升迁或晋级的不公会破坏正常秩序而引起妒忌,如事先"钦定"会破坏原来和谐的人际关系,制造出成员的不和。

5. 颓废心理

长期得不到升迁或晋级的成员,对领导者失去信心,往往会产生一种消极的颓废心理。在这种心理的支配下,他也许对任何事情都产生不了兴趣,变得懒惰散漫,不思进取。

**(三) 利益关系中的变异心理**

人们之所以愿意加入一个组织之中并且为组织而工作,是因为组织能够带给人们一定的利益,满足个体的多种需要。组织不仅通过物质利益,如工资、奖金、福利等,而且通过一定的精神利益来调动成员的工作积极性,如表扬、奖励、晋级提升等是组织惯用的激励手段。

组织之中,各部门、单位之间,也会由于经费、设备、工作条件、生活待遇等分配问题造成竞争。尤其是在经济发展水平不高的情况下,如何把有限的经费合理地分配到各个部门中,更是十分困难的事。

人们在利益分配冲突中的心理是,不同利益观、价值观的人表现出不同的心态。主要有以下三种。

1. 狭隘自私心理

心胸狭隘、极端自私的人,如果作为领导,往往表现出本位主义思想,只顾局部利益,不顾大局,在个人利益上斤斤计较,甚至不惜损公肥私;作为成员,则事事处处计较得失,宁可叫他人吃亏,而不可自损一丝一毫。还有少数人,深具谋略,吃小亏,占大便宜,表现出十分"高明"的自私心态。

2. 平均主义心理

在利益分配中,平均主义心理仍属主流。这是"不患寡患不均"、"中庸"、"大锅饭"等思想长期积淀的结果。不少人既不想多占利益、也绝不愿吃亏,或者要吃亏大家都吃亏;或对竞争机制被引入组织百般抵制,总体上反映出懒惰无能者占统治地位的心理状态。

3. 忍让心理

尚有一部分人,在利益冲突中,表现出无可奈何的忍让心理,即使应该属于自己的利益,也是息事宁人不愿去争取。在组织中,这种心理反映了几千年来中国人忍辱负重、甘于忍受的消极心态,它既不利于个人的进取,也不利于组织的发展,同时还为不正当的竞争者造成可乘之机。

由于对利益的过分追求,特别是用错误的手段去追求,常常会妨碍他人利益的实现,这就必然造成人际关系的紧张,影响到正常的组织心理网络的建立。因此,建立一套保证利益分配的制度,使大多数成员感到公平合理,是管理心理学的重要任务之一。

**(四) 管理压力产生的心理变异**

管理不能没有压力。这种压力主要表现在任务、目标、要求、纪律、考核、奖惩等管理因素上。没有这些管理压力,会造成成员散漫,对工作漫不经心,得过且过的心理状态;过分的压力,会导致成员对组织的厌倦,也会使成员之间人际关系恶化。

组织中因管理压力导致的变异心理有:

1. 对立情绪

管理压力是自上而下施加的,有压力也就有反作用力,因此,在管理压力与反作用力之间可能产生冲突,主要表现在下级不接受或者无力承担上级压力的情况下所采取的行动。特别是当下级从本位利益出发,不理解上级压力的必要性、合理性时,或者对压力施加者的动机有怀疑时,便形成对立情绪。由于下级服从上级是组织的基本原则,加上我国文化传统和行政法规不健全的国情,下级一般难于从公平、合法的渠道抵制不正确的管理压力,因此,管理压力一般是以隐蔽的形式表现的。同样,上级对下级也可能产生对立情绪。

2. 花架子行为

在不能否认管理压力的合理性,但又不愿下工夫切实执行的情况下,花架子行为是一种省力而又奏效的对付压力的方式。下级深知压力的施加者不可能事事深入检查,大可不必追求实效,搭一些迎合上级口味的花架子,最易得到赏识,双方皆大欢喜。

3. 阳奉阴违

在管理压力无法抗拒,但又未从内心接受的情况下,尤其是在涉及个人或部门重大利益时,阳奉阴违便成为有些人的变异心态。一项研究表明,强行降低成本的要求指标,下级常常用增加非直接成本的方法报告"胜利"完成任务。可见,上级要求的强制性和本身可违抗的条件,是造成阳奉阴违的重要因素。

4. 弄虚作假

这里指的不是因个人品德在个人事件上的弄虚作假,而指组织中抗拒管理压力的作假行为。比如,汇报成绩时的虚假统计数字;对付财政检查用的明账和暗账;申请投资和设备时的谎报理由;评定职称、考核晋级时的照顾关系好的职工,违纪处分时袒护本应重处的职工等办法都是组织中的弄虚作假行为。

由此可见,如果上、下级之间的对立情绪得不到缓解,阳奉阴违、弄虚作假的行为得不到遏制,就会严重挫伤踏实、肯干者的积极性,降低组织的工作效率,更进一步,就会危害组织、危害社会和国家。

# 三、组织文化的塑造

## (一) 组织文化塑造的原则

### 1. 沟通原则

人们在传递和接受信息时,往往会把自己的主观态度掺杂进去,如下级向上级反映情况往往有"打埋伏"的现象,报喜不报忧,夸大成绩,缩小缺点等。

上级向下级传达指示,下级往往无法如实理解这些指示,而要猜测这种指示的"言外之意","弦外之音",这就需要沟通。

沟通应该是在充分调查了解组织的文化背景、性质、内容、规模、双方态度、群体舆论和发展趋势的基础上进行的。沟通应该是消除流言、误解,探求解决方法,以促进心理接近。对待原则是非问题要开诚布公、各抒己见,采用双方辩论的方法;对待非原则问题,提倡用心理位置互换的办法,促使"将心比心",形成宽容、理解的心理气氛。

**2. 整体原则**

无论上、下级之间或同级部门之间的差异,从各自一方看都是有理由的,只有从大局出发,从班组、部门、组织乃至社会的整体利益出发,才可能有判断是非的标准,所以必须用整体利益高于一切的原则作为准绳来处理个人与个人、部门与部门之间的差异和冲突,以提高组织的管理效能。

一般情况下,上级代表更大的整体利益,这是下级服从上级的依据,但在法制不健全时,上级也可能仅只代表局部的利益,所以整体原则还意味着各部分代表参与冲突的处理,求得对整体利益的共同认识。

**3. 公平原则**

由利益冲突导致的消极心态,常常产生于不良的分配原则和分配制度两方面。

现实中的许多规定,实际上是一种平均主义原则,或者是封建等级原则。特别是利益分配的具体执行制度不完善,对执行者缺乏有力的监督,为掌管实际分配权力的人提供了"以权谋私"的可能。因此,在解决利益冲突中十分强调公平原则。

公平原则的要求是:从实际出发,实事求是地具体分析冲突的原因和责任,既不夸大也不掩饰,不受感情好恶、成见、个人关系的干扰;一视同仁,前后一贯,按政策原则办事;与人为善,主持公道,坚持真理。但公平不等于平均,那种地位平起平坐,晋升人人有份,利益大家均沾的平均主义大锅饭现象与公平原则是背道而驰的。

**4. 明断原则**

冲突有各种成分,又往往牵扯历史老账、环境变因等各种因素,十分复杂,因而不能过多地纠缠细节。处理冲突时必须看准实质和症结,抓住主要矛盾。另外,要不怕冲突,不压制冲突,对原则问题不回避、不调和,要敢于明断,毫不含糊地支持正确的一方,耐心细致地说服错误的一方。

**(二)组织文化塑造的心理平衡策略**

无论是个体心理平衡、群体心理平衡还是组织心理平衡,都具有一定的动态性。个体心理和组织心理平衡的维持,是一个总是从不平衡走向平衡,又打破旧的心理平衡建立起新的心理平衡的无限循环与发展的过程。组织要实现真正的心理平衡,达到组织所期望的标准,必须使个体心理平衡、群体心理平衡与组织心理平衡有机地统一起来。

在组织心理功能得以发挥的基础上,组织用来维持心理平衡的方法主要有以下几种。

### 1. 利用规范因素维持心理平衡

规范性因素,即从思想上影响到制约行为的因素。例如,政治思想原则、世界观、理想、行为准则、学术道德、治学态度、风范以及体现这些因素的宣传、舆论监督等。心理学认为,规范有两类:一类是价值目标规范,如组织的任务目标,组织愿景等;另一类是具体行为规范,它告诉人们应当做什么,不应当做什么,表明社会期待每个人做出符合身份的行为。

价值目标规范和具体行为规范起作用的机制是不同的,但实质都是组织标准内化成个人标准的过程。价值目标规范通过人与人的相互作用。把"主体我"与别人评价中"客体我"进行比较,形成"现实我"的标准,实现对个人行动的控制。具体行为规范则需借助于榜样、模仿、暗示、群体压力等机制,达到共同接受和遵守。也就是说,只有当组织中的成员接受了具体的行为规范时,这一规范才能为个人所遵守。

对于任何一个具体的组织而言,组织中的规范因素通过个体的作用内化为个体的信仰和理想,从而改变或维持个体的需要和奋斗目标;与此同时,组织通过规范因素的作用,把组织成员联结在一起为共同的目标而奋斗。对掌握了一定专业技术知识的员工来说,当这种规范因素内化为自己的信仰和观念时,就成为其自觉行动的动力和准则。相反,如果规范因素仅靠行政手段实施,而不是让人从内心接受,则规范就变成贴在墙上,挂在嘴上,人人知道但都未必实行的空洞口号。

多出、快出、出好产品是组织基本的、首要的任务,因而组织中的理想、信念、观点和道德准则等规范因素占有很重要的地位。运用规范因素来维持组织成员的心理平衡也就成了主要的手段。有人认为,只要组织订立许多规范,要求员工坚决贯彻执行,规范就发挥作用了;或者靠宣传教育,让员工明确规范的内容和重要性,规范就会得到自觉遵守。其实这是对规范简单肤浅的了解。特别是组织中某些落后的规范因素一旦变为陈规陋习时,则往往成为组织的惰性,不利于组织心理平衡地动态发展。因此,在组织利用规范因素手段来维持心理平衡时,应该充分注意到这一点。

### 2. 利用强制因素维持心理平衡

强制因素,即不论个人同意与否都必须照办的。例如,职责规定必须完成的任务,组织的决定,上级的命令、方针和政策,正式颁布的规章制度、法律条令、学校纪律等。

毫无疑问,强制因素对于维持个体的心理平衡来说,多数情况下只能起到消极的作用,然而强制因素对组织因素心理平衡的维持,却有某种程度的积极作用。组织目标的实现需要集体成员的共同努力,需要给每一个成员分配必须完成的任务,规定完成任务的质量和时限。集体进行统一和协调的活动,要求订立种种规章制度和纪律,共同遵守。这即是组织行动一体化的客观需要,也是组织的力量所在。这些纪律制度,不论是成员参与讨论制定的,还是别人规定不得不执行的,都对每个成员有约束力。

强制因素之所以对维持组织心理平衡有效,是因为组织通过强制手段可以制裁或剔除那些对组织心理平衡不利的东西,如对于一位屡教不改、假公济私的职工,组织如果不利用强制手段加以制裁而任其发展下去,则很可能动摇其他成员对组织的信心,导致组织心理失去平衡,组织如果能够及时予以制止,则可以对大多数成员的心理起到保健作用和预防作用。

当然,组织在实行强制手段来维持组织心理平衡时,一定要注意可能带来的消极影响。如果强制手段使用不当,结果很可能会适得其反,造成或引起组织心理的失衡。因此,组织在维持成员心理平衡的过程中,应尽量避免使用强制手段。

3. 利用功利因素维持心理平衡

功利因素,即行为表现的好坏与个人需要的满足相联系的因素。例如,个人需要满足的职称、职务、工资、住房、医疗、奖励、惩罚及荣誉称号等因素。

运用强制手段不能从心理上把成员与组织真正联结在一起。组织还需要对每个成员完成任务、执行纪律制度的表现进行考核,肯定那些符合组织目标的行为,否定违反组织目标的行为,以强化组织目标。因为组织目标本身反映了集体成员的共同利益,而每个成员在作出贡献时,很可能和自身利益联系在一起。强化目标和行为的诱因,有精神和物质两个方面的利益。精神方面是各种评比、晋升制度,各种荣誉称号及正常的表扬奖励工作。物质利益方面则是经济报酬及各种生活、福利待遇、奖金等。这两方面的强化措施不仅对实际工作的完成是必要的,而且还能在组织中树立是非观念,激励工作动机,把个人利益与组织利益结合起来,使组织成员与组织休戚与共。

利用功利因素维持组织心理平衡也有其局限性,不同性质的组织,功利因素所起的作用是不同的。功利因素对组织成员心理的维系有一定的积极作用,但不应该是主要的。组织主要应依靠员工的职业理想、事业心和敬业精神这一类规范性的因素,而不能单纯引导员工去一味追求经济指标和奖金。

4. 利用冲突因素塑造组织文化

根据冲突的二重性,可以把塑造组织文化的方法从总体上分为缓和冲突的方法与刺激冲突的方法两大类。缓和或解决冲突的方法有:

(1)协商解决法。当组织中的两个部门发生冲突时,需由双方代表通过协商解决冲突。即通过冲突双方面对面地争论,把冲突摆到桌面上,使冲突的因素明朗化,排除误解,突出实质,共同寻求解决的途径。协商时提倡双方服从大局,互相体谅、让步,反对自私、本位和以邻为壑的观念。

（2）仲裁解决法。当两个或两个以上的群体经过协商无法解决冲突时，就需要由上一级或较高阶层的领导人出面调解，进行仲裁，使冲突得到解决。但仲裁者必须具有一定的权威性，否则仲裁法可能无效。

（3）权威解决法。对于那种无实质性分歧，但感情冲动、事态危险的冲突，宜使用权威力量立即制止。权威人士不一定是行政领导者，也可以是双方敬服的某位长者。这种方式不需纠缠细节，而以凛然正气命令其脱离接触。这种方法采取的是强制手段，往往不能消除引起冲突的基因。在一般情况下，不宜采取这种解决方法。

（4）提高认识法。涉及复杂认识、世界观、价值观的冲突，往往不是摆在桌面上或经过权威仲裁就可以解决的，而是需要分别对冲突双方进行教育，帮助他们提高认识，促使其观点立场的改变。这一方法所费时间较长，但可以从根本上减少或消除以后发生冲突的可能性，因此要注意避免就事论事，急于求成。

（5）回避法。在处理那些非原则性的冲突时可用回避法。例如，对待员工家庭内部的矛盾和冲突，领导可以不必去管。对个性不相容者在一起工作发生矛盾，可以采取调开的办法。

当然，解决冲突的办法不止上面这些，在具体工作中应本着实事求是，具体问题具体分析的态度创造性地对待和解决冲突。

有些冲突反映了组织的主要矛盾，或者反映了先进思想与错误思想的斗争。这种冲突或斗争的解决，关系到组织未来的改革和发展，关系到组织成员思想觉悟的提高，对于这样的冲突，管理者应该旗帜鲜明地欢迎它、支持它、引导它。因此，就应该采取刺激冲突的方法，而不应采取缓和掩盖的方法。常用的刺激冲突的方法有：

（1）分别给冲突双方提供对应的信息。这种方法适宜于处理组织发展战略目标、方向的冲突。例如，对不同的发展规划，领导可以向双方分别提供对方的资料、信息以及新的观点，鼓励双方继续深入思考。只提供一种信息而使另一方轻易放弃观点，反而是不明智的做法，说不定真理就在放弃观点的一方。

（2）给对立面以鼓励和奖励。这种方法可以有暗示性的与公开的两种方法。公开的方式有：经常向员工通报各方面人士对组织工作的批评信息，以促进组织工作的改进；鼓励员工对领导提意见，鼓励员工在工作或产品设计上的革新，以引起人们的思想斗争和矛盾冲突。此外，也可以用暗示性的方式支持鼓励对立面：对于下级的错误意见，可以用暂不表态、不予回答的办法让事实来说明问题。

（3）适当拖延时间，让冲突更加明朗化。如果部门之间、个人之间发生冲突，但谁是谁非并不明朗，解决时机尚不成熟。在这种情况下，可适当拖延时间，等问题明显和时机成熟时，再着手解决。运用这一方法必须注意：拖延的目的是为了更好地解决冲突,而不是置之不理。在策略上,可以用工作忙等借口,但不可采取"坐山观虎斗"的态度,更不能对下属的反抗给予鼓励。要控制冲突对工作的危害程度,必要时可安排好弥补工作损失的办法,时机成熟时则及时处理。

(4)人事调整。在一个人事长期稳定不变的组织里,许多人与人之间的冲突都被掩盖着。人们对"既成事实"的局面,感到没有改变的希望,于是冲突不再发生,只以消极怠工的方式表现出来。如果一个组织希望以新的活力来推动它前进的话,应当采取相应的人事变动来刺激冲突。

研究表明,维持人事变动的可能性,是促进人们努力工作的重要心理因素。西方管理心理研究认为,一个单位每年应保持15％人员的更换率,工作才会生气勃勃。更换率太小,如只有1％～3％,表现最差的人也会有侥幸心理,更不用说根本不更换的"铁饭碗"制度了。但更换率过大,超过15％时,则会导致"人心惶惶"的后果,不利于组织工作的进行。

上述两类处理冲突的方法,始终贯穿着一个根本的思想,就是既有利于工作,又与人为善。离开了这一根本的出发点,就可能变成"玩弄权术",这是组织领导者必须注意的。尤其需要注意的是,刺激冲突并不是人为地去制造冲突,制造冲突和刺激冲突有着本质的区别。

# 第四节 组织变革

任何事物都有兴盛与衰败的过程,组织也不例外。经过一段时间的运行,组织也可能出现萎缩、疲乏;成员可能出现因循守旧、不思进取,不能适应日新月异的环境变化等现象。因此,组织也需要有自我更新的意识与能力。在管理学中,把组织按照客观规律调整自身结构与行为,增强活动与效率,以适应环境变化的过程称为组织变革。

## 一、组织变革的条件

组织变革只有在具备相应的条件时才有可能实现。组织变革的条件不外乎内外两个方面。

从内部来看,组织要有变革的要求。变革要求可以从成员对组织的不满程度上反映或部分反映出来。因为不满虽然是主观的,但组织的状况常常是诱发组织成员不满情绪的客观原因。当组织成员的不满和抱怨达到较高程度时,则组织变革势在必行。一般来说,在下列情况下就应该考虑变革:一是决策效率低或经常出现错误决策。二是沟通渠道阻塞,正常的信息传递不灵或失真,组织成员沟通不良,协调不好,矛盾重重。三是组织职能无效率或功能得不到正常发挥。例如,不能完成阶段性的目标,产品质量下降,财务状况恶化,人员素质下降,积极性不高。四是组织缺乏活力,不能创新,等等。

从外部来看,要有支持组织变革的环境。例如,消费者观念的变化,上级部门对变革的态度,国家发展战略、方针政策,以及社会的开放度等。因为组织变革将改变组织与环境的交换模式,涉及环境中政府、公众诸方面的利益。如果损害了原有利益,就可能引起环境的报复行为,即改变对组织的输入,造成组织信息、物质、能量的不足,最终使变革陷入困境。因而对组织来说,任何一个方面的变革,都可能影响组织的长远发展。因此,只有当组织变革的内外部条件都具备,而且变革的目标明确,实现的可能性较大时,组织的变革才能启动,组织变革的进程才会比较顺利。

## 二、组织变革的步骤

在组织变革过程中,组织内部的各种因素之间以及组织与环境的各种因素之间会发生相互作用,心理学家们分别从组织变革的内容、阶段、步骤等方面提出了各种变革模型。这里主要介绍勒温的组织变革模型理论。

心理学家勒温认为,组织变革应包括三个步骤:解冻、改变、再冻结。

### (一) 解冻

解冻就是要激励员工形成变革动机。要创造良好气氛,集思广益,让组织成员深深感到不变革不行。创造一种心理上的安全感:扫除害怕失败,不愿当出头鸟,不愿冒风险,不愿意改革的心理障碍,使员工感到变革是安全的,停顿不前是危险的。还要使员工感到组织有能力吐故纳新,有能力自我净化,有能力进行宏大的改革。一句话,解冻就是解除习惯、害怕变革等心理,而形成变革的动机。

### (二) 改变

改变就是要指明改变的方向,实施变革,使职工形成新的态度和行为。学习一种新的观点或确定一种新的态度的最有效的方法之一,就是看看其他人是如何做的,并且以这个人作为自己形成新观念、新态度和新行为的榜样。要进行改变的先决条件就是组织必须是开放的,对内外流动是支持的。只有不断地吸取新的观念信息,才有可能指明改变的方向和途径。改变的关键是向何处去,从何处改。组织领导人实际上就是组织改革的引路人。

### (三) 再冻结

再冻结是指利用必要的强化方法使新的态度和行为方式固定下来。因为旧习惯的顽固势力有可能使变革不会长久,或穿新鞋走老路。特别是在变革后,组织遇到困难,或碰到挫折时,组织领导人头脑要冷静,要排除干扰分析一下,是不是方向错了？还是战略方法错了？是暂时的停顿，还是走了弯路？如果组织上下认准了方向，则不应徘徊，更不能反复。因此，要在组织中创造一种良好的群体气氛，使每个群体成员彼此强化新的态度和行为，直至新的态度和行为固定下来。

分析和归纳上述观点，组织变革的基本步骤是：发现需要变革的问题，按计划进行变革，通过反馈再进行新的变革。

## 三、组织变革的内容和方式

不同的组织状况有不同的变革要求和内容。但总的来说，组织变革的内容大致有如下几方面。

### (一) 变革组织结构

变革组织结构主要是变革组织原有的职权结构、角色结构等，主要包括调整管理层次与管理幅度，增设或减少某些部门，改变各部门之间的联系方式，重新分权和授权等。变革组织结构必然引起职权关系、角色关系、人际关系、人的心理等方面的变化。

### (二) 变革组织的技术行为

组织的技术行为包括利用物质与精神条件对员工进行生产工艺、方法、技术等方面的培训。这种行为的变革包括产品营销理念更新、生产工艺、方法、技术的改革，以及与之有关的物质、环境条件的改造。由于技术行为直接影响产品质量，是组织功能的本质表现，因此，组织技术行为的变革是组织变革的重要环节或方面。

### (三) 变革组织成员的素质

组织的变革，从根本上说是组织成员素质的革命。这些素质主要包括思想作风、行为方式、适应能力、沟通能力等。组织缺乏活力，行为拖沓、成员关系失调等，说到底都是人及其素质问题。只有提高人的思想觉悟，工作作风，优化行为方式，提高适应能力，增强心理健康水平，才能使组织充满生机。否则，仅变革组织结构，可能仍然无济于事。

因此，组织的变革，不是简单的有形结构的变化，而是包括思想观念、行为方式等在内的变革；既是责、权、利等关系的改变，又是人际关系的调整。

组织变革的方式，总结起来一般有三种。

1. 突击式

在很短时间内，根据目标和组织变革的内容，迅速改变旧的内容、体制、工作、人员等，这就是突击式。例如，机构改革，预先作好可行性研究，从改革的需要、动机入手，确定改变方案，然后大会上宣布，使方案立竿见影得到落实。这种方法的优点是：省时省力，见效快，给反对者以打击使他们措手不及，可以很快进入改变后的理想状态。缺点是：质量不高，考虑不周，容易造成不必要的损失，心理支持力减少等。

### 2. 限期式

在规定的时间内,由专职和兼职的组织变革工作人员,在领导人的指挥下,完成和完善组织变革。由于有了最后期限,时间压力有利于推动各项工作进程。限期式也可以给组织群体树立一个榜样和模式,利于培养良好的风气。但是,由于反对势力的存在,限期快到时,矛盾会突出,都积累到了临界点,使得限期临近时组织气氛处于危险状态,人们可能袖手旁观,影响组织的日常工作。

### 3. 渐进式

渐进式是一种比较稳妥和保守的方式,它将问题解决在变革之中。因为有充足的准备,所以时机成熟一个,就解决一个相应的问题,对组织的日常工作没有影响,各方面的考虑比较周到,可以边干边总结经验。因此,渐进式比较适用于大幅度的组织变革。但由于时间无保证,容易形成虎头蛇尾;组织成员期待时间过长,又容易造成失望感,使部分成员动摇或放弃对组织变革的支持。在渐进式变革过程中,反对势力有时间集结力量,使组织变革的前景不明,容易出现意料之外的阻碍甚至失败。

总之,无论采用何种方式进行组织变革,组织领导人和组织成员都要充分估计困难,持必胜的信念。有的时候,尽管要付出一定的牺牲,但组织变革的进程是不可逆转的。

## 四、妨碍组织变革的原因及矫正措施

任何组织的成员,大多希望把自己所在的组织和单位搞得好一些,发展得快一些,贡献更大一些,以得到更高、更好的声誉。同时,组织成员也自然地希望工作环境更舒适些,收入更高一些,住房、福利等生活条件再好一些,成就再多一些。可是,一旦实施某项变革,尤其是伤筋动骨的变革,就会感到不习惯、不自然。轻则表现为消极观望,做表面文章,应付了事;重则以种种借口抵制或公开反对变革,或对变革中的挫折幸灾乐祸,或制造事端,诬陷变革者,阻碍变革进行。

### (一) 妨碍组织变革的原因

分析起来,抵制变革的原因大体上有以下几种。

### 1. 心理原因

(1) 职业认同感的缺失。组织变革的进行,在某种程度上影响了成员的职业认同感。在变革之前,工作是熟悉的、人员是稳定的,在心理上有一种亲切感,踏实感。而变革以后,需要改变早已熟悉的工作方式,作息制度乃至人际关系。对于常规思维方式占支配地位的人,往往会在多次重复实践的情况下形成固定的行为方式。一旦遇上变革的新情况,就会陷入举步维艰的困境。另外,对本职工作的自豪感也会由于要改变职业而产生不满。甚至有的管理人员和组织各级负责人觉得，管理部门要进行变革，就意味着自己工作没有做好，没被领导和下级瞧得起，也会产生灰心丧气的抵触态度。

（2）对失败的恐惧。即担心变革带来的不稳定，害怕可能失败。组织变革是推陈出新以新的联系方式组合组织的各个要素，因而在许多方面具有不确定性和风险性。有些组织成员，特别是负有责任的领导人由于对变革感到陌生，加之风险压力，他们一方面期望变革，另一方面又害怕变革失败，株连自己，担心得不到有关方面的支持和遭到不必要的非议。凡此种种，往往会弱化他们的变革信心。

（3）地位上的考虑。另一个导致抵制变革的重要心理因素，是人们感到变革会影响他们在组织内的地位和受尊敬感。例如，组织合并，几个部门合成一个大的机构，管理干部势必要减少，有的人极不愿失去职务和地位，所以极力抵制合编，对措施的执行能拖则拖，能缓则缓，敷衍了事，应付搪塞。

2. 经济原因

抵制变革还可能有经济上的原因，这就是担心变革会影响自己的收入。任何工资、奖金、福利、休假等方面的变动都可能带来对变革的支持或抵制。

3. 社会原因

除了经济因素，对组织影响最大的社会因素是政治和文化。政治、经济、文化的发展需求经常促使组织任务重点发生变化。一方面，上级部门以政策指令的形式促使组织变革，另一方面，组织的成员受社会的影响而改变。

**（二）矫正妨碍组织变革的措施**

心理学家勒温的研究表明，当推动群体变革的力量和抑制群体变革的力量方面的平衡被打破了，变革需要也就产生了。这些不平衡解冻了原来的模式，那么群体为了获得新的平衡，就得费力去奋斗，其结果是群体在新的、与以前不同的平衡水平上重新"冻结"。用增加推动变革的外部力量来改变群体，大多数群体会滋生抵制变革的阻力，一旦抵制力量削弱了，变革就成功了。因此，要想变革，可以采取减少阻力的方法，消除外围障碍，然后进行变革。这种策略往往比施加压力加速变革的方法要好。矫正妨碍组织变革的措施主要有以下几方面。

1. 参与

心理学研究表明，人们对某项事情参与的程度越大，就越会愿意承担责任，把这件事当自己的事。因此，要减少变革阻力，组织应做好以下工作：① 使有关组织成员参与制定组织改革的方案，使他们认为实施方案是自己的事。② 使变革方案所依据的价值与理想为参与者所熟悉。③ 使变革方案所提供的新思想为参与者感兴趣。④ 使参与者之间在变革中能互相接受与信任。

2. 争取高层领导支持

如果变革方案能得到组织高层管理者的支持,就可减少阻力。领导支持在一定程度上是权力与权威的支持,往往可以使那些对变革怀有恐惧心理的人获得安全感,消除畏惧心理。而且,领导的支持对某些从个人利益出发抵制变革的人来说,是一种压力。在这种压力面前,他们也许会做出某些让步,客观上会使变革的阻力变小。

3. 加强与反对者之间的沟通,提高相互信任程度

如果能使变革的赞成者与反对者之间良好地沟通,相互了解对方,设法减轻不必要的恐惧,使参与变革者和反对者感到,他们的自主权和安全感没有受到威胁,变革能减少或不增加他们的负担时,则可减少阻力。

4. 合理安排变革的时间和进程

对于组织的变革,即使组织成员没有任何抵制,在身心上也有一个逐渐适应和习惯的过程。因此,要合理安排变革过程,这包括速度和幅度两个方面。从速度方面看,若操之过急,强行加快变革的速度,往往使组织成员产生受压迫的感觉和抵触情绪,以至于"欲速则不达"。从幅度方面看,革除的与倡立的事物之间距离不能太大,如工作量的变化幅度,工作内容更新程度等,都应该在满足变革者自身需要前提下得到合理控制。此外,应合理安排变革的时间和进程。由于员工个人之间,职工与上级之间的关系模式需要一段时间才能建立起来,"强扭的瓜不甜"的俗语,同样能够说明这种关系不能靠人为的因素来嫁接。另外,组织领导人还要花费时间去处理因变革引起的遗留问题。在安排变革的时间和进程时,还要考虑人们的心理承受能力,要在反复宣传、慢慢渗透的基础上有所作为。解释、宣传或对话都要实事求是,有针对性。

5. 利用群体动力

在现实生活中,常常会发现某个人受大家影响会放弃他原来的想法和做法的实例。因此,利用群体是可以改变个体的。利用群体动力可以从以下几个方面着手:① 利用强烈的归属感。② 组织领导人要努力创造一种"我们的"、"咱们的"感情,让"我们大家都来搞"的气氛高涨,使大家不愿被拒之门外,从而增加变革成功的可能性。③ 利用组织的威望。一个群体对其成员越有吸引力,该群体对成员的影响力就越大。群体越使人称心如意,越团结,成员也越容易接受影响。④ 利用个人威信。一个成员在其他成员中威信越高,他所具有的影响力就越大。这种威信不在于该成员在群体中的职务,而在于该成员常常在群体活动中表现有较高技能和感召力,比较活跃积极。组织要利用这样的有威信的人来强化群体的认同感,共同致力于改革。

最后需要说明的是,变革阻力的消除并不等于成功。在变革过程中,还必须密

切注意变革方案的实施情况,如将组织任务分配到组织的各层级部门,规定各部门承担的具体任务,确立衡量工作执行情况的标准,分析执行过程中发生的问题,提出相应对策措施,等等,以确保变革的成功。

总之,只有人而没有组织,任何人才都没有用武之地;只有结构,没有资源,结构也是空的。所以,组织的结构及其所依赖的人力与物力资源,构成了组织心理活动的条件,而正是在组织文化的熏陶中,组织变革的发展中,组织才源源不断地发挥着自身独特的效能。

# 本 章 小 结

组织心理与管理,在我国是一个既老又新的课题。说它"老",是因为我国历来重视组织中人的因素的发挥,注意调动人的积极性。从古代宰辅治国经验、统兵御兵之术,到民间社会的家长、族长立的"家法"、"家规",无不渗透着组织管理的核心原理。说它"新",是因为我们把组织作为一项科学管理内容来研究,还只是 20 世纪 80 年代以后的事,可谓才刚刚起步。

本章主要对组织的概念、组织结构、组织文化、组织变革等几个重要的组织心理问题进行了探讨。关于组织的概念,尽管经历了一个从传统的组织概念向现代组织概念不断变化的过程,都强调组织是由人所组成的,组织是有目标的,且组织与环境之间存在着持续的资源交换。特别应当指出的是,现代的组织概念并不是对传统组织概念的完全否定,而只是对其不足之处进行了重要的补充和发展。

任何一个组织,都有特定的结构,并且一定的结构常常与相应的功能相联系。但是,对于组织这样的社会系统,它的结构与功能很难作出明确的区分,这里,不妨把组织结构看成是组织的"静态"方面,而把组织功能或过程看成是组织的"动态"方面。为了进一步说明组织结构的概念,可以借鉴一下生物学和解剖学中结构与功能的区别:在生物系统中,要分别研究有机体的结构与功能。解剖学研究有机体的结构,生理学研究其功能。

组织心理的主要特征体现在其组织文化上。通常,对组织文化的划分有不同的标准。但无论组织文化如何划分,其核心思想都认为组织文化应该有物质层面和精神层面之分,这无疑是正确与合理的。但由于这种划分对于组织文化的塑造来说比较难以把握,因此,本章强调要想塑造组织文化,首先应该了解组织文化的内涵与构成,在着重对组织文化的结构进行分析的基础上,从组织文化形成的角度出发,采取相应的组织文化塑造原则、策略。

本章最后指出,组织变革是组织发展的重要手段,组织变革是一个组织为了生存和发展,从现有状态向期望的未来状态的转变过程。社会在不断进步,技术在不断发展,市场竞争日益激烈,世界经济正趋于一体化和全球化,在这样的环境条件下,各类组织都面临各种机遇和挑战,只有进行组织变革,才能生存和发展。组织变革既有组织结构的变革,也有战略、文化、技术、人员等各方面的变革。本章着重分析了影响组织变革的心理因素、心理障碍以及进行变革的具体步骤、措施。

## 思考题

1. 解释下列概念:组织、组织结构、组织文化、解冻。
2. 实地调查:选择一个具体的组织,如一所学校、一家医院、一个企业、一个社区,说明该组织的结构及其具体运行机制,并详细解释、说明人的心理因素在组织中是如何发挥其作用的。

### 事业单位"转制"之痛

自1999年5月以来,伴随机构改革,以国家下发经贸委管理的十个国家局属242个科研机构转制的通知为标志,一些事业单位成功转型为颇具规模的企业。然而"几家欢喜几家愁",记者了解到更多的事业单位目前还在新旧体制的交替中挣扎,徘徊在山重水复之中。

有技术优势的院所转制较成功,而基础研究机构、社会科学研究机构及一些后勤部门转制则很困难。

转制事业单位职工的基本社保仍无法落实。妥善安排好转制后事业单位职工是个非常敏感的问题,从实施事业单位转制到现在,政府有关部门曾联合多次下发相关文件,但仍未能真正解决好转制事业单位职工的养老保险和医疗保险问题。

专业技术人员流失严重。伴随着事业单位的改制,专业技术人员的流失又是一个严重的问题。在流失成员中,高学历者占较高比例,中高级技术职称者占较高比例。

事业单位转制山重水复。其面临的困境为:① 管理体制不顺,缺乏生机和活力,事业单位仍是行政部门的附属物。② 财政负担沉重,生存面临困境。③ 布局结构不合理,资源浪费严重。④ 人员流动困难,人才限制浪费情况严重。⑤ 事业单位运行机制和内部管理机制不适应市场经济的要求。⑥ 事业发展与经济建设相脱节。

经费管理体制"卡脖子"。经费管理体制的问题,主要表现在:① 不合理的分类造成不合理的经费投向。② 经费投入相对不足,投入结构不合理,在经费使用上存在大锅饭现象。③ 政府包揽事业,一方面限制了社会办事业的积极性,又导致了某些事业单位因"垄断性"而带来不正之风。④ 侧重事业单位的公益性,忽略了其经济属性,抑制了事业单位的自主发展能力。

(傅旭明,王秀文.事业单位"转制"之痛[N].中国经济时报,2003 - 09 - 24.)

第十二章

# 员工心理健康与管理

**【本章导读】** 世界经济合作与发展组织对全球 29 个工业化国家进行的研究显示：各国平均每天工作时间为 8.05 小时,其中,中国人平均每天工作 8.4 小时,有偿劳动时间约 5.8 小时。也就是说,在一天 24 小时中,除去睡眠与日常家务时间 10 小时,上下班交通 2 小时,上班族的工作时间占据了剩余 12 小时的 70%,随着工作与睡眠之间无缝链接的不断推进,员工心理健康与个体心理健康的差别将逐渐缩小,企业将成为真正的成人社会大学,肩负起员工生理尤其是心理健康的管理职能。

人才是任何一个组织成功的关键,但随着生活节奏的加快、工作压力的增加,员工的心理健康问题日趋严重。读者通过对该章的学习,可以理解员工心理健康的含义和影响员工心理健康的因素,掌握改善员工心理健康的管理技术,了解制定员工心理援助计划在组织管理中的应用等内容,为自身在今后的企业管理与实践中提供借鉴,提高员工工作的积极性,同时也对自身的心理健康管理起到指导作用。

本章重点与难点：员工心理健康管理技术的应用,如员工心理援助计划的制订、心理学测评工具的使用等,这些知识需要读者在实践中多进行运用。

## 第一节  员工心理健康概述

员工心理健康是管理心理学的重要部分,个人作为企业的基本组成单位,组织除了要横向了解个体性格、气质、能力、情绪特点和需求层次以确保企业能够用正确的人做正确的事之外,还要纵向研究个体在企业环境内以及工作时间外的心理状态与应激事件,并进行健康管理,确保员工能处于积极高效的状态,实现用最少的资源完成最大限额的任务,这对企业来讲同等重要。

研究个性理论与促进员工心理健康,对应着企业管理中的效果与效率。而相比较企业中的其他管理职能,员工心理健康则犹如酶促反应中的催化剂,贯穿始终,并发挥着四两拨千斤的作用,但它同时也很容易被企业忽视或不受重视,多数企业宁可"老牛拉车",也不愿去明白"磨刀不误砍柴工"的道理。

积极关注员工心理健康是企业确保稳定高效、实现持续增长的必做功课,也是企业最具潜力的投资工程,应引起足够的重视。

## 一、员工心理健康含义

狭义的员工心理健康,是指员工在劳动关系领域里心理机能处于正常状态,没有疾病和缺陷,能够经受住任何挫折和打击,始终保持积极向上和旺盛的情绪;具体而言,是指企业员工有一种高效而满意的、持续的心理状态,主要表现为企业员工五大心理状态,即职业压力感、职业倦怠感、职业方向感、组织归属感、人际亲和感的积极均衡。

然而,随着市场经济的快速发展,越来越多的人群进入职场,个人在职场中的时间也越来越长(包括就业时间提前与退休时间推迟,日均工作时间不断延长,工作与生活界线逐渐模糊等),职场人士已经没有多余的时间来消化工作外的困顿、迷茫和烦忧,这些情绪与心理潜伏在日常工作状态之下,构成员工心理健康的一部分,因此,仅从劳动关系领域定义员工心理健康已显得过于狭隘。广义的员工心理健康,应该既包括对工作环境的适应,还应包括对 8 小时之外的情感、家庭与社会的适应。内外一起抓,才能切实解决员工的心理健康问题。

## 二、员工心理健康问题现状

来自国家安全生产监督管理局 2004 年的数据表明,中国每天会产生 5 000 个职业病人,而中国的企业界每天都为他们支付 2 000 万元人民币的损失。

2005 年"中国员工心理健康"调查结果表明,有 25.04% 的被调查者存在一定程度的心理健康问题,同时,2.24% 的被调查者存在着严重的心理健康问题,有 22.81% 的被调查者存在比较严重的心理健康问题。进一步的数据分析显示,被调查者经常出现的心理健康问题有:精神上的压力;感觉不开心、郁闷;觉得自己在事情中不能担当有用的角色;精神萎靡,工作积极性不高。

中国健康型组织及 EAP 协会联合人力资源专业俱乐部 2006 年进行的"中国企业的员工职业心理健康管理调查"中,共有 7 476 名来自全国各地不分年龄、收入、地位和学历的在职人士参加了调查。调查结果显示,99.13% 的在职白领受"压力"、"抑郁"、"职业倦怠"等职场心理因素困扰;56.56% 的被调查者渴望得到心理咨询,但却从未尝试过;79.54% 的职场人士意识到"职业心理健康"影响到工作。这项调查还表明,仅有 2.07% 的被调查者所在企业会经常采取一些关注企业员工"心理健康"的举措。

由此可见,尽管员工心理健康问题普遍存在,企业也为此付出代价,但员工心理健康作为企业实现高效率的核心构成元素,仍未受到应有的重视。对于大多数仍处于看重短期利益和实际收益的发展阶段企业来说,关注员工的心理健康、激发员工主观能动性与创造力以实现更大价值显得过于长远,但远不如挤压高薪人员来招聘更多的基层员工来得现实,而一转身,这将成为制约企业实现快速发展的最大瓶颈。

# 第二节　员工心理健康的影响因素

员工心理健康既受到工作环境的影响,也受到来自个人情感、人生规划、家庭关系与社会人际交往等外界因素的影响。从企业内部来看,影响员工心理健康的因素主要有工作压力、薪酬福利、人际关系、职业安全四个方面;从企业外部来看,影响员工心理健康的因素主要有家庭关系、个人情感、人生规划与社会交往等方面;此外,员工的个体性格特点也是影响员工心理健康的重要因素。

## 一、员工心理健康对企业的内部影响因素

### (一) 工作压力过大

工作压力包括工作任务繁重难以应对和个人心理状态不能适应,员工感觉任务超出个人能力或者缺乏完成意愿。工作压力是指:在工作中,当环境条件提出的要求超出一个人的能力和资源范围时,人会感到紧张,这是一种由于对潜在危险(身体上或精神上)的意识及如何消除危险而产生的精神和生理应激状况,其主要来自职业关键期困惑和工作任务过于繁重两方面。

#### 1. 关键期困惑

在一个人的职业生涯中,比较关键的两个时期是首次进入职场期与工作经历满7年期。首次进入职场期:顶级就业专家闫岭说:"正确地做好最初的职业选择很重要! 越到后面,要想摆脱原已熟悉的职业路径就越困难,成本越高,风险越大。"第一份工作的选择会长期影响一个人将来的职业发展。对于大学生来说,较早认识到自己真正的兴趣和能力所在,并明确适合自己的职业路径再进行有效的求职是理智和值得提倡的做法。但是,较少有人做到这点,相反,大多数年轻人会由于各种原因匆忙就职,最后发现不是自己喜欢的职业方向或者企业氛围,而过早出现职业困惑与倦怠,对现有工作缺乏完成意愿而感受巨大压力。

工作7年左右期:一般来说,工作7年左右的职场人已经在某一领域达到了一定的高度,趋于平衡发展,但想要进一步突破的难度也更大。很多人开始进入职业上的自我安定时期,同时也有更多的人开始反思:7年过去了,我是该在原来的

轨道上继续努力,还是重新寻找新的职业发展兴奋点?

职业倦怠、发展瓶颈、晋升受阻、职场挫折在这个时段也都一一出现:工作不是自己最想做的,未来不知在何方,空有理想和抱负,怎奈没有时间和精力去实现。曾是"天之骄子",但现在发现自己什么都不是,连自己都不认识自己。这种职业倦怠常被称为"七年之痒",一边是婚姻、家庭与养家糊口的压力,一边是事业处于不进则退的转折点,自己却什么都想做,这种缺乏完成意愿却又面临多方挤压的状态常使人感受到巨大的压力。

### 2. 工作任务过于繁重

工作任务过于繁重包括任务数量过大和难度系数过高两方面,即所接任务与所享资源不匹配,使员工感觉做不完或者做不到,由此而产生心理压力。

### (二)薪酬待遇不合理

薪酬待遇从广义的角度来讲,由经济报酬和非经济报酬两种不同性质的内容构成。经济报酬,是指企业付给员工的工资、奖金、各种津贴和福利等外在的物质报酬;非经济报酬,主要包括工作保障、身份标志,给员工更富有挑战性的工作、晋升,对突出工作成绩的承认、培训机会,弹性工作时间和优越的办公条件等,是一种内在的报酬。

### 1. 经济报酬

在员工经济薪酬方面,不合理主要表现为同工不同酬、个人能力业绩与报酬不相等,长时间不增薪等方面。

针对薪资待遇,大多数中小企业喜欢摆出作为支付方权威、专制的态度,并在考核制度上过于随意,员工摸不清奋斗的方向,也难有轻松的途径提出需调薪的愿望,往往是做好撤退准备时才敢提出加薪的要求,这种模糊的、不对等的关系很大程度上损伤了员工的积极性与工作舒适度,久而久之,容易形成职业倦怠,并引发员工频频跳槽。因此,许多民营企业都表示,往往辛辛苦苦培养了一批人,却留不住人才,其原因正是缺乏公正积极的薪酬制度,究其本质,是对人力资源的不重视,而只看重经济资本。

### 2. 非经济报酬

非经济报酬体现的是企业对员工的尊重与看重,作为一种内在的报酬需要企业更加积极主动地审时度势,实时回馈。在非经济报酬中,员工心理报酬值得企业关注,它从员工的角度表达了员工个人对企业及其工作本身在心理上的一种感受,包括职业安全、自我发展、和谐工作环境和人际关系、晋升机会,以及地位象征、表扬肯定、荣誉、成就感等。工作能力越强,自我实现需求越高的员工对心理报酬的需求也越强烈。一篇名为"关注员工心理薪酬"的文章(2008年)曾指出,"目前许多企业的人力资源管理体系关注物质重于员工的心理报酬,结果导致企业虽然给了员工很高的工资待遇,但员工忠诚度、满意度仍然不高,严重的甚至跳槽。"

### (三) 人际关系不适应

人际关系不适应的来源既有同事之间、也有上下级之间,还有业务活动中遇到的不顺畅等;人际关系是指人与人之间心理上的关系和心理上的距离,其常见问题表现在人际冲突和交往厌烦两个方面。

人际冲突几乎存在于人与人之间的所有关系之中,最主要的起因是沟通不足或沟通不当。人际冲突往往会使企业的人际关系紧张,员工之间互不信任,相互猜疑,不愿协作,缺少沟通,造成企业效率低下,凝聚力下降。

人际交往过于频繁,则会引发交往厌烦。调查发现,一些做客户服务的员工由于白天接触客户太多,晚上回到家里就不愿和家人交流。时间久了就会影响家庭关系,甚至其人格特征都会发生变化。

和谐的人际关系可带来愉快的情绪,减少孤独感、恐惧感和心理上的痛苦,并能宣泄不快情绪,从而减少心理压力。相反,人际关系紧张会常造成抑郁、烦躁、焦虑、孤独、憎恨及愤怒等不愉快的情绪,久而久之,则出现自主神经功能失调、内分泌功能紊乱、免疫功能降低等症状,不利于身心健康,这是危害员工心理健康的重要因素。

### (四) 职业安全得不到保障

职业安全既包括物理环境安全、社会环境安全,还包括工作职位的安全,即在特殊事件发生的情况下能够保证现有的职位与薪水。

#### 1. 物理环境安全

物理环境安全是指员工所处的物理工作环境中所有潜在的威胁通过主动干预可控制在人体可承受的范围内,并根据现有研究证明,不会对人体造成损伤。目前,企业对于工作物理环境安全的控制与补偿机制相对健全,如工作环境中如果存在放射性元素辐射、粉尘污染、噪音污染、光线污染等危险因素,企业均应对员工有一定的保护措施或额外补助。

#### 2. 社会环境安全

相比较而言,社会环境安全则缺乏明确的保护与保障。社会环境安全是指员工,尤其是女性员工在工作中保证个人人身与人格的安全。随着市场竞争的日益加剧,各企业纷纷采取增值服务来网罗客户,如提供免费热线电话、售后咨询服务,以及各种形式的商业贿赂,因此,销售人员与客服人员成为职业社会安全的高危人群。例如,客户在使用产品过程中,常常由于对产品本身不满,甚至自己心情不好而迁怒于售后热线服务人员,诋毁谩骂都有;销售人员则往往面临卷入贿赂纠纷的风险,此时企业往往将职业风险常理化为工种特点而规避责任,不对员工予以援助和保护。另外,服务行业工作人员常面临被客户刁难,甚则非礼的情形,而保险行业则遭到普遍的误解与拒绝,这固然与行业提供的服务种类有关,但是企业要想发展壮大,关心员工的社会环境安全并提供必要的疏导工具是极有必要的。

### 3. 工作职位安全

尽管所有的企业都会承诺保证员工的工作职位安全,但是当员工个人特殊事件发生时,企业往往采取直接或间接的方式来劝退或者挤兑,最为常见的是:许多女性员工在休完产假后回到公司找不到自己的位置;员工外出进修,休长假等,再返回时已物换星移。此外,职能定位过于模糊,也是造成员工职位安全危机的重要原因之一。由于没有清晰的界定,员工容易出现不作为或过度劳动的现象,尽管企业用职能模糊的方法占据了主动,但却因此浪费了人力资源或者使员工出现职业耗竭,最终影响企业效率。

## 二、员工心理健康的外部影响因素

随着职场竞争的加剧,职场人员将花费越来越多的时间在工作上,工作已俨然占据了生活。由此带来的是,员工在工作时间之外的问题来不及消化而带到工作中,或者由于过度工作而导致无暇顾及情感、家庭、人生规划与社会交往而产生问题与困惑。

### (一) 家庭关系

家庭关系是个人生活环境的基础氛围,氛围的和谐与否与家庭成员的互动模式密切相关。轻松、平等的互动模式能够使家庭成员交流通畅,问题与矛盾易于解决,成员间利于形成一种亲密安全的家庭关系;而严肃、专制的互动模式则使得家庭成员间易产生疏离感,出现问题不是争吵,就是冷漠搁置,家庭氛围往往压抑、不健康。

家庭关系的和谐有利于疏解工作中的烦忧,排解心中的压力,并保持愉悦轻松的心情;反之,则使得个人缺乏安全感,产生悲观情绪,甚至失去奋斗的动力与方向,并容易作出错误的选择与决定,严重影响工作状态,或出现过度工作以逃避现状的情况,个人健康与企业绩效均因此受到不良影响。

### (二) 个人情感

绝大多数个体会在职场中经历恋爱、结婚、生子的过程;关系亲密者的误解、离去、离开与逝世。这些,都会对个人情绪产生重大影响。个人情感受挫或突然缺失时,必然会感觉无助、空虚、恐慌、压抑、难过、悲伤,甚至抑郁、绝望,这些负面情绪必然会对日常生活与工作产生不利影响。

### (三) 人生规划

人生规划是指个体根据自己的价值观确定每个阶段的奋斗方向与目标,并积极推进实现自己的目标。明确而切合实际的人生规划给人以明确的方向感,使人充分了解自己每个行为的目的；让人清晰地评估自己的行为，进而正面检讨自己的行为；让人从忙乱中将重点转移到自己的工作上；让人更关注结果，产生持久的动力；能激发人的潜能，并为之不断前进。

1953 年，哈佛大学曾经做过这样一个关于目标对人生结果影响的调查，一群智力、学历、环境、条件都相差无几的学生在走出校门之前，哈佛大学对他们进行了一次关于人生目标的调查。25 年后，哈佛大学再次对这群学生进行了跟踪调查，结果如表 12 - 1 所示。

表 12 - 1　哈佛大学生跟踪调查结果

| 25 年前 | 25 年后 |
| --- | --- |
| 3% 有清晰而且长远的目标的人 | 一直朝着同一个方向努力，成为社会各界的顶尖成功人士，他们不乏白手创业者、行业领袖、社会精英。 |
| 10% 有清晰但比较短期的目标的人 | 他们生活在社会的上层，他们的短期目标不断达成，成为行业专业人士，有很好的工作，如医生、律师、公司高级管理人员等。 |
| 60% 目标模糊的人 | 他们生活在社会的中层或下层，尽管能够安稳地生活，但是没有取得什么成绩。 |
| 27% 没有目标的人 | 他们生活在社会底层，生活得十分不如意，不断抱怨社会和他人，经常失业，家庭也不幸福。 |

这个调查结果说明了目标对人的成功很重要。每一个成熟智慧的个体都应当有自己的人生规划，并为之奋斗，否则就会满足现状、虚度人生，意志不坚定，容易倦怠空虚，受人蛊惑，误入歧途等。反映在工作中，则表现为缺乏创造力，容易出现职业倦怠，易发生个人安全意外。

**（四）社会交往**

社会交往体现了个体与他人的互动，以及个体在相互关系中的一贯立场，其与个体的依恋模式密切相关，或者说是儿童时期的依恋模式发展成为成年人的社会交往模式。

关于社会交往，社会心理学家舒茨（W. Schutz，1958）认为，每一个个体在人际互动过程中，都有三种基本的需要，即包容需要、支配需要和情感需要。这三种基本的人际需要决定了个体在人际交往中所采用的行为，以及如何描述、解释和预测他人行为。三种基本需要的形成与个体的早期成长经验密切相关。

包容需要指个体想要与人接触、交往、隶属于某个群体，与他人建立并维持一种满意的相互关系的需要；支配需要指个体控制别人或被别人控制的需要，是个体在权力关系上与他人建立或维持满意人际关系的需要；情感需要指个体爱别人或被别人爱的需要,是个体在人际交往中建立并维持与他人亲密的情感联系的需要。三种基本的人际需要都可以转化为行为动机,使个体产生行为倾向。根据人际行为倾向的主动性和被动性,划分如表 12－2 所示。

表 12－2　人际互动基本需要

| 需　要 | 行　为　倾　向 | |
| --- | --- | --- |
| | 主　动　性 | 被　动　性 |
| 包容需要 | 主动与他人交往 | 期待与他人交往 |
| 支配需要 | 支配他人 | 期待他人支配 |
| 情感需要 | 主动表示友好 | 期待他人情感表达 |

相比较而言,被动性的社交模式难以迅速建立关系,更容易受挫折,并错失机会,而主动性的社交模式则主动争取,更容易受到重视,获取机会与成就。

在大的社会环境中,个人很少会因为自己的日常社交而困惑,因为日常环境相对松散,没有明显的利害性。而进入工作环境时,由于竞争的客观存在,关系空间相对紧凑狭小,个体更容易感受到自身社交模式缺陷带来的问题,如一个做销售的人却难以与客户快速接近;或者一个常需谈判的人在人际中感觉难以控制局面,总是被对方牵制;或者在与上级的交流中,由于权威角色的出现而产生过分的畏惧、逃避、苛责或焦虑心理等,这都将影响员工的情绪状态与个人发展。发现这些问题时,单靠学习社交技巧是难以彻底解决的,而应该对自己的社交模式形成一个全面的自知,并从成长经历、与父母关系中去寻找原因,逐步修复与完善。

## 三、员工自身性格特点

### (一) 自我认知偏差

正确的自我认知是构成健康人格的基础,绝大多数的心理问题都是源于对自我认知的偏差,自视过高容易眼高手低,在社会实际中处处碰壁;自视过低则导致自我贬抑,困顿抑郁,并错失机会,潜力难以发挥。

认知偏差与性格特征有关,更受阶段心理特征的影响(比如青春期、更年期、职场中的入职期,包括首次入职与更换工作新入职),而自信程度的高低则基于成功经验积累的多少。

大多数自视过低、缺乏自信的员工是源于缺乏成功经验,或者失败经验过多。了解员工的自我认知与自信程度有利于企业分配合适难度的工作,并通过工作肯定来提高员工的自信,从而激发员工更大的潜能。

阶段心理特征较能影响自我认知。最常见的,一是刚毕业的大学生往往存在自视过高的毛病,主要表现在对人际沟通与事务协调能力的自我高估上,以及自视过高不愿意接受简单细小的事务,最终出现小事不愿做,做也做不好,以及人际关系真空的情况;尝到挫败后,情绪又容易急转直下,对自我能力全盘否认,变得郁郁不得志,这是由于环境骤然变化,而年轻个体尚未形成稳定适应的人格导致的。二是对于刚跳槽的新员工也容易出现自我认知的偏颇,跳槽的员工大多希望在新环境中发现并表现不同的自己,但是在试用阶段,心理状态相对欠稳定,容易对自我表现过于在意并感觉不佳,最终对自我评价较低,影响工作状态与后续表现。

**(二) 缺乏社会支持系统**

如果陷入困境,你有多大把握能得到他人广泛、及时而又有效的帮助? 这些"他人"都包括谁?

正是以上两点构成了个人所拥有的"社会支持系统"的核心。有多少支持系统,在很大程度上决定着个人内心深处的安全感。个人的"社会支持系统",具体而言是指个人在自己的社会关系网络中所能获得的、来自他人的物质和精神上的帮助和支援。一个完备的支持系统包括亲人、朋友、同学、同事、邻里、老师、上下级、合作伙伴,等等;当然,还应当包括由陌生人组成的各种社会服务机构。

每一种系统都承担着不同功能:亲人给我们物质和精神上的帮助,朋友较多承担着情感支持,而同事及合作伙伴则与我们进行业务交流。从表面上看,每个人的社会关系网都差不多,无非是父母手足、同学同乡,但深入观察,每个人从中获得的支持却有很大的差异:有人在个人支持系统中与他人共享生活,充满幸福感,遇到困难时总能获得及时而又有力的帮助;而有些人则不然,他们虽然和别人一样也拥有客观存在的关系网络,却与其中的人相处得很糟糕,在陷入困境的同时,也迅速陷入孤立无援的状态。因此,有社会关系网并不一定就有社会支持系统,社会支持系统是需要去努力建立并维护的,即便是对家人朋友。

社会支持系统的缺乏,有时是出于对人际人脉的不重视,更多的是受性格经历影响形成过度自我保护而排他。缺乏社会支持系统的人常常孤僻多疑,敏感脆弱,过度防御,对环境的抗压性比较差;一旦遇到挫折,很容易走向极端,是意外事件的高发人群,如出现自杀事件的员工往往是缺乏社会支持系统的个体。因此,检查并评估员工的社会支持系统能简单、有效地预防意外事件的发生。

# 第三节 员工心理健康管理技术

员工心理健康管理就是应用心理学知识和现代信息技术从多角度来系统地关注和维护企业员工的心理健康。通过构建心理健康档案,定期实施压力监控及压力预警,界定心理健康状况,并在此基础上推荐个性化的教育培训、互动交流、自助调适和专家咨询服务;通过员工的积极参与、主动互动,维护和提高员工身心健康。这是企业持续发展的保障,也是企业发展的决定推动力。

## 一、员工心理健康管理的目的

员工心理健康与否直接影响着企业运作效率的高低,一名积极向上的员工与一名消极困顿的员工为企业创造的价值是完全不同的;而一名员工处于健康的心理状态与处于倦怠的心理状态完成的工作效果也是有巨大差异的。横向比较的差异容易识别,纵向比较中一旦加入时间变量,企业就产生短视。

而事实上,有效的企业员工心理健康管理可以为企业带来无穷的效益,其不仅可以促进员工心理健康,更为企业降低管理成本,提高企业效率,提升组织文化,创造更高绩效。具体而言,集中在以下三方面。

### (一)减少人才流失

很多企业认为只要薪水够高,就能吸引和留住人才,而事实上,很多员工愿意为了更人性化的工作环境而放弃较高的薪水。心理与精神上的满足对于人才,尤其是对于创造型人才来说同样重要,甚至更重要。因此,只有物质与精神同步满足时,企业才能够吸引核心人才,保证核心竞争力。

实施员工心理健康管理,能使员工感受到企业对他们的关心,使员工更有归属感和工作热情,并能吸引更多的优秀员工,由此可降低企业重大人力资源风险,保护企业核心资源。

### (二)提高劳动生产率

通过员工心理健康管理的实施,使员工压力处于最佳水平,身心更健康,精力更充沛,更能激发创造力,提高执行力;并由此提高企业的生产率,构成和增强企业的核心竞争力。

### (三)预防危机事件发生

2010年,富士康员工连续跳楼事件在社会各界引起轩然大波。危机事件的发生不仅给逝者与逝者家属带来重创,企业作为最大的责任人,也将蒙受巨大的经济损失与名誉损失,并给企业内其他员工带来心理创伤!实施员工心理健康管理则能有效预防员工危机事件的发生。

因此,员工心理健康管理对企业来说,既是增值措施,更是自我防护措施!

## 二、员工心理健康管理的措施

针对员工产生心理健康问题的原因,企业应采取相应的管理措施,主要包括以下几方面。

### (一) 减少和消除影响员工心理健康的因素

企业应当尽量减少和消除影响员工心理健康的不良因素,以阻止员工不良心理的发生。

### (二) 及时处理不健康的心理反应

使用心理健康监测工具,定期对员工进行测评,一旦发现员工有不健康心理的表现,就应及时进行处理,不能不管不问。

### (三) 改变员工自然的心理弱点

有的员工在心理上存在着自然的弱点,如性格问题、语言问题等,应帮助员工克服这些弱点,以避免导致员工心理的不健康。

### (四) 定期为员工开展心理咨询服务

人力资源管理部门应有这方面的知识和能力,对员工心理方面的需要提供导向,引导员工的心理健康发展。

## 三、员工心理健康管理技术

员工心理健康管理在实际的运作中,可采用以下管理技术。

### (一) 全面准确了解员工

全面、准确地了解员工是发挥人尽其长,人尽其用的基本要求,员工的相关信息更是开展相关心理健康管理工作的参考依据。员工心理健康管理除进行整体的培训、监测与辅导外,还应针对员工不同的性格、兴趣、能力,提供个性化的心理咨询与援助,以下是收集个体相关信息的常用办法。

1. 入职测评

依据企业入职员工面试需求,通过对入职员工心理健康、人格特点、心理能力、职业兴趣等标准化的量表施测。

2. 入职评估分析报告

通过对入职员工心理健康、人格特点、心理能力、职业兴趣的测评,形成一个全面而详细的综合报告。

3. 面试决策参照

企业通过解读入职评估分析报告,并将对报告结果有异议的方面请对方回答,以对员工的心理状况进行全面了解。

4. 心理健康评估

通过个体对自身情况的评价,全面反映个体多个方面的心理健康状况。

5. 人格测评

用于测量个体的个性倾向性,反映人格结构,便于企业了解个体在环境适应、专业成就和心理健康等方面的特征表现。

6. 职业兴趣测评

从爱好、能力类型、职业价值观等多方面考察个体的职业兴趣，为企业选择合适员工提供良好的依据。

7. 心理能力测评

从记忆能力、反应速度、注意集中、注意分配、学习能力、逻辑能力多方面对个体进行测评，为企业挑选具备职位所需心理能力的员工提供依据。

### （二）制定员工心理援助计划

在对员工个人信息收集充分的基础上，如何系统有效地推进员工心理健康管理工作？企业可选择引入专业的心理咨询机构参与甚至全权负责员工的心理健康，由第三方负责实施全面的员工心理援助计划（Employee Assistance Programs，EAP）。

员工心理援助计划（EAP）是企业通过第三方（即员工援助专业机构）向其员工免费提供的专业、带有福利性质，并且能够绝对保障隐私的咨询项目。员工心理援助专家可以为员工和企业提供战略性的心理咨询，确认并解决问题，以创造一个有效、健康的工作环境。通过对员工的辅导，对组织环境的分析，帮助人力资源管理者处理员工关系的死角，消除可能影响员工绩效的各方面因素，进而增加组织的凝聚力，帮助公司永续竞争力。

实施 EAP 的一般流程如下所列。

1. 问题发现

通过与员工、经营管理层的接触，以及咨询师观察（如亚群体文化），发现影响组织绩效与员工健康的问题。

2. 调研与评估

就所发现问题展开调研，手段包括：访谈、测评、无干扰观察、评估问题的严重程度、是否需要进行援助等。

3. 援助方案确立

咨询专家、事件关键人、相关管理者与员工共同确定援助方案。

4. 实施援助

按照预定方案实施援助。

5. 援助方案效果评估与调整

援助过程中，即时反馈、了解援助效果，不断完善援助方案与具体方法。

发达国家多年实践证明，EAP 是解决职业心理健康问题的最优方案。截至1994 年，世界财富 500 强企业中，有 90% 的企业建立了组织心理服务项目；至 2000 年为止，财富 500 强企业中 80% 的企业为员工提供 EAP。

### （三）提供简便、实用的小工具供员工自我调整与自我成长

在中小型企业与民营企业中，较多企业主难以对员工心理健康引起足够的关

注,同时也缺乏具备专业技能的 HR 人才。在对员工心理健康评估、监测及干预上难以展开系统持续的工作。此时,可以借用一些简单实用的心理学工具、典型励志故事、职场经典原理、处世经验分享等内容定期印刷发放,来满足员工的心理需求,这在一定程度上利于员工心理状态的自我调整与个人的自我成长。

1. 心理学小工具

一些常见的心理学测评工具,均可以从互联网上获得,并可以完成分析,可供员工自我测试,增进自我了解。

(1) FPA 性格色彩快速测试。

(2) MBTI 性格测试。

(3) 职业能力倾向自我评定量表。

(4) 团队角色测定。

(5) 心理年龄鉴定。

(6) 气质问卷调查表。

(7) 房、树、人绘画心理测验。

(8) 焦虑自评量表(SAS)。

2. 职场经典原理

(1) 马太效应。《新约:马太福音》中有这样一个故事:一个国王远行前,交给三个仆人每人一锭银子,吩咐他们:"你们去做生意,等我回来时,再来见我。"国王回来时,第一个仆人说:"主人,你交给我的一锭银子,我已赚了十锭。"于是国王奖励他十座城邑。第二个仆人报告说:"主人,你给我的一锭银子,我已赚了五锭。"于是国王照例奖励了他五座城邑。第三个仆人报告说:"主人,你给我的一锭银子,我一直包在手巾里存着,我怕丢失,一直没有拿出来。"于是国王命令将第三个仆人的一锭银子也赏给第一个仆人,并且说:"凡是少的,就连他所有的也要夺过来。凡是多的,还要给他,叫他多多益善。"朋友多的人会借助频繁的交往得到更多的朋友;缺少朋友的人会一直孤独下去。金钱方面更是如此,即使投资回报率相同,一个比别人投资多 10 倍的人,收益也多 10 倍。

(2) 不值得定律。不值得定律最直观的表述是:不值得做的事情,就不值得做好。这个定律似乎再简单不过了,但它的重要性却时时被人们遗忘。不值得定律反映出人们的一种心理,一个人如果从事的是一份自认为不值得做的事情,往往会持敷衍了事的态度。这种态度使人缺乏激情去对待事物,降低自己的自信心。从而导致事件的成功率低,哪怕最终成功了,自己也不会有多少成就感。

不值得定律说的是:要做有价值的事情,而且要富有激情与动力;若现实所迫,不能选择符合自己价值的事业,也不要消极对待或者直接放弃,应该学会改变自己,再努力向自己的奋斗目标前进。

（3）手表定理。手表定理是指一个人有一块表时，可以知道现在是几点钟，而当他同时拥有两块表时却无法确定。两块表并不能告诉一个人更准确的时间，反而会让看表的人失去对准确时间的信心。你要做的就是选择其中较信赖的一块，尽力校准它，并以此作为你的标准。

3. 自我审视参照

苏格拉底说：没有检视的人生不值得活。员工在快节奏的工作与忙碌中，往往会迷失自己奋斗的方向。让员工学会从各方面对自己人生进行审视，能帮助其重新明晰前进的方向，并能提醒员工关注被忽略的亲情和友情，重新获得精神能量。

（1）个人部分。分以下几方面：

健康情形：身体是否有病痛？是否有不良的生活习惯？是否有影响健康的活动？生活是否正常？有没有养生之道？

自我充实：是否有专长？经常阅读和收集资料吗？是否正在培养其他技能？

休闲管理：是否有固定的休闲活动？有助于身心和工作吗？是否有休闲计划？

（2）事业部分。分以下几方面：

财富所得：薪资多少？有储蓄吗？有动产、有价证券吗？有不动产吗？价值多少？有外快吗？

社会阶层：现在的职位是什么？还有升迁的机会吗？是否有升迁的准备呢？内外在的人际关系如何？

自我实现：喜欢现在的工作吗？理由是什么？有完成人生理想的准备吗？

（3）家庭部分。分以下几方面：

生活品质：居家环境如何？有没有计划换房子？家庭的布置和设备如何？有心灵或精神文化的生活吗？小孩、夫妻、父母有学习计划吗？

家庭关系：夫妻和谐吗？是否拥有共同的发展目标？是否有共同或个别的创业计划？与父母、与公婆、与姑叔、与亲家的关系如何？是否常与家人相处、沟通、活动和旅游？

家人健康：家里有小孩吗？小孩多大？健康吗？需要托人照顾吗？配偶的健康如何？家里有老人吗？有需要你照顾的家人吗？

# 第四节　EAP 在组织管理中的应用

## 一、EAP 的产生与发展

员工心理援助计划 EAP 起源于西方。19 世纪中期以来，西方人士就注意到，工作场所员工酗酒,不仅会影响到员工的身体健康,也会造成企业管理上的一系列问题,如旷工、怠工、离职和工作事故不断。从那以后,人们进行了进一步的观察研究,试图了解员工酗酒背后的原因,并设法减少员工酗酒的现象,降低其对工作业绩的影响。戒酒者匿名团体(Alcoholics Anonymous,AA)逐步在美国发展起来,向那些酗酒严重的员工提供帮助,从而改善了这些人的就业机会和工作表现。AA成为EAP项目的最初形式。

到了20世纪三四十年代,EAP在美国得到初步发展。AA小组数量不断增加,成员数持续扩大。AA小组的方案还逐步得到了企业的支持,并在企业内部形成了公开的"职业戒酒方案(Occupational Alcoholism Program,OAP)"。在这一期间,有两个人对于OAP项目的推动比较大,一位是大卫,他独自在雷明顿武器公司进行着坚持不懈的努力。另一位是耶鲁酒精研究中心的拉尔夫·亨德森,他从1948年起就以工业咨询师的身份,向企业推荐戒酒方案,足迹遍布整个美国。这两个人有一个共同特征,都曾饱受酗酒的困扰,并执着于帮助那些目前仍受酗酒困扰的同胞。另外,有两位工业医疗专家也分别为杜邦公司和伊斯曼柯达公司的OAP项目作出了巨大贡献,使OAP项目成为当时最有影响的职业戒酒项目。这两位工业医疗专家分别是:乔治·葛荷曼医生和约翰·诺里斯医生。

从20世纪40年代中期到50年代结束,美国戒酒委员会(NCA)下设的劳动管理委员会与许多公司、工会及政府机构合作,建立酗酒治疗项目,并在实施过程中完成了一系列有意义的重大改进。这些重大改进导致了戒酒方案的正规化,使其在商业环境中更加容易被接受。

到了20世纪六七十年代,由于美国社会变动剧烈,药物滥用、工作压力、家庭暴力、离婚、疾病、法律纠纷、亲人伤亡等个人问题越来越影响到企业员工的情绪和工作表现。EAP项目逐渐多起来,一些项目也扩大了服务范围,以解决与绩效相关的员工个人问题。

到了20世纪80年代,EAP组织建立了CEAP(EAP认证咨询师)协会,并由此开创了EAP咨询师这一职业。作为一名专业的EAP工作者,CEAP需要达到EAP组织设定的标准,其中,为客户保密的职业道德成为重要考核指标。

到2002年9月,EAP组织已经有6 200多名会员和103个分会。大部分的分会都在美国境内,还有在英国、澳大利亚、智利和其他国家。2000年,日本也成立了EAP分会,这是EAP组织在亚洲的第一个代表组织。截至2011年5月,我国也成立了一批专业从事EAP项目的咨询公司,主要分布在北京、上海、西安、山东等省市。

据统计,目前在美国有1/4以上的企业员工常年享受着EAP服务,大多数员工超过500人的企业目前已有EAP,员工人数在100~490的企业70%以上也有

EAP,并且这个数字正在不断增加。

如今,EAP 已经发展成一项综合性的服务,其内容包括压力管理,在职业心理健康、裁员心理危机、灾难性事件、职业生涯发展、健康生活方式、法律纠纷、理财问题、饮食习惯、减肥等各个方面,全面帮助员工解决个人问题。解决这些问题的核心目的在于使员工在纷繁复杂的个人问题中得到解脱,减轻员工的压力,维护其心理健康,并最终提升企业效率。

## 二、EAP 在企业服务中的常见模式

EAP 在企业中的服务模式可根据实施时间长短和服务提供者来进行大致分类。

### (一) 根据实施时间长短分类

EAP 根据实施时间长短,可分为长期 EAP 和短期 EAP。

EAP 作为一个系统项目,应该是长期实施,持续几个月、几年甚至无终止时间。但有时,企业只在某种特定状况下才实施员工帮助,如在企业并购过程中由于业务再造、角色变换、企业文化冲突等导致压力和情绪问题;裁员期间的沟通压力、心理恐慌和被裁员工的应激状态;又如空难等灾难性事件,部分员工的不幸会导致企业内悲伤和恐惧情绪的蔓延等。这种时间相对较短的员工帮助能帮助企业顺利度过一些特殊阶段。

### (二) 根据服务提供者分类

EAP 根据服务提供者,可分为内部 EAP 和外部 EAP。内部 EAP 是建立在企业内部,配置专门机构或人员,为员工提供服务。比较大型和成熟的企业会建立内部 EAP,而且由企业内部机构和人员实施,更贴近和了解企业及员工的情况,因而能更及时有效地发现和解决问题。

外部 EAP 由外部专业 EAP 服务机构操作。企业需要与服务机构签订合同,并安排 1~2 名 EAP 专员负责联络和配合。

一般而言,内部 EAP 比外部 EAP 更节省成本,但员工由于心理敏感和保密需求,对内部 EAP 的信任程度上可能不如外部 EAP。专业 EAP 服务机构往往有广泛的服务网络,能够在全国甚至全世界提供服务,这是内部 EAP 难以企及的地方。所以在实践中,内部 EAP 和外部 EAP 往往结合使用。

此外,在没有实施经验以及没有专业机构的指导、帮助下,企业想马上建立内部 EAP 会很困难,所以绝大多数企业都是先实施外部 EAP,最后建立内部的、长期的 EAP。

## 三、EAP 对企业的作用

EAP 对企业的作用主要表现在四个方面:

（1）企业整体方面。EAP 是企业"人性化"管理的一个组成部分，它可以增强企业的凝聚力，减少由于员工问题带来的损失；保持员工良好的工作状态，培养员工的忠诚度，树立良好的企业形象。

（2）员工方面。帮助员工解决生活上的问题，提高员工生活质量，促进员工身心健康，改善员工福利，满足员工需求，提高员工工作热情，帮助员工实现自我成长与职业生涯规划。

（3）工作方面。稳定企业人力资源，提高生产率与工作绩效，通过帮助员工解决工作方面遇到的问题，减少员工的焦虑，改善员工工作情绪，以提高员工士气与工作效率。

（4）劳资关系方面。增加劳资沟通，促进双方之间的融洽关系。

国外作了不少关于 EAP 成本—收益的分析研究，发现 EAP 有很高的投资回报率。美国通用汽车公司的 EAP 每年为公司节约 3 700 万美元的开支。美国联合航空公司估计在 EAP 上 1 美元的投入能得到 16.95 美元的回报。美国联邦政府卫生和人事服务部实施 EAP 的成本效益分析显示，员工咨询服务的回报率为 29%。

而另一方面，除了企业自身越来越重视 EAP，人们对 EAP 需要与对企业的要求也越来越高，随着社会的发展，越来越多的人认为关心和帮助员工解决心理问题是企业的责任，而且得到了司法判例的支持。英国法院曾判定某政府机构要为其员工由于工作压力引起的心理疾患进行赔偿。因此，人们开始把 EAP 视作社会保障和福利。在欧美一些人力资源管理教材中，EAP 被列入"安全与健康"部分。

研究还发现，EAP 的实施结果和人力资源管理目标是一致的。EAP 给企业带来的财务收益，除了前文所述的提高留职率、提升员工士气、改善组织气氛外，还将建立尊重员工价值、关心员工困境的文化；培养注重解决问题和个人发展的学习型文化；改善管理风格、沟通关系和组织、改善工作设计等，这些正是现代人力资源管理渴望达到的目标。从 EAP 模式发展来看，其涵盖内容与一般人力资源管理发生了越来越多的重叠，有专家指出，EAP 将成为主流的组织干预、组织发展以及管理思想的一部分。

## 四、企业 EAP 的实施

显然，EAP 对所有企业都有作用，企业在任何时候都需要 EAP，关键问题在于：公司要持续地关注员工细微的变化，在企业危机发生之前将可能引起大坝崩溃的暗洞堵上。

首先，对于某些特殊行业和企业特殊的部门，EAP 应长期贯彻并实施，这也正是 EAP 最能发挥作用的地方。

## (一) EAP 的主要应用范围

### 1. 服务行业或企业客服部门

对那些直接面对客户的工作来说,一个最重要的原则是怎样让客户满意。但现实中时常会有做客服的员工抱怨:工作要求我们时刻把微笑带给客人,客人永远是正确的。可有时候客人的要求很无礼,甚至就是来找茬的,这种事情偶尔一两次也就算了,要是一天碰到两三次,那要我不发火也难。

这一方面需要员工对自己工作有一个正确的理解与认识,有豁达的心胸和非常的耐心和控制力,但同时也需要企业为他们提供一个很好的释放压力的途径和方法。EAP 在帮助其处理工作压力与困惑,排解怨气,以及加速自我成长和发展上发挥着巨大作用。

### 2. 航空业、远洋业等行业

由于行业的特殊性,要求飞行员、船员有过硬的心理素质。同时,直接为乘客服务的乘务人员心理素质也一样重要。其不仅要感受一般人在特殊环境中的不安全感,而且要面对各种乘客抱怨,更要处理各种突发危机事件。在帮助员工排解职业不安全感,正确应对乘客抱怨,沉着应对突发事件上,EAP 发挥着巨大作用。

### 3. 对安全有特殊要求的行业

对安全有特殊要求的行业(比如核电站、化工行业等),员工的任何动态都应密切关注,否则,员工一个小小的差错都可能导致整个公司乃至周围环境的灾难。因此,对这些特殊工作人员心理健康的关注,包括帮助其解决来自家庭的后顾之忧等,EAP 发挥着巨大作用。

对于非特殊行业的企业,尤其是中小企业,对 EAP 的应用主要体现在危机事件(包括企业内部危机与外部自然危机)的发生与组织变革(如裁员、大的人事变动)时期,企业应选择引入短期的外部 EAP 帮助企业与员工度过关键期。

其次,所有的企业,尤其是发展迅速,淘汰率高的企业,在不能引入长期 EAP 的情况下,最好能对企业内部员工做定期的压力测评,以实时了解情况,防患于未然。

## (二) 企业应如何应用 EAP

EAP 的实际应用很难有统一的标准模式,因为不同企业对 EAP 有不同的需求和偏好;企业内部不同部门对 EAP 的理解和要求不一致;作为一种跨学科项目,心理学家、社会工作者和医生很难达成统一模式;EAP 在各个国家和地区的发展都出现了不同形式,很难形成统一的 EAP 模式。但这些也为 EAP 的运作提供了足够的灵活性,专业服务机构可以根据企业的需求,灵活地调整 EAP 的方向与重点,灵活地选择服务方式,以期与企业需求相匹配。

在实施这项计划时,国内外优秀企业的做法如下所述。

1. 进行专业的员工职业心理健康问题评估

由专业人员采用专业的心理健康评估方法评估员工心理生活质量现状,及其导致问题产生的原因。

2. 搞好职业心理健康宣传

利用海报、自助卡、健康知识讲座等多种形式树立员工对心理健康的正确认识,鼓励员工遇到心理困扰问题时积极寻求帮助。

3. 对工作环境的设计与改善

一方面,改善工作硬环境——物理环境;另一方面,通过组织结构变革、领导力培训、团队建设、工作轮换、员工生涯规划等手段改善工作的软环境,在企业内部建立支持性的工作环境,丰富员工的工作内容,指明员工的发展方向,消除问题的诱因。

4. 开展员工和管理者培训

通过压力管理、挫折应对、保持积极情绪、咨询式的管理者等一系列培训,帮助员工掌握提高心理素质的基本方法,增强对心理问题的抵抗力。管理者掌握员工心理管理的技术,能在员工出现心理困扰问题时,很快找到适当的解决方法。

5. 组织多种形式的员工心理咨询

对于受心理问题困扰的员工,提供咨询热线、网上咨询、团体辅导、个人面询等丰富的形式,充分解决员工心理困扰问题。

## (三) EAP 应用步骤

为了更具体地介绍 EAP 在企业的实施过程,以下列出易普斯咨询公司(国内较为知名的企业咨询机构之一,专业为企业员工提供包括组织健康管理、心理、法律和理财咨询服务)在企业 EAP 上发展出的个性运作模式。当然,每一步骤的实施均需与客户达成一致,因此,具体运用在某一具体客户上,可能有一定调整,但整体服务程序如下所述。

1. EAP 整体规划

对企业进行系统的规划和设计,并分阶段逐步深入开展 EAP。

2. 心理调查

对员工心理健康状况、组织状况进行调查,深入分析影响目前状况的各种因素,出具整体分析报告和解决建议,帮助管理者了解员工心理现状,为管理决策提供依据。

3. 个体测评

为管理者和员工提供个体心理测评服务,对个体职业心理健康进行综合评估,出具个人心检报告,帮助个体了解自我的职业心理健康状况及需要改善的方面。

**4. 宣传促进**

定期以电子期刊、手机报、彩信、海报、视频短片等形式,提供员工关注的身心健康、法律、理财等各种专业知识。

**5. 24小时热线**

真正意义上的7×24小时的咨询热线,由提供服务的咨询机构心理咨询师值班,接听。以方便快捷的方式随时满足员工的咨询需求,以便及时、有效地帮助员工解决心理困扰,提升员工心理品质。

**6. 个体面询**

在约定的时间里,员工在提供服务的咨询机构咨询室或签约咨询师的咨询室接受面询服务,每次面对面咨询50~60分钟。

**7. 家庭辅导**

针对家庭关系、子女教育、夫妻关系等家庭相关问题,员工可以家庭为单位与主要家庭成员一起接受辅导,促进家庭内部的交流和理解,达到解决问题的目的。

**8. 团体辅导**

面临共同问题的员工组成一个小组,由受过专业训练的团体主持人,协助团队成员形成团体的共识和目标,建立正确的认知观念和健康的态度,学习解决问题的方法和技巧。

**9. 危机干预**

当出现自杀、亲人丧失、工作场所暴力、组织变革等紧急、重大事件时,EAP提供危机干预服务,帮助面对危机的员工个人和组织共同渡过难关。

**10. 法律顾问**

为客户员工解答生活中遇到的各种法律困惑。

**11. 理财顾问**

为客户员工提供理财建议,解答理财过程中遇到的困难。

**12. 心理培训**

通过互动式培训,为管理者和员工提供工作生活中与心理健康有关的各种主题的培训,帮助管理者和员工提升相关的知识和技能。

**13. 专题讲座**

针对员工常见的工作生活困扰,为员工进行专题讲座,内容包括职业心理健康、职业枯竭与应对、挫折应对、工作与家庭平衡等相关内容。

**14. 心理沙龙**

针对大家共同关注的问题(如婚恋情感、亲子教育、沟通技巧、压力等),邀请相关专家以沙龙的形式与员工共同探讨、交流,员工可进行现场互动提问、讨论,在轻松的氛围中学习心理分析、解决心理困扰,感受公司对员工的关爱。

## 五、EAP 在企业中的应用案例

以下是企业在运营过程中运用 EAP 解决各种问题的具体案例及部分常见问题的实际操作流程。

### (一) 系统问题应对

#### 1. 职业安全

台湾康师傅食品公司在企业高速扩张的过程中,通过施行"永续经营"的"职业安全"项目确保了公司的平稳过渡。他们塑造员工的"职业安全",而非"职务安全"。这种"职业安全"不仅包括职业生涯设计,而且向员工提供全面的就业能力保障。

这种从根本上让员工"放心"的管理模式和组织创新设计为员工创造的"机会",不是暂时的权宜之计,而是终身受益的"全人培训"。如果由于经济不景气的影响而导致企业进行重组及缩减规模的情况下,康师傅食品公司的人员结构可以从容不迫地进行。

#### 2. 工作压力平衡

艾迪·鲍尔公司(Eddie Bauer)是美国著名休闲装零售商,年销售额 15 亿美元,有员工 12 000 名。零售业的一大特点,即一到旺季工作量和工作时间大大增加。为了能让员工保持工作与生活的平衡,该公司自 1994 年以来推出了 20 个工作/生活福利项目,包括如心理评估和咨询、产后家访计划、平衡日等 EAP 项目,来确保员工的工作积极性和个人身心健康。

### (二) 危机应对

#### 1. 空难事件

在 2002 年 5 月 7 日的大连空难中,西安杨森公司有 3 名员工罹难。杨森公司在处理员工后事时,特别引入心理干预,取得了较好成效,也引起了业内的广泛关注。

#### 2. 裁员事件

在裁员成为现实时,制订裁员计划的人开始失眠,执行裁员计划的人内疚不安,被裁的人震惊、愤怒或悲伤自怜,留下的人则压力重重、胆战心惊。即使没有裁员计划的企业,也开始受到心理寒流的冲击:组织内人心惶惶、员工已然将自己当"外人"、主管们则不得不绞尽脑汁考虑如何保持动荡时期的人心稳定。如何裁员不裁心? 以下裁员流程供参考:

如果以裁员决定的宣布日为界线,可以把裁员过程分为准备期、实施期和后续期三个阶段。

1) 裁员准备期。裁员前要做的准备工作有两项,即由企业内部管理人员和

EAP 专业人员开展的调查和培训,具体是指:

(1) 被裁对象的调查。为了更有效地制定裁员政策和规定,有必要对裁员可能涉及的人员进行一次调查,包括对即将被裁员工及其家庭的经济收入状况、他们的身心特征以及人际关系状况等的调查,预见裁员可能引发的心理和行为问题,并为管理层进行裁员决策和制定政策提供咨询和建议。但考虑到裁员工作的敏感性,调查工作要在相当谨慎的情况下进行,并要从侧面开展。

(2) 相关人员的培训。裁员前要对将要负责实施裁员工作的管理人员进行评估,了解他们的背景以及工作经验,以确定他们是否具备了做裁员工作的知识和能力。然后还要对他们进行裁员工作的相关培训,为裁员工作的一线实施人员和二线支持人员提供相关的各类培训,向 HR 和相关部门的直线经理提供裁员中的沟通谈话技巧、处理负面情绪反应以及应对危机事件等方面技巧的培训,以提升他们有效实施裁员工作的能力。

2) 裁员实施期。裁员实施中要做的工作是及时提供现场咨询与支持,照顾好员工的情绪和感受,这里包括被裁员工、裁员实施人员。此时需要专业 EAP 工作人员向一线裁员实施人员提供现场的心理支持,向被裁员工提供现场辅导服务。

(1) 对于被裁员工。通常,裁员实施过程中最需要帮助的就是被裁员工。由于被裁掉,他们的职业生涯和自我期许都被强迫切断,这时他们会产生诸如:为什么是我? 是因为我没有能力? 还是因为我有问题? 等等方面的心理困扰,并可能会引起行为、价值观方面的自我否定,还可能会抱怨企业以及管理人员。此时,他们最需要的是心理疏导。在裁员实施过程中,通过专业 EAP 工作人员的介入,以积极倾听、同感和共鸣等有效的沟通手段和技巧,来引导被裁员工及时、合理宣泄,促进他们的认知改变,进而帮助他们处理挫败感、愤怒等负面情绪,给他们以支持和安慰。此时,EAP 的作用就是帮助员工宣泄负面情绪,改变被裁员工的心理感受,引导他们从不同角度看待"裁员"事件,帮助员工看到如何转"危"为"机",为自己的成长寻找更大的空间。

(2) 对于裁员实施人员。裁员实施人员包括 HR 和各部门经理,他们在裁员的实施过程中大多处于心理矛盾的状态。他们一方面要站在企业的立场,执行企业的决定。另一方面又要从同事或一般个人的角度对被裁员工的各种反应,包括过激的言辞和行为反应耐心地作出回应,并尽可能地在原则许可的情况下给予他们理解和支持。可见,一线的管理人员在裁员的实施过程中都要承受巨大的心理压力,他们也需要得到支持和帮助。专业的 EAP 服务可以通过为管理人员提供咨询辅导服务,给他们提供现场心理支持,帮助他们有效应对心理压力,协助他们与被裁员工更好地沟通。

3) 裁员后续工作。裁员后续工作包括裁员实施后对被裁员工、留任员工以及裁员实施人员进行心理评估,通过不同程度的沟通、咨询,给他们以心理上的支持和安慰,帮助他们摆脱裁员所造成的负面心理影响。

(1)对于被裁员工。EAP为其职业的继续发展提供必要的支持,具体包括:

a. 心理咨询和辅导:帮助被裁员工疏导、调整情绪,改变由于被裁所导致的不合理的认知和态度;缓解因被裁而导致的压力,提高其对环境的适应能力等。

b. 职业发展咨询:通过对被裁员工的职业经历、技能以及职业兴趣、价值观等方面的评估,帮助被裁员工重新审视自己,发现自己职业发展的潜力以及限制因素,给他们提供职业发展的建议,帮助他们合理地选择职业并进行职业生涯规划。

c. 再就业辅导:包括对被裁员工介绍再就业资源,提供获取就业信息的渠道,帮助他们提升职业技能,以及就简历制作、面试技巧等求职技能进行培训。

(2)对于留任员工。要避免"幸存者综合征"所带来的负面影响。所谓"幸存者综合征"在管理学领域是指裁员事件对留任者心理方面造成的负面情绪。通常情况下,裁员事件后的"幸存者"会有积极的心理感受,因为毕竟保住了工作;但另一方面,也会产生更为严重的消极情绪,他们可能会因为同事被裁而感到内疚,同时由于想到不幸在不久的将来也可能发生在自己身上而导致职业不安全感上升,进而导致对雇主不信任、士气低落、工作满意度下降。另外,由于同事被裁,短期内工作量的可能增加,也会引发他们的抱怨。要避免上述现象所产生的负面影响,必须在裁员后与留任的员工进行充分的心理沟通。此时需要企业内部管理人员与EAP专业人员协同配合。首先要让员工了解企业裁员动机,减少他们对裁员的恐惧,同时要肯定员工对企业发展作出的贡献,使他们真正意识到自己对于企业的价值。其次,更为重要的是要辅助留任员工设计出更为清晰、合理的职业生涯规划,使员工清楚自己努力的方向和在企业中的发展前景,激发留任员工的学习和工作热情,争取留任员工尽快恢复信心,从裁员的阴影中走出来。

(3)对于裁员实施人员以及基层管理人员。首先,要帮助他们理清裁员所带来的负面情绪,可由EAP专业人员对他们进行心理疏导,同时让他们明白对于企业的价值,帮助他们树立自信。其次,帮助他们知道如何去消除留任员工的顾虑以及如何减少裁员对管理的负面冲击。

3. 产品召回事件

B公司面临一次全国性的产品召回,涉及的产品数量巨大,并引起了大量的负面报道,其中有很多是关于公司产品缺陷和财务危机的,公司陷入危机当中。同时,大量的员工陷入焦虑和压力中,部分员工开始怀疑公司的长期发展性和个人发展机会,有员工提出离职。

在公司进行对外危机公关的同时,EAP鼓励公司领导层有规律地通过各种渠道与员工接触。先是找关键区域的中高管理层个人面谈,然后是覆盖全员的面谈,以消除负面的媒体新闻。

总裁和CEO定期收集产品召回期间的更新信息,并直接发布,以鼓励和支持全体员工,同时也直接发布客户的感谢信,以此鼓舞员工,增强大家在产品召回工作中的信心。信息在最初几周内每周更新2～3次,接下来一周更新1～2次。

EAP服务商根据需要也调整了服务资源,以应对在这段时期内大量出现的服务需求。他们的服务不仅覆盖员工和家庭成员,同时也将这次召回事件中受到影响的重要客户临时纳入服务范围。

EAP临时为B公司特别安排的咨询热线为期4个月,共收到来自全国的大约4 500个咨询电话,最高峰时,每周有150～200个电话。部分区域在每天上班正式工作前将员工聚集在一起进行信息交流和接受电话集体辅导。

最后的结果是,虽然B公司在这次召回事件中不得不承受了巨大的财务损失,但是只有很少的员工因此流失,远远低于原先的预计,员工的工作积极性和工作效率,不但没有降低,而且还有很大的提高。在解决危机的同时,有效的EAP服务向员工、员工家庭及重要客户传达了重要的信念:那就是公司在困难时期大家应一起并肩作战、相互支持,一定能够很快地消除事件影响,重回并超越原有的市场地位。

**(三) 家庭关系与个人情感**

**1. 父母与孩子**

B先生今年46岁,任职于某公司部门经理,大学文化程度,性格内向、工作认真,责任心强,做事有点过分追求完美。他的儿子今年高一,随着学习难度的加深和频繁的测验,因几次测验的失败受挫,而闷闷不乐、自卑乃至抑郁,甚至发展到拒绝上学。面临此境,B先生增加了吸烟量,并失眠、工作力不从心甚至工作发生差错,严重影响了工作情绪。

EAP的咨询专家针对B先生的情况进行了分析,并对B先生进行了1个月(共计4次)的心理咨询。专家首先运用以人为中心的咨询方法与其建立起良好的咨访关系,让B先生可以安心、放心地说出心中的困惑。然后,专家帮助父母及孩子了解青春期心理特征及协助他们亲子沟通。接着,再逐步提高孩子的自信与自尊,同时降低父母的期望值。最后,帮助B先生的儿子改变不合理的认知,使其自己意识到问题的所在,并积极找寻解决的方法,努力与父母进行沟通。1个月后,从反馈信息来看,孩子已经能够很好地适应学校的环境了,而B先生也已经安心地工作,再也没有因孩子的事心神不定了。

**2. 婚姻与家庭**

C小姐,30岁,供职于某著名IT公司,高级主管,在读博士生。她本人是上海人,她的先生是外地人,夫妻俩婚后生活和各人的事业发展也很顺利。但自从她的先生半年前换了新的工作之后,两人之间的话题就不像从前交流得那么多了。最近她的先生提出离婚,理由是讨厌C小姐的家里人,讨厌他们的生活方式,讨厌他们和C小姐说话的样子。由此C小姐最近的工作表现大受影响。

后来通过C小姐的努力说服,他们一起找到咨询师进行了面谈咨询。她的先生由于在社会地位、学历、职位、收入上都自认比C小姐低一等,而他新的工作环境中的同事大多又是事业有成,在家里也是顶梁柱,因此,在婚后的生活中,特别是处理两人的关系中自卑的人格倾向便由此产生,自己在婚姻家庭中朦胧的"夫权"愿望得不到满足。

C小姐和她的先生的咨询共持续了6周。6个星期里,EAP的咨询师引导、帮助他们俩采取换位认同,让他们俩各自站在对方的立场上考虑问题,从另一个角度来看待各人目前的处境。然后,咨询师又进一步采取了面质、解释、支持等咨询手段,帮助C小姐和她的先生共同认识了问题的实质和现状。两人之间也建立了更完善的交流模式,双方都对自己的角色定位有了悦纳的情绪体验,随后在彼此互相理解和包容的基础上,他们终于又重新开始了一段相互欣赏、支持、鼓励的家庭生活。在后来的回馈信息中也得知,目前C小姐和她先生生活状况良好,她的工作情况也恢复了正常。

在案例中,我们可以了解到,EAP所涉及处理的问题很广。对于企业来说,想要员工发挥最大的工作效率,就不得不关注他们生活工作的方方面面,及时提供有效的帮助与指导,EAP就如同企业与员工之间的一座桥梁,可加强双方的沟通与协调。作为当前员工心理健康管理实施的重要工具,EAP对企业发展、个人成长,甚至社会环境的健康、安全均发挥着巨大作用,值得我们推广与应用。

# 本 章 小 结

员工心理健康是决定企业效率的重要因素,传统的企业管理中,只专注对员工工作技能的培养,而忽视员工的心理健康。然而,随着市场经济的活跃与科技信息的全球化,企业之间的竞争已经从原始的技术竞争转变为人力资源的竞争,员工的能力、创造力与执行力成为各大型企业的核心与持续竞争力。而员工的能力、创造力与执行力直接受到员工心理健康的影响,因此,员工心理健康管理已成为各顶尖企业的必做功课。

本章第一节、第二节详细地讲述了员工心理健康将在哪些方面并如何影响企业的工作效率与绩效,以及员工心理健康主要受到哪些因素的影响。在论述员工心理健康的影响因素中,作者不仅观察企业内部的影响因素,也把视线投向了工作时间与地点之外的方方面面:一方面是基于职业生活已逐渐取代职场人士的日常生活,另一方面是希望在传统的组织干预理论中,加入更多的心理学元素,切实从员工个体的实际情况出发,从根本上解决问题,而非仅以企业需求为参照,隔靴搔痒,浅尝辄止。

第三节介绍了员工心理健康管理的目的、措施及管理技术,管理技术部分除了介绍企业 EAP,针对一些无法引入专业系统的管理技术的民营中小企业,本节推荐了一些可供快速实践的小工具作为暂时应对的方法。

第四节先重点介绍了 EAP 技术的产生、发展,及其在组织管理中的应用模式与具体流程,同时,针对企业何时引入何种模式的 EAP 作了相关的介绍,最后,从 EAP 实际应用的各方面列举了具体的案例,并对企业共有的特殊事件——"裁员"操作流程作了详细介绍。

## 思考题

1. 什么是员工心理健康?
2. 为什么要关注员工心理健康?
3. 影响员工心理健康的因素有哪些?
4. 员工心理健康管理有哪些手段与技术?
5. 试述 EAP 在组织管理中的发展与应用。

### 薪酬文化带来的高绩效管理

在 IBM 公司有一句拗口的话:加薪非必然! IBM 公司的工资水平在外企中不是最高的,也不是最低的,但 IBM 公司有一个让所有员工坚信不疑的游戏规则:干得好加薪是必然的。

IBM 公司的薪金管理非常独特和有效,能够通过薪金管理达到奖励进步、督促平庸的目的,IBM 公司将这种管理已经发展成了高效绩文化。这里,让我们来解读 IBM 公司高效绩文化的精髓。

## 一、个人承诺计划

IBM 公司的薪金构成很复杂，但里面不会有学历工资和工龄工资，IBM 公司员工的薪金跟员工的岗位、职务、工作表现和工作业绩有直接关系，工作时间长短和学历高低与薪金没有必然关系。在 IBM 公司，你的学历是一块很好的敲门砖，但绝不会是你获得更好待遇的凭证。

在 IBM 公司，每一个员工工资的涨幅，会有一个关键的参考指标，这就是个人业务承诺计划——PBC。只要你是 IBM 公司的员工，就会有个人业务承诺计划，制定承诺计划是一个互动的过程，你和你的直属经理坐下来共同商讨这个计划怎么做得切合实际，几经修改，你其实和老板立下了一个 1 年期的军令状，老板非常清楚你 1 年的工作及重点，你自己对 1 年的工作也非常明白，剩下的就是执行。到了年终，直属经理会在你的军令状上打分，直属经理当然也有个人业务承诺计划，其所属的经理会给他打分，大家谁也不特殊，都按这个规则走。IBM 公司的每一个经理掌握了一定范围的打分权力，他可以分配他领导的那个 Team（组）的工资增长额度，他有权力将额度如何分给这些人，具体到每一个人给多少。IBM 公司在奖励优秀员工时，是在履行自己所称的高效绩文化。

IBM 公司的个人业绩评估计划从三个方面来考察员工工作的情况。第一是 Win，制胜。胜利是第一位的，首先你必须完成你在 PBC 里面制订的计划，无论过程多艰辛，到达目的地最重要。第二是 Executive，执行。执行是一个过程量，它反映了员工的素质，执行是非常重要的一个过程监控。最后是 Team，团队精神。在 IBM 公司埋头做事不行，必须合作。在 IBM 公司采访时有一个强烈的感觉：IBM 公司是非常成熟的矩阵结构管理模式，一件事会牵涉很多部门，有时候会从全球的同事那里获得帮助，所以 Team 意识应该成为第一意识，工作中随时准备与人合作。

## 二、双向沟通

如果员工自我感觉非常良好，但次年初却并没有在工资卡上看到自己应该得到的奖励，会有不止一条途径让你知晓原因，包括直接到人力资源部去查自己的奖励情况。IBM 公司的企业文化中特别强调 Two Way Communition——双向沟通，不存在单向的命令和无处申述的情况。IBM 公司至少有四条制度化的通道给你提供申述的机会。

第一条通道是与高层管理人员面谈（executive interview）。员工可以借助"与高层管理人员面谈"制度，与高层经理进行正式的谈话。这个高层经理的职位通常会比你直属经理的职位高,也可能是你的经理的经理或是不同部门的管理人员。员工可以选择任何个人感兴趣的事情来讨论。这种面谈是保密的,由员工自由选择。面谈的内容可以包括个人对问题的倾向性意见,自己所关心的问题。对员工反映的情况,公司将会交直接有关的部门处理。所面谈的问题将会被分类集中处理,且不暴露面谈者身份。

第二条通道是员工意见调查(employee opinion survey)。这条路径不是直接面对你的收入问题,而且这条通道会定期开通。IBM 公司通过对员工进行征询,可以了解员工对公司管理阶层、福利待遇、工资待遇等方面有价值的意见,使之协助公司营造一个更加完美的工作环境。很少看到 IBM 公司经理态度恶劣的情况,恐怕跟这条通道关系密切。

第三条通道是直言不讳(speak up)。在 IBM 公司,一个普通员工的意见完全有可能会送到总裁郭士纳的信箱里。"speak up"就是一条直通通道,可以使员工在毫不牵涉其直属经理的情况下获得高层领导对你所关心的问题的答复。"speak up"的通道中,员工的身份只有一个人知道,那就是负责整个"speak up"的协调员知道,所以你不必担心畅所欲言过后会带来的风险。

第四条通道是申诉(open door)。IBM 公司称其为"门户开放"政策。这是一个非常悠久的 IBM 公司民主制度,IBM 公司总裁郭士纳刚上台就一改 IBM 公司老臣的作风,他经常反向执行 open door,直接跑到下属的办公室问某件事干得怎么样了。IBM 公司用 open door 来尊重每一个员工的意见。员工如果有关于工作或公司方面的意见,应该首先与自己的直属经理恳谈,与自己的经理恳谈是解决问题的捷径。如果有解决不了的问题,或者员工认为自己的工资涨幅问题不便于和直属经理讨论,可以通过 open door 向各部门主管、公司的人事经理、总经理或任何总部代表申述,申述会得到上级的调查和执行。

### 三、让我的烦恼有机会表白

IBM 公司的薪金是背靠背保密的,薪金没有上下限,工资涨幅也不定,没有降薪的情况。如果你觉得工资实在不能满足你的要求,可以走人。

如果因为工资问题要辞职,IBM 公司不会让你的烦恼没有表达的机会,人力资源部会非常惋惜地挽留你,而且和你谈心。

　　IBM公司会根据情况,看员工的真实要求是什么。一是看他的薪金要求是否合理,是否有PBC执行不力的情况,如果是公司不合理,IBM公司会进行改善,公司对待优秀员工非常重视。二是看员工提出辞职是以增资为目的,还是有别的原因。通过交谈和调查,IBM公司会让每一个辞职者有一种好的心态离开IBM公司。

　　为了使自己的薪资有竞争力,IBM公司专门委托咨询公司对整个人力市场的待遇进行非常详细的了解,公司员工的工资涨幅会根据市场的情况有一个调整,使自己的工资有良好的竞争力。

### 四、IBM公司的工资与福利项目

　　基本月薪——是对员工基本价值、工作表现及贡献的认同。

　　综合补贴——对员工生活方面基本需要的现金支持。

　　春节奖金——农历新年之前发放,使员工过一个富足的新年。

　　休假津贴——为员工报销休假期间的费用。

　　浮动奖金——当公司完成既定的效益目标时发出,以鼓励员工的贡献。

　　销售奖金——销售及技术支持人员在完成销售任务后的奖励。

　　奖励计划——员工由于努力工作或有突出贡献时的奖励。

　　住房资助计划——公司拨出一定数额的款项存入员工个人账户,以资助员工购房,使员工能在尽可能短的时间内用自己的能力解决住房问题。

　　医疗保险计划——员工医疗及年度体检的费用由公司解决。

　　退休金计划——积极参加社会养老统筹计划,为员工提供晚年生活保障。

　　其他保险——包括人寿保险、人身意外保险、出差意外保险等多种项目,关心员工每时每刻的安全。

　　休假制度——鼓励员工在工作之余充分休息,在法定假日之外,还有带薪年假、探亲假、婚假、丧假等。

　　员工俱乐部——公司为员工组织各种集体活动,以加强团队精神,提高士气,营造大家庭气氛,包括各种文娱、体育活动,大型晚会,集体旅游等。

[1] 唐·黑尔里格尔,等. 组织行为学[M]. 北京:中国社会科学出版社,2001.

[2] 艾里丝·瓦尔达,琳达·比默. 跨文化沟通[M]. 北京:机械工业出版社,2006.

[3] 杜伯林. 领导力:研究、实践、技巧[M]. 王垒,译. 4版. 北京:中国市场出版社,2006.

[4] 弗雷德·鲁森斯. 组织行为学[M]. 王垒,姚翔,童佳瑾,等,译. 11版. 北京:人民邮电出版社,2009.

[5] 罗宾斯,贾奇. 组织行为学[M]. 李原,孙健敏,等,译. 12版. 北京:中国人民大学出版社,2008.

[6] 马克斯·巴泽曼. 管理决策中的判断[M]. 杜伟宇,李同吉,译. 北京:人民邮电出版社,2007.

[7] 莎伦·布雷姆,罗兰·米勒,丹尼尔·珀尔曼,苏珊·坎贝尔. 亲密关系[M]. 郭辉,肖斌,译. 3版. 北京:人民邮电出版社,2005.

[8] 舍夫林. 管理错觉:情绪和直觉如何影响企业决策[M]. 贺学会,译. 北京:北京大学出版社,2010.

[9] 斯蒂芬·P·罗宾斯. 组织行为学精要——全球化的竞争战略[M]. 郑晓明,译. 6版. 北京:电子工业出版社,2002.

[10] 斯科特·普劳斯. 决策与判断[M]. 施俊奇,王星,译. 彭凯平,审校. 北京:人民邮电出版社,2004.

[11] 韦里克,坎尼斯,孔茨. 管理学——全球化与创业视角[M]. 马春光,译. 12版. 北京:经济科学出版社,2008.

[12] 崔佳颖. 组织的管理沟通研究[D]. 北京:首都经济贸易大学,2006.

[13] 邓靖松. 管理心理学[M]. 北京:中国人民大学出版社,2010.

[14] 董志勇. 行为经济学原理[M]. 北京:北京大学出版社,2006.

[15] 冯缙,秦启文. 工作满意度研究述评[J]. 心理科学. 2009,32(4).

[16] 韩玉果. 冲突与冲突管理的研究综述[J]. 国际中华应用心理学研究会第五届学术年会论文集,2007.

[17] 贺浪萍. 管理心理学[M]. 广州:广东科技出版社,2003.

［18］胡君辰.管理心理学［M］.上海：东方出版中心,1997.

［19］黄希庭.人力资源管理心理学［M］.上海：华东师范大学出版社,2003.

［20］吉仁泽.简捷启发式——让我们更精明［M］.刘永芳,译.上海：华东师范大学出版社,2002.

［21］季爱民.埃尔斯伯格悖论评析［J］.天津商学院学报.2007,27(1).

［22］江永众.管理心理学［M］.成都：西南财经大学出版社,2007.

［23］康耀南.12色彩性格［M］.北京：语文出版社,2010.

［24］乐国安,尹红艳,王晓庄.组织承诺研究综述［J］.应用心理学.2006.

［25］李慧军.现代管理心理学［M］.北京：首都经济贸易大学出版社,2006.

［26］李明德.管理心理学［M］.成都：四川大学出版社,2001.

［27］李强,李昌.管理心理学［M］.北京：北京工业大学出版社,2001.

［28］廉茵.管理心理学［M］.北京：对外经济贸易大学出版社,2007.

［29］梁力东.冲突管理研究［J］.今日南国,2008(4).

［30］梁巧转,李海静.领导风格对工作满意度的影响研究［J］.统计与决策.2006,207.

［31］凌文辁,张治灿,方俐洛.中国职工组织承诺的结构模型研究［J］.管理科学学,2006(6).

［32］刘俊波,冲突管理理论初探［J］.国际论坛.2007(9).

［33］刘小禹.组织中情绪管理的文化视角与实证研究［M］.北京：中国经济出版社,2011.

［34］刘晓宁,赵路.人力资源管理心理学［M］.北京：对外经济贸易大学出版社,2010.

［35］刘英陶,陈晓平,赵中利.管理心理学［M］.北京：中国人民公安大学出版,2003.

［36］刘永芳.管理心理学［M］.北京：清华大学出版社,2008.

［37］刘玉梅.管理心理学理论与实践［M］.上海：复旦大学出版社,2009.

［38］卢会志,等.内隐领导理论：当代领导研究的新进展［J］.山东科技大学学报,2007.12.

［39］卢会志,等.内隐领导理论：认知革命在领导领域的新拓展［J］.心理科学,2008.1.

［40］陆沪根.领导案例［M］.上海：华东师范大学出版社,2000.

［41］波特·马金.组织和心理契约：对工作人员的管理［M］.王新超,译.2版.北京：北京大学出版社,2000.

［42］彭德华,朱雪峰.学校管理心理学［M］.兰州：甘肃教育出版社,1999.

[43] 彭凯平.经济人的心理博弈：社会心理学对经济学的贡献与挑战[J].北京：中国人民大学学报,2009.3.

[44] 宋国萍,汪默.职业健康心理学[M].杭州：东南大学出版社,2010.

[45] 宋犀坤.管理你的情绪[M].北京：法律出版社,2011.

[46] 苏东水.管理心理学[M].4版.上海：复旦大学出版社,2004.

[47] 苏同华.行为金融学教程[M].北京：中国金融出版社,2006.

[48] 孙时进,颜世富.管理心理学[M].1版.上海：立信会计出版社,2001.

[49] 陶克涛,刘建平.管理心理学[M].北京：中国商业出版社,2001.

[50] 王方华.现代企业管理[M].上海：复旦大学出版社,2007.

[51] 王重鸣.管理心理学[M].北京：人民教育出版社,2001.

[52] 温遒.以构象理论为基础的筛选阶段决策研究[M].杭州：浙江大学出版社,2008.

[53] 翁清雄,陈国清.组织承诺的理论溯源与最新研究进展[J].科学学与科学技术管理,2009.11.

[54] 吴亚红,梁清山.管理心理学[M].南京：南京大学出版社,2009.

[55] 夏国新,张培德.新编实用管理心理学[M].北京：中央民族学院出版社,2009.

[56] 杨宜音,张曙光.社会心理学[M].北京：首都经济贸易大学出版社,2009.

[57] 熊川武.管理心理学[M].广州：广东高等教育出版社,1998.

[58] 徐联仓.走出丛林的管理心理学[M].北京：北京师范大学出版社,2007.

[59] 薛振田,刘启辉.管理心理学原理与应用[M].青岛：中国海洋大学出版社,2005.

[60] 颜爱民,王维雅.中小民营企业基层员工工作压力与工作满意度的实证研究[J].管理学报,2007,4(2).

[61] 杨连生,王金萍.冲突及其在人力资源管理中的合理运用[J].大连理工大学学报,2003.9.

[62] 叶素贞,曾振华.情绪管理与心理健康[M].北京：北京大学出版社,2007.

[63] 殷智红,叶敏.管理心理学[M].北京：北京邮电大学出版社,2007.

[64] 殷智红,叶敏.管理心理学[M].2版.北京：北京邮电大学出版社,2007.

[65] 俞立中.全球代时代[M].上海：华东师范大学出版社,2008.

[66] 俞文钊.人力资源管理心理学[M].上海：上海教育出版社,2005.

[67] 俞文钊.现代领导心理学[M].上海：上海教育出版社,2004.

[68] 曾仕强.情绪管理[M].厦门：鹭江出版社,2008.

[69] 曾仕强.中国式管理经典(伍)情绪管理[M].北京：北京大学出版社,2010.

[70] 张剑.员工情绪与管理[M].北京：清华大学出版社有限公司.2009.

[71] 张西超.员工帮助计划——中国 EAP 的理论与实践[M].北京：中国社会科学出版社,2006.

[72] 赵国祥.管理心理学高级教程[M].合肥：安徽人民出版社,2008.

[73] 赵然.员工帮助计划：EAP 咨询师手册[M].北京：科学出版社：2010.

[74] 庄锦英.决策心理学[M].上海：上海教育出版社,2006.

[75] 秭睿.黄金法则全集：181 个生活与工作中无处不在的潜规则[M].北京：北京邮电大学出版社,2008.

有人认为,将知识经济改称为"智力经济"更为准确,因为高新技术的发明与应用都离不开人的创新能力等心理因素。知识经济时代,信息社会即将到来。与传统社会相比,知识经济时代人的心理因素对于管理工作、对于人们的日常生活的影响将进一步扩大。认识到了这个时代背景,我们便容易理解《管理心理学》著作一直受欢迎的事实。

为了适应新时代的需要,满足新世纪读者学习《管理心理学》的需求,我们在学习、研究国内外已出版的各类《管理心理学》、《组织行为学》著作的基础上,组织编写了本书。本书既可以专门用作管理心理学、组织行为学的教材,也可以供一般人士作为专著参考。

本书在继承了传统的《管理心理学》教科书精华的基础上,适当增加了一些新内容,如期权激励、改变心智模式、信息时代的组织结构特征、管理心理学专家系统等。心理学研究的本土化取向愈来愈受重视,因此,我们对"中国古代管理心理学"也进行了适当介绍。

本书由心理学博士、复旦大学心理研究中心主任孙时进,经济学博士、上海交通大学管理学院教师、复旦大学心理研究中心常务副主任颜世富任主编;刘振中、谭黎阳、高山川、章震宇任副主编。该书的编撰者是既有一定的理论修养,又有丰富的管理咨询实际经验的教学、科研、咨询人员。全书由孙时进、颜世富设计体系及统稿、定稿。各章的编撰者分别是:

复旦大学孙时进、上海经营者资质评价中心刘振中:导论;

复旦大学经济学院谭黎阳:管理心理学的产生与发展;

上海市教育委员会蒋碧艳:决策心理;

上海市中医药大学章震宇:领导心理;

香港城市大学姜琴:个性与管理;

上海经营者资质评价中心刘振中:人员测评与选拔;

上海交通大学李昕荣:激励;

上海师范大学黄忆春:群体心理与行为;

上海金融学院王孝平:竞争与合作;

上海财经大学庄清:人际沟通与交往;

复旦大学高山川：冲突与管理；

上海交通大学谢萍：态度；

上海交通大学管理学院颜世富：组织理论与组织设计；

复旦大学管理学院苏涛：组织修炼；

上海交通大学易晓明：心理健康与管理；

上海经营者资质评价中心张慎：管理心理学专家系统。

在编撰过程中，我们参考、引用了许多资料，谨向原作者表示感谢。立信会计出版社洪梅春女士为本书的顺利出版付出了大量辛勤的劳动，她的敬业精神令我们感动，她的工作效率令我们佩服。

管理心理学是一门正在发展的学科，我们为能给这门学科的发展添砖加瓦而感到高兴。我们热切地希望有更多的人来关心、支持管理心理学的发展。真诚希望这本《管理心理学》对你的事业发展、工作愉快、生活幸福有所帮助。

孙时进　颜世富

于复旦大学心理研究中心

在原书的基础上，《管理心理学》第二版的修订工作是由复旦大学心理系主任、博士生导师孙时进教授带领一支心理学专业学术团队完成的，他们大多是来自各高等院校的心理学专业任课教师或研究人员。作者参考和借鉴了当前管理心理学以及相关心理学科的最新研究成果，对原书的各个章节进行了修订或重写。首先，由孙时进、卢会志对全书进行体系架构整合并提出了修订提纲。其次，团队成员经过深入的讨论，分工协作、相互支持。各章的修订撰写者分别是：第一章，孙时进；第二章，张萍；第三章，毕玉芳；第四章，丁志强；第五章，张婕；第六章，马娟；第七章，王大伟、郭越丰；第八章，郭洪波；第九章，李淑娜；第十章，卢会志；第十一章，陈晓云；第十二章，沈福来、杜学礼。最后，全书由孙时进、卢会志进行了统稿和定稿。

本书第二版延续了第一版的写作风格并保留了大量的资料，在此，对第一版各章作者们的辛勤劳动表示深深的感谢！在修订的过程中，我们参考、引用了许多资料，由于篇幅所限不能一一列出，谨向有关作者表示由衷的谢意！立信会计出版社洪梅春女士和蔡莉萍女士为本书的出版付出了大量辛勤的心血，她们勤奋务实的工作作风和高度的敬业精神时时鼓舞与鞭策着我们，令我们感动。没有两位女士的支持和帮助，本书的顺利出版是不可想象的。

此次修订，虽然我们作了很大的努力，力求完美，但由于我们的经验与水平有限，可能还有不尽如人意的地方，书中难免出现疏漏之处，恳请专家、学者和广大读者批评指正。你们的支持是我们前行的最大动力。

孙时进　卢会志

2012 年冬·上海